国家社科基金丛书
GUOJIA SHEKE JIJIN CONGSHU

数字档案馆生态系统培育与管理研究

Research on Cultivation and Management of
Digital Archives Ecosystem

金波 倪代川 张茜 等著

人民出版社

目　录

绪　　论

随着现代信息技术的快速发展与档案信息化建设的深度推进，数字档案馆个体数量蓬勃发展，数字档案馆种群规模日趋壮大，数字档案馆群落分布不断拓展，数字档案馆整体系统逐步形成，数字档案馆生态系统研究日趋深化，已经成为数字档案馆研究的前沿领域。本书立足我国数字档案馆建设发展实践，在数字档案馆生态系统理论研究的基础上，广泛运用生态学、管理学、社会学、信息学等学科理论与知识，对数字档案馆生态系统发展态势、培育路径、管理内容等进行深层次分析研究，推动数字档案馆生态系统研究的深化，为国家数字档案馆建设与发展提供决策参考。

一、研究背景

新世纪以来，伴随着计算机技术与网络技术的发展应用，"给人们的生产、生活带来了划时代的变革，推动着人类社会进入数字化时代，'信息社会'、'数字城市'、'地球村'等概念成为时代的最强音"。[①] 随着大数据时代的到来，信息技术融合发展日趋深入，社会信息化、网络化、智能化发展态势日趋凸显，对人类经济社会发展产生重大影响。数字档案馆建设与发展正面临着这一重要发展机遇期，为进一步分析研究数字档案馆生态系统提供了契机，推动数字档案馆生态系统培育与管理研究的开展，有利于深化数字档案馆生态系统研究。当前，数字档案馆生态系统培育与管

---

① 薛四新、彭荣、陈永生主编:《档案信息化应用系统建设》,机械工业出版社2006年版,第3页。

理研究背景突出表现在以下三个方面。

（一）大数据时代的到来

随着信息技术和人类生产生活方式的交汇融合，互联网快速普及，全球数据呈现出爆发增长与海量集聚。2011 年 5 月，麦肯锡公司发布《大数据：下一个创新、竞争和生产力的前沿》报告，第一次系统阐述大数据概念，认为大数据是一种结合云储存及计算平台，能够为政府、企业、组织乃至个人从海量数据中提取有价值信息的技术形态。[①]"我们生活在一个充满'数据'的时代，我们打电话、用微博、聊 QQ、刷微信，我们阅读、购物、看病、旅游，都在不断产生新数据，'堆砌'着数据大厦。大数据已经与我们的工作生活息息相关、须臾难离。中国工程院院士高文认为：'不管你是否认同，大数据时代已经来临，并将深刻地改变着我们的工作和生活。'"[②]大数据对经济发展、社会治理、政府效能、管理决策、公共服务、智慧城市等已经产生重大影响，"一方面，对大数据的掌握程度可以转化为经济价值的源泉。另一方面，大数据已经撼动了世界的方方面面，从商业科技到医疗、政府、教育、经济、人文以及社会其他各个领域。"[③]

"大数据开启了一次重大的时代转型。就像望远镜让我们能够感受宇宙，显微镜让我们能够观测微生物一样，大数据正在改变我们的生活以及理解世界的方式，成为新发明和新服务的源泉，而更多的改变正在发生……"[④]世界各国高度重视大数据时代的到来，将大数据视作战略资源，并提升为国家战略，深入推进大数据融入各国经济社会发展。美国将大数据发展计划视为继"信息高速公路计划"之后在信息科学领域的又一重大

[①] James Manyika, Michael Chui, Brad Brown, Jacques Bughin, Richard Dobbs, Charles Roxburgh, Angela Hung Byers, *Bigdata: The Next Frontier for Innovation, Competition, and Productivity*, 2011 年 5 月 1 日，见 https://www.mckinsey.com/capabilities/mckinsey-digital/our-insights/big-data-the-next-frontier-for-innovation。

[②] 《国家大数据战略——习近平与"十三五"十四大战略》，2015 年 11 月 13 日，见 http://www.nea.gov.cn/2015-11/13/c_134811436.htm。

[③] [英]维克托·迈尔·舍恩伯格、肯尼思·库克耶:《大数据时代: 生活、工作与思维的大变革》，盛杨艳、周涛译，浙江人民出版社 2013 年版，第 15 页。

[④] [英]维克托·迈尔·舍恩伯格、肯尼思·库克耶:《大数据时代: 生活、工作与思维的大变革》，盛杨艳、周涛译，浙江人民出版社 2013 年版，第 1 页。

举措。2010 年，美国总统科学技术顾问委员会在给总统和国会的"规划数字化的未来"报告中指出，"数据正在呈指数级增长。之所以增长速度如此之快，背后有许多原因。现在几乎所有数据的产生形式，都是数字化的。各种传感器的剧增，高清晰度的图像和视频，都是数据爆炸的原因。如何收集、管理和分析数据正在日渐成为我们网络信息技术研究的重中之重……联邦政府的每一个机构和部门，都需要制定一个应对'大数据'（Big Data）的战略"。① 2012 年 3 月，奥巴马政府宣布了"大数据研发计划"，"并设立了 2 亿美元的启动资金，希望增强海量数据收集、分析萃取能力，认为这事关美国的国家安全和未来竞争力"。② 英国政府 2012 年成立"数据战略委员会"，承担推动数据开放，拓宽有效数据来源，向社会提供有价值数据，为英国政府、机构、企业乃至个人提供服务等主要任务。2013 年 1 月，英国政府投资 1.89 亿英镑开展大数据研究，加强数据采集和分析能力，确保英国在"数据革命"中占得先机。③ 澳大利亚政府于 2013 年 8 月发布《公共服务大数据战略》，以数据属于国有资产、从设计着手保护隐私、数据完整性与程序透明度、技巧和资源共享、与业界学界合作、强化开放数据等为原则，通过大数据战略系统提升公共服务质量，为公共服务提供更好的政策，并建立"data.gov.au"开放数据平台。④ 日本政府 2012 年 7 月推出"活力 ICT 日本"战略，把发展大数据作为国家战略的重要内容，聚焦大数据应用所需的社会化媒体等智能技术开发以及在新医疗技术开发、缓解交通拥堵等公共领域的应用。⑤ 2013 年 6 月又发布了《创建最尖端 IT 国家宣言》，将实施数据开放、发展大数据技术与运用作为 2013—2020 年国家的重要战略，希望建设成具有世界最高水准的广泛运用信息产业技术的国家。⑥

---

① 涂子沛：《大数据：正在到来的数据革命，以及它如何改变政府、商业与我们的生活》，广西师范大学出版社 2012 年版，第 33 页。

② 《国家大数据战略——习近平与"十三五"十四大战略》，2015 年 11 月 13 日，见 http://www.nea.gov.cn/2015-11/13/c_134811436.htm。

③ 王茜：《英国大数据战略分析》，《全球科技经济瞭望》2013 年第 8 期。

④ 牛帅：《发达国家大数据战略及其影响》，《国际研究参考》2014 年第 9 期。

⑤ 魏凯：《对大数据国家战略的几点考虑》，《大数据》2015 年第 1 期。

⑥ 牛帅：《发达国家大数据战略及其影响》，《国际研究参考》2014 年第 9 期。

我国高度关注大数据发展，积极推进相关技术研发和应用，百度、腾讯、阿里巴巴等互联网骨干企业建立了世界上规模最大的大数据平台，在分布式系统、超大规模数据仓库、深度学习等关键技术上均有突破，大数据驱动的互联网、金融、流通、新媒体等跨界业务创新加速发展。[①] 2015年8月，国务院印发《促进大数据发展行动纲要》，这是我国促进大数据发展的第一份权威性、系统性文件，从国家大数据发展战略高度进行顶层设计，提出"信息技术与经济社会的交汇融合引发了数据迅猛增长，数据已成为国家基础性战略资源，大数据正日益对全球生产、流通、分配、消费活动以及经济运行机制、社会生活方式和国家治理能力产生重要影响"。[②] 2016年，《中华人民共和国国民经济和社会发展第十三个五年规划纲要》提出"实施国家大数据战略"，"把大数据作为基础性战略资源，全面实施促进大数据发展行动，加快推动数据资源共享开放和开发应用，助力产业转型升级和社会治理创新"。[③] 2017年12月8日，中共中央政治局就实施国家大数据战略进行专题学习，习近平总书记指出，要"推动实施国家大数据战略，加快完善数字基础设施，推进数据资源整合和开放共享，保障数据安全，加快建设数字中国，更好服务我国经济社会发展和人民生活改善"。[④] 2021年，《中华人民共和国国民经济和社会发展第十四个五年规划和2035年远景目标纲要》提出，"加快构建全国一体化大数据中心体系，强化算力统筹智能调度，建设若干国家枢纽节点和大数据中心集群，建设E级和10E级超级计算中心。""培育壮大人工智能、大数据、区块链、云计算、网络安全等新兴数字产业，提升通信设备、核心电子元器件、关键软件等产业水平。""加快构建数字技术辅助政府决策机制，提高基于高频大数据精准动态监测预测预警水平。"[⑤]

---

① 魏凯：《对大数据国家战略的几点考虑》，《大数据》2015年第1期。

② 国务院：《促进大数据发展行动纲要》（国发〔2015〕50号）。

③ 《中华人民共和国国民经济和社会发展第十三个五年规划纲要》，《人民日报》2016年3月18日。

④ 习近平：《审时度势精心谋划超前布局力争主动 实施国家大数据战略加快建设数字中国》，《人民日报》2017年12月10日。

⑤ 《中华人民共和国国民经济和社会发展第十四个五年规划和2035年远景目标纲要》，《人民日报》2021年3月13日。

　　"大数据时代，数据正在成为一种生产资料，成为一种稀有资产和新兴产业。任何一个行业和领域都会产生有价值的数据，而对这些数据的统计、分析、挖掘和人工智能则会创造意想不到的价值和财富。"① 随着大数据的快速发展，"档案大数据"理念及其实践逐渐步入档案界视野，它"既是指档案部门管理的各类档案数据，又包含档案部门自身产生的大数据，而其核心之义应是档案工作领域的大数据应用"。② 面对大数据时代，档案部门"应该把握核心业务，紧扣档案核心的原始性价值，在档案数字化建设基础上，以数字档案馆为平台，利用语义分析、数据挖掘将档案信息资源转化为结构化数据，并合理开放数据，为社会和政府部门提供服务，借大数据这一契机切实发挥档案的核心价值"。③ 2016年，《全国档案事业发展"十三五"规划纲要》提出，"探索电子档案与大数据行动的融合"，"采用大数据、智慧管理、智能楼宇管理等技术，提高档案馆业务信息化和档案信息资源深度开发与服务水平。"④ 原国家档案局局长李明华在全国档案局长馆长会议上提出，要"密切关注大数据、云计算和人工智能的发展应用，打破档案信息孤岛，不断丰富档案信息化内涵"。⑤ 2020年，原国家档案局局长陆国强在全国档案局长馆长会议上提出，"坚持以评促建，推出一批示范单位，大力推进数字档案馆（室）建设。探索大数据、区块链、人工智能等新一代信息技术在档案管理中的应用，推动数字档案馆（室）建设向智慧化方向发展"。⑥ 2021年，《"十四五"全国档案事业发展规划》提出，"主动融入数字经济、数字社会、数字政府建设，推动档案全面纳入国家大数据战略，在国家相关政策和重大举措中强化电子档案管理要求，实现对国家和社会具有长久保存价值的数据归口各级各类档案馆集中管理。""加强大数据、人工智能等新一代信息技术在数字档

---

　　① 《国家大数据战略——习近平与"十三五"十四大战略》，2015年11月13日，见 http://www.nea.gov.cn/2015-11/13/c_134811436.htm。

　　② 郑金月：《关于档案与大数据关系问题的思辩》，《档案学研究》2016年第6期。

　　③ 陈永生：《大数据背景下的数字档案馆与档案数字化建设》，《广东档案》2013年第4期。

　　④ 国家档案局：《全国档案事业发展"十三五"规划纲要》，《中国档案》2016年第5期。

　　⑤ 李明华：《在全国档案局长馆长会议上的工作报告》，《中国档案报》2017年1月5日。

　　⑥ 陆国强：《推动档案事业在高质量发展轨道上迈出坚实步伐——在2020年全国档案局长馆长会议上的报告》，《中国档案》2021年第1期。

案馆（室）建设中的应用，推动数字档案馆（室）建设优化升级"。[①] 随着大数据、云计算、物联网、人工智能等现代信息技术的快速发展与广泛应用，社会数字化、网络化、智能化发展日趋深入，不仅促进了数字档案资源的快速增长，而且推动着数字档案馆个体、种群、群落、整体系统的发展与壮大，加强数字档案馆生态系统培育与管理研究，既是对数字档案馆理论研究的深化，也是大数据时代档案事业发展的内在要求，不仅有利于拓展数字档案馆研究视野，而且有利于推动数字档案馆生态系统建设，激活大数据时代社会档案信息消费，满足用户日益增长的多元档案信息利用需求。

（二）档案信息化的快速发展

信息化是信息技术发展的产物，"本质上是一个推动社会转型的过程，一个从工业社会向信息社会转变的过程"[②]，对人类社会的生产方式、生活方式、管理方式等产生深远影响。"随着世界多极化、经济全球化、文化多样化、社会信息化深入发展，全球治理体系深刻变革，谁在信息化上占据制高点，谁就能够掌握先机、赢得优势、赢得安全、赢得未来。"[③] 2006年3月，《2006—2020年国家信息化发展战略》提出我国信息化发展的战略目标为："综合信息基础设施基本普及，信息技术自主创新能力显著增强，信息产业结构全面优化，国家信息安全保障水平大幅提高，国民经济和社会信息化取得明显成效，新型工业化发展模式初步确立，国家信息化发展的制度环境和政策体系基本完善，国民信息技术应用能力显著提高，为迈向信息社会奠定坚实基础。"[④] 2015年7月，《国务院关于积极推进"互联网＋"行动的指导意见》提出，"'互联网＋'是把互联网的创新成果与经济社会各领域深度融合，推动技术进步、效率提升和组织变革，提升实体经济创新力和生产力，形成更广泛的以互联网为基础设施和创新要素

---

① 《中办国办印发〈"十四五"全国档案事业发展规划〉》，《中国档案》2021年第6期。
② 周宏仁：《信息化论》，人民出版社2008年版，第97页。
③ 中共中央办公厅、国务院办公厅：《国家信息化发展战略纲要》，《人民日报》2016年7月28日。
④ 中共中央办公厅、国务院办公厅：《2006—2020年国家信息化发展战略》（中办发〔2006〕11号）。

的经济社会发展新形态"。① 2016 年 7 月，《国家信息化发展战略纲要》指出，"当今世界，信息技术创新日新月异，以数字化、网络化、智能化为特征的信息化浪潮蓬勃兴起。没有信息化就没有现代化。适应和引领经济发展新常态，增强发展新动力，需要将信息化贯穿我国现代化进程始终，加快释放信息化发展的巨大潜能。以信息化驱动现代化，建设网络强国，是落实'四个全面'战略布局的重要举措，是实现'两个一百年'奋斗目标和中华民族伟大复兴中国梦的必然选择"。② 当前，"认识信息化，驾驭信息化，以信息化谋发展，也成为每一个国家在信息时代必须关注的重大主题"。③

随着国家信息化战略的持续推进与社会信息化建设的深度发展，档案信息化快速发展，数字档案馆建设广泛推进，推动着数字档案馆生态系统的形成与发展。"国家信息基础设施的建设、Internet 的迅速推广与普及、办公自动化与电子文件急增、'政府上网工程'的开展、'政府信息化先行'战略的实施，以及国外数字档案馆的发展和我国数字图书馆的发展等，都构成重要的外部力量，推动着我国档案信息化的发展。"④ 我国档案信息化建设肇始于 20 世纪 80 年代，发展至今主要经历了三个阶段：一是从 20 世纪 80 年代初开始至 20 世纪 80 年代末，早期的计算机辅助档案管理阶段；二是从 20 世纪 90 年代初开始到 21 世纪初，档案信息化准备阶段；三是 21 世纪以来，档案信息化发展阶段，计算机技术与网络技术的应用在档案管理工作中获得普及，几乎可以覆盖档案工作的各个工作环节。⑤ 自 1979 年起，中央档案馆、解放军档案馆、国家档案局科研所等机构积极尝试档案管理自动化课题研究和实验，开启了我国档案信息化进程。20 世纪 80 年代，部分档案馆开发、研制计算机档案管理系统，推进计算机技术在档案管理中的应用。1996 年，国家档案局成立"电子文件归

---

① 国务院：《关于积极推进"互联网+"行动的指导意见》（国发〔2015〕40 号）。
② 中共中央办公厅、国务院办公厅：《国家信息化发展战略纲要》，《人民日报》2016 年 7 月 28 日。
③ 周宏仁：《信息化论》，人民出版社 2008 年版，第 2 页。
④ 周耀林、赵跃等：《面向公众需求的档案资源建设与服务研究》，武汉大学出版社 2017 年版，第 125 页。
⑤ 中国档案学会自动化技术委员会：《我国档案信息化的发展与问题对策》，《档案学研究》2006 年第 1 期。

档与电子档案管理研究领导小组"，档案信息化逐步由自发进行转向自觉开展。2002 年，为适应国家信息化建设和档案事业发展要求，实施信息化带动策略，以档案信息化带动档案事业各项工作的开展，促进全国档案事业现代化水平的提高，《全国档案信息化建设实施纲要》（档发〔2002〕8 号）提出，"到'十五'末，各省、自治区、直辖市档案部门要努力建设并投入使用一批内部局域网，基本实现档案管理现代化和办公自动化"①。2004 年，国家信息化领导小组会议纪要明确将档案信息化列入国家信息化基础信息库的建设计划。2005 年，"国家数字档案建设与服务工程"（简称"金档工程"）作为"十一五"重大建设项目正式启动②。2017 年 4 月，国家档案局成立"档案信息化工作领导小组"，统一领导全国档案信息化工作，加强对档案信息化工作的总体设计、统筹协调、整体推进和督促落实，主要职责为："组织落实中央和有关主管部门有关信息化工作的指示要求，领导全国和局馆机关档案信息化工作，协调局馆各部门各事业单位的档案信息化工作；审定档案信息化工作发展规划及实施方案；制定有关档案信息化工作的法规、标准、规章；组织力量研究解决档案信息化工作中的重大问题；协调中央有关部门对档案信息化工作的支持。"③

新世纪以来，档案信息化建设备受重视，成为国家档案事业发展规划的重要内容和建设目标。2000 年，《全国档案事业发展"十五"计划》将"加快档案信息化建设"作为奋斗目标，提出"试点接收电子档案进馆，加快现有档案的数字化进程，在档案利用服务的数字化和网络化方面取得明显进展"。④ 2006 年，《档案事业发展"十一五"规划》将"档案信息化建设"列为主要任务，提出要"加大管理力度，全面整合各类档案资源，促进档案信息资源总量增加，质量提高，结构优化；加强多形式多层次共享平台建设，推进服务机制创新，促进档案信息资源的公开、共享和再利用，全面提升档案信息资源开发利用水平和能力；加快优化档案信息资源

---

① 国家档案局:《全国档案信息化建设实施纲要》,《中国档案》2003 年第 3 期。
② 周耀林、赵跃等:《面向公众需求的档案资源建设与服务研究》,武汉大学出版社 2017 年版,第 127—128 页。
③ 《总体设计 统筹协调 整体推进 督促落实 国家档案局成立档案信息化工作领导小组》,《中国档案》2017 年第 5 期。
④ 国家档案局、中央档案馆:《全国档案事业发展"十五"计划》(档发〔2000〕15 号)。

开发利用工作的保障环境，建立长效发展机制"。① 2011 年，《全国档案事业发展"十二五"规划》将"档案信息化工作"列为主要任务，提出"各级国家档案馆加快数字档案馆建设步伐，有条件的要完成数字档案馆建设，并提供网络信息服务"。② 2016 年，《全国档案事业发展"十三五"规划纲要》将"档案管理信息化"作为发展目标，提出"到 2020 年，初步实现以信息化为核心的档案管理现代化""全面推进档案资源存量数字化、增量电子化、利用网络化；创新档案信息化管理模式，加快与信息社会融合，以信息化为核心的档案管理现代化水平明显提升"。③ 2021 年，《"十四五"全国档案事业发展规划》发展目标和主要任务中提出，"档案信息化建设再上新台阶。档案信息化发展保障机制进一步完善，档案信息化建设进一步融入数字中国建设，新一代信息技术在档案工作中的应用更为广泛，信息化与档案事业各项工作深度融合，档案管理数字化、智能化水平得到提升，档案工作基本实现数字转型。""加快推进档案信息化建设，引领档案管理现代化"。④

随着档案信息化的持续推进，档案信息化体系业已形成，推动我国档案事业实现了跨越式发展。"目前，我国档案系统已经初步建成了以局域网、政务网、因特网为平台，以档案信息管理系统为支撑，以档案目录中心、基础数据库、档案利用平台、档案网站信息发布为基础，以《档案信息系统安全等级保护定级工作指南》《档案信息系统安全保护基本要求》等制度规范为保障的档案信息化体系。"⑤ 在档案信息化建设的推动下，数字档案馆建设快速发展，数字档案馆生态系统逐渐形成，需要在系统总结档案信息化建设基础上，深化数字档案馆生态系统研究，探索数字档案馆生态系统建设发展之路。

---

① 国家档案局、中央档案馆：《档案事业发展"十一五"规划》（档发〔2006〕4 号）。
② 国家档案局、中央档案馆：《全国档案事业发展"十二五"规划》（档发〔2011〕1 号）。
③ 国家档案局：《全国档案事业发展"十三五"规划纲要》，《中国档案》2016 年第 5 期。
④ 《中办国办印发〈"十四五"全国档案事业发展规划〉》，《中国档案》2021 年第 6 期。
⑤ 《回顾五年来历史性成就 找准新时代服务切入点——对标党的十九大报告看党的十八大以来档案事业发展成就》，《中国档案报》2017 年 12 月 25 日。

（三）数字档案馆建设的广泛推进

20世纪90年代以来，随着信息技术的发展，网络化社会形态逐步形成，数字化生存方式日趋凸显，档案信息的记录方式、存储方式、利用方式、传播方式发生了根本性转变，"档案馆也正从'纸与铁'的时代加速迈入'数与网'的数字时代"，[①] 数字档案馆应运而生，成为"一种新型的档案管理模式，是档案专业的重要知识领域，是未来档案管理的方向，关系到档案馆在档案事业中主体地位及其功能的发挥"。[②] 数字档案馆"是以现代信息技术为基础，利用各种技术手段收集、捕获有价值的数字档案信息资源，并将原有的馆藏档案信息数字化，通过网络相连接，建立分布式、跨地域的有序的信息资源管理系统，为用户提供各种信息服务"。[③]

2000年5月，国家档案局把"'数字档案馆工程研究与开发'作为本年度全国重点档案科技攻关计划下达给深圳市档案局与国家档案局科技所共同承担，并将其纳入国家档案局的'十五'规划，这也是我国第一个数字档案馆的研究与开发项目"。[④] 随着现代信息技术的快速发展与档案信息化的持续推进，"数字档案馆建设在各级国家综合档案馆率先启动。深圳、青岛是我国最早进行数字档案馆项目建设试点和规划的两个城市，并取得了大量的实践经验和理论成果。此后，北京、浙江、上海、天津、福建、江苏等地先后开展数字档案馆的规划和建设"。[⑤] 2010年6月，国家档案局发布《数字档案馆建设指南》，从"总体要求、管理系统功能要求、应用系统开发和与服务平台构建、数字档案资源建设、保障体系建设"[⑥] 等方面提出了数字档案馆建设要求，明确了数字档案馆的建设目标、建设原则和建设内容，为数字档案馆建设提供了标准规范和建设依据。2014年7月，国家档案局发布《数字档案室建设指南》，提出数字档案室的概念与

---

① 《回顾五年来历史性成就 找准新时代服务切入点——对标党的十九大报告看党的十八大以来档案事业发展成就》，《中国档案报》2017年12月25日。

② 金波、丁华东主编：《电子文件管理学》，上海大学出版社2015年版，第332页。

③ 金波、丁华东、倪代川：《数字档案馆生态系统研究》，学习出版社2014年版，第34页。

④ 方燕：《数字档案馆的研究与开发》，《档案学通讯》2001年第5期。

⑤ 金波、丁华东、倪代川：《数字档案馆生态系统研究》，学习出版社2014年版，第55页。

⑥ 国家档案局办公室：《数字档案馆建设指南》（档办〔2010〕116号）。

基本特征、建设原则与内容、基础设施建设、应用系统建设、数字档案资源建设、保障体系建设等建设要求。① 2014 年 11 月，国家档案局办公室印发《数字档案馆系统测试办法》，确立了数字档案馆系统测试指标，明确了"国家级数字档案馆"和"全国示范数字档案馆"认定要求。② 2017 年 9 月，国家档案局办公室印发《企业数字档案馆（室）建设指南》，提出企业数字档案馆（室）的概念与基本特征、建设目标与原则、基础设施建设、电子档案管理系统建设、数字档案资源建设、制度规范建设、安全保密体系建设、经费与人才保障、建设步骤等建设要求，规范企业数字档案馆（室）建设工作。③

2002 年，《全国档案信息化建设实施纲要》提出，"建设示范性数字档案馆。在总结深圳、青岛建设数字档案馆初步经验基础上，进一步在杭州市档案馆、天津开发区档案馆、江苏省电力公司档案馆等开展试点工作"。④ 2006 年，《档案事业发展"十一五"规划》提出，"建设较大规模的全国性、系统性、分布式、规范化的档案信息资源库群，建立一批电子文件中心和数字档案馆，实现档案信息资源社会共享"。⑤ 2011 年，《全国档案事业发展"十二五"规划》提出，"加快数字档案馆及电子文件（档案）备份中心建设，完成国家数字档案馆建设总体规划的编制工作，对电子档案进行安全有效的管理""各级国家档案馆加快数字档案馆建设步伐，有条件的要完成数字档案馆建设，并提供网络信息服务"。⑥ 2014 年，《关于加强和改进新形势下档案工作的意见》要求，"各地区各部门各单位要把数字档案馆（室）建设列入信息化建设整体规划，从人力、财力、物力上统筹安排，切实推进档案存储数字化和利用网络化"。⑦ 2016 年，《全国档案事业发展"十三五"规划纲要》提出，"持续推进数字档案馆建设。

---

① 国家档案局：《数字档案室建设指南》（档发〔2014〕4 号）。
② 国家档案局办公室：《数字档案馆系统测试办法》（档办发〔2014〕6 号）。
③ 国家档案局办公室：《企业数字档案馆（室）建设指南》（档办发〔2017〕2 号）。
④ 国家档案局、中央档案馆：《全国档案信息化建设实施纲要》，《中国档案》2003 年第 3 期。
⑤ 国家档案局、中央档案馆：《档案事业发展"十一五"规划》（档发〔2006〕4 号）。
⑥ 国家档案局、中央档案馆：《全国档案事业发展"十二五"规划》（档发〔2011〕1 号）。
⑦ 《中共中央办公厅国务院办公厅印发〈关于加强和改进新形势下档案工作的意见〉》，《中国档案》2014 年第 5 期。

积极响应数字中国建设，加快推进信息技术与档案工作深度融合"。① 2021 年，《"十四五"全国档案事业发展规划》提出，"加速数字档案馆（室）建设。推进机关、团体、企业事业单位和其他组织建设与业务系统相互衔接的电子档案管理信息系统。加大机关数字档案室建设力度，新增 30 家高水平的数字档案室。深入开展企业数字档案馆（室）建设，完成 50 家企业集团数字档案馆（室）建设试点。各级国家档案馆全面建成档案信息管理系统，大力推进数字档案馆建设，建设中央档案馆数字档案馆，新增150 家高水平的数字档案馆。加强大数据、人工智能等新一代信息技术在数字档案馆（室）建设中的应用，推动数字档案馆（室）建设优化升级。加强电子档案长期保存技术和管理研究，创建科学的可信存储与验证体系，保证电子档案真实性、完整性、可用性、安全性"。②

　　2013 年 10 月，全国数字档案馆（室）建设推进会在江苏太仓召开，会议交流总结了全国数字档案馆（室）建设的经验，明确未来数字档案馆（室）建设的目标和任务，要求重点做好以下工作："一是按照'存量数字化'的要求，大力推进传统载体档案数字化；二是按照'增量电子化'的要求，全面开展原生电子文件的归档、接收工作；三是按照《数字档案馆建设指南》和将要发布的《数字档案室建设指南》的要求，大力加强数字档案馆（室）的硬件、软件建设；四是按照'安全第一'的要求，全面提升数字档案馆（室）的抗风险能力；五是按照'服务为先'的要求，共同参与全国开放档案共享平台的建设；六是按照'保障有力'的要求，抓好数字档案馆（室）工作体制和机制建设。"③据统计，"截至 2015 年底，全国各级国家综合档案馆建设有 632 个数字档案馆，其中 12 家单位的数字档案馆系统通过全国示范数字档案馆测试；完成馆藏档案数字化 37542TB；保存包括文书类、数字录音录像、数码照片在内的电子档案 6897.4TB"。④ 2021 年底，"通过省级及以上档案主管部门认证的数字档案

---

① 国家档案局：《全国档案事业发展"十三五"规划纲要》，《中国档案》2016 年第 5 期。

② 《中办国办印发〈"十四五"全国档案事业发展规划〉》，《中国档案》2021 年第 6 期。

③ 《全国数字档案馆（室）建设推进会在江苏太仓召开》，《档案与建设》2013 年第 10 期。

④ 王忻、史书：《"数"说发展"图"现进步——党的十八大以来全国档案事业蓬勃发展》，《中国档案报》2017 年 8 月 14 日。

馆 307 个"① "全国各级档案部门按照数字档案馆建设工作要求，建成了一批区域领先、全国先进的数字档案馆，共建成 44 家全国示范数字档案馆和 107 家国家级数字档案馆。"②

二、研究意义

随着大数据、云计算、物联网与人工智能等现代信息技术的快速发展与档案信息化建设的系统推进，数字档案馆建设全面推进，数字档案馆生态系统逐步形成。探讨和分析数字档案馆生态系统培育与管理，从生态学视角对数字档案馆生态系统运行、培育与管理等展开系统研究，一方面从整体上思考数字档案馆生态系统，丰富和完善数字档案馆生态系统理论体系；另一方面从战略上规划数字档案馆生态系统建设，为数字档案馆建设实践和可持续发展提供指导。这既是数字档案馆生态系统研究的继承与深化，也是数字档案馆生态系统建设的内在需求与现实驱动，对数字档案馆研究、数字档案馆建设乃至档案学研究、档案事业发展具有重要理论意义和实践价值。

（一）探索数字档案馆生态系统建设

2000 年，"深圳数字档案馆系统工程的开发与研究"项目的启动，拉开了我国数字档案馆建设的序幕，经过"十五""十一五""十二五""十三五"期间的持续推进，我国数字档案馆建设取得了显著成效，已经形成国家综合数字档案馆、高校数字档案馆、行业数字档案馆和企业数字档案馆四大种群，数字档案馆生态系统正处于快速成长、逐步成熟的关键阶段；与此同时，数字档案馆生态系统也面临着生态失衡、生态疾病乃至生态灾难等制约其健康发展的现实威胁，制约着数字档案馆与社会信息生态系统、社会组织生态系统之间的融合发展与和谐共进；随着信息技术的广泛应用和智慧城市建设的快速推进，数字档案馆与社会信息利用需求之间的矛盾日趋突出。为此，迫切需要开展数字档案馆生态系统培育与管理研

---

① 国家档案局政策法规司：《2021 年度全国档案主管部门和档案馆基本情况摘要（二）》，2022 年 8 月 18 日，见 https://www.saac.gov.cn/daj/zhdt/202208/b9e2f459b5b1452d8ae83d7f78f51769.shtml。

② 冯剑波：《高质量推动全国数字档案馆建设》，《中国档案》2022 年第 4 期。

究，科学构建数字档案馆生态系统协调发展的保障机制，推动国家档案事业的可持续发展。

党的十九大报告提出，"牢固树立社会主义生态文明观，推动形成人与自然和谐发展现代化建设新格局"。[①] 我国"十三五"规划纲要提出的"创新、协调、绿色、开放、共享"新发展理念与生态思维休戚相关，既是新时期生态文明理念的集中体现，也是社会各项事业发展的指导思想。"数字档案馆生态系统培育与管理研究"通过引入生态学理论与知识，全面探究数字档案馆生态系统的发展态势、培育路径，以及战略管理、文化管理、协同管理、风险管理、生态管理等内容，系统探讨数字档案馆生态系统理论与实践，有利于深化数字档案馆生态系统研究内涵，指导国家数字档案馆建设。

当前，数字档案馆建设面临着重要发展机遇。一方面，社会信息化发展与国家信息化战略为数字档案馆建设提供了政策保障，另一方面，随着数字档案馆个体、种群快速成长，数字档案馆生态系统日趋成熟，迫切需要对数字档案馆生态系统进行全面分析和系统研究，强化数字档案馆生态系统建设的顶层设计，完善数字档案馆生态系统建设环境，着力解决数字档案馆建设发展过程中面临的地域不平衡、行业不平衡、层级不平衡等制约数字档案馆生态系统协调发展的核心问题，突破数字档案馆建设中的体制机制障碍，拓展数字档案馆生态系统发展空间，充分发挥数字档案馆生态系统的社会功能。

（二）完善数字档案馆理论体系

数字档案馆研究涉及档案学、信息学、管理学、计算机科学等学科领域，需要综合相关学科理论与知识，不断深化数字档案馆理论内涵，完善数字档案馆理论体系。当前，数字档案馆生态系统逐步壮大，但相关研究仍显现出理论水平有限、理论体系松散、理论深度不够等缺憾，迫切需要系统梳理数字档案馆建设现状，拓展数字档案馆研究题域，深化数字档案馆研究内涵，促进数字档案馆研究创新，推动数字档案馆生态系统建设。

---

① 习近平:《决胜全面建成小康社会夺取新时代中国特色社会主义伟大胜利——在中国共产党第十九次全国代表大会上的报告》，人民出版社 2017 年版，第 50—52 页。

　　"数字档案馆生态系统培育与管理研究"既是数字档案馆生态系统建设的内在需求，也是数字档案馆理论发展的客观要求，具有前瞻性、理论性和实践性。课题研究聚焦数字档案馆生态系统建设，以生态系统理论与思想为指导，面向未来；以数字档案馆生态系统结构为分析依据，着力探索数字档案馆生态系统培育内涵、功能与路径；以数字档案馆生态系统功能实现为研究基点，系统探究数字档案馆生态系统战略管理、文化管理、协同管理、风险管理与生态管理，科学构建数字档案馆生态系统管理体系。

　　"数字档案馆生态系统培育与管理研究"引入生态学思想，将数字档案馆视作人工生态系统，借鉴相关学科理论与知识，研究探索数字档案馆生态系统的发展态势、培育路径与科学管理，不仅是对数字档案馆生态系统理论研究的继承与发展，而且拓展了数字档案馆研究题域，拓宽了数字档案馆研究视野和研究空间，弥合数字档案馆理论与实践的现实隔阂。课题研究具有综合性、交叉性和理论性，在汲取生态学、管理学、社会学、信息学等学科理论与思想基础上，多维度思考数字档案馆生态系统建设研究，不断推动数字档案馆生态系统研究理论创新，开辟数字档案馆研究新的学术增长点，不断完善数字档案馆理论体系，为数字档案馆建设发展提供现实支持和发展动力。主要体现在：一是以生态系统理论为基础，将数字档案馆视作有机生命体，拓展数字档案馆研究题域，对数字档案馆生态系统建设进行理论探索和实践分析，深化数字档案馆生态系统研究内涵，为国家数字档案馆建设发展提供理论指导与决策依据。二是面向数字档案馆未来发展，瞄准大数据、云计算、区块链、"互联网＋"、人工智能等现代信息技术发展前沿，紧跟数字化、网络化、信息化发展趋势，分析数字档案馆生态系统面临的机遇和挑战，研究数字档案馆生态系统智能化发展、融合发展与可持续发展的内涵、特征与规律，对接国家信息化建设战略。三是聚焦数字档案馆生态系统培育，研究探索数字档案馆生态系统的培育机制及其主体培育、客体培育、数字档案资源培育等，提高数字档案馆生态因子活力，推动数字档案馆生态系统发展演化。四是探索构建数字档案馆生态系统管理体系，完善数字档案馆生态系统管理技术与方法、管理体制与机制，实现数字档案馆生态系统科学管理。

（三）推动数字档案馆发展

现代信息技术和网络社会的快速发展，不仅对档案工作理念、技术、方法及其管理模式产生了深远影响，为新时期国家档案事业发展带来了战略机遇；而且促使"档案日益成为国家基础性战略资源，档案工作领域更加广泛、内容更加丰富、需求更加多样，地位和作用越来越重要"。[①] 数字档案馆作为档案馆发展的方向，其建设不仅是新时期国家档案事业发展的重要内容，而且是一项长期而复杂的系统工程，其涉及范围广，建设内容多，技术要求高，"需要各业务部门、档案管理部门以及其他相关单位的共同参与"[②]。由此可见，确保数字档案馆建设的健康发展，"实现'数字转型''数字升级''数字换代'，在全国档案系统形成'数字导向'，推动建成更多的数字档案馆（室），让我国档案事业实现适应时代的、跨越式'数字崛起'，成为真正档案强国"[③]，既需要档案部门积极开展实践探索，推动数字档案馆建设发展；也需要研究者积极参与，深化数字档案馆理论研究，为数字档案馆建设提供理论阐释和决策支持。

当前，数字档案馆建设正处于战略机遇期，从生态学视野观察和思考数字档案馆建设，聚焦数字档案馆生态系统的培育与管理，探索数字档案馆生态系统培育路径、运行机制、管理体制、管理技术、管理方法和管理手段等内容，促进数字档案馆生态系统智能化发展、融合发展与可持续发展，从宏观上指导国家数字档案馆建设实践，提高数字档案馆管理运行效率。这不仅有利于拓展数字档案馆社会生存空间，提升数字档案馆社会生态位；而且有利于对接"'互联网＋'行动计划""国家大数据战略""国家信息化发展战略"，提升国家文化软实力与信息竞争力，促进文化繁荣，建设创新中国。

开展数字档案馆生态系统培育与管理研究，一方面，通过"微观与宏观的结合，突破单纯的数字档案馆个体系统研究，在社会系统和信息化进程中考察和分析数字档案馆生态种群的演化与繁育，便于从整体和全局的

---

① 国家档案局：《全国档案事业发展"十三五"规划纲要》，《中国档案》2016 年第 5 期。
② 国家档案局办公室：《数字档案馆建设指南》（档办〔2010〕116 号）。
③ 杨冬权：《在全国数字档案馆（室）建设推进会上的讲话》，《中国档案》2013 年第 11 期。

高度把握数字档案馆在国家和社会发展中的地位及其建设要求"[1]，深化数字档案馆生态研究，厘清数字档案馆发展方向，为数字档案馆建设提供理论阐释和战略思考；另一方面，通过"技术因素与非技术因素的结合，突破技术的单向思维，在强调技术因素的同时，更加深刻思考各种非技术因素（如人文因素、政策因素和制度因素等）对数字档案馆建设和健康运行的影响，促进政治、经济、文化、法律、教育等方面的均衡投入，建构完善的数字档案馆理论框架和实践工作体系"[2]，优化数字档案馆建设环境，防范数字档案馆建设风险，增强数字档案馆公共服务能力，拓展数字档案馆发展空间，为数字档案馆建设提供决策支持和行动方案。

三、研究内容

数字档案馆作为一种人工生态系统或社会生态系统，其生态构成涉及个体、种群、群落以及生态系统四个层次。运用仿生学，将数字档案馆研究对象分为数字档案馆个体、种群、群落与整体系统。其中，数字档案馆个体为独立的数字档案馆组织，如北京市数字档案馆、青岛市数字档案馆、常熟市数字档案馆、中国石油数字档案馆、重庆大学数字档案馆等；数字档案馆种群为同类数字档案馆组成的数字档案馆群体，可分为国家综合数字档案馆、高校数字档案馆、行业数字档案馆、企业数字档案馆等种群；数字档案馆群落为同一地区内各类数字档案馆组成的数字档案馆复合体，如上海地区数字档案馆，即由上海市范围内各级国家综合数字档案馆、各个高校数字档案馆、各种企业数字档案馆等组成的区域性数字档案馆；数字档案馆整体系统为一定区域内各类数字档案馆与环境共同组成的数字档案馆复合体。[3]

数字档案馆生态系统是用生态系统理论与方法研究数字档案馆的结构、环境与运行，为数字档案馆建设发展和良性运行提供理论参考。"数字档案馆生态系统是指数字档案馆空间范围内的人与其生存环境相互作用

---

[1]　金波、丁华东、倪代川:《数字档案馆生态系统研究》,学习出版社2014年版,第15页。

[2]　金波、丁华东、倪代川:《数字档案馆生态系统研究》,学习出版社2014年版,第15页。

[3]　金波、丁华东、倪代川:《数字档案馆生态系统研究》,学习出版社2014年版,第95页。

而形成的统一复合体"①，既可以是微观上的数字档案馆个体，也可以是宏观上的数字档案馆群体。数字档案馆生态系统结构是分析数字档案馆生态系统的基础，包括数字档案馆生态系统主体、客体以及数字档案资源三大部分。其中，数字档案馆生态系统的主体由档案形成者、档案管理者、档案利用者等生态因子构成；数字档案馆生态系统的客体即生存环境，由数字档案馆宏观环境、中观环境、微观环境等环境生态因子组成；数字档案资源是数字档案馆生态系统核心生态因子，主要由电子档案、档案数据、数字化档案、网络档案资源等生态因子构成。鉴于数字档案资源的特殊地位，本课题研究将"数字档案资源"作为数字档案馆生态系统结构的三大核心内容之一，旨在突出数字档案资源在数字档案馆生态系统建设中的战略作用。

随着档案信息化进程的快速推进，一方面，数字档案馆建设蓬勃开展，数字档案馆生态系统日趋完善，逐渐呈现出智能发展、融合发展与可持续发展等态势，在国家档案事业发展中占据重要地位；另一方面，数字档案馆也面临着发展不平衡、不充分的现实矛盾，制约着国家档案事业的整体发展，难以满足用户日益增长、日趋多元的档案信息利用需求。为此，本书立足数字档案馆建设实践，运用生态系统理论和管理科学思想对数字档案馆生态系统进行深层次揭示，全面阐释数字档案馆生态系统发展态势，系统探索数字档案馆生态系统培育路径与管理方式、方法、手段，为数字档案馆生态系统建设提供理论支持与决策依据。研究内容主要体现在以下三个方面。

（一）数字档案馆生态系统发展态势研究

随着信息技术广泛应用、社会信息化全面推进与网络社会深入发展，数字档案馆建设步伐加快，数字档案馆个体功能不断完善、种群规模不断扩大、群落分布不断增长、整体系统初步显现，迫切需要立足当前数字档案馆生态系统面临的发展机遇与现实挑战，全面分析数字档案馆生态系统发展态势的内涵、特征与规律，推动新时代国家档案事业可持续发展。

---

① 金波、丁华东、倪代川：《数字档案馆生态系统研究》，学习出版社 2014 年版，第 121 页。

1. 智能化发展

随着现代智能技术的快速发展与广泛应用，泛在网络、万物智能、人机交互正日渐融入人们的生活，智能化治理、智慧化服务不断推进，实现从数据社会向智能社会的转变，为数字档案馆生态系统的智能化发展创造了历史机遇。当前，数字档案馆生态系统智能化突出表现为管理方式智能化、服务模式智能化和主体互动虚拟化，其发展态势集中体现在档案资源的智能整合、档案业务的智能管理、档案利用的智能服务与档案机构的智慧发展四个方面。数字档案馆生态系统智能化发展的核心在于作为数字档案馆生态系统主体的档案人以智能化技术为手段，以数字档案资源为载体，以数字档案资源长期存储和档案信息资源利用服务为目标，实现数字档案馆与社会环境之间的无缝链接，全面提升泛在网络社会的档案治理能力和档案信息服务能力，促进数字档案馆生态系统与社会生态系统之间的协调运行与和谐共生。

2. 融合发展

随着信息网络技术的广泛应用，融合已经成为现代社会的重要特征，是国家经济建设与社会发展运行的内在要求。数字档案馆生态系统作为社会生态系统的组成部分，在运行演化过程中，通过物质循环、能量流动、信息传递和价值转化与外部环境互动交流，与社会、政治、经济、文化等各项事业呈现出融合发展的态势。随着数字档案馆生态系统与社会生态系统之间的协调适应和协同运行，融合发展日趋深化，突出表现在技术融合、资源融合、文化融合、服务融合等方面。数字档案馆生态系统融合发展是指在网络社会深入发展中，数字档案馆生态系统内部各生态因子之间协同互动，与外部环境之间相互影响、相互促进、相互依存，推动数字档案馆生态系统与社会生态系统的协调运行。数字档案馆生态系统融合发展主要包括内部融合与外部融合两个方面：内部融合旨在通过数字档案馆生态系统生态因子之间的协同互动，推动数字档案馆个体、种群之间的融合以及数字档案馆与传统档案馆的融合等，实现数字档案馆与国家档案事业之间的融合发展；外部融合旨在通过数字档案馆与其所处的生存环境之间的开放、互动、交流与合作，促进数字档案馆生态系统与外部环境之间的共生、共建与共享，拓展数字档案馆社会发展空间，提高数字档案馆生态系统的社会竞争力。

3. 可持续发展

可持续发展不仅是现代社会发展的基本特征，更是一种战略思维，体现了人们对经济社会发展的认识深化，具有很强的指导价值。数字档案馆生态系统可持续发展是指在数字档案馆生态系统建设过程中，秉承创新思维，不断优化资源配置，保障数字档案馆收管存用等工作的协调运行，降低管理成本，增强系统活力，提高数字档案馆生态系统运行效率，满足不断增长的社会档案信息利用需求。数字档案馆生态系统可持续发展突出表现在社会档案意识明显增强、现代信息技术广泛应用、档案资源体系持续优化、档案信息服务不断创新、档案法治环境日趋完善等方面。数字档案馆生态系统可持续发展内涵丰富，具有较强的现实关怀，需要不断优化数字档案馆信息环境，持续推进数字档案资源建设，完善数字档案馆生态系统功能结构，保障档案用户利用权利，与政治、经济、文化、社会、生态等发展相协调，实现档案事业的可持续发展。

（二）数字档案馆生态系统培育研究

当前，大数据、云计算、"互联网+"、人工智能等现代信息技术快速发展，对档案工作理念、技术、方法及其管理模式产生了深远影响，为新时期国家档案事业发展带来了战略机遇；同时，对档案信息安全保密、长期保存、有效利用等也带来了严重挑战。本书聚焦数字档案馆生态系统建设面临的机遇与挑战，强化数字档案馆生态系统培育思维，对数字档案馆生态系统整体发展实施人工干预，增强数字档案馆风险抵御防范能力，完善数字档案馆生态系统结构功能，为数字档案馆生态系统建设提供行动方略。

1. 培育内涵

培育是数字档案馆生态系统发展演化的内在要求，有利于破解数字档案馆生态系统建设过程中存在的各类风险因素，为数字档案馆生态系统发育成长创造良好的内外部环境。数字档案馆生态系统培育是指利用生态学思想、管理科学理论和现代信息技术，对数字档案馆建设进行顶层设计与整体规划，优化数字档案馆生存环境，推动数字档案馆生态系统发展演化，推进数字档案馆生态系统与社会生态系统整体协同演进。数字档案馆建设是一项复杂的系统工程，需要优化数字档案馆生存环境，构筑数字档案馆生态系统调控机制和监管体系，维护数字档案馆生态安全，提高数字档案馆社会竞争力。

2. 培育路径

数字档案馆生态系统培育需要根据数字档案馆建设现状与发展态势进行战略部署，着重从主体人、客体环境和档案资源三个方面构建数字档案馆生态系统培育内容体系，为数字档案馆生态系统建设提供行动指南。其中，主体路径着重培育档案人的档案意识、历史意识、文化意识、政治意识、职业意识以及创新思维等主体性意识；客体路径重点聚焦社会环境、运行机制、基础设施等方面，优化数字档案馆生态环境，促进数字档案馆生态系统健康运行；档案资源路径以数字档案资源建设为核心，重点从档案资源建设机制、体系、内容等方面进行培育，建立覆盖人民群众的档案资源体系。

（三）数字档案馆生态系统管理研究

数字档案馆生态系统管理旨在立足数字档案馆建设发展实践，以现代管理理论为指导，科学构建数字档案馆生态系统管理体系，为数字档案馆建设实践与理论研究提供目标导向。随着数字档案馆生态系统的逐步壮大，数字档案馆生态系统也面临着生态失衡、生态疾病等制约其协调发展的现实威胁，存在着数字档案馆个体建设与整体系统发展、数字档案馆建设与社会协调发展、数字档案馆海量资源与文化功能实现等之间的现实矛盾，制约数字档案馆生态系统良性运行与协调发展。为此，需要强化科学管理思维，深入探析数字档案馆生态系统管理内涵，破解数字档案馆生态系统风险威胁，提升数字档案馆社会生态位。围绕数字档案馆生态系统发展态势与培育路径，探索构建数字档案馆生态系统管理体系，以战略管理为核心，强化数字档案馆生态系统顶层设计；以文化管理为驱动，提升数字档案馆生态系统文化内涵；以协同管理为手段，激活数字档案馆生态系统活力；以风险管理为保障，增强数字档案馆生态系统风险抵御防范能力；以生态管理为导向，促进数字档案馆生态系统可持续发展，提升数字档案馆生态系统科学管理水平。

1. 战略管理

随着数字档案馆建设的持续推进和数字档案馆生态系统的蓬勃发展，

需要强化战略思维，实施战略管理，加强数字档案馆生态系统建设的顶层设计和系统规划，从宏观上整体推进国家数字档案馆建设发展，充分发挥数字档案馆的社会功能。数字档案馆生态系统战略管理旨在以战略管理理论为指导，对数字档案馆生态系统内外部环境进行战略分析，制定数字档案馆生态系统战略规划、战略目标与实施路径，为数字档案馆生态系统的良性运行和健康发展提供战略支撑。数字档案馆生态系统战略管理是围绕数字档案馆总体发展、长远发展、系统发展而实施的宏观管理策略，有利于明确数字档案馆生态系统建设的顶层设计和实施路径，为国家数字档案馆建设提供决策支持；有利于优化资源配置，促进数字档案馆个体、种群、群落与整体系统的发展壮大；有利于提高档案工作者的战略思维，增强档案工作者的整体意识、全局意识和创新意识，提高信息化环境下档案管理能力；有利于主动对接国家信息化发展战略，打造数字档案馆核心竞争力，实现数字档案馆生态位的跃升。

2. 文化管理

数字档案馆保管着人类文化的"母资源"，肩负着传承民族优秀文化、发展社会先进文化的重要使命。目前，数字档案馆的文化功能未能充分发挥，文化价值未能充分展示，档案工作者文化意识相对薄弱，数字档案馆社会文化地位还不高，迫切需要强化文化管理，加强文化建设，厚植数字档案馆文化功能，充分发挥档案资源的文化价值，满足社会档案文化利用需求。数字档案馆生态系统文化管理是指通过构建数字档案馆组织文化，凝聚共同价值观，发挥组织文化的协调功能、引导功能和激励功能，激发档案工作者的主动性与能动性，推动资源文化、技术文化、服务文化、协同文化和知识文化的形成与传播，提升数字档案馆的信息竞争力与文化影响力。数字档案馆生态系统文化管理包括主文化与亚文化两个方面。其中，主文化是指数字档案馆的组织文化，是数字档案馆生态系统文化管理的核心；亚文化是指数字档案馆具体工作实践中产生的资源文化、技术文化、协同文化、服务文化、知识文化等，与组织文化共同构成了数字档案馆生态系统文化管理体系。数字档案馆生态系统文化管理有利于提升档案工作者文化意识，激活数字档案资源文化价值，弘扬人类文化，传承民族记忆，夯实数字档案馆文化功能，促进社会档案文化消费，推动文化创新与文化繁荣。

3. 协同管理

数字档案馆生态系统是一个人工生态系统，具有整体性、复杂性、驱动性、动态性、开放性和异质性等特点，需要强化协同管理，推进数字档案馆生态系统良性运行和协同演进。数字档案馆生态系统协同管理强调以协同理论为指导，以优化数字档案馆生态系统功能为目标，运用计算机技术、网络技术、大数据技术、人工智能技术等现代信息技术，强化数字档案馆生态系统内部各生态要素之间的组织、协调和配合，促进各生态要素之间密切协作、互动交流，建立"竞争—合作—协调"的协同运行机制，使数字档案馆生态系统形成一个紧密的自组织体系，以不同的序参量为工作重点，促使数字档案馆生态系统从一种相变状态向另一种更高级的相变状态转化，拓展数字档案馆生存发展空间，提升数字档案馆社会生态位。数字档案馆生态系统协同管理的实施，需要充分协调数字档案馆生态系统主体之间、客体之间以及主客体之间的关系，通过推进目标协同、资源协同、机制协同、技术协同、人才协同与服务协同，构建数字档案馆资源整合模式、系统集成模式、服务创新模式与社会参与模式等协同管理模式，建立协调运行、和谐共存的数字档案馆生态系统协同管理体系。

4. 风险管理

数字档案馆潜在安全风险因素量大面广，不利于数字档案资源的长期保存和信息安全，对数字档案信息的真实性、完整性、长期可读性带来了严峻挑战。树立风险意识，加强风险管理，提高风险治理水平，已经成为数字档案馆风险管理的重要内容。数字档案馆生态系统风险管理是一种指挥或控制组织的协调活动，是在风险识别、风险分析与风险评价等基础上，积极采用相应的风险应对策略，规避和化解数字档案馆生态系统建设发展中的各类风险，保障数字档案馆生态系统健康运行。当前，数字档案馆面临的内外部环境日趋复杂，危及数字档案资源安全的传统风险与非传统风险因素日益增多，迫切需要强化安全保密意识，科学构建数字档案馆风险管理体系与应对策略，防范数字档案信息失真、失效、失读、泄密、丢失等风险，做到思想上重视、行动上自觉、措施上到位，筑牢数字档案馆生态系统安全防控体系，保障数字档案资源的长期保存与有效利用，提高数字档案馆风险管理能力。

5.生态管理

数字档案馆生态系统在成长发展过程中，难免会遇到各种生态威胁，需要通过生态管理破解生态系统中存在的各种问题。数字档案馆生态系统生态管理是指运用生态管理原理和方法，力图平衡数字档案馆发展和生存环境之间的关系，促进数字档案馆生态系统的生态平衡和健康运行。当前，数字档案馆生态系统建设过程中，存在着建设区域不平衡、建设层级不平衡、建设主体不平衡、建设效益不平衡、保密控制不平衡等生态疾病或生态失衡现象，需要强化生态管理，促使各生态因子之间相互支持、相互适应与相互协调，增强数字档案馆生态系统的调控能力和保障机制，防范调控数字档案馆生态失衡。数字档案馆生态系统生态管理包括低碳管理、伦理管理、资源管理、人文管理、效益管理等内容，系统探索数字档案馆生态管理体制机制与实践路径，科学应对数字档案馆生态系统中的失衡问题，协调数字档案馆发展与生态环境之间的冲突，提高数字档案馆生态管理效率，助力生态文明建设。

第一章　数字档案馆生态系统发展态势

随着社会信息化的全面发展与深层渗透，"大、云、平、移"（即大数据、云计算、平台、移动互联网）等新技术广泛应用，已经融入社会发展的方方面面，深刻影响和改变着人们的生活方式和生产方式。数字档案馆是档案信息化建设的重要实践载体，已经成为新时期国家档案事业发展的重要内容，并驱动数字档案馆生态系统逐渐形成。在社会发展与技术进步的共同作用下，数字档案馆生态系统智能化发展、融合发展、可持续发展等态势日趋增强，迫切需要立足当前数字档案馆生态系统面临的发展机遇与现实挑战，科学揭示数字档案馆生态系统发展态势的内涵、特征与规律，推动档案事业高质量发展。

一、数字档案馆生态系统发展环境

随着数字档案资源的大量生成，数字档案馆已经成为国家档案资源收集存储、整合利用的重要基地，在国家档案事业发展中地位日益凸显。2014年2月，"国家档案局数字档案馆（室）建设领导小组"正式成立，负责全面领导数字档案馆（室）建设，统筹规划全国数字档案馆（室）建设工作，审定数字档案馆（室）建设的法规、标准与管理办法，审定数字档案馆（室）建设发展规划和分阶段实施方案，研究解决数字档案馆（室）建设中的重大难题与问题等[①]。当前，在国家档案信息化建设的全面推进下，无论是数字档案资源的数量与质量，还是数字档案馆的建设规

---

① 《国家档案局数字档案馆（室）建设领导小组近日成立》，《中国档案报》2014年2月14日。

模、功能结构与系统运行，均取得了显著发展，为数字档案馆生态系统的形成与发展奠定了坚实基础。

（一）数字档案馆生态系统发展动力

20世纪90年代以来，数字档案馆研究和建设在国内外得到不断强化，"数字档案馆种群呈现普遍生长的势头"[①]。国外方面，美国、英国、加拿大、澳大利亚、日本、俄罗斯等国，数字档案馆建设开展较早，积累经验较丰富，数字档案馆种群数量相对较多。国内方面，随着2000年、2001年"深圳数字档案馆系统工程的研究与开发"与"青岛数字档案馆工程"的先后立项，各类型数字档案馆不断涌现，呈现出国家综合数字档案馆种群、企业数字档案馆种群、高校数字档案馆种群、行业数字档案馆种群等发展态势[②]。目前，数字档案馆生态系统正面临着重大发展机遇，突出表现在数字档案馆建设的政策保障、技术驱动、资源剧增以及用户成长四个方面，为数字档案馆生态系统的健康运行提供动力支持。

1. 政策动力

政策是推动我国档案事业可持续发展的重要动力，具有较强的规范性和指导性。通过制定行业发展政策，确定未来一定时期内国家档案事业发展的目标、实施的规划、完成的任务、施行的工作方式、步骤以及具体措施等，指导全国档案事业建设与发展。冯惠玲等认为，"长期以来，政策在中国集中统一的档案管理体制中借助行政推动力已经发挥了重要的作用"[③]，这不仅反映了政策有利于促进我国档案集中统一管理体制的实施，而且表明政策在我国档案事业发展中的重要地位和作用。数字档案馆生态系统的形成与发展，是国家档案事业发展的重要体现，是网络环境下档案事业发展的基本态势，对档案事业发展政策依赖性较强，需要国家在数字档案馆建设方面给予政策支持。

随着数字档案馆建设的持续推进，国家档案行政管理部门一直重视制定数字档案馆发展政策，不仅在各类档案事业发展政策性文件中对数字档

---

① 金波、丁华东、倪代川：《数字档案馆生态系统研究》，学习出版社2014年版，第136—142页。

② 金波、丁华东、倪代川：《数字档案馆生态系统研究》，学习出版社2014年版，第152—163页。

③ 冯惠玲、刘越男等：《电子文件管理国家战略》，中国人民大学出版社2011年版，第194页。

案馆建设提出具体要求，而且制定了《数字档案馆建设指南》《数字档案室建设指南》《企业数字档案馆（室）建设指南》《数字档案馆系统测试办法》《数字档案室建设评价办法》等制度文件来规范和引导国家数字档案馆（室）建设的有序开展。数字档案馆生态系统建设与发展同样需要国家档案政策的支持，主要体现在政府文件、发展规划、建设指南、业务规范等政策方面，它们共同构成数字档案馆生态系统发展的政策环境体系，是数字档案馆生态系统建设与发展的动力保障。

（1）政府文件

文件是现代政府对政治、经济、社会、文化等实施管理的重要手段，反映了政府的意志，具有较强的指导性和约束性，对社会方方面面发展具有宏观指导作用。新世纪以来，政府对档案信息化、数字档案资源、数字档案馆、数字档案室等建设制定了一系列文件，有效推动了我国数字档案馆的建设与发展，为数字档案馆生态系统的形成与壮大奠定了政策基础。

2002 年，国家档案局、中央档案馆为了适应国家信息化建设和档案事业发展，颁布《全国档案信息化建设实施纲要》（档发〔2002〕8 号），提出"本着统筹规划、统一标准、分级建设、安全保密的原则，加快档案信息化基础设施建设，加强电子文件归档和电子档案的规范化管理，推动馆藏档案的数字化和数据库建设，在部分中心城市建设示范性数字档案馆，开展公众网上查询档案信息服务，加快推进档案信息化标准体系、安全保障体系和人才队伍建设"。[①] 通过档案信息化建设带动档案事业各项工作的同步开展，促进档案事业现代化水平的提高，为国家数字档案馆建设拉开了帷幕。

2005 年，为贯彻《中共中央办公厅国务院办公厅关于加强信息资源开发利用工作的若干意见》（中办发〔2004〕34 号）文件精神，《国家档案局中央档案馆关于加强档案信息资源开发利用工作的意见》（档发〔2005〕1 号）正式颁布，指导国家档案信息资源开发利用工作的开展，并对数字档案馆建设的一些基础性工作进行了科学部署，促进了数字档案馆建设的开展，提出"本着'利用优先、分步实施'的原则，有序推进传统载体档案数字化进程。优先完成文件级机读目录数据采集任务，逐步推进全文信

[①] 《全国档案信息化建设实施纲要》，《中国档案》2003 年第 3 期。

息采集。加强档案部门内部局域网建设，开发和应用统一规范的档案信息管理系统，建立馆藏档案的规范化管理和利用平台"；"逐步在全国建立起区域性、多层次、分布式、规范化的各类档案数据库群，并通过各类信息网络平台实现档案信息资源共享"；"加强档案网站建设，充分利用互联网为社会公众提供已公开档案信息、已公开现行文件及其他政府公开信息服务"；"建立健全档案数字化、网站运行、数据库管理等各项工作规章制度。采取有效措施和技术手段，保证数字档案信息管理系统运行安全、可靠"等[①]，为数字档案馆个体的形成奠定了基础。

2014年5月，中共中央办公厅与国务院办公厅联合印发《关于加强和改进新形势下档案工作的意见》（中办发〔2014〕15号），对新形势下国家档案事业发展进行了全面部署，指出"档案作为党和国家各项工作和人民群众各方面情况的真实记录，是促进我国各项事业科学发展、维护党和国家及人民群众根本利益的重要依据。档案工作是党和国家工作中不可缺少的基础性工作，做好档案工作是各地区各部门各单位的重要职责"；提出"以建立健全覆盖人民群众的档案资源体系、方便人民群众的档案利用体系、确保档案安全保密的档案安全体系为目标，进一步完善档案工作体制机制，加大对档案工作的支持保障力度，推动档案事业科学发展"；要求"建立标准，采取措施，确保电子文件、电子档案长期保存和利用""加快推进传统载体档案数字化""搭建全国开放档案平台，并与政府公开信息系统对接，实现资源共享"等[②]，为新形势下数字档案馆建设提供政策保障。

2016年11月，中共中央办公厅、国务院办公厅联合印发《国家电子文件管理"十三五"规划》，提出"电子文件是信息时代政府管理、经济运行、社会运转和历史传承的重要工具和载体，是国家的核心战略资源。电子文件管理是新时期国家治理的一项基础性工作"，要求"支持国家档案行政管理部门持续推进数字档案馆建设，加强电子档案长期保存技术研究与应用。推进电子档案开放，加快电子档案资源开放共享"，[③]为数字档

---

① 国家档案局、中央档案馆:《关于加强档案信息资源开发利用工作的意见》(档发〔2005〕1号)。

② 《中共中央办公厅国务院办公厅印发〈关于加强和改进新形势下档案工作的意见〉》,《中国档案》2014年第5期。

③ 中共中央办公厅、国务院办公厅:《国家电子文件管理"十三五"规划》(厅字〔2016〕37号)。

案馆生态系统建设指明了方向。

（2）发展规划

我国历来重视通过国家层面的发展规划来推动各项事业可持续发展，档案事业也不例外。围绕档案事业发展制订的计划、规划等已经成为推动数字档案馆生态系统建设与发展的重要政策动力，不仅促进了国家档案事业的整体发展，而且在数字档案馆建设方面，通过间接与直接的宏观安排（如电子文件／电子档案管理、档案信息化、档案资源数字化、档案服务网络化以及数字档案馆建设等），推动了数字档案馆生态系统的形成与发展。纵观档案事业发展的"十五""十一五""十二五""十三五""十四五"规划（或计划），均对数字档案馆建设及其基础性工作做出了具体部署和目标引导。

2000年，《全国档案事业发展"十五"计划》（档发〔2000〕15号），提出"加快档案信息化建设。研究制定电子文件归档和电子档案管理的制度与办法，积极推广国家标准《CAD 电子文件光盘存储、归档与档案管理要求》，试点接收电子档案进馆，加快现有档案的数字化进程，在档案利用服务的数字化和网络化方面取得明显进展"。[①]

2006年，《档案事业发展"十一五"规划》（档发〔2006〕4号），提出"以国家档案资源建设为核心，以档案信息化建设为重点，以档案法制建设为保障，依托科技、教育和人才建设，加大档案开放力度，优化档案信息资源共享环境，不断提升档案部门服务各项建设事业的能力，促进档案事业与经济社会协调发展"为指导思想；将"建设较大规模的全国性、系统性、分布式、规范化的档案信息资源库群，建立一批电子文件中心和数字档案馆，实现档案信息资源社会共享"等作为总体目标；要求把"充分利用信息化手段，对国家综合档案馆馆藏档案进行数字化加工和数据资源整合。制定统一标准，规范档案数字化与网络化建设，按照共建共享、互联互通的要求，建立与完善国家档案信息目录数据库、纸质档案全文数据库和多媒体档案数据库等各类档案数据库，适时启动数字档案建设与社会化服务工程。规范电子文件归档、管理与接收工作，建立健全电子档案接收机制和相关规章制度。利用电子政务网络平台进行政府公开信息的网

---

① 国家档案局、中央档案馆：《全国档案事业发展"十五"计划》（档发〔2000〕15号）。

上数据传输、采集和档案发布。进一步推进电子文件中心和数字档案馆建设"作为档案信息化建设主要任务。①

2011年，《全国档案事业发展"十二五"规划》（档发〔2011〕1号），提出的目标、任务包括："加快数字档案馆及电子文件（档案）备份中心建设，完成国家数字档案馆建设总体规划的编制工作，对电子档案进行安全有效的管理"；"贯彻落实国家有关电子文件管理、数字档案馆建设的文件精神，加强以计算机网络设备和数据库为主要内容的档案信息化基础建设"；"根据电子文件管理和数字档案馆建设的功能要求，配备和开发档案数据库管理系统、电子文件归档管理系统、电子档案移交管理系统、数字档案信息发布利用系统等"；"推进传统载体档案数字化、电子文件接收、重要数字信息采集等数字档案资源建设"；"电子文件（档案）备份中心建设，落实电子文件的异质、异地备份制度"；"国家档案馆加快数字档案馆建设步伐，有条件的要完成数字档案馆建设，并提供网络信息服务"。②

2016年，《全国档案事业发展"十三五"规划纲要》（档发〔2016〕4号），明确提出"持续推进数字档案馆建设"，要求"积极响应数字中国建设，加快推进信息技术与档案工作深度融合。到2020年，全国地市级以上国家综合档案馆要全部建设成具有接收立档单位电子档案、覆盖馆藏重要档案数字复制件等功能完善的数字档案馆；全国50%的县建成数字档案馆或启动数字档案馆建设项目；全国省级、地市级和县级国家综合档案馆馆藏永久档案数字化的比例，分别达到30—60%、40—75%和25—50%。编制数字档案馆业务系统功能需求标准；采用大数据、智慧管理、智能楼宇管理等技术，提高档案馆业务信息化和档案信息资源深度开发与服务水平。开展企业示范数字档案馆建设，建成一批具有国际先进水平的企业数字档案馆；适时启动国家级电子（数字）档案馆系统项目建设"。③

2021年，中共中央办公厅、国务院办公厅印发了《"十四五"全国档案事业发展规划》，在发展目标中提出"档案信息化建设再上新台阶。档案信息化发展保障机制进一步完善，档案信息化建设进一步融入数字中国

---

① 国家档案局、中央档案馆:《档案事业发展"十一五"规划》(档发〔2006〕4号)。
② 国家档案局、中央档案馆:《全国档案事业发展"十二五"规划》(档发〔2011〕1号)。
③ 国家档案局:《全国档案事业发展"十三五"规划纲要》,《中国档案》2016年第5期。

建设，新一代信息技术在档案工作中的应用更为广泛，信息化与档案事业各项工作深度融合，档案管理数字化、智能化水平得到提升，档案工作基本实现数字转型"。将"加快推进档案信息化建设，引领档案管理现代化"作为主要任务之一，并提出"加速数字档案馆（室）建设。推进机关、团体、企业事业单位和其他组织建设与业务系统相互衔接的电子档案管理信息系统。加大机关数字档案室建设力度，新增30家高水平的数字档案室。深入开展企业数字档案馆（室）建设，完成50家企业集团数字档案馆（室）建设试点。各级国家档案馆全面建成档案信息管理系统，大力推进数字档案馆建设，建设中央档案馆数字档案馆，新增150家高水平的数字档案馆。加强大数据、人工智能等新一代信息技术在数字档案馆（室）建设中的应用，推动数字档案馆（室）建设优化升级。加强电子档案长期保存技术和管理研究，创建科学的可信存储与验证体系，保证电子档案真实性、完整性、可用性、安全性"。[①]

（3）建设指南

随着档案信息化的快速发展，我国在档案信息化基础设施、数字档案资源建设、档案利用服务等方面取得了突出成就，为数字档案馆建设奠定了基础。加快数字档案馆建设成为各地档案事业发展的战略举措，迫切需要国家制定数字档案馆建设方案，指导数字档案馆建设实践。2010年以来，《数字档案馆建设指南》《数字档案室建设指南》《企业数字档案馆（室）建设指南》先后颁布实施，各地数字档案馆、数字档案室建设有序开展，促进了数字档案馆生态系统的形成与壮大。

2010年6月，国家档案局发布《数字档案馆建设指南》（档办〔2010〕116号），对数字档案馆建设的"总体要求、管理系统功能要求、应用系统开发和与服务平台构建、数字档案资源建设、保障体系建设"等方面提出了具体要求，明确了数字档案馆建设的目标、原则和内容，为数字档案馆建设提供了标准规范和建设依据，指出"建设数字档案馆，有利于提高档案馆工作效率和现代化水平，有利于确保数字档案永久存储与安全保管，有利于促进公共档案服务能力拓展和实现档案信息资源的社会共享，有利于促进国家信息资源总量增加、质量提高和结构优化，有利于提高各级政

---

① 《中办国办印发〈"十四五"全国档案事业发展规划〉》，《中国档案》2021年第6期。

府公共服务能力，有利于促进社会主义文化的发展繁荣，有利于满足广大人民群众对现代信息服务的现实需求"，提出"数字档案馆建设是一项系统工程，需要经过调研、立项、论证、软件开发、平台构建、资源准备、系统试运行、项目验收、运行维护等诸多环节，需要各业务部门、档案管理部门以及其他相关单位的共同参与，是一项长期的工作任务"。[①]

2014 年 7 月，国家档案局发布《数字档案室建设指南》(档发〔2014〕4 号)，对数字档案室"建设原则与内容、基础设施建设、应用系统建设、数字档案资源建设、保障体系建设"等提出了要求，指出"数字档案室是信息化条件下档案室的'升级版'，是管理机关档案信息、联结机关办公自动化与数字档案馆建设的关键一环。建设符合国家和社会信息化发展要求的数字档案室，有利于提高机关档案工作水平，维护机关档案信息的真实、完整、可用和安全，提升机关行政效率和公共服务能力；有利于促进国家核心信息资源建设，实现信息资源总量增加、质量提高和结构优化，为数字档案馆的最终实现奠定基础，以推动全国档案信息化工作全面、健康、均衡发展"。[②]《数字档案室建设指南》的颁布，为基层单位开展数字档案室建设提供了专业指导，为数字档案资源建设提供了保障，为数字档案馆生态环境的优化奠定了基础。

2017 年 9 月，国家档案局办公室印发《企业数字档案馆（室）建设指南》(档办发〔2017〕2 号)，对企业数字档案馆（室）的基础设施建设、电子档案管理系统建设、数字档案资源建设、制度规范建设、安全保密体系建设、经费与人才保障、建设步骤等提出了具体要求，提出"通过企业数字档案馆（室）的建设，实现企业档案工作提质增效与创新发展，全面提升档案管理、开发共享服务能力，促进企业提高管理水平，增强核心竞争力，为企业持续健康发展提供有力支撑"。[③]《企业数字档案馆（室）建设指南》的颁布，为企业数字档案馆（室）建设提供了专业指导，有利于整合企业信息资源，增强档案信息管理与服务能力，实现企业档案工作健康运行和高质量发展，优化数字档案馆生态环境。

---

① 国家档案局办公室:《数字档案馆建设指南》(档办〔2010〕116 号)。

② 国家档案局:《数字档案室建设指南》(档发〔2014〕4 号)。

③ 国家档案局办公室:《企业数字档案馆（室）建设指南》(档办发〔2017〕2 号)。

（4）业务规范

随着数字档案馆建设的步伐加快，迫切需要建立完善档案信息管理系统、档案信息资源标准体系、档案信息资源长期存储等数字档案馆业务规范，指导数字档案馆建设的科学化、标准化和规范化。目前，有关数字档案馆建设的业务规范主要包括档案法规体系和档案业务标准体系两大系列。其中，档案法规体系主要包含档案法律、档案行政法规、地方档案法规以及档案规章等；档案标准体系则包括国际标准、国家标准、行业标准、地方标准和企业标准等，是档案法规体系的重要补充[①]。

随着档案信息化进程的不断加快，档案部门通过档案信息系统管理的数字档案资源越来越多，提高档案信息系统的安全防护能力和水平，已经成为加强档案信息安全管理、促进档案事业健康发展的一项重要内容。2013年7月，为做好档案信息系统安全等级保护工作，国家档案局出台《档案信息系统安全等级保护定级工作指南》[②]，以指导档案信息系统安全等级保护的定级工作。2015年2月，国家档案局发布《数字档案馆可信数字资源长期保存需求规范》征求意见稿，指出"本标准目的是确定在数字档案馆或其他具有档案信息长期保存职能的系统对于数字资源进行长期保存的综合管理需求规范，以保证这些资源能在系统环境频繁变化的情况下进行可信的、长期的保存，维护数字档案信息的真实、完整、可用和安全"。[③]

2.技术动力

"当今世界，信息技术创新日新月异，以数字化、网络化、智能化为特征的信息化浪潮蓬勃兴起"[④]。技术始终与人类社会发展紧密相连，成为推动人类社会可持续发展的不竭动力；同样，在档案事业的发展中，无论是档案载体的变迁还是档案信息的存储，无论是档案形态的变革还是档案

---

① 王新才、江善东:《基于业务规则的档案信息资源管理》,武汉大学出版社2014年版,第24—33页。

② 国家档案局:《档案信息系统安全等级保护定级工作指南》(档办发〔2013〕5号)。

③ 国家档案局政策法规司:《国家档案局办公室关于征求〈数字档案馆可信数字资源长期保存需求规范〉等3项行业标准意见的函》,2015年1月14日,见 https://www.saac.gov.cn/daj/xxgk/201501/24324b266d974bebb225361e64232943.shtml。

④ 中共中央办公厅、国务院办公厅:《国家信息化发展战略纲要》,《人民日报》2016年7月28日。

利用手段的拓展等，技术始终如影随形，成为推动档案事业发展的重要驱动力。数字档案馆作为现代技术与档案事业融合发展的产物，并在技术驱动下进一步推动国家档案事业的纵深发展。在数字档案馆生态系统形成与发展过程中，技术作为发展驱动力主要表现在以下四个方面。

一是技术的发展与应用促进了档案形态的变革。纵观档案形态的历史演变（见表1–1），无论是从石刻、竹简、缣帛、纸张等传统载体到胶片、磁盘、光盘等新型载体，还是从传统固化形式的档案信息到现代数字化的档案信息，技术始终是档案形态变革的内在推动力。如造纸术、印刷术的普及促进了档案载体纸质化的变革，现代信息网络技术的发展催生了数字档案资源的快速生成，对档案事业的发展产生了深远影响，不仅促进了档案形态的演变，而且促进了档案业态的变革。"纺织业的发达使纺织品有可能成为书写材料而有了缣帛档案；造纸术的发明使我国拥有最早的纸质档案；摄影、录音、录像技术的发明和进步造就了各种类型的音像档案；电子文件更是现代信息技术的结晶。"[1] 随着档案信息化的深入发展，现代技术与档案之间的联系日益紧密，必将促进档案形态的进一步变革，档案形态日趋多元化，既有简帛、纸质、胶片等传统形态档案，也有磁带、光盘、磁盘等新型载体档案；既有传统模拟信息档案，也有现代数字信息档案；既有传统静态的档案资源，也有现代动态的多媒体档案资源。当前，信息技术的发展与应用促使档案信息资源的生成环境、生成方式、类型特征、传播媒介等产生了革命性变化，数字档案资源日渐成为档案信息资源的主要形态，不仅是国家信息资源的重要组成部分，而且成为数字时代国家记忆的重要载体。

---

① 冯惠玲、张辑哲主编：《档案学概论》（第二版），中国人民大学出版社 2006 年版，第 43 页。

表1-1　档案形态历史演变[1]

记录特点 载体材料		记录材料	记录工具	信息形式	档案名称
直接取材于自然物或简单加工材料	甲骨、金属、石头、泥板、各种植物及其制品等	机械划痕墨等字迹	刀刻、手写	符号、文字、图画	甲骨档案、金石档案、泥板档案、纸草档案、简牍档案、缣帛档案、羊皮纸档案、蜡版档案等
纸张	手工纸	各种书写字迹	手写	文字、图表、图画	纸质档案
	机械纸	各种书写印刷字迹	手写与各种印刷机械	文字、图表、图画	纸质档案
新型材料	胶片、录音带、录像带	感光材料磁性材料	照相机、录音机、录像机	照片、录音、录像	音像档案
	磁盘、光盘	磁性材料激光记录材料	磁带机、电子计算机	文字、声音、图像、影像、动画	电子档案或数字档案

　　二是技术的发展与应用革新了档案管理方式。"社会生产力、科学技术等社会物质生活领域的深刻变革，必然引发人们价值观念的转变，从而导致范式的转型，反映在档案管理工作领域中，则表现为档案管理范式的演变，即管理理念、思维模式的发展变化，纵观档案管理发展历史，经历了史料管理、实体管理、信息管理以及知识管理四种管理范式。"[2] 技术是档案管理范式演变重要变革力量，不仅体现为传统档案管理手段、方法的进步与革新，而且是档案管理理念、方式的创新动力，特别是现代信息网络技术的快速发展和广泛应用，档案管理信息化水平不断提高，档案管理内容正从实体管理向信息管理、知识管理、数据管理方向转变，档案管理方式从传统的人工管理、机械管理向机器化管理、自动化管理、智能化管理转型，档案管理方式日趋智能化，具体表现为"运用电子计算机实现档案管理的自动化""运用计算机及其相关技术和现代通讯技术，实现文件与

---

　　① 参阅赵淑梅：《记录技术的发展对档案保护技术的影响》,《档案学通讯》2006年第2期；参阅冯惠玲、张辑哲主编：《档案学概论》（第二版）,中国人民大学出版社2006年版，第26—43页。

　　② 李珍、丁华东：《我国档案管理范式变迁探析》,《浙江档案》2005年第7期。

档案信息资源的数字化及档案信息传递的网络化""档案缩微化与档案保护技术水平的提高"[①] 等方面，其实质为在档案管理中运用计算机技术、网络技术、多媒体技术等现代信息技术，促进传统档案管理方式的变革，实现档案管理自动化、信息化、智能化。

三是技术的发展与应用创新了档案利用方式。20 世纪 80 年代以来，信息技术的迅猛发展和广泛运用，在推进档案管理现代化的同时，也促进了档案利用方式的创新，特别是数字化利用已经成为新环境下档案利用发展的重要方式，是数字档案馆生态系统智能化发展的重要载体。由于传统档案管理模式、管理机制的惯性和局限，档案信息资源利用相对薄弱，大量档案资源仍处于"沉睡"状态，档案价值未能充分实现，既未能有效满足用户对档案信息资源的利用需求，也未能激发社会对档案资源价值的有效认知，档案利用服务在社会中的影响力相对薄弱。面对档案信息化建设的加快，档案技术及其应用获得了深入发展，既促进了档案业态的变革，也推动了档案利用方式的转变。总体而言，当前符合数字档案科学管理要求的管理模式与管理机制还未全面系统建立起来。一方面，数字档案管理的方法、技术、体制相对滞后，难以适应快速增长的数字档案资源的管理要求，更难适应网络环境下信息资源安全保管与互联互通的需要；另一方面，逐步积累起来的数字档案资源，由于管理的分散性和系统的异构性，其社会功能和价值未能得到有效发挥，仍处于潜伏状态，难以适应快速增长的社会信息利用需求。2022 年 2 月 25 日，中国互联网络信息中心（CNNIC）发布第 49 次《中国互联网络发展状况统计报告》，截至 2021 年 12 月，我国网民规模达 10.32 亿，互联网普及率达 73.0%，"我国工业和信息化发展成就举世瞩目，互联网行业发展蹄疾步稳，工业互联网正在推动数字技术与实体经济深度融合，为制造强国和网络强国建设提供了强大的新动能。"[②] 这为档案利用服务方式的变革与创新带来了机遇，充分利用"互联网+"、云计算、大数据等现代信息技术实现数字档案资源的在线利

---

① 冯惠玲、张辑哲主编：《档案学概论》（第二版），中国人民大学出版社 2006 年版，第 112—113 页。

② 中国互联网络信息中心：《第 49 次〈中国互联网络发展状况统计报告〉》，2022 年 2 月 25 日，见 https://www.cnnic.net.cn/NMediaFile/old_attach/P020220721404263787858.pdf。

用、远程利用、共享利用和智慧利用，促进档案利用服务方式的创新，扩大数字档案馆的社会影响力与竞争力，提升数字档案馆的社会生态位。

四是技术的发展与应用催生了新型档案机构。面对技术的发展和应用，档案机构作为存储、传承、共享档案信息资源的实体组织，其自身也在不断演变，从传统的单一实体档案馆（室）变化为既有传统实体档案馆（室），又有新型档案寄存中心、电子文件中心、数字档案馆（室）、档案中介服务公司等多元并存、实体与虚拟协同运行的现代档案机构体系，不仅丰富了档案机构类型，而且拓展了档案机构的社会功能，促进了档案事业的繁荣与发展。"20世纪90年代以来，随着信息技术的发展，数字化生存方式更加凸显，档案信息的记录方式、存储方式、利用方式、传播方式都发生了根本性的变化，使建立在档案实体管理基础上的档案馆建设正遭受到巨大冲击和挑战"[1]，数字档案馆正是在此背景下出现的，成为网络环境下的新型档案机构，"其实质是一种序化的数字信息空间，它超越了传统单个实体档案馆的界限，以数字档案馆联盟的形式和网络化服务为特征，大大提高了档案信息资源共享与开发利用的效率"[2]。从技术视角观察，数字档案馆自身的技术性特征明显，它是指"各级各类档案馆为适应信息社会日益增长的对档案信息资源管理、利用需求，运用现代信息技术对数字档案信息进行采集、加工、存储、管理，并通过各种网络平台提供公共档案信息服务和共享利用的档案信息集成管理系统"[3]，代表着"一种新型的档案管理模式，是档案学专业的重要知识领域，是未来档案管理的发展方向"[4]。2014年5月，中共中央办公厅、国务院办公厅联合印发《关于加强和改进新形势下档案工作的意见》，指出"各地区各部门各单位要把数字档案馆（室）建设列入信息化建设整体规划，从人力、财力、物力上统筹安排，切实推进档案存储数字化和利用网络化"[5]，表明数字档案馆建设已经成为国家档案事业发展的战略重点。

---

① 金波、丁华东、倪代川：《数字档案馆生态系统研究》，学习出版社2014年版，第29页。

② 王芳主编：《数字档案馆学》，中国人民大学出版社2010年版，第5页。

③ 国家档案局办公室：《数字档案馆建设指南》（档办〔2010〕116号）。

④ 王芳主编：《数字档案馆学》，中国人民大学出版社2010年版，第1页。

⑤ 《中共中央办公厅国务院办公厅印发〈关于加强和改进新形势下档案工作的意见〉》，《中国档案》2014年第5期。

3. 资源动力

随着以计算机技术、通信技术、网络技术等为核心的现代信息技术的快速发展和广泛应用，"数字信息资源已经成为当前国家信息资源建设的主体，是国家科技创新体系中最重要的支撑体系，是获取信息的第一途径"。① 20 世纪 90 年代以来，"数字信息资源建设、开发利用及其研究受到世界范围的高度重视，世界各国都把信息基础设施建设与信息资源建设作为国家信息化发展战略的两个重要组成部分"。② 2004 年，中共中央办公厅、国务院办公厅颁布《关于加强信息资源开发利用工作的若干意见》（中办发〔2004〕34 号），提出"充分发挥信息资源开发利用在信息化建设中的重要作用，推进经济结构调整和经济增长方式转变，实现经济社会全面协调可持续发展"。③ 2014 年 2 月 27 日，习近平在主持召开中央网络安全和信息化领导小组第一次会议讲话中指出："网络信息是跨国界流动的，信息流引领技术流、资金流、人才流，信息资源日益成为重要生产要素和社会财富，信息掌握的多寡成为国家软实力和竞争力的重要标志。"④

随着信息技术的发展，档案信息资源的生成环境、存储方式、传播媒介等也产生了革命性变化，电子文件大量产生，电子档案已成为档案部门收集管理的重要内容，传统档案资源的数字化步伐加快，数字档案资源日渐成为档案信息资源的主要形态，不仅是数字时代社会记忆的重要构成，而且成为国家信息资产的重要组成部分，攸关国家政治、经济、社会、文化可持续发展。截至 2021 年底，全国各级国家综合档案馆"馆藏电子档案 1629.9TB。其中，数码照片 423.9TB，数字录音、数字录像 690.6TB。馆藏档案数字化副本 24179.4TB"。⑤ 数字档案资源作为数字档案馆生态系统的核心生态因子，"是数字档案馆生态系统形成、演化、运行和发展的

① 毕强、陈晓美：《数字信息资源建设与管理》，科学出版社 2010 年版，第 vii 页。

② 马恒通、贾艳艳：《探索基于宏观视角的数字信息资源研究前沿的新成果——简评〈数字信息资源建设与服务研究〉一书》，《情报科学》2010 年第 8 期。

③ 中共中央办公厅、国务院办公厅：《关于加强信息资源开发利用工作的若干意见》（中办发〔2004〕34 号）。

④ 新华网：《习近平主持召开中央网络安全和信息化领导小组第一次会议》，2014 年 2 月 27 日，见 http://cpc.people.com.cn/n/2014/0227/c64094-24486402.html。

⑤ 国家档案局政策法规司：《2021 年度全国档案主管部门和档案馆基本情况摘要（二）》，2022 年 8 月 18 日，见 https://www.saac.gov.cn/daj/zhdt/202208/b9e2f459b5b1452d8ae83d7f78f51769.shtml。

基石，是数字档案馆生态系统建设的核心"。[①] 因此，数字档案资源攸关数字档案馆生态系统的形成和发展，是数字档案馆生态系统运行的动力之源，主要体现在以下四个方面。

一是完善档案资源结构。"档案信息资源既是数字档案馆生态系统中的核心生态因子，又是数字档案馆生态系统形成和发展的资源基石。"[②] 数字档案资源不仅来源广泛，而且种类繁多，既有收集归档的电子档案，也有传统档案转换的数字化档案；既有静态的单媒体档案，也有动态的多媒体档案。数字档案资源收集管理便捷，有利于完善国家档案资源结构，不仅包含纸质档案、胶片档案、音像档案等传统档案信息资源，而且包含文本、音频、视频等各类以数码形式存储于磁带、磁盘、光盘等载体上的数字档案信息资源；不仅有利于组织机构档案资源的收集，而且有利于民生档案、民俗档案、特色档案等专题档案资源的收集。随着数字档案馆生态系统的建设发展，"数字档案馆生态系统运行、建设都是围绕着数字档案信息资源的生成、接收、组织、存储、保管、开发利用等展开"[③]，数字档案信息资源将逐渐成为国家档案事业建设的主体。

二是丰富档案资源内容。数字档案资源的出现，不仅有利于丰富档案资源种类，完善档案资源结构，而且为优化档案资源体系创造了重要机遇。2008 年 1 月 16 日，在全国档案工作暨表彰先进会议上，时任国家档案局局长、中央档案馆馆长杨冬权首次提出"建立覆盖人民群众的档案资源体系"与"建立方便人民群众的档案利用体系"；2010 年 5 月 12 日，时任国家档案局局长、中央档案馆馆长杨冬权在成都召开的全国档案安全体系建设工作会议上郑重提出，全国各级档案部门要"建立确保档案安全保密的档案安全体系"，至此，标志着"三个体系"档案发展观的理论框架初步形成，并成为当前全国档案工作的重要指导思想和行动指南[④]。数字档案资源存储空间小、传输速度快、传播方式便捷，为档案资源内容的丰富带来了契机，可以弥补传统档案资源存储空间有限、收集困难、管理落后

---

① 金波、丁华东、倪代川：《数字档案馆生态系统研究》，学习出版社 2014 年版，第 130 页。
② 金波、丁华东、倪代川：《数字档案馆生态系统研究》，学习出版社 2014 年版，第 202 页。
③ 金波、丁华东、倪代川：《数字档案馆生态系统研究》，学习出版社 2014 年版，第 130 页。
④ 薛长林：《论"三个体系"的档案发展观》，载中国档案学会编：《回顾与展望：2010 年全国档案工作者年会论文集》（上），中国档案出版社 2010 年版，第 5 页。

的不足，有利于档案资源的海量存储，有利于广泛收集社会档案资源，有利于档案资源的管理开发，树立"大档案观"理念，从顶层设计视角优化档案资源体系，丰富档案资源内容，提升档案资源内涵，促进"建立覆盖人民群众的档案资源体系"这一战略目标的实现。

三是促进档案资源利用。数字档案资源作为网络环境下国家档案资源的主体形态，其来源广泛，形态多样，既包括传统档案资源的数字化，又包括直接生成的各类数字档案资源，还包括通过互联网主动采集的相关数字资源。现代信息技术的发展和应用，为档案资源利用创造了有利条件，一方面拓展了用户档案资源的利用方式，用户不仅可以通过计算机查询、检索传统档案的目录信息，而且可以通过互联网实现跨越时空的在线利用，阅读数字档案全文信息；另一方面，随着传统档案资源的数字化转换和电子档案资源的持续积累，数字化利用逐渐成为档案资源利用的主要方式，不仅方便了用户利用档案资源，而且有利于拓展用户的档案利用需求，激活社会大众的档案意识。相比传统档案信息资源，数字档案资源为网络环境下人们利用档案资源带来了极大的便利，方便用户通过互联网在线利用档案信息资源，充分发挥档案资源价值，提高档案资源利用效率，"放大"档案信息资源的社会影响力。

四是推进档案资源共享。数字档案资源的大量生成与数字档案资源利用的深入推进，为档案资源共享创造了条件，有利于拓展档案资源共享路径，提升档案资源共享水平，提高档案资源共享效益。2013 年 4 月，时任中欧国际工商学院院长朱晓明在福布斯陆家嘴沙龙上作主题演讲时指出，"如果说产品经济的年代，它的基础设施是铁公鸡、路桥税、水电气，到了今天数字化服务年代，它还要加上软的东西，这就是'大、云、平、移'：就是大数据、云计算、平台、移动互联网"。[①] 当前，国家大力推进"互联网 +"战略，档案事业的发展需要主动拥抱"互联网 +"带来的战略机遇，充分利用"大、云、平、移"的技术优势，加速推进传统档案资源的数字化，积极探索数字档案资源的在线收集、在线组织、在线开发以及在线利用等，不断完善数字档案资源标准、数字档案资源数据库、数字档

---

① 朱晓明:《数字时代要拥抱"大云平移"》，2013 年 4 月，见 http://www.forbeschina.com/review/201304/0025260.shtml。

案资源安全存储、数字档案资源传播等，建立数字档案馆资源共享合作机制，推进数字档案资源的社会融合，构建国家数字档案资源共享平台，促进数字档案资源的共建共享，深化数字档案资源共享利用，更好地实现数字档案资源的信息价值，充分发挥数字档案资源的社会功能。

4. 用户动力

随着社会档案意识的普遍提高，人们对档案的认识水平、对档案的利用需求等明显增强，档案利用的途径、档案利用的方式等明显拓展，特别是随着档案信息化建设的全面推进与数字档案馆的快速发展，用户的档案利用需求得到了全面激发，用户的档案利用权利获得了有效保障，这既是网络环境下国家档案事业发展的必然结果，也是数字档案馆生态系统可持续发展的又一重要动力。数字档案馆生态系统发展的用户动力主要体现在以下两方面：

一是促进数字档案资源建设。随着网络环境下社会公众档案意识的觉醒，用户的档案利用需求持续增强，特别是对数字档案资源的利用需求更为强烈。从数字档案资源的特点观察，不仅具有形态多样、存储方便、利用便捷，而且具有"独占性""权威性""时效性""丰裕性"等特征[①]，有利于满足新时期用户多元化、个性化、人性化等档案利用需求；从档案资源的发展态势观察，不仅传统档案资源的数字化进程将加快，而且信息化环境下直接形成的数字档案资源将逐渐成为数字档案馆档案信息资源的主要来源，数字档案资源必将成为未来档案资源体系的主体形态。目前，数字档案资源面临着来源分散、管理滞后、整合有限、互联互通不足，缺乏有效的利用服务机制，严重制约数字档案馆生态系统的服务能力，难以满足日趋多元的社会档案信息利用需求，海量数字档案资源的整体效益与价值难以实现，数字档案馆生态系统的社会功能难以有效发挥和拓展，需要切实加强对数字档案资源的描述、加工、整序和提炼，使数字档案信息资源更加标准化、系统化、规范化，实现无序信息流向有序信息流的转换，促进数字档案资源建设的内涵发展。

二是提高档案资源利用效益。传统档案工作，重收集保存轻开发利用的现象普遍存在，档案资源的利用效益严重受限，乃至档案、档案馆、档

---

① 金波、丁华东：《数字档案信息资源的协调与竞争》，《浙江档案》2013 年第 9 期。

案工作等给人以"神秘感"。数字档案资源的出现，不仅呈现出新的档案形态，而且为档案的利用带来了时代契机，有利于激发用户的档案利用需求。一方面，面对数字档案资源大量生成的现实环境，数字档案资源具有种类多样、存储便捷、信息量大等特征，便于用户远程利用、在线利用和共享利用，提高数字档案资源的利用效益。另一方面，现代信息技术的发展与应用，既能为档案资源的利用插上翅膀，创新档案资源利用方式，拓展档案资源利用途径；又能促进档案资源的深度开发，满足用户个性化、便捷化、多元化的档案利用需求，破解传统档案管理模式、管理机制的惯性和局限，适应快速增长的社会档案利用需求。随着网络社会深度发展，社会转型速度加快，人们的权利意识普遍增强，"当前，档案用户需求的不断变化，档案用户对档案公共服务提出更高的要求，更加注重获取服务过程中的体验满意度"[①]，注重用户体验已经成为网络环境下档案利用需求新特点，用户的档案利用途径不断拓展，用户的档案利用方式日趋多样，这为社会档案意识的提高和用户档案信息权利的觉醒带来了机遇，不仅有利于激发用户对档案资源的广泛利用，而且有利于激活档案资源的社会价值，提高档案资源利用效益。

（二）数字档案馆生态系统发展特征

随着现代信息技术的广泛应用与档案信息化建设的全面推进，数字档案馆个体全面发展，数字档案馆种群不断壮大，数字档案馆生态系统呈现出以下主要发展特征。

1. 技术性

数字档案馆生态系统正是在现代信息技术的发展与应用背景下逐步形成的，特别是在计算机、互联网、信息存储、信息获取、信息挖掘、信息传播等信息技术推动下，数字档案资源大量生成，档案管理与信息服务逐步现代化、智能化，催生出数字档案馆、数字档案室等新型档案机构，促进了数字档案馆生态系统的快速成长。无论是青岛数字档案馆、深圳数字档案馆、重庆大学数字档案馆等个体的成长，还是国家综合数字档案馆、行业数字档案馆、企业数字档案馆、高校数字档案馆等种群的壮大，技术

---

① 张东华、黄晓勤：《用户体验视野下档案公共服务探析》，《档案学通讯》2013年第3期。

始终是数字档案馆生态系统形成与发展的重要力量。

数字档案馆生态系统发展的技术性特征突出表现在数字档案馆个体的形成、种群的壮大及整体系统的功能实现等方面。首先，技术是数字档案馆个体形成的催生力。数字档案馆的产生与计算机技术、网络技术、通信技术等现代信息技术休戚相关，促进了传统档案信息载体、档案形态、档案管理方式等的发展变革，催生出数字档案馆，成为"以档案管理的基本原理为前提，以信息网络基础设施为基础，以数字化长期保存、资源共享与远程服务为目的，通过信息管理系统与档案网站，对由传统档案资源经过数字化转换、由电子文件归档形成的数字档案资源以及档案馆收藏的其他数字资料进行管理的新型档案管理方式，其实质是一种序化的数字信息空间"[①]。其次，技术是数字档案馆种群壮大的推动力。随着大数据、云计算、移动互联等信息网络技术的深入发展与广泛应用，档案信息化建设持续推进，不仅推动了国家综合档案馆的数字档案馆建设，而且促进了企业档案馆、高校档案馆、行业档案馆等各类数字档案馆的发展，推动了数字档案馆种群的壮大，为国家档案事业的多元发展创造了机遇，增添了活力。再次，技术是数字档案馆生态系统功能实现的重要驱动力。数字档案馆生态系统"集聚功能、整合功能、优化功能、抵抗功能、竞争功能"[②]等功能的实现，技术始终具有驱动作用，有利于增强数字档案资源的信息竞争力，提升数字档案馆的社会生态位。如云存储、云平台等信息技术的发展为数字档案馆生态系统中各类档案信息资源的集聚与整合创造了机遇，有利于档案信息资源的集中统一管理和共建共享；现代网络技术、通信技术等技术的应用有利于优化数字档案馆服务方式与服务途径，提升数字档案馆服务能级；数据安全、系统安全、网络安全等技术不仅有利于保障数字档案信息的可靠、可用、不泄密、不被非法更改等，而且有利于维护数字档案馆各系统软硬件和网络平台的稳定性、可靠性、可控性，为数字档案馆生态系统的安全运行提供了保障。

2. 协同性

协同是指"协调两个或者两个以上的不同资源或者个体，使它们一致

---

① 王芳主编：《数字档案馆学》，中国人民大学出版社 2010 年版，第 5 页。

② 金波、丁华东、倪代川：《数字档案馆生态系统研究》，学习出版社 2014 年版，第 142—150 页。

地完成某一目标的过程或能力。它不仅包括人与人之间的协作，也包括不同应用系统之间、不同数据资源之间、不同终端设备之间、不同应用情景之间、人与机器之间、科技与传统之间等全方位的协同"[1]。1971 年，哈肯（Hermann Haken）首次提出协同概念，并在《协同学导论》中系统论述了协同理论，认为它是"一门在普遍规律支配下的有序的、自组织的集体行为的科学"，"包含多种多样的学科，如物理学、化学、生物学，以及社会学和经济学"，其目标是"在千差万别的各学科领域中确定系统自组织赖以进行的自然规律"[2]。协同学作为 20 世纪 70 年代以来在多学科研究基础上逐渐形成和发展起来的一门新兴学科，在社会科学以及经济管理活动等领域得到广泛应用，为社会科学的发展提供了理论参考，为经济社会发展提供了发展动力。

协同既是数字档案馆生态系统的内在属性，也是数字档案馆生态系统发展的重要特征。数字档案馆生态系统发展的协同性主要表现为：一是要协调数字档案馆生态系统主体之间关系，强化档案管理者与档案形成者、档案利用者之间的联系，建立档案管理协同合作机制，实现档案资源的广泛收集、科学管理和有效利用，促进数字档案馆生态系统信息生态链的有序运转。二是要协调数字档案馆生态系统客体之间的关系，突出表现为数字档案馆生态系统的内部环境协调和外部环境协调，建立良性的运行机制，优化档案信息资源结构，激活数字档案馆生态系统外部环境各生态因子的功能，增强数字档案馆保障能力。三是要协调数字档案馆生态系统主客体之间的关系，充分发挥档案形成者、管理者与利用者的主观能动性，调动各种生态因子的作用关系，实现与数字档案馆生存环境的和谐共生和均衡发展。[3]无论是数字档案馆生态系统主体生态因子内部之间及客体生态因子内部之间的协同，还是数字档案馆生态系统主体与客体之间的协同，其根本目的在于通过实施协同管理，使得数字档案馆生态系统各生态因子之间（既包括作为主体的档案形成者、档案管理者、档案利用者等生

---

[1] 杜栋：《协同、协同管理与协同管理系统》，《现代管理科学》2008 年第 2 期。

[2] ［德］赫尔曼·哈肯：《协同学——大自然构成的奥秘》，凌复华译，上海译文出版社 2013 年版，第 9 页。

[3] 金波、丁华东、倪代川：《数字档案馆生态系统研究》，学习出版社 2014 年版，第 406 页。

态因子，也包括作为客体的数字档案馆宏观环境、中观环境、微观环境等环境生态因子）协作互动与协调运行，破除数字档案馆生态系统运行中的壁垒和障碍，维护数字档案馆生态系统的生态平衡，不断提升数字档案馆生态位。

3. 开放性

数字档案馆生态系统自身首先是一个开放的生态系统，其内在的物质循环、能量流动、信息传递和价值转化等（即数字档案馆生态系统运行过程中的物质流、能量流、信息流以及价值流）均离不开与各种外部环境之间的交流，通过"四流"的输入输出、运动变化、交织叠加、消耗集聚，将数字档案馆生态系统中的各生态因子联结起来，形成一个互相依存、互相制约的整体[①]。

开放性是数字档案馆生态系统演化发展的基本属性与重要特征。一方面，作为数字档案馆生态系统核心生态因子的信息资源，它在现代网络社会环境中，无论是其增量的自然增长还是存量的数字化加工增长，均需要与外界环境保持密切联系，秉承开放性原则，既需要通过开放姿态做好增量数字档案信息资源的收集和采集，也需要做好存量传统档案信息资源的数字化转换，丰富档案资源内容，优化档案资源结构，完善档案资源体系，为数字档案信息资源的开放利用奠定基础。另一方面，服务民生、为民服务已经是国家档案事业发展的主旋律，也必将成为数字档案馆生态系统服务和发展的重要路径，促使数字档案馆生态系统的服务对象从传统政府机关和企事业单位转向广大社会民众，不断创新数字档案馆服务形式，强化数字档案馆服务功能，加大数字档案资源开发力度，满足用户日益增长的数字档案利用服务需求。随着公民信息意识和权利意识的不断觉醒，社会公众的档案利用意识也普遍增强，必须加大数字档案信息资源的开放力度，从制度上、机制上确保档案资源的有序开放和有效利用，不断强化数字档案馆生态系统的服务功能，促进数字档案信息资源的公众利用。

4. 共享性

2014年5月，中共中央办公厅、国务院办公厅联合发布《关于加强和改进新形势下档案工作的意见》，明确要求"各级党委和政府要以实现档

---

① 金波、丁华东、倪代川:《数字档案馆生态系统研究》，学习出版社2014年版，第246—253页。

案信息资源社会共享为目标，统筹协调，充分利用已有的信息传输网络和平台，积极推进城乡档案信息资源共享，支持档案馆（室）把可公开的各类档案、信息上传网络，开展远程利用。国家档案行政管理部门要搭建全国开放档案平台，并与政府公开信息系统对接，实现资源共享"[①]。数字档案馆生态系统不仅是一个开放的生态系统，而且是一个共享的生态系统，共享是数字档案馆生态系统建设与发展的基本目标，数字档案馆生态系统的发展为档案资源的社会共享创造了机遇。

数字档案资源共享包括三个层次，即数字档案馆之间、数字档案馆与电子政务之间、数字档案与数字图书馆和数字博物馆之间的共享，这三个层次共同构成了数字档案馆信息资源共享的环境[②]。数字档案资源作为数字档案馆生态系统的核心生态因子，需要不断完善数字档案资源结构，丰富数字档案资源体量，提高数字档案资源质量，通过服务利用和社会共享实现档案资源的价值，提升数字档案馆生态系统的信息生态位与社会生态位；同时，数字档案馆生态系统也是一个开放的信息生态系统，与社会存在着"信息流""价值流"，需要充分利用现代信息网络技术，深度开发档案信息资源，创新档案信息资源共享方式，激发数字档案馆生态系统活力，将传统"死档案"变成"活信息"，把"档案库"变成"知识库""思想库"，实现数字档案馆生态系统与其他社会信息系统之间的互联互通，既共享自身的数字档案信息资源，也分享其他社会机构的信息资源，促进数字档案信息资源的社会共享。

5. 平衡性

"信息生态系统平衡意味着信息生态系统内部关系协调、系统结构合理、系统功能优化，是一种人们所追求的理想的信息生态系统状态。"[③]数字档案馆生态系统作为一个人工信息生态系统，追求数字档案馆生态系统的平衡是数字档案馆建设的重要目标。数字档案馆生态系统平衡是指"在一定的时空条件下，数字档案馆生态系统中各种生态因子相对稳定、协调

---

① 《中共中央办公厅国务院办公厅印发〈关于加强和改进新形势下档案工作的意见〉》，《中国档案》2014 年第 5 期。

② 杨茜茜：《基于共享的数字档案馆信息资源整合》，《浙江档案》2014 年第 3 期。

③ 赵云合、娄策群、齐芬：《信息生态系统的平衡机制》，《图书情报工作》2009 年第 18 期。

互补，系统整体结构优化、功能良好，形成有效输入和输出关系的一种动态均衡状态，呈现出可持续发展的良好势头"。[①]

　　生态平衡既是数字档案馆生态系统的基本属性，也是数字档案馆生态系统的发展要求。维护数字档案馆生态系统平衡对于发挥数字档案馆生态系统功能，促进档案信息资源的"信息消费"，提升数字档案馆生态系统的核心竞争力等具有重要意义。数字档案馆生态系统发展中的生态平衡特征主要表现在五个方面[②]：一是生态位的相对稳定。数字档案馆生态系统从形成到成熟的逐步演化过程中，其生态平衡是在生态因子和个体、种群等发育到一定阶段，在系统或社会中获得相对稳定的空间生态位、资源生态位、功能生态位时，才表明数字档案馆生态系统达到了相对平衡状态，并逐步走向成熟和稳定。二是系统结构的合理性。随着数字档案馆生态系统的演化发展，数字档案馆生态系统逐渐呈现出结构合理，一方面表现为数字档案馆生态系统的信息人（档案形成者、档案管理者、档案利用者）、数字档案信息资源与各种环境生态因子之间的优化，在数字档案信息资源的输入、输出、贮存、处理、控制、服务和反馈中处于相对均衡状态；另一方面数字档案馆种群的数量和分布逐步优化，地域布局相对合理。三是系统功能的完善性。一方面，作为个体的数字档案馆生态系统通过多层面的数字档案信息采集，形成社会综合信息资源库，承担着海量信息存储、档案信息有效访问、档案信息安全保管、档案资源集成管理等功能；另一方面，作为群体的数字档案馆生态系统则承担着国家档案信息资源建设、信息资源服务和信息安全保护等功能。四是系统交流的畅通性。数字档案馆生态系统存在着物质循环、能量流动、信息传递和价值转换，生态平衡表现为数字档案馆生态系统能够畅通地交流，使其物质、能量、信息和价值在输入、转化、输出过程中保持相对平衡。五是与生态环境的协调性。生态平衡是动态的、发展的平衡，数字档案馆生态系统不是孤立、封闭的系统，它与外界环境有着千丝万缕的联系，只有保持与外界环境协调同步，随社会环境改变而改变，随社会环境发展而发展，才能实现与社会环境的协调发展。

---

① 金波、丁华东、倪代川：《数字档案馆生态系统研究》，学习出版社2014年版，第324页。

② 金波、丁华东、倪代川：《数字档案馆生态系统研究》，学习出版社2014年版，第324—327页。

（三）数字档案馆生态系统发展态势

2000 年，国家档案局将"数字档案馆工程研究与开发"列为年度重点科技攻关计划[①]，由深圳市档案局与国家档案局共同承担，成为我国第一个数字档案馆研究与开发项目，在业内影响深远，为我国数字档案馆建设积累了实践经验。数字档案馆生态系统建设是一项复杂的系统工程，随着国家的高度重视、政策的持续推进、信息技术的快速发展、数字档案资源的持续增加以及公众档案利用需求的不断增强，数字档案馆建设正面临着前所未有的战略机遇，为数字档案馆生态系统发展提供了强大动力，推动国家档案事业的发展与壮大。

新世纪以来，随着信息技术广泛应用、社会信息化全面推进、网络社会深入发展，数字档案馆建设步伐加快，数字档案馆生态系统逐步形成，其个体功能不断完善、种群规模不断扩大、群落分布不断增长、整体系统初步显现，呈现出新的发展态势，突出表现在：

一是数字档案馆生态系统智能化发展。随着智能技术的发展，尤其是人工智能、物联网、区块链、云计算、大数据等现代技术的广泛应用，数字档案馆生态系统的智能化发展日渐显现，重点聚焦在管理智能化与服务智能化两个方面。管理智能化表现为："在数字档案馆生态系统中，通过对智能化技术的开发与应用，整合数字档案馆系统平台，建立技术高度集成、整体协调、开放互动的数字档案馆信息管理系统，从而达到管理环节、库房管理、资源管理三个方面的智能化"[②]；服务智能化表现为："随着新技术的运用，档案信息服务渠道和方式将会不断拓展，档案信息传播途径多元化、利用服务在线化、互动交流及时化等智能化服务特征将明显增强"[③]。

二是数字档案馆生态系统融合发展。数字档案馆生态系统作为社会生态系统的组成部分，在运行演化过程中，通过物质循环、能量流动、信息传递和价值转化与外部环境互动交流，与社会、政治、经济、文化等各

---

① 金波、丁华东主编：《电子文件管理学》，上海大学出版社 2015 年版，第 350 页。

② 金波、丁华东、倪代川：《数字档案馆生态系统研究》，学习出版社 2014 年版，第 394 页。

③ 金波、丁华东、倪代川：《数字档案馆生态系统研究》，学习出版社 2014 年版，第 394 页。

项事业呈现出融合发展的态势。数字档案馆建设既要把握社会、政治、经济、文化的总体走势，抓住机遇，努力跟进社会发展；同时又要充分协调与社会各方面的关系，争取更多的认知、理解和资源支持，为自身发展创造有利的社会支持环境，充分发挥数字档案馆生态系统的社会功能，紧密围绕国家和社会各项事业发展，积极参与社会建设，为政府机构提供决策咨询，为经济建设提供信息支持，为文化繁荣提供资源保障，在服务社会中提升自身生态位[①]。

三是数字档案馆生态系统可持续发展。"可持续发展思想是一种全新的价值观念，实现可持续发展也是全人类的共同目标"[②]。数字档案馆生态系统作为社会系统的重要组成部分，它是未来档案事业发展的方向，可持续发展是数字档案馆生态系统发展的内在本质要求，主要体现在社会档案意识持续增强、档案管理者素质持续提升、先进技术应用持续深化、信息资源结构持续优化、法规标准环境持续完善等诸方面[③]。

二、数字档案馆生态系统智能化发展

智能化既是现代社会发展的重要特征，也是未来社会发展的必然趋势。"'智能化'意味着让本来只能执行简单工作的机器和设施，获得与系统沟通的能力，通过对数据的分析做出理性决定，以达到效益的最大化。"[④] 随着智能技术的发展，尤其是物联网、云计算、大数据、人工智能等现代信息技术在数字档案馆中的广泛应用，数字档案馆生态系统智能化发展趋势日趋显现。

（一）智能与智能化社会

智能是指个体对客观事物进行合理分析、判断及有目的地行动和有效地处理周围环境的综合能力，它是通过采用人工智能的理论、方法和技

---

① 金波、丁华东、倪代川：《数字档案馆生态系统研究》，学习出版社2014年版，第289—390页。

② 刘传祥、承继成、李琦：《可持续发展的基本理论分析》，《中国人口·资源与环境》1996年第2期。

③ 金波、丁华东、倪代川：《数字档案馆生态系统研究》，学习出版社2014年版，第391—392页。

④ 刘佳：《智能化——社会系统的未来》，《第一财经日报》2009年12月21日。

术，获得具有拟人智能的特性或功能，如自适应、自学习、自校正、自协调、自组织、自诊断、自修复等。智能化就是利用智能科学的理论、技术、方法和工具，通过智能感知、云计算、物联网、信息处理、数据挖掘、专家系统等手段，使对象实现智能控制、管理、决策、调度指挥及特定目标的过程，是人工智能科学技术在社会生活各领域广泛应用的过程，体现的是对处理问题能力的一种衡量、一种思维与经验的表现[①]。智能化是社会、经济信息化的发展方向，智能化的最终目标是实现智能化社会[②]。

智能化社会的形成有赖于智能化生产体系与社会生产之间的全面融合。随着智能化生产工具在知识经济时代的广泛应用，社会生产力各要素发生深刻变化，催生出智能化生产力体系，促使设计、制造、管理等功能集合起来，组成一个大系统，以便更好地适应市场竞争的需要，推动整个社会关系发生深刻变化，其总趋势是生产关系的平等化、合理化，体现了人和自然的统一性[③]。社会智能化发展突出体现为利用计算机等信息技术来代替人的部分脑力劳动，具有运用知识进行推理、学习、联想解决社会各领域、行业、地区、企事业单位各种问题的过程，如在微观领域推进企业、社区、家庭信息化向智能化发展；在中观领域推进政府、城市、行业信息化向智能化发展；在宏观领域推进社会经济信息化向智能化发展，使人类社会在政治、经济、文化等各个领域逐步实现智能化，从而构建一个高度文明和谐的智能化社会。

当前，新工业革命的到来为智能化社会的形成带来了历史机遇，将会推动智能化社会的快速形成与发展，促进社会全面的变革与转型。"新工业革命以移动互联网、大数据、智能制造无缝对接为特点，开始彻底改变现行的生产模式和生活方式，引领世界经济的新一波快速发展。""新工业革命使 21 世纪的经济和社会进入'颠覆性革命'的崭新时代。谁能抢占先机，谁就能引领世界经济的新一轮发展。"[④] 随着现代智能技术的快速发

---

① 杨勇：《智能化综合评价理论与方法研究》，博士学位论文，浙江工商大学，2004 年，第 33—34 页。

② 龚炳铮：《推进我国智能化发展的思考》，《中国信息界》2012 年第 1 期。

③ 霍福广：《论智能化生产力体系对现代社会关系的影响》，《哲学研究》2006 年第 6 期。

④ 何亚非：《从数据社会到智能社会》，2015 年 10 月 26 日，见 https://www.fx361.com/page/2015/1026/363707.shtml。

展与广泛应用,数字化、网络化和信息化正日渐融入人们的生活,智能化开始渗透进社会各行各业以及我们生活中的方方面面,智能社区、智能医疗、智能交通、智能电网、智能学习、智慧城市、智慧地球等已逐渐成为人们耳熟能详的新概念。智能化发展不仅对我国经济社会融入世界,提升全球竞争优势,实现从数据社会步入智能社会等具有重大战略意义,而且也为数字档案馆生态系统的智能化发展创造了历史机遇。

(二)数字档案馆生态系统智能化发展内涵

新世纪以来,随着档案信息化建设的持续推进,"计算机技术已经运用到档案管理之中,使得档案管理具备了硬软件基础,如打印机、扫描仪、数码相机、计算机等硬件设备被应用到档案管理部门,而在查询、利用、存储等一系列的应用中,都建立了软件支持,如联机数据库、网上信息咨询平台等,这就为现代档案管理智能化提供了有效支持"[①];智能化在档案领域得到了关注,一些学者提出了"智能档案馆"[②]"智能化档案馆安全防范系统设计"[③]"服务智能化"[④]等理念,对档案工作智能化发展进行了多维探索,推动了数字档案馆智能化的建设发展与理论思考。

数字档案馆生态系统是在现代信息技术发展的驱动下形成的,是技术发展与应用的产物,技术集聚性高。无论是数字档案馆个体的形成,还是数字档案馆种群的增长,乃至数字档案馆群落的壮大与数字档案馆整体系统的融合共享,它们均与计算机、电子信息、通信网络等现代智能技术的发展与应用密切关联。在数字档案馆生态系统中,以档案信息系统为核心的数字档案馆系统平台承担着数字档案馆生态系统智能化发展的主要功能(见表1-2),是数字档案馆生态系统智能化发展的重要指标,体现着数字档案馆生态系统智能化发展水平的高低。现代智能技术的发展与应用将进一步提升数字档案馆管理和运行的智能化水平,促使数字档案馆生态系统融入智慧城市、智慧中国乃至智慧地球等发展之中,成为社会生态系统的

---

① 赵恩玉:《我国档案管理智能化发展趋势研究》,《现代商贸工业》2013年第8期。

② 高东方:《浅谈智能化档案馆建设》,《档案时空》2003年第10期。

③ 熊一军:《智能化档案馆安全防范系统的设计》,《中国档案》2003年第10期。

④ 蔡娜、姚乐野:《知识管理在数字档案馆中的应用研究》,《档案学通讯》2008年第3期。

重要组成部分，与社会智能化发展相互适应、相互融合、相互促进，充分发挥档案作为原生性信息资源的竞争优势，全面提升数字档案馆的信息竞争力与社会影响力，切实增强数字档案馆生态系统社会生态位。

表1-2　档案信息系统基本功能描述 [①]

系统类别	系统名称	管理对象	网络环境	基本功能
档案信息管理系统	档案目录管理系统	案卷级目录、文件级目录、专题目录等	局域网	目录数据采集、整理、检索、统计等
	数字档案接收系统	数字档案接收工作	局域网政务外网	档案接收、业务指导，档案数量、质量检查，交接手续办理等
	数字档案管理系统	馆藏档案数字化成果、接收进馆的电子档案、采集接收的数字信息资源等	局域网政务外网	数字档案资源的接收、导入、整理、鉴定、审计、统计和长期保存等，部分系统同时具有档案目录管理、利用服务等功能
	档案数字化加工系统	传统载体档案、档案数字化成果	局域网	对各类传统载体档案的数字化处理、数据质量控制和数据统计、备份、导出等
档案信息服务系统	档案利用服务系统	通过政务外网提供的目录及其数字档案信息	政务外网	数据导入、用户注册、权限管理、档案检索服务、数字档案阅览服务及利用档案审核、利用统计等
	档案网站系统	公开档案目录、全文，公开政务信息等	因特网	用户注册、权限管理、信息发布、统计等，部分系统同时具备政务信息公开的功能
档案办公系统	办公业务系统	档案局馆档案工作管理办公业务	局域网政务外网	公文制发、文件处理、工作督查、事务管理、会务管理、内部邮件收发或其他辅助办公功能

随着数字档案馆建设的推进，数字档案馆智能化水平日益提高，伴随着物联网、云计算、大数据、智能控制、存储技术、安全技术等新兴技术在数字档案馆中的广泛应用，数字档案馆逐步从智能化向智慧化方向推进，催生智慧档案馆的形成。薛四新等人在《智慧档案馆概想》中提出，"档案馆将在智慧城市生态环境下得以快速发展，从当前的重视馆藏档案

---

① 国家档案局:《档案信息系统安全等级保护定级工作指南》(档办发〔2013〕5号)。

资源数字化管理的思维转向实现档案馆全面信息化管理的智慧化运作模式，实现档案馆从'数字'走向'智慧'的全面嬗变"，认为在"智慧城市网络生态环境下，档案馆内部技术系统的架构将突破以往烟囱式的孤岛建设模式，实现顶层规划和整体设计，基于架构即服务（Service-Oriented Architecture，简称 SOA）的技术框架，构建支撑业务系统灵活部署的服务平台，采用研制和汇聚行业领域的通用组件、专用组件和特定环节使用的专业工具来实现馆际之间的技术联动和应用共享"，并依此设计出"智慧档案馆全面信息化管理信息框架图"，如图 1-1 所示。[①]

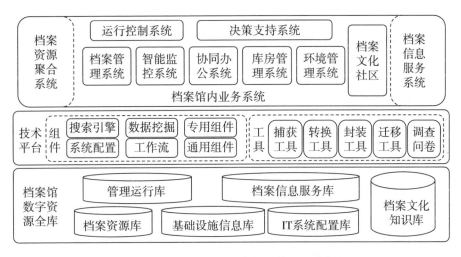

图 1-1　智慧档案馆全面信息化管理信息框架图

2014 年 3 月 11 日，国家档案局和浙江省档案局在杭州联合召开"智慧档案建设研讨会"[②]，与会专家围绕智慧档案、智慧档案馆等进行了专题研讨。时任天津市档案局局长方昀认为：智慧档案馆建设需要关注互联互通、全面感知、高效利用三个方面。时任国家档案局技术部副主任蔡学美认为：智慧档案建设涉及许多管理问题，需要加强档案部门之间、档案部门与信息化部门之间、档案部门与专业 IT 公司之间的沟通，在相互切磋中积累先进经验、掌握信息技术发展的最新动态，从而为解决实际问题提

---

① 薛四新、杨艳、袁继军：《智慧档案馆概想》，《中国档案》2015 年第 7 期。
② 鲁冰莹：《聚焦："智慧档案"建设的前瞻构想》，《浙江档案》2014 年第 3 期。

供帮助。时任上海中信信息发展股份有限公司副总裁杨安荣提出：智慧档案包含全面透彻的感知、互动协同的互联、智能融合的应用、以人为本的创新等特征，智慧档案馆的整体架构可分为三个层次：数据层对应档案资源建设体系，应用层对应档案利用体系，基础功能对应档案安全体系；核心技术包括云计算、大数据分析、物联网技术等；建设方法是循环滚动、分期建设。随着物联网、云计算、大数据等智能技术的发展与应用，数字档案馆生态系统智能化发展内涵突出表现在以下三方面：

一是管理方式智能化。在数字档案馆生态系统中，通过对智能化技术的开发与应用，整合数字档案馆系统平台，建立技术高度集成、整体协调、开放互动的数字档案馆信息管理系统，从而达到管理环节、库房管理、资源管理三个方面的智能化。在管理环节中，通过对档案管理业务流程整合，建立智能化档案业务管理平台，集成档案形成、收集、整理、鉴定、保管、利用等业务环节，形成智能化档案业务管理体系，实现文档一体化与智能化管理；在库房管理中，通过应用现代信息技术，建立档案库房照明、消防、温湿度调控、防盗等智能化管理系统，降低库房能耗，实现"绿色管理"，提高库房管理水平，实现库房管理智能化；在资源管理中，利用现代技术手段，实现对数字档案馆信息资源的智能化采集与捕获，增强数字档案信息资源聚合集成能力，优化信息资源结构，并协调不同档案管理机构的数字档案信息资源，实现资源共享。[①]

二是服务模式智能化。现代信息技术的运用，将会拓展档案信息服务渠道和方式，档案信息传播多元化、利用服务在线化、互动交流及时化等智能化服务特征日趋增强，具体表现为：随着档案网站建设水平的提高和一站式档案信息服务平台的建立，档案网站信息服务功能和服务能力将进一步增强；通过智能匹配、智能拓展、智能分析等技术在档案信息检索中的应用，可以有效提高数字档案信息检索能力；依托网络技术，通过建立档案智能利用咨询系统，可以实现档案咨询服务自动筛选、自动分析、自动推理和自动应答；通过移动终端、APP、微信公众号等智能服务平台，开展档案信息个性化服务，实现档案信息特色服务、便捷服务，随时随地

---

① 金波、丁华东、倪代川：《数字档案馆生态系统研究》，学习出版社 2014 年版，第 394 页。

方便用户利用档案信息资源。[①]

三是主体互动虚拟化。数字档案资源作为数字档案馆生态系统的核心生态因子，它不仅是未来档案资源家族的主体，而且是档案机构面向用户提供服务的主流档案形态，是数字档案馆生态系统主体间互动交流的中介。正是数字档案资源的数字化"0""1"形态特征与智能化技术的广泛应用，为数字档案馆生态系统中档案资源形成者、管理者、利用者之间的在线互动奠定了基础，使得数字档案馆生态系统主体之间在数字档案资源从产生归档到开放利用整个生命周期内在线虚拟互动交流成为现实，尤其是智能技术的广泛应用，既拓展了数字档案馆生态系统智能化服务路径，也增强了用户在虚拟环境中的档案智能服务体验。

（三）数字档案馆生态系统智能化发展特征

数字档案馆生态系统智能化发展的核心在于作为数字档案馆生态系统主体的档案人以智能化技术为手段，以数字档案资源为载体，以档案信息资源长期存储与档案信息资源利用服务为主要目标，实现数字档案馆与社会环境之间的无缝链接，全面提供泛在信息网络社会的档案信息服务，促进数字档案馆生态系统与社会生态系统之间的协调运行与和谐共生。数字档案馆生态系统智能化发展具有以下特征。

1.互联互通性

互联互通在社会各领域得到广泛运用，除了一般互联网语境中的联通外，还包括如交通基础设施的硬件联通，规章制度、标准、政策的软件联通，以及增进民间友好互信和文化交流的人文联通等。2014年11月8日，习近平在"加强互联互通伙伴关系"东道主伙伴对话会上指出："今天，我们要建设的互联互通，不仅是修路架桥，不光是平面化和单线条的联通，而更应该是基础设施、制度规章、人员交流三位一体，应该是政策沟通、设施联通、贸易畅通、资金融通、民心相通五大领域齐头并进。这是全方位、立体化、网络状的大联通，是生机勃勃、群策群力的开放系

[①]　金波、丁华东、倪代川:《数字档案馆生态系统研究》,学习出版社 2014 年版,第 394 页。

统。"① 数字档案馆生态系统智能化发展语境下的"互联互通",一方面,是指计算机、网络、通信等智能化技术在档案工作领域中的融合与应用下的互联互通,它是提升数字档案馆档案资源采集、处理、传播、利用、安全等管理的技术动力,是数字档案馆生态系统智能化发展的核心驱动力。另一方面,数字档案馆生态系统是社会生态系统的子系统,与社会政治、经济、文化等实现互联互通,"借助互联网、物联网以及现代通信等技术与'智慧城市'相融合,成为'智慧城市'生态系统的子系统,同时又通过物联网、传感网等,将档案信息子系统与城市各领域、各子系统相互连接,实现信息资源共享"②,促进数字档案资源的互联互通,激活数字档案资源的潜在价值,发挥数字档案资源在增强国家软实力和竞争力中的战略作用。

2. 全面感知性

中国工程院院士刘韵洁认为:"物联网就是把传感器、传感器网络等感知技术,通信网、互联网等传输技术,以及智能运算、智能处理技术融为一体的连接物理世界的网络。"③ 物联网的发展是互联网发展的延伸与扩展,可以把人类社会与物理世界更好地连接起来,提升人们认知世界和处理复杂问题的能力,提高整个社会的信息化、智能化水平。"全面感知"④作为物联网的三大特性之一,它是通过由传感器和传感器网络组成的物联网感知层而实现的。随着云计算、物联网、大数据等技术的融入与整合,为数字档案馆"全面感知"提供了无限可能,为数字档案馆智能化发展提供了技术支持,有利于推动智慧档案馆的形成与发展。智慧档案馆作为档案界主动跟进和融入智慧城市、智慧中国战略基础上提出的数字档案馆新模式,它"是采用物联网、云计算等新技术智能管理多元化档案资源、具

---

① 习近平:《联通引领发展 伙伴聚焦合作——在"加强互联互通伙伴关系"东道主伙伴对话会上的讲话》,《人民日报》2014 年 11 月 9 日。

② 周珺:《"智慧城市"中的档案信息资源建设》,《中国档案报》2012 年 5 月 28 日。

③ 赵永新:《中国工程院院士刘韵洁——物联网:少烧虚火,多炼真功》,《人民日报》2010 年 7 月 19 日。

④ 物联网有三大特性,即:全面感知、可靠传输、智能处理。从架构上来说,物联网由感知层、网络层、应用层三部分组成。最底层是感知层,由传感器和传感器网络组成;中间层是传输层,主要由移动通信网和互联网组成;最上层是应用层,是指智能运算与智能处理。参考:赵永新:《中国工程院院士刘韵洁——物联网:少烧虚火,多炼真功》,《人民日报》2010 年 7 月 19 日。

有感知与处置档案信息能力并提供档案信息泛在服务的档案馆模式"①，促进数字档案馆生态系统智能化服务与管理，突破传统档案服务的时空限制。随着"互联网+"的应用拓展，通过智慧档案馆建设将档案实体、档案内容、档案管理信息与互联网联系起来，实现对档案实体、内容信息、管理信息等的全面感知，打通数字档案馆生态系统生态因子之间的"任督二脉"，促进数字档案馆生态系统主体与主体、主体与客体以及客体与客体之间的全面感知，有效提升用户享用档案智慧服务的体验感与现实感。

3. 系统整合性

2014年2月27日，习近平在主持召开中央网络安全和信息化领导小组第一次会议上指出："信息技术和产业发展程度决定着信息化发展水平，要加强核心技术自主创新和基础设施建设，提升信息采集、处理、传播、利用、安全能力，更好惠及民生。"② 随着现代信息技术的迅猛发展和普遍运用，数字档案资源生成环境越来越广，形式种类越来越多，资源数量越来越大，呈现出来源的广泛性、形式的多样性、结构的复杂性、系统的异构性、管理的分散性等特点，存在技术系统异构、数据结构异构、业务流程异构、服务平台异构等问题，各系统、各单位、各部门的数字档案资源管理条块分割、各自为政、彼此孤立，形成一个个"信息孤岛"，难以实现集成共享和有效利用。"数字档案资源整合是指根据实际需要，围绕特定主题，对一个国家或一定区域内相对分散的数字档案资源进行融合、类聚、重组，最终实现数字档案资源的最佳社会共享和利用。"③ 数字档案馆生态系统智能化发展过程中，整合既是其发展的重要内容，也是其发展的重要特征，需要充分利用现代信息技术提升数字档案资源的采集、处理、传播、利用、安全能力，完善档案资源体系建设。数字档案馆生态系统智能化发展不仅涉及数字档案资源整合策略、整合模式、整合体制、整合机制等，而且需要加强对数字档案馆生态系统的平台整合、人员整合和管理

---

① 杨来青、徐明君、邹杰：《档案馆未来发展的新前景：智慧档案馆》，《中国档案》2013年第2期。

② 新华网：《习近平主持召开中央网络安全和信息化领导小组第一次会议》，2014年2月27日，见 http://cpc.people.com.cn/n/2014/0227/c64094-24486402.html。

③ 连志英：《数字档案资源整合影响因素分析：基于建构型扎根理论的研究》，《档案学通讯》2015年第6期。

整合，通过平台整合，破解数字档案馆、数字档案资源信息管理平台之间的系统异构，实现数字档案资源的科学统一管理；通过人员整合，充分发挥数字档案资源形成者、管理者、利用者作为数字档案馆生态系统主体的人力资源价值，为数字档案资源建设提供智力支持；通过管理整合，破解数字档案馆管理中无序与有序、分散与集成、孤立与互通之间的矛盾，突破数字档案资源管理方式、管理技术、管理手段、管理机制等障碍，实现数字档案资源的集成管理与共享服务。

（四）数字档案馆生态系统智能化发展趋势

"当今世界，信息技术创新日新月异，以数字化、网络化、智能化为特征的信息化浪潮蓬勃兴起。全球信息化进入全面渗透、跨界融合、加速创新、引领发展的新阶段。谁在信息化上占据制高点，谁就能够掌握先机、赢得优势、赢得安全、赢得未来。"[1] 随着物联网、云计算、大数据等现代智能技术的深度发展与广泛应用，数字档案馆生态系统将与智慧城市、智慧中国、智慧地球等深度融合，推动数字档案馆生态系统朝着管理方式智能化、服务模式智能化以及主体互动虚拟化等方向发展，促进数字档案馆生态系统的互联互通、全面感知与系统整合，保障国家档案事业"四个体系"建设战略目标的顺利实施。数字档案馆生态系统智能化发展趋势突出表现在以下方面。

1. 档案资源的智能整合

档案信息资源是数字档案馆生态系统的核心生态因子。"数字档案馆生态系统运行、建设都是围绕着数字档案信息资源的生成、接收、组织、存储、保管、开发利用等展开的，数字档案馆如果没有优质的、丰富的、独特的、大量的数字档案信息资源，就会成为空洞的技术堆砌，就会成为'无本之木、无源之水'，失去了数字档案馆建设的意义。"[2] 数字档案信息资源来源广泛、种类繁多、数量巨大，充分利用现代智能技术，通过传统档案信息资源与数字档案信息资源整合、不同类型的数字档案信息资源整合、区域数字档案信息资源整合等实现数字档案馆生态系统档案资源的系

---

① 《中办国办印发〈国家信息化发展战略纲要〉》，《人民日报》2016 年 7 月 28 日。

② 金波、丁华东、倪代川：《数字档案馆生态系统研究》，学习出版社 2014 年版，第 130 页。

统整合，完善数字档案资源体系，提升数字档案资源质量，构建数字档案资源数据库，为大数据时代数字档案资源的信息挖掘与开发提供优质数据资源，拓展数字档案资源开发广度与深度，增强数字档案馆生态系统的服务水平和服务能力。数字档案资源整合关系到数字档案馆数字档案资源的有效集成和资源集聚，是数字档案馆生态系统开展物质、能量、信息、价值交流的基础，需要围绕数字档案资源的战略价值，抓住智能技术发展与应用的战略机遇，协同数字档案馆生态系统各生态因子，激发数字档案资源的社会利用需求，提高数字档案资源的整合水平，建构统一的分布式数字档案资源网络集成平台和资源共享空间。当前，"云计算带来了一种组织和实现机制，使我们可以组织资源以服务，组织技术以实现，组织流程以应变"①，我们可以运用云计算、云存储、云管理等技术将各类档案资源进行快速调度和组合，推动数字档案资源云存储，构建基于网络的云档案馆，"通过'云'端提供的强大计算能力、方便快捷的网络服务以及良好的交互环境，能够为档案用户提供多样化和个性化的档案服务"②，实现数字档案资源的云端共享；将大数据技术与数字档案资源紧密结合，实施档案大数据战略，实现数字档案资源的智能检索、采集、处理、传播、利用等，提升数字档案资源的开发质量，丰富数字档案资源的开发产品；利用物联网技术，整合社会信息资源，实现数字档案馆生态系统与数字图书馆、数字博物馆、电子政务平台、电子商务平台等之间互联互通，消弭"信息孤岛"现象。

2. 档案业务的智能管理

智能管理既是数字档案馆生态系统智能化发展的基本内涵，也是数字档案馆生态系统智能化发展的必然趋势。数字档案馆智能管理是数字档案馆生态系统的智能化管理实现的落脚点，它是综合运用现代信息技术，如计算机技术、网络技术、存储技术、数据库技术、数字化技术、多媒体技术、通信传播技术等，实现"档案实体管理的自动化、档案业务管理的自动化、档案保护及库房管理的自动化、档案馆办公自动化"③，促进档案管

---

① 姚宏宇、田溯宁：《云计算：大数据时代的系统工程》，电子工业出版社2013年版，第ⅩⅧ页。

② 王芗馨：《云计算在数字档案馆领域的应用探究》，《城建档案》2012年第10期。

③ 潘连根：《数字档案馆研究》，中国档案出版社2005年版，第55页。

理智能化、档案工作现代化。众所周知，正是信息技术的广泛应用推动了传统档案管理方式和手段的变革，早期通过计算机辅助档案的编目、检索、库房管理以及建立档案目录数据库等业务，初步实现档案管理的自动化；伴随着网络技术、数字化技术、多媒体技术等的应用与发展，档案工作由单机版向网络版方向转变，逐步实现了档案资源的远程在线检索和利用；而今，在物联网、云计算、大数据等现代智能技术的推动下，数字档案资源大量增加，数字档案馆种群快速成长，档案馆自动报警、自动灭火、自动调控温湿度、自动调档还档、自动检索、自动利用、自动统计以及远程控制、远程自主利用等得以全面实施，传统档案管理手段、管理方式等业务管理日趋智能化，推动着档案事业的管理变革与发展创新。如通过整合传统档案管理信息系统、办公自动化系统、档案库房管理系统、档案利用管理系统等信息系统平台，引入人工智能专家系统、知识工程、模式识别、人工神经网络等方法和技术，构建具有集成化、协调化、自动化的数字档案馆生态系统智能管理信息系统，提升数字档案馆的智能管理水平。

3. 档案利用的智能服务

当前，信息资源的战略价值凸显，"信息资源日益成为重要生产要素和社会财富，信息掌握的多寡成为国家软实力和竞争力的重要标志"[1]。档案馆作为海量档案信息资源的"集散地"，是国家档案信息资源存储中心，数字档案资源作用的充分发挥与数字档案馆生态系统功能的有效实现，离不开最为基础的档案利用服务。档案利用服务是档案资源价值实现的关键，是档案工作中最富有活力的业务环节，是档案工作的中心任务，对整个档案工作具有检验和促进作用[2]。当前，适逢大数据时代的历史机遇，"'大数据'之'大'，更多的意义在于：人类可以'分析和使用'的数据大量增强，通过这些数据的交换、整合和分析，人类可以发现新的知识，

---

[1] 新华网：《习近平主持召开中央网络安全和信息化领导小组第一次会议》，2014年2月27日，见 http://cpc.people.com.cn/n/2014/0227/c64094-24486402.html。

[2] 陈智为、邓绍兴、刘越男主编：《档案管理学》（第三版），中国人民大学出版社2008年版，第377—378页。

创造新的价值，带来'大知识''大科技''大利润'和'大发展'"。①档案的数据价值作为一种隐性价值、关联价值、动态价值、宏观价值，是大数据时代可资挖掘的档案新价值，可以促使数字档案馆服务朝着开放性、社会化、多元化和智能化方向发展，为用户提供个性化、网络化、知识化的精准服务②。随着智能技术发展与智慧城市、智慧中国、智慧地球战略的融合推进，作为数字档案馆生态系统核心内容的档案利用服务，需要进一步拓展档案服务路径，创新档案服务手段、服务方式、服务模式以及服务制度，实现档案信息传播途径多元化、利用服务在线化、互动交流及时化等智能化服务，满足档案用户个性化、多元化、便捷化、在线化等泛在服务需求。如通过移动终端APP的开发与应用，实现数字档案资源服务的移动化、便捷化；通过数字档案资源云采集、云存储、云利用等云平台的构建，实现数字档案资源的共建共享；通过引入大数据技术，实现海量数字档案资源的在线处理，满足档案用户的在线化、定制化、可视化等智能服务需求。

4.档案机构的智慧发展

当前，以智慧城市为核心的社会智慧化成为现代社会发展的重要特色。智慧城市是"以数字化、网络化和智能化的信息技术设施为基础，以社会、环境、管理为核心要素，以泛在、绿色、惠民为主要特征的现代城市可持续发展韬略"③。档案机构的智慧发展不仅是数字档案馆生态系统智能化发展的重要表征，而且是数字档案馆生态系统智能化发展的实践载体，代表着数字档案馆生态系统智能化发展方向，具有跨界、融合、互联、高效、便捷等特征。智慧档案馆作为数字档案馆生态系统智能化发展的实体形态，代表着数字档案馆发展的方向。近年来，智慧档案馆研究得到了广泛重视，吴绪成认为"智慧档案馆是适应大数据背景下的第四代档案馆，是继数字档案馆之后档案信息化发展的高级形态"④；陶水龙提

---

① 涂子沛:《大数据:正在到来的数据革命,以及它如何改变政府、商业与我们的生活》,广西师范大学出版社2012年版,第57页。

② 郑金月:《数据价值:大数据时代档案价值的新发现》,《浙江档案》2015年第12期。

③ 上海社会科学院信息研究所:《智慧城市论丛》,上海社会科学院出版社2011年版,第1—5页。

④ 吴绪成:《浅谈大数据背景下的第四代档案馆建设》,《湖北档案》2013年第3期。

出"智慧档案馆是智慧城市的组成部分，其应用集成方法将系统与建筑优化融合，通过对设备设施的自动监控，对各类服务性资源的整合与综合管理，将各职能系统和资源有机的结合并提供给用户使用，营造安全的档案保管环境、舒适的工作环境和良好的利用环境"[①]；傅荣校等提出"智慧档案馆是采用物联网、云计算等新兴技术对多元化的档案资源进行整合、感知、挖掘，并提供多方位、多层次、多渠道的档案共享利用服务的一种档案馆模式"[②]；杨智勇等认为智慧档案馆是"综合档案数据、信息、情报、知识来解决档案收集、管理、保存、利用等问题的智慧化系统和平台"[③]；莫家莉等认为智慧档案馆是"智"（智能化）与"慧"（智慧化）的结合，前者是由"物"形成的智能系统，重在实现档案的"智能化"管理和服务，后者是以社会和智力资本为核心的"智慧"，通过与社会主体之间的互联、互通、共享与合作，实现档案的"智慧化"[④]。

数字档案馆作为海量档案信息资源的集散地，"借助互联网、物联网以及现代通信技术与'智慧城市'相融合，成为'智慧城市'生态系统的子系统，同时又通过物联网、传感网等，将档案信息子系统与城市各领域、各子系统相互连接，实现信息资源共享"[⑤]。智慧档案馆作为数字档案馆生态系统的智能化发展的实践载体，通过利用物联网、云计算、大数据等智能技术，加强数字档案馆中的人与人、人与物以及物与物的互通互联，与外界环境保持开放交流，融入智慧城市、智慧中国、智慧地球，实现档案数据的自动识别与管理、档案实体管理的智能化、档案服务的智慧化，既可以面向社会大众提供智慧服务，也可以支持社会大众参与智慧档案馆建设与发展，成为"Citizen Archivist（公民档案工作者）"，最大程度、最大范围实现档案资源的社会共享。

智慧档案馆作为数字档案馆发展的高级形态，反映着档案管理思维的创新与档案服务内涵的提升，是新形势下国家档案事业发展的新要求与新

---

① 陶水龙：《智慧档案馆建设思路研究》，《中国档案》2014 年第 6 期。

② 傅荣校、施蕊：《论智慧城市背景下的智慧档案馆建设》，《浙江档案》2015 年第 5 期。

③ 杨智勇、周枫：《试析智慧档案馆的兴起与未来发展》，《档案学通讯》2015 年第 4 期。

④ 参见莫家莉、史仕新、周小平：《智慧档案馆顶层设计基本思路探析》，《档案与建设》2016 年第 9 期。

⑤ 周珺：《"智慧城市"中的档案信息资源建设》，《中国档案报》2012 年 5 月 28 日。

趋势，是数字档案馆生态系统智能化发展的重要标志与实践载体，适应现代社会智能化发展的时代潮流。

三、数字档案馆生态系统融合发展

随着"互联网＋"的全面推进，社会各行各业均在强化融合发展，不断创新融合发展路径，深化融合发展内涵，如产业融合、金融融合、文化融合、媒体融合、学科融合、民族融合等，融合发展已经成为现代社会发展的显著特征。2016年，《全国档案事业发展"十三五"规划纲要》指出"到2020年，初步实现以信息化为核心的档案管理现代化，基本建成与全面建成小康社会相适应、有效服务国家治理和'五位一体'建设的档案事业发展体系"；提出"实施国家数字档案资源融合共享服务工程"，"积极响应数字中国建设，加快推进信息技术与档案工作深度融合"等[1]，体现出国家档案事业的融合发展战略。数字档案馆生态系统作为社会生态系统的组成部分，在运行演化过程中，通过物质循环、能量流动、信息传递和价值转化与社会、政治、经济、文化等外部环境融合交流，探讨和分析数字档案馆生态系统融合发展，有利于对数字档案馆生态系统建设进行顶层设计，创新数字档案馆生态系统建设思维，拓展数字档案馆生态系统建设路径，为数字档案馆生态系统深度融入社会生态系统奠定基础，促进数字档案馆生态系统社会生态位的跃升。

（一）数字档案馆生态系统融合发展内涵

"以2014年2月中办、国办《关于加强和改进新形势下档案工作的意见》发布为标志，我国档案工作正处于一个以服务大局和服务民生为中心、以'三个体系'建设为重点、事业发展得到有力保障的新常态。"[2] 随着网络社会的深入发展与社会转型的加速推进，融合已经成为现代社会发展的重要特征，特别是在当前经济发展新常态背景下，融合发展既是我国经济社会发展的必经之路，也是国家档案事业发展的必然趋势。

---

① 国家档案局:《全国档案事业发展"十三五"规划纲要》,《中国档案》2016年第5期。
② 杨冬权:《怎样认识档案工作新常态》,《中国档案报》2015年10月12日。

数字档案馆生态系统融合发展是指在网络社会深入发展中，数字档案馆生态系统内部各生态因子之间协同互动，与社会、政治、经济、文化等外部环境之间相互依存、相互影响、相互促进，推动数字档案馆生态系统协调运行，实现与社会生态系统之间的融合交流。数字档案馆生态系统融合发展主要体现在内部融合与外部融合两个方面：内部融合是在数字档案馆生态系统生态因子之间的协同互动基础上，推动数字档案馆与传统档案馆的融合以及数字档案馆个体、种群之间的融合，实现数字档案馆与国家档案事业之间的协同发展。外部融合是指数字档案馆与其所处的生存环境之间的融合，旨在实现与外部环境之间的开放、交流与互动，充分协调与社会各方面关系，争取更多的认知、理解和支持，为数字档案馆发展创造有利的社会环境，促进数字档案馆生态系统与外部环境之间的共生、共享与共赢，提高数字档案馆生态系统的社会竞争力。

（二）数字档案馆生态系统融合发展特征

随着现代科技的迅猛发展和档案事业发展生态环境的变迁，融合发展已经成为数字档案馆生态系统未来发展基本态势，具有鲜明的时代性、开放性、驱动性、协调性、公共性等特征。

1.时代性

随着社会信息化、网络化、智慧化发展的全面推进，"数字信息资源已成为社会信息资源的主流，集中反映了一个时代文化、科技、政治、经济等领域的特征，塑造了一个民族的记忆，是国家软实力的重要表征。"[①]数字档案资源既是数字信息资源的重要组成部分，又是数字档案馆生态系统的核心生态因子，具有鲜明的时代性特征。数字档案馆是现代信息技术发展的时代产物，数字档案馆生态系统建设发展与科技进步、社会发展、政策环境等紧密相连，具有融合发展的内在需求。如"互联网＋"的快速发展与广泛应用对数字档案馆建设提出新要求，需要贯彻国家"互联网＋"发展战略，主动融入"互联网＋"环境，促进数字档案馆生态系统的网络化、社会化、智慧化发展；转型社会的加速推进不仅促进了社会变革，而且推动了数字档案馆的功能拓展与服务创新，适应新形势下档案工作的时

---

① 马费成：《数字时代不能没有"中国记忆"》，《中国社会科学报》2014 年 5 月 26 日。

代要求，满足转型社会环境下用户的档案利用新需求；经济社会发展新常态要求数字档案馆生态系统必须超越传统发展方式，"根据档案工作出现的新情况、新任务，积极探索创新档案工作管理模式和管理方式，拓展档案工作新领域，打破制约档案工作创新发展不合理的体制机制，适应档案工作的新变化，切实提高档案行政管理部门的履职能力，让档案工作更具活力、更有效率"。[①]

2. 开放性

开放性是数字档案馆生态系统融合发展态势的另一重要特征。首先，任何一个自然生态系统都具有开放性，数字档案馆生态系统不是一个封闭的生态系统，需要与外部环境保持不断的交流，档案信息资源的丰富、档案利用服务的深化、档案馆社会功能的拓展以及数字档案馆生态系统自身的运行，均具有明显的开放性[②]。其次，从数字档案馆生态系统融合发展的内涵来看，一方面体现在通过数字档案馆生态系统各生态因子之间的互动交流，完善档案资源体系与结构，提高管理与决策水平，创新服务内容与方式，充分发挥各生态因子的作用，促进数字档案馆生态系统整体功能的实现；另一方面体现在数字档案馆生态系统与外部环境之间的交融合作，不断借鉴吸收其他信息组织机构的优势，保持数字档案馆生态系统生命力旺盛。最后，从数字档案馆生态系统融合发展的结果观察，融合发展既是发展路径也是发展结果，具有手段与目的的统一性。作为数字档案馆生态系统发展路径的融合发展，需要充分利用国家政策、信息技术、社会资源等外部力量，促进数字档案馆生态系统的开放与可持续发展；而作为数字档案馆生态系统发展结果的融合发展，需要与外部生存环境之间保持开放交流，推动数字档案馆生态系统与其他信息生态系统以及社会生态系统之间深度融合与协同发展，不断提升数字档案馆的信息生态位与社会生态位。

3. 驱动性

数字档案馆生态系统的形成、繁育与进化是在现代信息技术的应用、电子文件的形成和用户利用需求的扩大等外部因子的推动下实现的，具有

---

① 金波：《两办〈意见〉：新常态下档案工作的总纲领》，《上海档案》2015 年第 2 期。

② 金波、丁华东、倪代川：《数字档案馆生态系统研究》，学习出版社 2014 年版，第 141 页。

明显驱动性特征[①]。数字档案馆生态系统融合发展的驱动性突出表现在技术驱动与需求驱动两方面。从技术视角观察，现代技术的快速发展与广泛应用为数字档案馆生态系统融合发展创造了战略机遇。无论是数字档案馆个体的成长还是种群的发展，都离不开计算机、互联网等信息技术的应用，随着物联网、云计算、大数据等新技术的发展应用，促进数字档案资源海量化、管理手段智能化、传播方式移动化、利用服务高效化，推动着数字档案馆生态系统的形成与壮大，成为数字档案馆生态系统融合发展的重要动力。从需求视角观察，社会大众档案意识的增强为数字档案馆生态系统融合发展提供了契机。随着信息社会的发展，人们在档案信息利用上需要方便、快捷、准确的信息服务，需要公平、公正、合理的信息权利，需要"一站式"和全面综合性的信息利用，推动着档案部门及时转变服务理念，创新服务方式，有针对性地开展信息推送服务、智能检索服务和知识管理服务，变被动服务为主动服务，激活数字档案资源价值，发挥数字档案资源潜能，满足社会大众的档案信息利用需求，促进数字档案馆生态系统创新融合发展。

4. 协调性

数字档案馆生态系统建设是一项跨部门、跨行业、跨地区的系统工程，需要总体把握、多方配合、通力合作，建立协同管理模式，保障数字档案馆生态系统的健康运行与协调发展。协调性是数字档案馆生态系统融合发展的基本要求，主要表现在三个方面：一是与传统档案馆之间的协调。数字档案馆的发展是以传统档案馆为基础的，传统档案馆的一些管理原则、管理方法和管理实践，将会在数字档案馆中得以体现。实际上，数字档案馆是对传统档案馆的继承和发展，需要加强与传统档案馆之间的联系，充分利用传统档案馆的馆藏资源，推动数字档案馆的成长与发展。二是与其他信息机构之间的协调。数字档案馆与其他信息机构由于工作职能上的不同，在信息资源的拥有上存在明显差异，不具重复性，需要双方或多方协调处理，实现数字信息资源的共享利用和集成服务。数字档案馆需要充分利用现代信息技术的优势，加强与数字图书馆、数字博物馆、文化传媒机构等信息组织之间的协调合作，互通有无、取长补短，相互借鉴

---

① 金波、丁华东、倪代川：《数字档案馆生态系统研究》，学习出版社2014年版，第138—139页。

建设经验，集成多方信息资源，为用户提供优质的、专业化的档案信息服务。三是与社会生态系统之间的协调。数字档案馆生态系统是社会生态系统的组成部分，需要与外部环境相互渗透、相互影响、相互作用，通过文化融合、资源融合、技术融合、管理融合、服务融合、功能融合、人才融合等方式融入社会生态系统，切实增强数字档案馆生态系统的社会参与能力，不断协调数字档案馆生态系统运行的环境适应性，保障数字档案馆生态系统的平衡与稳定，增强数字档案馆生态系统的信息竞争力与社会竞争力。

5. 公共性

公共性既是现代社会的基本属性，也是现代社会发展的重要特征，在人文社会社科领域得到广泛应用，如公共文化、公共政策、公共服务、公共艺术等。随着公民社会的蓬勃发展，公共性建设已经成为现代社会发展的基本共识，"一个公共性的社会需要有公共意识、公共理性、公共理念、公共伦理、公共文化等，形成充满活力的公共精神"[①]。融合发展是数字档案馆生态系统运行与发展的价值追求，具有鲜明的公共性特征。一方面，通过数字档案馆生态系统的内部融合，增强数字档案馆生态系统在资源、管理与服务方面的行业竞争力，提高国家档案事业的公共服务能力，使档案公共服务体现以人为本、服务民生的时代要求，符合开放共享、自由公平、提升效能的服务宗旨，使得公共利益成为数字档案馆生态系统服务的价值追求；另一方面，通过数字档案馆生态系统的外部融合，主动适应社会大众档案信息利用需求，拓展数字档案馆生态系统的服务空间，扩大数字档案馆生态系统的社会影响力，使得数字档案馆成为"档案公共服务的主要阵地，是政府主导提供公共信息产品和服务的制度安排"[②]，充分发挥数字档案馆生态系统的社会功能。

（三）数字档案馆生态系统融合发展趋势

2017 年 12 月 8 日，习近平在中共中央政治局第二次集体学习时强调，"要以推行电子政务、建设智慧城市等为抓手，以数据集中和共享为途径，

---

① 郭湛：《社会公共性研究》，人民出版社 2009 年版，第 14 页。
② 李扬新：《档案公共服务政策研究》，世界图书出版公司 2011 年版，第 50 页。

推动技术融合、业务融合、数据融合，打通信息壁垒，形成覆盖全国、统筹利用、统一接入的数据共享大平台，构建全国信息资源共享体系，实现跨层级、跨地域、跨系统、跨部门、跨业务的协同管理和服务"。[①] 随着数字档案馆生态系统与信息生态系统、社会生态系统等之间的协调适应与协同运行，数字档案馆生态系统的融合发展将日趋深化。数字档案馆生态系统融合发展突出表现在技术融合、资源融合、文化融合、服务融合等方面。

1. 数字档案馆生态系统技术融合

随着创新模式的崛起与社会生产方式的变革，信息技术、生物技术、新能源技术、新材料技术等之间的交叉融合正在引发新一轮科技革命和产业变革。技术融合作为"一种创新模式，与科学突破的创新模式相比，该模式下不同技术（包括已有技术和新技术）之间通过自身的有机组合实现技术创新，以提升原有应用的性能或实现新的应用"[②]，已经成为当代技术发展的普遍现象和重要特征，是推动社会运行与发展的重要引擎。

技术融合尤其是信息网络技术之间的融合，不仅促进了技术与社会之间进行广泛、深入、持续的融合发展，而且为现代社会发展带来了思想、方法与制度等方面的创新，为数字档案馆生态系统发展带来了重要机遇。随着以"大、云、平、移"为代表的现代信息技术之间的交叉渗透，计算机技术、互联网技术、信息存储技术、信息获取技术、信息传播技术等之间的融合发展日趋凸显。如"互联网＋"作为现代信息网络技术融合发展与应用的典型案例，既实现了信息技术的融合发展，也促进了社会产业的跨界拓展，是互联网与经济社会各领域深度融合的直接体现。

现代信息网络技术的融合发展成为数字档案馆生态系统融合发展的技术驱动力。通过技术融合发展与应用，整合数字档案馆生态系统技术资源，提升数字档案馆生态系统技术保障能力，不仅有利于加强对数字档案信息资源整个生命周期的管理，实现数字档案信息资源收集、保管、存储、利用等之间的深度融合，推进档案存储数字化和利用网络化；而且有

---

① 《审时度势精心谋划超前布局力争主动 实施国家大数据战略加快建设数字中国》，《人民日报》2017 年 12 月 10 日。

② 陈亮、张志强、尚玮姣等：《技术融合研究进展分析》，《情报杂志》2013 年第 10 期。

利于促进数字档案馆生态系统服务方式与内容的创新，提高数字档案信息资源的社会共享程度与水平，满足用户的个性化、便捷化、多元化等档案利用需求。如通过虚拟现实技术将模拟环境、感知、自然技能和传感设备等应用到数字档案馆生态系统的利用服务实践中，提高档案用户利用的主动性，增强档案用户的现实体验，创新档案利用服务途径与方法，促进数字档案馆生态系统与社会大众之间的互动融合。

2. 数字档案馆生态系统资源融合

信息资源作为数字档案馆生态系统的核心生态因子，既是数字档案馆建设的核心，也是数字档案馆生态系统形成与发展的基石，在数字档案馆生态系统建设中居于首要地位[①]。随着网络社会的持续深入发展，数字档案资源日渐成为未来档案信息资源主体形态的同时，传统形态的档案资源价值也在日趋拓展，不仅具有存史资政的传统价值，而且强化了其作为社会记忆传承载体的文化价值。

数字档案馆生态系统资源融合发展是指将系统内各类档案资源进行系统整合，构建丰富、多元的档案资源库，完善档案资源体系，通过统筹管理与融合利用，为社会大众提供优质、高效的档案信息服务，为我国档案事业"四个体系"发展战略提供资源保障。数字档案馆生态系统资源融合发展突出表现在两个方面：

一是数字档案资源与传统档案资源之间的融合。数字档案资源与传统档案资源均为数字档案馆生态系统档案资源体系的重要组成部分，在数字环境下，传统档案资源会根据需要进行数字化转换，使"文件与档案管理的对象从传统的纸张、胶片、录音带、录像带所承载的模拟信息逐步转换成数字信息"[②]，有利于对传统档案资源的保护，丰富数字档案资源内容，方便用户利用；同时，数字档案资源也会根据需要进行数模转换，保障数字档案资源的真实性与完整性，提升数字档案资源的凭证价值。通过传统档案资源与数字档案资源的协同整合，实现数字档案资源与传统档案资源的融合发展，充分发挥各自优势，"加强对档案信息的分析研究、综合加工、深度开发，提供深层次、高质量档案信息产品，不断挖掘档案的价

---

① 金波、丁华东、倪代川：《数字档案馆生态系统研究》，学习出版社 2014 年版，第 202 页。

② 赵屹：《数字时代的文件与档案管理》，世界图书出版公司 2014 年版，第 14 页。

值，努力把'死档案'变成'活信息'、把'档案库'变成'思想库'，更好为各级党委和政府决策、管理提供参考"①，为社会大众提供定制、专业、特色的档案信息资源开发产品，满足用户的个性化档案利用需求，不断提升档案资源的信息竞争力。

二是数字档案资源自身之间的融合。数字时代，数字档案资源日渐成为数字档案馆生态系统的核心信息资源，需要强化数字档案资源的内容融合、类型融合以及管理融合，实现数字档案资源的集成管理与共享利用。信息技术的发展与应用，有利于增强数字档案馆档案资源采集、整理、存储、开发、利用等能力，全面推动数字档案资源自身之间的融合发展。第一，通过电子档案与数字化档案之间的融合，既可以激活再现传统档案资源的历史价值，又可以丰富数字档案资源内容，促进数字档案资源产品开发，满足人们日益增长的数字档案利用需求。第二，通过单媒体档案与多媒体档案之间的融合，进一步激活数字档案资源活力，提高数字档案资源内容的丰富性、动态性、综合性，增强用户利用数字档案资源的体验感。第三，通过数字档案资源与网络信息资源的融合，弥补数字档案资源内容的不足，丰富数字档案资源内涵，提高数字档案资源利用的社会效益。第四，通过数字档案馆与其他信息机构数字信息资源之间的融合，促进数字档案资源管理规范化、标准化，增强数字档案资源的共享能力，提高数字档案馆的信息竞争力与社会影响力。

3. 数字档案馆生态系统文化融合

文化是人类文明延绵不绝的传承载体，是民族延续的血脉，是人类自觉追求的精神领地。"如果说，文化是一条运动着的长河，那么档案是与这条长河同步运动的记忆长卷。没有档案，也就没有文化的进步。档案伴随着人类社会越过了漫长的历程，并在其中发挥作用之大，影响之深远，是其它社会信息所无法比拟的。"②

当前，文化软实力和竞争力已经成为国家富强、民族振兴的重要标志，是国家综合实力的重要体现。作为数字档案馆生态系统核心生态因子

---

① 《中共中央办公厅国务院办公厅印发〈关于加强和改进新形势下档案工作的意见〉》，《中国档案》2014 年第 5 期。

② 任汉中：《论档案的文化价值》，《档案学研究》2005 年第 2 期。

的档案资源，不仅包括丰富的传统载体档案资源，而且包含海量的数字档案资源，它们均是信息资源体系的重要构成，记录和反映着人类社会发展过程中的物质文化和精神文化成就，涉及科学、技术、教育、文学、艺术、风俗习惯、民族心理、生活方式等诸多文化领域，是记录与传承民族记忆的重要载体，是国家软实力的重要表征，具有丰富的文化内涵与独特的文化功能。覃兆刿认为，"档案现象的发生和演变，反映了人类文明的源起与进步；如果从文化论，记忆是一种文化心理，记录是一种'写文化'，档案则是一种文化载体和文化建构的'管理文化'"。① 胡鸿杰认为，"档案文化具有相互联系的两大优势，其一是对管理程序的系统分析；其二是形成了一种信息资源（主要指管理决策资源）重构的模式。随着社会的发展，不同文化之间、不同专业领域之间的相互渗透已经成为一种趋势。这就为档案文化价值的实现提供了广阔的空间。"② 档案的文化属性及其文化功能，决定了数字档案馆生态系统的融合发展必然包含文化融合，这既是数字档案馆生态系统自身的文化特质所致，也是数字档案馆生态系统融合发展的重要途径，体现了数字档案馆生态系统的发展态势。

数字档案馆生态系统文化融合是指以数字档案馆为平台，以文化管理为手段，促进数字档案馆组织文化、资源文化、技术文化、服务文化、协同文化、知识文化之间的融合渗透，凝聚文化自觉共识，强化数字档案馆文化氛围，拓展数字档案馆文化空间，提升数字档案资源文化价值，弘扬数字档案馆文化功能。文化融合作为数字档案馆生态系统融合发展态势的重要内容，首先，在组织建设中，需要档案人强化文化自觉意识，"对文化在历史进步中的地位和功能有深刻的认知，对文化发展规律和趋势有正确的把握，对发展文化的社会与历史责任有主动的担当"③，充分认识档案及档案事业的文化属性与文化功能；其次，在管理实践中，要加强数字档案馆文化氛围建设，拓展数字档案馆物理空间与虚拟空间，提升数字档案馆文化内涵，厚植数字档案馆文化功能；再次，在利用服务中，聚焦社会

---

① 覃兆刿：《档案文化建设是一项"社会健脑工程"——记忆·档案·文化研究的关系视角》，《浙江档案》2011年第1期。

② 胡鸿杰：《档案与文化》，《档案学通讯》2004年第5期。

③ 殷燕召：《树立文化自觉与自信的理念——访北京大学中文系教授董学文》，《光明日报》2011年10月12日。

大众的文化需求，充分挖掘数字档案资源文化价值，为用户提供丰富的档案文化产品，提升数字档案馆公共文化服务能力。

4. 数字档案馆生态系统服务融合

当前，"我们正处在风云激荡的'互联网＋'时代，许多行业和产业的边界正在消失，融合发展是大势所趋。"[①] "不同信息环境的服务融合蕴涵着无限生机，已然成为新的信息服务趋势"[②]，服务融合已成为图书馆、博物馆、档案馆等信息服务机构的服务特色与发展趋势。Alexandra Yarrow 等提出，图书馆、博物馆、档案馆服务的发展趋势是协作和合作，倡议全球的数字化图博档的融合，建议建立统一综合的图书、文物、档案信息管理系统，进行信息整合和融合，提供信息服务。[③]

随着国家"互联网＋"战略的实施，社会各行各业都在积极利用"互联网＋"推进自身的融合发展与创新，这为数字档案馆生态系统融合发展提供了契机。数字档案馆生态系统可以充分利用"互联网＋"技术与思想，制定数字档案馆"互联网＋"战略，围绕用户档案利用需求与档案服务特色，推进数字档案馆生态系统的服务融合。一是强化传统服务与现代服务之间的融合。数字档案馆在传统档案阅览、展览、编研等实体服务的基础上，利用信息技术优势，拓展档案服务渠道，创新档案服务方式，实现档案服务的数字化、移动化、虚拟化。二是推动服务方式之间的融合。"互联网＋"促进了档案服务方式的创新与融合，有利于打造智能化的档案信息服务平台，实施个性化、定制化、精准化等服务方式，为用户提供一站式档案信息服务，满足社会大众日益增长的多元化利用需求。三是促进档案馆、图书馆、博物馆等信息机构间的服务融合。"图博档三者无论在资源属性、分布特征、服务方式等方面都具有一定的相似性，应深入挖掘三类资源的内在关联关系及共性，利用数字信息技术，建设资源与服务一体

---

① 杨振武：《建设新型主流媒体要形神兼备、筋骨强健》，2015 年 8 月 20 日，见 http://media.people.com.cn/n/2015/0820/c14677-27488472.html。

② 吕竹筠、张兴旺等：《信息资源管理与云服务融合的内涵及共性技术体系研究》，《情报理论与实践》2012 年第 9 期。

③ Alexandra Yarrow, Barbara Club, Jennifer-Lynn, *Public libraries, Archives and Museums*: *Trends in Collaboration and Cooperation*, IFLA Professional Reports, 2008.

化融合服务的综合平台"①，促进图书馆、博物馆、档案馆等机构之间的信息资源共享，实现图博档等信息服务之间的优势互补与深度融合，提升档案信息服务的社会影响力。

数字时代，档案部门应积极推动档案信息服务的转型与创新，增强数字档案馆生态系统服务能力，"在服务对象上，既为有关部门和单位服务，又为广大人民群众服务；既为城市发展和市民服务，又为新农村建设和农民服务。在服务内容上，既做好帮助有关单位建立和管理档案的服务，又做好为社会各方面提供档案利用及政府公开信息、其他信息的服务，特别要积极把涉及民生的各类档案、信息及时整理、鉴定出来，优先提供利用，更好为维护人民群众合法权益提供支持"。②

四、数字档案馆生态系统可持续发展

"可持续发展思想是一种全新的价值观念，实现可持续发展也是全人类的共同目标"。③ 当前，世界各国都高度关注可持续发展问题，其内涵也由单纯的生态环境扩展至经济社会各个领域，成为全球性的发展思潮和行动纲领。数字档案馆生态系统作为社会生态系统的重要组成部分，它是未来档案事业发展的重要载体，随着社会可持续发展的深入和档案事业可持续发展战略的推进，可持续发展必将成为数字档案馆生态系统建设与发展的战略选择。

（一）数字档案馆生态系统与可持续发展

可持续发展强调的是经济、资源和环境的协调发展，追求的是人与自然的和谐共进，既要满足人类的发展和生存需要，又要保护自然资源和生态环境，不对后代的生存和发展构成危害。④ 可持续发展是数字档案馆生

①　朱学芳:《图博档信息资源数字化建设及服务融合探讨》,《情报资料工作》2011年第5期。

②　《中共中央办公厅国务院办公厅印发〈关于加强和改进新形势下档案工作的意见〉》,《中国档案》2014年第5期。

③　刘传祥、承继成、李琦:《可持续发展的基本理论分析》,《中国人口·资源与环境》1996年第2期。

④　陈国权:《可持续发展与经济—资源—环境系统分析和协调》,《科学管理研究》1999年第2期。

态系统健康运行与协调发展的本质体现，既是维护数字档案馆生态系统生态平衡的内在要求，也是数字档案馆生态系统未来发展的基本态势。

1. 可持续发展思想发轫

1987年，第42届联合国大会通过"世界环境与发展委员会"（WCED）的报告——《我们共同的未来》（*Our Common Future*）[1]，首次提出"可持续发展"（Sustainable Development）概念，认为可持续发展是一种既满足当代人的需求又不损害子孙后代需求的发展，特别强调发展的公平性、持续性与共同性等原则。2003年，我国国家发展和改革委员会发布《中国21世纪初可持续发展行动纲要》，提出的总体目标为："可持续发展能力不断增强，经济结构调整取得显著成效，人口总量得到有效控制，生态环境明显改善，资源利用率显著提高，促进人与自然的和谐，推动整个社会走上生产发展、生活富裕、生态良好的文明发展道路。"[2] 2015年，中共中央、国务院发布《关于加快推进生态文明建设的意见》，提出"既立足当前，着力解决对经济社会可持续发展制约性强、群众反映强烈的突出问题，打好生态文明建设攻坚战；又着眼长远，加强顶层设计与鼓励基层探索相结合，持之以恒全面推进生态文明建设"。[3]

2. 数字档案馆生态系统可持续发展内涵

数字档案馆的出现既是传统档案馆的继承与发展，也是档案事业可持续发展的重要载体。"所谓档案事业可持续发展，就是正确处理档案事业内部及外部的各种关系，使其与社会其他各项事业协调发展；优化档案事业内部结构，逐步提高档案科学管理水平，积极而又合理地开发利用档案信息资源，使档案工作在满足当前需要和长远需要之间保持平衡。"[4] 随着现代技术的发展与应用，数字档案馆生态系统由个体到种群、由单一到多元、由弱小到壮大，呈现出蓬勃发展的态势，体现了档案事业在信息网络环境下的可持续发展，是未来档案事业的发展方向。数字档案馆生态系统可持续发展是指在数字档案馆生态系统建设过程中，秉承创新思维，不断

---

[1] WCED, *Our Common Future*, Oxford: Oxford University Press, 1987, p.66.

[2] 《中国21世纪初可持续发展行动纲要》，《人民日报》2003年7月25日。

[3] 《中共中央 国务院关于加快推进生态文明建设的意见》，《人民日报》2015年5月6日。

[4] 李财富：《档案事业可持续发展内涵探析》，《档案学研究》1999年第3期。

优化资源配置，保障数字档案馆收管存用等工作的协调运行，降低管理成本，增强系统活力，提高数字档案馆生态系统运行效率，满足不断增长的社会档案信息利用需求。数字档案馆生态系统可持续发展内涵丰富，具有较强的现实关怀，需要不断优化数字档案馆信息环境，持续推进数字档案资源建设，完善数字档案馆生态系统功能结构，保障档案用户利用权利，与政治、经济、文化、社会、生态等发展相协调，实现档案事业的可持续发展。

（二）数字档案馆生态系统可持续发展特征

可持续发展不仅是现代社会发展的战略选择，更是一种发展思维，体现了人们对经济社会发展的认识深化，具有很强的指导价值。数字档案馆生态系统可持续发展能否实现，关键在于作为数字档案馆生态系统主体的档案人是否能够贯彻可持续发展的思想和理念，有效地推动数字档案馆生态系统建设。数字档案馆生态系统可持续发展特征集中体现在公平性、共同性、持续性、协调性、伦理性等方面。

1.公平性

公平性是可持续发展的核心原则之一，是可持续发展内涵的根本要求，旨在强调机会选择的平等性，如公平的发展权、公平的资源使用权等。公平性内涵突出表现在：一是从时间上包括代际公平与代内公平；二是从空间上包括个人之间、集团之间、区域之间、国家之间的公平；三是从内容上包括收入分配、资源消耗、权利、责任和义务等方面的公平性。[①]档案事业可持续发展必须坚持公平性原则，以满足社会大众的档案信息需求为目标，把用户利用需求作为档案事业可持续发展的头等大事优先予以考虑，不仅要立足当前，更要关注未来，以满足社会利用需求来规划档案事业发展蓝图。[②]

数字档案馆生态系统可持续发展的公平性主要体现在：一是数字档案馆服务对象的平等，强调的是用户档案利用权利的平等公正，要求在数字档案馆信息服务中，公正平等地对待各类档案用户，消除信息垄断，保障

---

① 周海林：《可持续发展原理》，商务印书馆2004年版，第238页。
② 谭玲培：《档案事业可持续发展的内涵、特征及政策选择》，《北京档案》1999年第9期。

用户的档案信息利用权利。二是数字档案馆资源结构的完善，不仅要实现立档单位档案资源的"应归尽归、应管尽管"，而且要围绕"建立覆盖人民群众的档案资源体系"战略，对接社会档案利用需求，加强民生档案、特色档案、专题档案的收集与征集，强化对体制外档案资源的建设，丰富数字档案馆档案资源内容。三是数字档案馆信息利用环境的公平，聚焦数字档案馆信息化建设，建立优质高效的数字档案资源利用服务平台和获取路径，缩小信息差距、数字鸿沟，消除技术障碍与利用瓶颈，维护数字档案馆生态系统信息利用环境的平衡，创造平等、自由、公正的档案信息服务环境，满足用户便捷化、多元化、个性化档案利用需求。

2. 共同性

可持续发展关到全球发展，追求的是共同发展，其理论核心聚焦两条主线：一是努力把握人与自然之间的平衡，寻求人与自然关系的合理化；二是努力实现人与人之间关系的和谐，达到人与人之间关系的调适与公正，揭示"自然—经济—社会"系统的运行机制①。

数字档案馆生态系统可持续发展的共同性突出表现在两方面：一是数字档案馆生态系统与社会生态系统之间的共同性。必须拓宽视野，将数字档案馆生态系统作为社会生态系统的一部分，同步规划，促进数字档案馆生态系统与社会生态系统共同发展；数字档案馆生态系统是社会生态系统的子系统，与社会生态系统之间存在着相互促进、相互作用、相互依存的关系，社会生态系统的发展会促进数字档案馆生态系统的成长，数字档案馆生态系统的发展会对社会生态系统起支撑作用。二是数字档案馆生态系统主体的共同性。数字档案馆生态系统主体包括档案形成者、管理者和利用者，在数字档案馆生态系统中处于核心地位，掌控着数字档案馆生态系统的一切活动，决定着数字档案馆的生存与发展。档案形成者是数字档案馆信息资源的生产者、制造者，决定着数字档案馆生态系统中档案信息资源的质量，直接影响着整个数字档案馆生态系统的建设与发展；档案管理者通过计划、组织、管理、领导和控制等方式来确保数字档案馆正常运行，促进数字档案馆资源配置的最优化，提升数字档案馆社会生态位；而档案利用者正是数字档案馆服务的对象，是数字档案馆存在和发展的根本

---

① 张志强、孙成权等：《可持续发展研究：进展与趋向》，《地球科学进展》1999 年第 6 期。

所在^①。档案形成者、管理者和利用者之间需要密切配合，相互衔接、相互作用、相互支持，共同推动数字档案馆生态系统的成长与发展。

3. 持续性

可持续性强调生态系统内在的协调运行与健康发展，其发展是不超越环境系统再生能力的发展，寻求一种最佳的生态系统以支持生态的完整性和人类愿望的实现，既满足代内横向公平（即给予人们公平的发展权、公平的资源使用权等），也满足代际纵向公平（即给后代人以公平利用自然资源的权利等），使人类的生存环境得以持续发展。^②数字档案馆生态系统可持续发展的持续性特征主要体现在：

一是档案资源的持续积累。数字档案资源是数字档案馆生态系统的核心生态因子，攸关数字档案馆生态系统的健康发展与协调运行，是数字档案馆生态系统形成、演化、运行和发展的基石，需要保障数字档案资源来源渠道的畅通，重点加强电子档案的收集、馆藏档案的数字化转换、网络档案资源的采集，为数字档案馆生态系统持续积累数字档案资源，丰富档案资源内容，完善档案资源体系，优化档案资源结构。二是生存环境的持续优化。数字档案馆生态系统建设需要政策支持、制度支持和经费支持，将数字档案馆建设纳入国家档案事业建设发展规划，不断完善相关制度、标准、规范，加大投入力度，优化数字档案馆生态系统的生存环境，保障数字档案馆生态系统生态平衡和健康运行。三是系统功能的持续完善。信息技术是数字档案馆生态系统持续发展的动力源泉，决定着数字档案馆生态系统的运行与演化，关系着数字档案馆生态系统功能的发挥。数字档案馆个体的成长、种群的扩大、群落的增长以及整体系统的形成，始终离不开技术的发展与支撑。新技术的发展与应用是数字档案馆生态系统持续发展的强大推动力，促使数字档案馆建设从早期的网站开通、目录检索，到全文查询、移动服务，再到智能化利用、智慧化服务，推动着数字档案馆从数字型档案馆向信息型档案馆乃至智慧档案馆转变，促进数字档案馆结构不断完善、功能日趋强大。

---

① 金波、丁华东、倪代川：《数字档案馆生态系统研究》，学习出版社2014年版，第124—126页。

② 周海林：《可持续发展原理》，商务印书馆2004年版，第238页。

4. 协调性

可持续发展实质上是要求在任何一个时期，人群的生活质量或消费水平、经济的发展水平和自然资源的消耗水平、环境质量和承载力状况这三者之间处于协调状态[①]，强调经济社会发展与人口、资源、环境相协调，实现人口、社会、经济、资源、环境之间协调发展，并在发展的同时使自然资源得到合理综合开发和永续利用，使生态环境系统得到保护[②]。

数字档案馆生态系统作为一个人工生态系统，其可持续发展需要与生存环境之间相互协调，达到功能上的统一。数字档案馆生态系统可持续发展的协调性主要体现在：一是生态因子之间的协调。强调数字档案馆生态系统生态因子之间相互影响、相互制约、相互促进的特征，是数字档案馆生态系统可持续发展的内在要求。通过各生态因子之间的协同合作，有利于激活各生态因子的活力，充分发挥各生态因子的作用，增强数字档案馆生态系统整体功能，促进数字档案馆生态系统的协调运行与健康发展。二是与信息生态系统之间的协调。数字档案馆、数字图书馆、数字博物馆、传媒机构等是社会信息生态系统的重要组成部分，信息社会中人们的信息需求日益多元化、多样化，需要加强数字档案馆"与数字图书馆、数字博物馆、传媒机构等信息机构之间的协调合作，互通有无，取长补短，相互借鉴建设经验，集成多方面信息资源，实现馆藏数字信息资源的互补与共享，为用户提供优质的、专业化的信息服务"。[③]三是与社会生态系统之间的协调。数字档案馆生态系统是社会生态系统的子系统，数字档案馆生态系统可持续发展需要将其纳入社会生态系统之中，把数字档案馆生态系统与社会生态系统作为一个整体看待，同步规划、同步发展、相互促进、相互交融，协调数字档案馆生态系统与社会生态系统之间的适应性，提升数字档案馆生态系统的社会竞争力。

5. 伦理性

生态伦理是对人与自然关系的哲学反思中形成的一种伦理思想，本质上属于人类社会的"观念—价值—文化"领域，其理论构成、研究对象契

---

① 霍功：《可持续发展思想及其生态伦理探索》，《社会科学家》2009 年第 7 期。
② 曾珍香：《可持续发展协调性分析》，《系统工程理论与实践》2001 年第 3 期。
③ 金波、丁华东：《数字档案信息资源的协调与竞争》，《浙江档案》2013 年第 9 期。

合人类的可持续发展①。可持续发展着眼于对自然环境的呵护，最终所关怀的是人的生存与发展，强调的是全人类的共同利益，促进人类与经济、社会、自然之间的协调发展，体现了生态伦理价值与追求。可持续发展伦理主张人类的可持续发展和生存利益高于一切，不仅指向人类当前的发展，而且更为注重人类未来的发展，为人类可持续发展提供新的行为准则与实现途径②。

数字档案馆生态系统可持续发展同样离不开对生态伦理的关注和遵循，需要"通过建立和完善新的信息环境下生态系统主体普遍认同和共同遵守的、符合社会一般要求的行为和伦理规范，强化主体的自律和约束，从而形成有利于数字档案馆生态系统平衡和发展的内在约束（自我调控）和外部约束（人工调控）的机制"③，为数字档案馆生态系统可持续发展提供伦理支持和保障。数字档案馆生态系统可持续发展的伦理性体现在两个方面：一是数字档案馆生态系统主体伦理性。数字档案馆需要聚焦档案人的主体性地位，秉承生态伦理理念，把以人为本作为发展的价值取向，尊重档案形成者、管理者、利用者的利益需求，调动人的积极性、主动性和创造性，弘扬档案人的伦理价值，促进档案人的全面发展，为数字档案馆生态系统可持续发展提供智力保障。二是数字档案馆生态系统服务伦理性。利用服务是数字档案馆生态系统功能实现的途径。"档案信息开放与信息共享是保障公民信息权利的时代呼求"④，在数字档案馆生态系统建设中，需要科学处理数字档案信息资源的开放、共享与保密之间的关系，既要有利于数字档案资源的开放利用，保障公民档案信息利用权利，又要避免无原则地、不受限制地开放利用档案资源，出现泄密失密现象，造成对国家和社会的危害。

（三）数字档案馆生态系统可持续发展趋势

随着传统工业化发展模式对自然资源和生态环境带来的破坏日益严

---

①　孙万国、焦君红：《生态伦理：可持续发展的伦理基础》，《生态环境学报》2009年第6期。

②　霍功：《可持续发展思想及其生态伦理探索》，《社会科学家》2009年第7期。

③　金波、丁华东、倪代川：《数字档案馆生态系统研究》，学习出版社2014年版，第349页。

④　金波、丁华东、倪代川：《数字档案馆生态系统研究》，学习出版社2014年版，第266页。

重，国际社会逐渐意识到：可持续发展已不再是一个奢华的选择，而是我们对人类未来必须担负的责任和义务[①]。随着经济社会的发展，在资源约束趋紧、环境污染严重、生态系统退化的严峻形势下，我国高度重视生态环境治理和生态文明建设，党的十八大明确提出大力推进生态文明建设，将其纳入中国特色社会主义事业"五位一体"总体布局，努力建设美丽中国，实现中华民族永续发展[②]。数字档案馆生态系统可持续发展理念的提出，既是数字档案馆生态系统发展态势之一，也是国家生态文明建设战略的具体体现，其发展趋势突出表现在以下方面。

1.社会档案意识明显增强

随着社会转型的加速推进，我国档案事业获得了显著发展，档案资源不断丰富，档案开放力度逐步加大，档案利用人本思想日益强化，档案利用形式日趋多元，档案利用文化休闲色彩日益浓厚，档案服务意识不断提高等[③]，促进档案和档案工作的社会化发展，推动社会档案意识的普遍增强。

数字档案馆生态系统的可持续发展，旨在不断优化资源配置，完善档案资源存储体制机制，实现与经济、政治、社会、文化、生态等协调运行和健康发展，促进档案事业的可持续发展。数字档案馆是档案馆发展的方向，可以更为快速、有效、便捷、公正地为社会大众提供档案信息服务，既有利于档案的社会利用，更好地发挥档案的社会价值，也有利于增强社会的档案意识，使档案管理更加规范、档案服务更加多样、档案利用更加便民、档案用户更加多元。随着数字档案馆生态系统可持续发展的逐步推进，一方面，有利于激发社会大众的档案利用需求，促进数字档案信息资源的开发利用，提高档案信息资源的社会共享，扩大档案工作的社会影响力，不断增强社会整体档案意识；另一方面，随着社会档案意识的持续增强，也将反作用于数字档案馆生态系统的运行与发展，提高社会大众对数字档案馆建设的认同度、支持度和参与度，促使社会各界关心、支持数字

---

① 薛澜：《新理念 新机制 新秩序 促进全球可持续发展的三大支柱》，《人民日报》2010年9月13日。

② 王伟光：《在超越资本逻辑的进程中走向生态文明新时代》，《中国社会科学报》2013年8月19日。

③ 黄霄羽：《社会转型期档案利用政策研究》，光明日报出版社2011年版，第16—20页。

档案馆的建设与发展，为数字档案馆生态系统可持续发展创造良好的社会氛围和生态环境，破除"档案信息污染、档案信息阻塞、档案信息垄断、档案信息超载"等危及档案信息生态系统平衡的不利因素[①]，促进数字档案资源的持续开发利用，推动数字档案资源的共建共享，推进数字档案馆生态系统的健康运行。

2. 现代信息技术广泛应用

"当今世界，科技进步日新月异，互联网、云计算、大数据等现代信息技术深刻改变着人类的思维、生产、生活、学习方式，深刻展示了世界发展的前景。"[②] 随着现代信息技术的深度发展和智慧城市、智慧地球等建设的推进，社会信息化、数字化、网络化深入发展，世界各国高度重视信息技术的发展应用，出台系列战略规划，如美国的《国家宽带计划》《大数据研究和发展倡议》，欧盟的《欧洲 2020 战略》，韩国的《2025 年构想》等；我国也相继发布了《"宽带中国"战略及实施方案》《促进大数据发展行动纲要》《"互联网 +"行动计划》《国家信息化发展战略纲要》，抢占现代信息技术发展制高点，推进信息技术的发展应用。

数字档案馆是现代信息技术与档案事业融合发展的产物，现代信息技术既是数字档案馆生态系统的生存条件和技术基础，也是数字档案馆生态系统运行与发展的重要动力，推动着数字档案馆的建设与发展，突出表现在以下三方面：一是拓展系统功能。随着现代信息技术与数字档案馆的深度融合，数字档案馆不仅承载着数字档案的接收和加工、数字档案的有序管理、数字档案信息可靠可信和长期可用、多种形式信息化服务、数字档案安全保障等基本功能[③]，保障数字档案的收管存用；而且有利于促进数字档案馆的系统集成，有利于推进数字档案资源的整合优化、共建共享、互联互通，有利于实现数字档案信息传播的及时化、便捷化、立体化、多元化，全面提升数字档案馆生态系统的功能。二是增强存储能力。数字存储技术的发展，为数字档案资源的海量存储提供技术支持，促进数字档案资

---

① 薛春刚:《档案信息生态系统的平衡与档案事业的可持续发展》,《档案与建设》1998 年第 4 期。

② 习近平:《习近平纵论互联网》,《人民日报》(海外版) 2015 年 12 月 16 日。

③ 蔡学美:《推进数字档案馆建设提升各级档案馆信息化管理能力》,《中国档案》2011 年第 3 期。

源广泛收集，保障档案资源齐全完整，做到"应归尽归、应收尽收、应管尽管"，建立覆盖人民群众的档案资源体系。数字档案资源作为新型档案形态，具有来源的广泛性、形式的多样性、结构的多样性、系统的异构性、管理的分散性特点，物联网、云计算、大数据等新技术的应用，为数字档案资源的整合集成创造了条件，有利于实现数字档案资源的集成存储，破解数字档案资源管理的无序与有序、分散与集成、孤立与互通、异构与统一之间的矛盾。信息技术的发展为数字档案资源信息安全提供了技术支持，有利于促进数字档案资源的迁移拷贝与长期存储，有利于数字档案资源的利用备份与异地备份，实现数字档案信息的长期保存与安全利用。三是提升服务能级。现代信息技术的应用为数字档案信息服务创新带来了契机。一方面，利用信息技术创新档案信息服务方式，拓展档案信息服务空间，打造数字档案馆信息服务品牌，如通过微信公众号平台开展档案信息在线推送、档案业务在线办理、档案用户在线互动等移动终端服务。另一方面，加强云计算、大数据、"互联网＋"等新技术的应用，促进数字档案资源的开发利用，充分挖掘数字档案资源的价值，实现数字档案馆个性化、精准化、智能化服务。

3. 档案资源体系持续优化

数字档案资源作为数字档案馆运行的"货源"保障，关系到数字档案馆建设的成败，与其他信息资源相比具有信息资源的独占性、信息资源的权威性、信息资源的时效性、信息资源的丰裕性等特质[1]。2016年，国家档案局印发《全国档案事业发展"十三五"规划纲要》，明确提出"有效推进档案资源体系建设"，重点"从丰富和优化档案馆藏、加强机关单位档案形成管理、加强对项目档案的监督管理、促进企业档案工作深入发展、加强对项目档案的监督管理、完善农业农村和城市社区档案管理"[2]等方面系统推进。

数字档案馆生态系统可持续发展要求数字档案资源体系更加完善，重点体现在：一是档案资源类型更加多样。数字时代，数字档案资源来源广泛、类型多样，除了传统的文字、图形、图像、声音等单媒体档案信息资

---

① 金波、丁华东：《数字档案信息资源的协调与竞争》，《浙江档案》2013年第9期。

② 国家档案局：《全国档案事业发展"十三五"规划纲要》，《中国档案》2016年第5期。

源外，还包括动画、视频等数字化档案信息资源，丰富了档案资源的类型。同时，数字档案信息具有"积极""动态""便捷"的特性，有利于数字档案资源的采集、存储与整合，为新时期加强民生档案、特色档案、专题档案建设带来了便利，丰富数字档案馆馆藏档案资源类型。二是档案资源内容更加丰富。传统馆藏档案以印刷型档案资源为主，以历史档案与机关归档文件为主要来源渠道，其内容历史性、政治性较为突出。网络时代，数字档案信息海量生成，来源渠道广泛多元，内容形式丰富多彩，为档案信息资源集成整合创造了条件，丰富了馆藏档案内容。"按生成主体，主要有政府机关、企事业单位、社会团体、家庭个人等在社会活动中形成的各类数字档案；按分布状况，主要有档案馆（包括数字档案馆）、档案室（包括数字档案室）、企业信息中心、其他信息机构（数字图书馆、数字博物馆、传媒机构）、民间（社区、家庭、个人、微组织）等各方面保存的数字档案。"[①] 三是档案资源结构更加多元。信息时代，档案信息资源快速增长，结构更加多样，既有传统的模拟档案信息资源，也有现代的数字档案信息资源；既有传统档案转换的数字化档案资源，也有电子文件收集归档的电子档案资源；既有单媒体静态档案资源，也有多媒体动态档案资源；既有体制内档案资源，也有体制外的档案资源。档案资源形态结构日趋多元，档案资源体系日趋完善，满足了用户多元档案利用需求。

4. 档案信息服务不断创新

2014 年 5 月，中共中央办公厅、国务院办公厅联合印发《关于加强和改进新形势下档案工作的意见》（中办发〔2014〕15 号），提出"建立健全方便人民群众的档案利用体系"，要求各档案馆（室）积极创新档案信息服务形式，"拓展服务渠道，紧紧围绕党委、政府、本单位和其他单位及人民群众的需要，主动开发档案资源，积极提供档案信息服务，通过报送或推介相关档案信息、编辑出版档案选编、举办档案展览、制作电视节目、发布网络视频、发行音像制品、送档案信息进农村和社区等多种形式，全方位为社会提供档案信息服务"。[②] 数字档案馆生态系统可持续发

---

① 倪代川、戚颖：《数字档案资源研究综述》，《档案管理》2016 年第 2 期。

② 《中共中央办公厅国务院办公厅印发〈关于加强和改进新形势下档案工作的意见〉》，《中国档案》2014 年第 5 期。

展需要借助现代信息技术，优化档案信息服务平台，创新档案信息服务方式，提升档案信息服务水平，满足用户的档案信息利用需求。

一是档案信息服务理念创新。服务理念创新是探索研究数字档案馆利用服务的时代特征和发展趋势，倡导以人为本、利益全民、共建共享等服务理念，推进档案信息服务。档案信息服务理念创新主要体现在：第一，档案信息服务外延日趋拓展。"在服务对象上，既为有关部门和单位服务，又为广大人民群众服务；既为城市发展和市民服务，又为新农村建设和农民服务。在服务内容上，既做好帮助有关单位建立和管理档案的服务，又做好为社会各方面提供档案利用及政府公开信息、其他信息的服务"[①]，不断拓展档案信息服务领域和服务空间，调动社会大众广泛利用档案的积极性、主动性，满足日益增长、日趋多元的档案信息服务需求。第二，档案信息服务意识日趋主动。不断强化服务意识，提高档案信息服务能力，变被动服务为主动服务，突破传统档案信息服务的被动、单一、封闭形象，打造主动、多元、开放的新型档案信息服务形象；增强公共服务意识，将提供档案信息服务作为社会公共服务的重要组成部分，使档案公共服务惠及广大人民群众；突破体制机制障碍，整合档案信息资源，提供"一站式"档案信息服务，真正建立起方便人民群众的档案利用体系。第三，档案信息服务利用日趋开放。聚焦档案信息资源的开放共享利用，科学处理保密与开放、垄断与共享、公共与私密等之间的关系，不断完善档案信息开放利用制度，加大档案信息开放利用力度，破除"保密保险、利用危险"传统档案利用思维，促进档案信息资源的社会共享。

二是档案信息服务方式创新。现代信息技术的发展与应用，有利于促进数字档案馆档案信息服务方式创新，提升数字档案馆生态系统服务能级。充分利用大数据、云计算、移动互联网等现代信息技术，多形式、多渠道创新拓展档案信息服务方式，着重从网站服务、移动服务（微信、微博、APP等）、数据服务、推送服务、智库服务、空间体验（实体展览、虚拟展览、虚拟现实等）服务等途径开展档案信息服务，提高档案信息传播效率，增强档案信息服务效果，使档案信息服务惠及广大人民群众。

---

① 《中共中央办公厅国务院办公厅印发〈关于加强和改进新形势下档案工作的意见〉》，《中国档案》2014年第5期。

三是档案信息服务产品创新。新形势下，加大档案信息产品开发力度，推进档案信息服务创新，为社会大众提供优质档案信息服务。《关于加强和改进新形势下档案工作的意见》（中办发〔2014〕15号）明确提出，"各档案馆（室）要加强对档案信息的分析研究、综合加工、深度开发，提供深层次、高质量档案信息产品，不断挖掘档案的价值，努力把'死档案'变成'活信息'、把'档案库'变成'思想库'，更好为各级党委和政府决策、管理提供参考"。[①]数字档案馆生态系统档案信息服务产品创新需要充分利用现代技术，广泛研究用户利用心理、利用动机和利用需求，深度挖掘馆藏档案资源，推出报刊图书、咨询报告、白皮书、专题展览、音像制品、广播电视、网络视频、文创产品等优质档案信息服务产品，激发用户档案利用需求，促进档案信息消费。

5. 档案法治环境日趋完善

2016年，《全国档案事业发展"十三五"规划纲要》明确提出，从"科学规划和推进档案法规体系建设、强化档案行政执法和监督、增强全社会档案法治意识"[②]三方面全面推进档案法治建设。法治建设既是推动档案事业发展的根本保障，也是数字档案馆可持续发展的根本保证，需要不断完善数字档案馆生态系统法治环境，推动档案事业在法治轨道上快速发展。

一是强化档案法治意识。"依法治档"既是档案事业发展的重要战略目标，也是数字档案馆生态系统可持续发展的战略选择。一方面，要着力普及档案法治精神，增强社会档案法治意识，"引导规范社会各方面、各行业依法建立健全档案工作，明确应当履行的文件材料定期归档和档案按时移交进馆的法定责任；推进档案部门依法公开档案，维护机关、团体、企业事业单位和其他组织以及公民的合法权益"[③]等，提高公民、社会的档案法治意识。另一方面，要加大档案行政执法力度，增强档案工作者法治意识，"随着依法治档力度的加大，档案行政执法工作越来越重要，作用

---

① 《中共中央办公厅国务院办公厅印发〈关于加强和改进新形势下档案工作的意见〉》，《中国档案》2014年第5期。

② 国家档案局：《国家档案法规体系方案》（档发〔2011〕5号），《中国档案》2011年第8期。

③ 国家档案局：《全国档案事业发展"十三五"规划纲要》，《中国档案》2016年第5期。

越来越明显，全面加强档案执法势在必行"。[①] 强化档案行政执法和监督检查，排除干扰，公正执法，完善档案行政执法程序，加大对档案违法行为的惩治力度，推进档案行政执法法治化、规范化。

二是建立健全档案政策法规体系。"有法可依"不仅是依法治档的必然要求，而且是完善数字档案馆生态系统法治环境的第一要义。健全档案政策法规体系，一方面，国家档案行政管理机构要强化顶层设计与战略思维，聚焦档案事业发展态势，制定具有前瞻性的档案事业发展方针政策，指导国家档案事业可持续发展，为数字档案馆生态系统建设与发展提供政策保障；另一方面，要加快档案立法进度，提高档案立法质量，形成"以《中华人民共和国档案法》为核心，由符合《中华人民共和国立法法》规定的若干有关档案工作的法律、行政法规、地方性法规和规章所构成的相互联系、相互协调的统一体"[②]，完善国家档案法律法规体系，为数字档案馆建设保驾护航。

三是制定完善档案标准规范。"标准规范体系建设是数字档案馆的重要支撑和保障，是数字档案馆资源安全管理、平台构建等工作的基础和条件，是数字档案馆工程建设的重要任务之一。"[③] 数字档案馆标准规范体系框架的构建与完善，有利于提高数字档案资源采集、整合、存储、利用等业务工作的规范化，提升数字档案馆建设的标准化水平。当前，需要重点加强"数字档案馆生态系统建设规范""数字档案馆系统功能需求""数字档案馆系统平台建设规范""数字档案馆信息存储技术规范""数字档案馆档案信息利用管理规则""数字档案云存储技术要求与规范"等标准规范研究与制定，完善数字档案馆标准规范体系，促进数字档案馆生态系统建设规范化、标准化、科学化。

6. 生态伦理价值日益凸显

生态伦理是可持续发展的重要要求，其核心思想突出人的主体性与目的性，认为维护和促进自然生态系统的平衡与完整是人类应尽的义务，是生态价值与生态伦理的核心思想。1991 年，世界自然保护同盟、联合国

---

① 杨宝章：《档案执法需要厘清的几个问题》，《中国档案报》2016 年 6 月 4 日。
② 国家档案局：《全国档案事业发展"十三五"规划纲要》，《中国档案》2016 年第 5 期。
③ 程妍妍、李圆圆：《我国数字档案馆标准规范体系研究》，《档案学通讯》2014 年第 6 期。

环境规划署和世界野生生物基金会共同发表《保护地球——可持续生存战略》提出，可持续发展是指在生存不超出维持生态系统涵容能力的情况下提高人类的生活质量，强调人类生产方式、生活方式要与地球承载能力保持平衡，创造美好的生活环境。①

　　随着数字档案馆生态系统可持续发展的深层推进，数字档案馆生态系统建设更加注重人的主体性作用，数字档案馆生态系统发展更为聚焦人文关怀，平衡档案形成者、档案管理者、档案利用者等利益相关方在数字档案馆生态系统建设与发展中的利益诉求，尊重各方核心利益，聚焦共同价值，打造档案利益共同体，实现数字档案馆生态系统的经济效益、社会效益与生态效益的统一。信息社会，公民信息权利意识愈来愈强，需要不断创新数字档案馆信息服务方式，保障用户档案信息利用权利，促进数字档案资源的开放利用与社会共享。数字时代，信息安全日益突出，在数字档案馆生态系统运行中存在着开放与保密、保护与利用、安全与风险等矛盾，亟须强化数字档案馆生态系统风险管理，从技术防控、管理防范、法律保障等方面着力构建数字档案馆生态系统风险管理体系，提升数字档案馆技术防御能力，增强数字档案馆风险治理能力，防范和惩治信息违法行为，维护数字档案馆生态系统的安全。

---

　　① 　世界自然保护同盟、联合国环境规划署、世界野生生物基金会:《保护地球——可持续生存战略》,国家环境保护局外事办公室译,环境科学出版社1992年版,第16页。

第二章　数字档案馆生态系统培育

当前，大数据、云计算、物联网、人工智能等现代信息技术的发展应用，对档案工作理念、技术、方法及其管理模式产生了深远影响，为国家档案事业发展带来了战略机遇，"档案日益成为国家基础性战略资源，档案工作领域更加广泛、内容更加丰富、需求更加多样，地位和作用越来越重要"。[①] 数字档案馆是档案馆发展的方向，数字档案馆建设是新时期国家档案事业发展的重要内容，数字档案馆生态系统培育成为数字档案馆建设的重要任务，需要强化数字档案馆生态系统培育研究，促进数字档案馆生态系统可持续发展。

一、数字档案馆生态系统培育内涵

数字档案馆生态系统作为一种人工信息生态系统，它"是指数字档案馆空间范围内的人与其生存环境相互作用而形成的统一复合体"[②]，包括数字档案馆生态系统主体人、客体生存环境和数字档案资源三大部分，是一个不可分割的有机整体。数字档案馆生态系统的协调运行和健康发展，不仅依赖于数字档案馆个体、种群的成长，而且需要加强数字档案馆生态系统整体培育，为数字档案馆生态系统创造良好的生态环境。

---

① 国家档案局：《全国档案事业发展"十三五"规划纲要》，《中国档案》2016 年第 5 期。
② 金波、汤黎华、何伟祺：《数字档案馆生态系统的建构》，《档案学通讯》2010 年第 1 期。

（一）数字档案馆生态系统培育概念

当前，随着社会信息化的深度发展与档案信息化的全面推进，数字档案馆生态系统建设正处于战略机遇期。一方面，现代信息技术的发展应用促进了数字档案馆个体的成长与种群的壮大，为数字档案馆生态系统的形成与发展奠定了基础，呈现出智能化发展、融合发展、可持续发展态势；另一方面，数字档案资源作为信息资源的重要组成部分，逐步成为国家档案信息资源的主要形态。需要重构数字档案资源的管理体制、管理技术、管理方法和管理手段，加快数字档案馆生态系统培育，推进国家数字档案馆建设发展。

一般来说，"培育"具有两方面含义。一方面，表明被培育对象整体或者部分还处在相对弱小状态，需要通过一系列措施和手段来优化被培育对象的成长环境，推动被培育对象的发展乃至成熟；另一方面，体现出被培育对象需要通过针对性的战略规划和举措来保障其持续发展，为被培育对象提供发展动力，达到培育所预期的战略目标。

数字档案馆生态系统培育是指利用生态学思想、管理科学理论和现代信息技术，对数字档案馆建设进行顶层设计与整体规划，优化数字档案馆生态环境，促进数字档案馆个体和种群成长，推动数字档案馆生态系统演化发展，实现数字档案馆生态系统与社会生态系统的协调互动和融合发展。数字档案馆生态系统培育旨在直面数字档案馆建设发展面临的机遇和挑战，强化数字档案馆生态系统培育思维，对数字档案馆生态系统整体发展实施积极的人工干预，提高数字档案馆生态因子活力，增强数字档案馆抵御防范风险能力，优化数字档案馆生态系统结构功能，为数字档案馆生态系统协调运行提供良好的生态环境，促进数字档案馆生态系统健康持续发展。

（二）数字档案馆生态系统培育作用

随着档案事业的发展，数字档案馆个体快速成长、种群日趋壮大、群落日益增强，数字档案馆生态系统整体功能逐步显现，需要持续推进数字档案馆生态系统培育，不断优化数字档案馆生态系统生存环境，促进数字档案馆生态系统的协调运行与健康发展。数字档案馆生态系统培育作用体现在以下四个方面。

1. 优化数字档案馆生态系统生态环境

数字档案馆生态系统是以整体的观点，通过仿生学，将由人、信息资源、生存环境等要素组成的数字档案馆视为有机生命体，是一个不可分割的人工生态系统，具有自身的生态结构和生态链，通过各生态因子之间的相互协调、相互影响、相互促进，形成一个相互依存、相互制约的生态整体。"在数字档案馆的产生、发展和壮大过程中，既离不开人在其中的主导作用，同样也离不开环境因素的调和与促进作用，两者相互影响，相互促进，从而使数字档案馆生态系统能够正常运行，不断输出符合社会需求的信息产品和服务，实现数字档案信息资源的社会价值。"[1]

当前，数字档案馆生态系统处在快速发展时期，虽然取得了显著成效，但也面临诸多风险，如数字档案资源的有效整合、数字档案的长期存储、数字档案的信息安全以及数字档案馆系统平台运行安全等，迫切需要科学应对与有效破解。数字档案馆生态系统培育不仅具有宏观的战略性，对数字档案馆建设发展进行前端控制与顶层设计，厘清数字档案馆生态系统建设思路，明确数字档案馆生态系统发展方向，优化数字档案馆生态系统运行机制，为数字档案馆智能化发展、融合发展、可持续发展提供战略保障，促进数字档案馆生态系统的协调运行与有序发展；而且具有微观的针对性，需要直面数字档案馆生态系统风险要素，协调数字档案馆生态因子运行，优化数字档案馆生态系统生态环境，维护数字档案馆生态系统安全运行。一是通过主体生态因子的培育，切实增强档案人的历史意识、职业精神、文化自觉、创新思维，提高社会档案意识，激活公众档案利用需求；二是通过客体生态因子培育，促进数字档案馆生态系统的物质循环、能量流动、信息传递与价值转化，优化数字档案馆生态系统生存环境，增强数字档案馆生态系统社会功能；三是通过档案资源培育，完善档案资源体系，激活档案资源活力，发挥档案资源的潜在价值，促进档案资源的社会利用。

2. 保障数字档案馆生态系统生态平衡

生态平衡是生态系统健康运行的基础和条件，系统一旦失衡，就会

---

① 金波、丁华东、倪代川：《数字档案馆生态系统研究》，学习出版社 2014 年版，第 122 页。

引发严重的连锁性后果，导致对生态系统乃至整个人类生存环境的极大破坏。自然生态系统的生态平衡是经过由简单到复杂的长期演化，系统在走向成熟的过程中逐步形成的相对稳定状态，是自然力量演变的结果；而人工生态系统的平衡发展对作为主体的人高度依赖，是主体活动和努力的结果，"人类的积极干预是使信息生态系统在失衡—平衡之间变化的主导动力"。[①] 数字档案馆生态系统是一个人工生态系统，其生态平衡是指"在一定的时空条件下，数字档案馆生态系统中各种生态因子相对稳定、协调互补，系统整体结构优化、功能良好，形成有效输入和输出关系的一种动态均衡状态，呈现出可持续发展的良好势头"。[②] 数字档案馆生态系统培育是对数字档案馆建设发展实施人工干预，防范数字档案馆生态系统失衡，保障数字档案馆生态系统生态安全，促进数字档案馆生态系统的健康与平衡。

当前，数字档案馆生态系统中不协调、不适应、不平衡的现象时有出现，如数字档案馆个体发展失衡、数字档案馆种群分布失衡、生态系统主体信息素养失衡、数字档案资源结构失衡、数字档案资源开放利用失衡等，将会使数字档案馆生态系统产生信息污染、信息垄断、信息孤岛、"四流"中断、系统紊乱、系统失灵、失密泄密等危害，破坏数字档案馆生态系统平衡。"网络社会要向生态平衡的方向发展，即系统的结构要素、比例、输入和输出数量等都处于稳定和畅通的状态，要保持网络社会下生产和消费的平衡，储存和传递的平衡，民主与法制的平衡，污染与净化的平衡等。"[③] 数字档案馆生态系统培育需要增强对数字档案馆生态系统的认识，构建数字档案馆生态系统调控机制和监管体系，"运用法律、行政、经济等手段对整个信息生态系统的运行进行监督和管理"[④]，维护数字档案馆生态系统动态平衡，防范数字档案馆生态系统失衡风险，保障数字档案馆生态系统生态安全，推进数字档案馆生态系统的演化成长，实现数字档案馆生态系统与社会生态系统协调发展。

① 靖继鹏：《信息生态理论研究发展前瞻》，《图书情报工作》2009 年第 4 期。

② 金波、丁华东、倪代川：《数字档案馆生态系统研究》，学习出版社 2014 年版，第 324 页。

③ 张真继、张润彤：《网络社会生态学》，电子工业出版社 2008 年版，第 312 页。

④ 赵云合、娄策群、齐芬：《信息生态系统的平衡机制》，《图书情报工作》2009 年第 18 期。

3. 提升数字档案馆生态位

生态位揭示的是"生态个体、种群和物种生存与竞争的普遍规律，它不仅已经渗透到了现代生态学研究的诸多领域，成为生态学中最重要的基础理论研究内容之一，而且日益广泛地应用于政治、经济、农业、工业、教育、城市规划、建筑设计等领域，形成了强有力的理论分析和实践工具"。[①] 生态位是指"生物在环境中占据的特定位置"[②]，本质上是指"物种在特定尺度下、在特定生态环境中的职能地位，包括物种对环境的要求和影响两个方面及其规律，生态位是物种的属性特征表现，它定量地反映物种与生境的相互作用关系"。[③] 数字档案馆生态位是"数字档案馆（个体、种群、群落）在一定时空区域内依据自身的档案信息资源规模、基础设施、信息服务、社会影响等因素，在各种社会组织、社会信息系统中形成的特定位置"。[④] 数字档案馆生态系统在发展阶段，仍然面临诸多风险，如数字档案资源载体的脆弱性、系统的依赖性、利用的安全性等，严重制约数字档案馆生态位的稳定与发展，不利于数字档案馆生态系统的健康发展。在数字档案馆生态系统建设中，需要加强数字档案馆生态系统培育，厚植数字档案馆核心竞争力，深化数字档案资源的社会价值，拓展数字档案馆的社会功能，促进数字档案馆功能生态位、资源生态位、空间生态位的跃升，提升数字档案馆信息竞争力与社会影响力。

数字档案馆生态系统功能生态位突出表现在数字档案馆利用服务能力的提升上，需要拓展数字档案馆社会功能，增强数字档案馆利用服务能力，提升数字档案馆核心竞争力。"一方面，数字档案馆核心竞争力是其服务工作保持竞争优势的关键。核心竞争力有助于数字档案馆不断扩大服务范围，为用户创造根本利益和核心价值，不断提升档案服务的社会影响力，在信息服务市场确立明显的竞争优势；另一方面，数字档案馆核心竞争力是其保持独立性的根本保障。核心竞争力以其难以被复制和模仿的优势，有利于数字档案馆从专、深、精的角度做好档案服务工作，确保

---

① 张录强：《生态位理论及其综合应用》，《中学生物学》2005 年第 7 期。

② 曹凑贵：《生态学概论》，高等教育出版社 2002 年版，第 86 页。

③ 张光明、谢寿昌：《生态位概念演变与展望》，《生态学杂志》1997 年第 6 期。

④ 金波、丁华东、倪代川：《数字档案馆生态系统研究》，学习出版社 2014 年版，第 97 页。

其服务工作的独立性和不可替代性，从而推动数字档案馆工作不断向前发展。"① 数字档案馆空间生态位主要表现在数字档案馆信息空间的分布上，数字档案馆信息空间包括实体空间和虚拟空间两部分。实体空间是传统档案馆建设的重点，既是保管实体档案资源的基地，也是档案利用服务的场所。随着实体档案资源数量的积累，实体空间需求越来越多，导致档案馆建筑规模越来越大。数字档案馆信息空间建设重点是虚拟空间，需要充分利用现代信息技术，打造数字档案馆网络空间平台，实现数字档案资源的在线收集、远程利用、移动服务和智能管理。数字档案馆资源生态位突出表现在数字档案资源建设上，数字档案资源是数字档案馆生态系统建设的核心，丰富、优质、独特的数字档案资源是提升数字档案馆信息竞争力的重要保障，也是数字档案馆生态系统功能实现的关键，需要创新思维，拓展数字档案资源建设路径，建立覆盖人民群众的档案资源体系。

4. 促进档案强国战略的实现

2012 年 2 月，在全国档案工作暨表彰先进会议上，时任国家档案局局长、中央档案馆馆长杨冬权提出，"档案是文化的重要'母资源'，要建设文化强国，必须相应地建设档案强国，才能与之相匹配，才能与党和人民的需要相适应，才能体现出档案工作者应有的气概与雄心，也才能凝聚并引导全国档案工作者向着这一新的奋斗目标前进"。② 同时，在接受《中国档案报》专访中对"档案强国"作了进一步解释，"所谓档案强国，是指档案工作主要方面或档案工作主要领域的世界强国，是在国际档案界中有巨大影响的强大国家。档案强国是与世界各个国家相比而言的，就是在世界各国中，档案工作的一些主要方面，或者说档案事业的主要领域，都是强大有力的，名列前茅的，让人羡慕和愿意学习的，对别的国家、对国际档案界是有影响的国家"。并提出"档案强国"内涵具体体现在"四个强大"方面，即"强大的事业发展保障体系，强大的档案资源体系，强大的档案利用体系，强大的专业人才队伍"。③

---

① 吕元智：《数字档案馆核心竞争力研究》，《档案学通讯》2012 年第 3 期。

② 杨冬权：《在全国档案工作暨表彰先进会议上的讲话》，《中国档案》2012 年第 4 期。

③ 崔志华：《为实现档案强国新战略目标而努力奋斗——记者专访国家档案局局长、中央档案馆馆长杨冬权》，《中国档案报》2012 年 6 月 7 日。

　　档案强国是新时期国家档案事业发展的战略目标，是建设文化强国的必然要求。随着现代信息技术的发展与档案信息化建设的推进，数字档案馆个体、种群快速发展，数字档案馆生态系统逐步形成，为国家档案事业发展注入了新的活力。加强数字档案馆生态系统培育，不仅是数字档案馆建设发展的客观要求，而且是新时期档案强国战略实施的重要举措。一是通过数字档案馆生态系统培育，推动国家档案事业发展。数字档案馆建设是档案事业发展的方向，需要加强数字档案馆建设顶层设计，完善国家数字档案馆建设整体规划，促进档案信息化建设的有序开展和持续深化，全面推进国家档案事业发展。二是通过数字档案馆生态系统培育，强化国家数字档案资源建设。充分利用现代信息技术，广泛收集整合数字档案信息资源，完善档案资源结构，丰富档案资源内容，优化档案资源质量，建立覆盖人民群众的档案资源体系，由档案资源大国变为档案资源强国。三是通过数字档案馆生态系统培育，提升档案利用服务水平。数字档案资源是数字档案馆建设核心，其最大特点是收集整合便捷、存储密度大、传播速度快，有利于建立强大的档案利用体系，促进档案信息资源的开发利用，激活数字档案资源的信息价值。四是通过数字档案馆生态系统培育，增强档案管理者的综合素养。数字档案馆建设是一项系统工程，需要增强档案管理者的文化意识、信息意识、责任意识，不断提升管理能力、技术能力、服务能力，主动适应信息化环境下的数字档案管理工作，在档案强国建设中建功立业。

（三）数字档案馆生态系统培育路径

　　数字档案馆生态系统培育是数字档案馆生态系统健康发展的基础保障，有利于消解数字档案馆生态系统成长过程中的各类风险要素，破解数字档案馆生态系统建设中的突出难题，为数字档案馆生态系统功能的实现创造良好的生态环境。当前，数字档案馆生态系统发展机遇与挑战并存。其发展机遇主要表现为："从国际上看，开放政府和信息技术发展将档案推到政府治理和公共服务的重要位置。电子政务建设极大推进和实现了电子档案的形成、管理；档案信息化与互联网利用成为发展趋势；云计算、大数据和移动网络技术的发展，给信息安全、隐私保护和数字记忆留存带来挑战。从国内看，'四个全面'战略布局、国家大数据发展战略和'互联网+'行动计划的推进，深刻影响档案工作的理念、技术、方法及模式；档案日益成为国家基础性战略资源；档案工作领域更加广泛、内容更加丰富、需求更加多样，地位和作用越来越重要。"[1] 社会转型、信息技术应用、档案信息化发展为数字档案馆建设提供了契机。与此同时，数字档案馆生态系统发展还面临着一些现实挑战，主要体现为"如何适应法治中国建设推进依法治档、如何适应政务公开推进档案信息开放、如何适应社会多样需求改进档案服务、如何适应信息技术发展加强电子档案管理、如何适应现代化管理造就复合型人才队伍"等[2]。可见，直面数字档案馆生态系统面临的机遇与挑战，准确把握数字档案馆生态系统发展态势，抢抓档案强国建设战略机遇，迫切需要在理论层面系统阐释数字档案馆生态系统培育内容，在实践层面进一步厘清数字档案馆生态系统培育路径，为数字档案馆生态系统培育建设奠定思想基础与行动指南。

数字档案馆生态系统培育是一项综合性系统工程，涉及数字档案馆生态系统的方方面面，导致数字档案馆生态系统培育内容具有多元性特质，需要根据数字档案馆建设现状与发展态势进行战略部署，科学选择数字档案馆生态系统培育路径，完善数字档案馆生态系统。数字档案馆生态系统培育路径可以从理论层面与实践层面双重视角进行综合审视。

从理论层面观察，数字档案馆生态系统培育着重以数字档案馆生态系统结构体系为依据，从主体人、客体环境和档案资源三个方面探讨数字档案馆生态系统培育路径，构建数字档案馆生态系统培育内容体系。主体路径以档案人为中心，以数字档案馆生态系统功能发挥为出发点，着重培育档案人的主体性意识，即政治意识、档案意识、历史意识、文化意识、职业意识以及创新思维等。客体路径以优化数字档案馆生态系统生存的宏观环境、中观环境、微观环境为重点，以数字档案馆生态系统的健康运行为行动指南，着重从社会环境、运行机制、基础设施等方面进行培育。档案资源路径以数字档案资源建设为核心，以建立覆盖人民群众的档案资源体系为目标，重点从档案资源建设机制、档案资源体系、档案资源内容等方面进行培育。

---

① 国家档案局:《全国档案事业发展"十三五"规划纲要》,《中国档案》2016 年第 5 期。

② 国家档案局:《全国档案事业发展"十三五"规划纲要》,《中国档案》2016 年第 5 期。

从实践层面观察，数字档案馆生态系统培育路径重点是如何实施，目的是推动数字档案生态系统的成长。数字档案馆生态系统在实践层面具有相对性，即一个独立的数字档案馆个体可以视为微观层面的数字档案馆生态系统；同一类型的数字档案馆个体组成的数字档案馆种群可以视为中观层面的数字档案馆生态系统；一定区域乃至全国范围的数字档案馆总体可以视为宏观层面的数字档案馆生态系统。显然，我们可以将数字档案馆生态系统培育路径划分为数字档案馆生态系统个体培育、种群培育、群落培育以及整体系统培育，在实践中根据需要选择不同的路径进行培育。

无论是理论层面还是实践层面，数字档案馆生态系统培育路径均具有较强的实践性特征，需要围绕数字档案馆建设发展，不断完善数字档案馆生态系统培育路径，激活数字档案馆生态因子活力，优化数字档案馆生态环境，增强数字档案馆生态系统功能，促进数字档案馆生态系统健康成长。本章主要从数字档案馆生态系统主体培育、生存环境培育、档案资源培育三个方面探讨分析数字档案馆生态系统的培育内容、培育措施和培育效果。

二、数字档案馆生态系统主体培育

数字档案馆生态系统主体掌控着数字档案馆生态系统的一切活动，直接决定着数字档案馆的生存与发展[1]。主体培育是数字档案馆生态系统培育的首要路径，直接面向档案形成者、档案管理者和档案利用者，强化档案意识、文化自觉、职业精神、历史意识、创新思维等培育内容，提升档案形成者、档案管理者和档案利用者的综合素养。本节重点对档案管理者的培育进行探讨。

（一）档案意识培育

档案意识是影响和制约档案作用发挥及整个档案事业发展的重要因素，是社会意识的一部分，属于意识形态范畴[2]，是指"人们对档案和档案

---

① 金波、汤黎华、何伟祺：《数字档案馆生态系统的建构》，《档案学通讯》2010 年第 1 期。

② 陈忠海：《试论档案意识》，《郑州大学学报》（哲学社会科学版）1990 年第 3 期。

工作这一客观事物的主观印象，是人们对档案的性质和价值的认识，对档案工作的性质、地位和作用的认识，包括社会上人们对档案和档案工作的认识，也包括档案工作者对档案工作的认识"。[①] 档案意识的强弱反映了人们对档案及档案工作的认识程度，并影响着档案事业的发展。数字档案馆生态系统主体的档案意识对数字档案馆生态系统建设发展同样具有能动性作用，主体的档案意识强，则能促进数字档案馆生态系统的健康发展；主体的档案意识弱，则将制约数字档案馆生态系统的演化成长。为此，重视和推进数字档案馆生态系统主体的档案意识培育，增强主体的档案意识自觉，对数字档案馆生态系统建设发展具有重要意义。

数字档案馆生态系统主体档案意识培育主要包括行业档案意识与社会档案意识两方面。前者主要针对档案局（馆）、档案协会、档案教育机构等广义上的档案管理者；后者主要针对档案形成者与档案利用者。培育对象的不同，档案意识培育内容也有一定的区别。实施档案意识培育的主体主要为档案局（馆）、档案协会和档案教育机构，它们是开展档案意识培育的中坚力量，既要面向社会开展档案意识培育，激发社会档案利用需求，促进档案信息消费；又要面向自身开展档案意识培育，增强档案意识自觉，提升管理能力，拓展档案信息服务空间。

1. 行业档案意识培育

行业档案意识培育主要面向广义上的档案管理者，在数字档案馆生态系统建设发展中至关重要，反映了档案管理者对数字档案馆性质、地位、功能的认识水平，对数字档案馆建设现状的总体掌握，对数字档案馆生态系统发展态势的准确把握。行业档案意识培育是数字档案馆生态系统主体档案意识培育的核心，有利于提高档案管理者对数字档案馆、数字档案馆生态系统的整体性认识，提升管理水平和服务能力。培育内容涵盖档案事业发展的方方面面，主要聚焦数字档案资源建设与共享、数字档案馆结构与功能、数字档案馆管理与服务、数字档案馆生态系统演化规律与运行机制等。培育措施包含档案行政管理机构的监督检查、业务指导、宣传教育等，档案馆（室）的业务培训、专业合作等，档案教育培训机构（高等院校、行业协会等）的专业教育、学术交流、科学研究等。数字档案馆生态

---

① ［韩］尹美京、任凤:《档案意识与档案工作的关系之我见》,《档案学通讯》2008 年第 3 期。

系统行业档案意识培育，重点从以下四个方面开展。

一是增强档案资源价值意识。当前，"信息资源日益成为重要的生产要素和社会财富，信息掌握的多寡、信息能力的强弱成为衡量国家竞争力的重要标志"。[①] 数字档案资源是数字时代信息记录的重要载体，随着社会信息化步伐的加快，数字档案资源将会越来越多。数字档案资源来源广、种类多、形态多样、增长迅速，是未来档案资源的主体，是数字档案馆建设的核心，在国家档案事业发展中具有战略地位。《全国档案事业发展"十三五"规划纲要》提出，要"依法管理档案资源，各级国家机关、团体、企业事业单位档案实现应归尽归、应收尽收"[②]，建立健全覆盖人民群众的档案资源体系。新时期，需要进一步深化档案管理者对数字档案资源的认知，增强数字档案资源价值意识，认识到数字档案资源不仅是信息资源的重要形态，而且是国家信息资产的重要组成部分，攸关国家信息竞争力的高低；不仅是未来档案资源的主体，而且是数字档案馆建设的核心，是数字档案馆生态系统的核心生态因子；不仅是数字时代社会记忆保存的重要载体，而且是国家档案资源体系的重要组成部分，有利于促进档案资源更加齐全完整、丰富多元，有利于增强档案事业的社会影响力。

二是强化档案信息服务意识。档案信息服务不仅是传统档案工作的重要内容，同时也是数字档案馆生态系统功能实现的重要因素，需要采取有效措施不断强化档案管理者的服务意识，增强档案管理者信息服务能力和服务水平。云计算、物联网、大数据等现代信息技术既为数字档案馆生态系统建设带来了机遇，也为档案信息服务提供了技术支持，有利于创新档案信息服务方式，有利于改善档案信息服务手段，有利于激活数字档案资源价值，"努力把'死档案'变成'活信息'、把'档案库'变成'思想库'"[③]。

档案管理者信息服务意识培育主要体现在三个方面：一是数字档案资源认知培育，提高档案管理者对数字档案资源内涵、特征、作用、功能

---

① 中共中央办公厅、国务院办公厅：《国家信息化发展战略纲要》，《人民日报》2016年7月28日。

② 国家档案局：《全国档案事业发展"十三五"规划纲要》，《中国档案》2016年第5期。

③ 《中共中央办公厅国务院办公厅印发〈关于加强和改进新形势下档案工作的意见〉》，《中国档案》2014年第5期。

的认识，增强对数字档案资源管理的主观能动性。二是档案信息服务理念培育，强化以人为本服务理念，转变服务方式，充分发挥数字档案资源利用便捷的优势，主动为社会公众提供档案信息服务。三是档案信息服务能力培育，提高档案管理者的信息素养、信息技能和信息伦理，充分利用网站、APP、微信公众号、小程序等现代信息服务手段，为档案用户提供一站式、个性化、精准化、智能化档案信息服务，提升数字档案馆生态系统服务能级。

三是提高档案界社会意识。档案界社会意识是指"从事档案工作的人们对'社会'的认识和重视，也就是指对社会各个活动领域和各个领域的人们的认识和重视"。[①] 随着社会的转型发展与网络社会的形成，档案与社会之间的联系更加紧密，档案馆的社会功能不断拓展，"增强和提高档案界的社会意识，就意味着要求所有从事档案工作的同志，在档案工作的各个方面和每个环节，都把以不同内容和范围的档案为社会各方面服务、为社会各领域的人们服务作为立足点，作为衡量工作的标准"。[②] 为此，需要提高档案界社会意识，拓展数字档案馆生存空间。一方面，要认识到档案馆是社会组织家族中的一员，是社会发展的产物，承担着重要的社会功能，需要打破传统封闭状态，通过加大开放力度、扩大开放广度、推进开放深度，塑造崭新社会形象，从封闭走向开放、从单一走向多元、从传统走向现代，实现与社会的深度融合，推动档案事业的繁荣发展。另一方面，要在数字档案馆建设实践中，以"社会人"自居，增强社会责任感与使命感，主动参与社会建设，不断创新服务方式，提升社会服务能力，以实际行动践行作为社会一分子的身份特征，广泛获取社会公众的认同与信任。

四是深化数字档案馆生态系统整体意识。数字档案馆生态系统是由主体人、客体环境和档案资源等生态因子组成的有机整体。当前，数字档案馆生态系统正处于发展期，需要强化档案管理者的数字档案馆生态系统整体意识。一要增强生态意识。拓展思维空间，从生态学视角分析数字档案馆建设发展，将其视为有机生命体，需要对数字档案馆生态系统的形成演

[①] 杨冬权:《社会的档案意识与档案界的社会意识》，《档案学通讯》1991 年第 1 期。

[②] 杨冬权:《社会的档案意识与档案界的社会意识》，《档案学通讯》1991 年第 1 期。

化、资源组织、系统运行、平衡保障、质量控制和生态培育等进行全面、深入的分析，系统把握数字档案馆生态系统的结构功能，促进数字档案馆生态系统与社会生态系统的深度融合。二要增强协同意识。数字档案馆建设是一项复杂工程，需要档案管理者具有整体观念，相互协作、相互配合、相互支持，共同推进数字档案馆数字档案资源建设、系统管理平台建设、档案服务能力建设、制度保障建设和人力资源建设，保障数字档案馆生态系统协调运行，促进国家档案事业可持续发展。

2. 社会档案意识培育

社会档案意识"是指在一定历史条件和社会状况下全体社会成员对档案和档案工作所形成的较为稳定的由档案认知、情感、态度等构成的一种共同的档案价值观"[1]，既体现了档案事业发展的社会环境状况，也对档案管理者的社会意识具有一定的反作用，"社会档案意识强化了，反过来又能促进档案人员社会意识的提高，使档案人员充分认识到档案在社会中的地位、作用以及自己肩负的重担"[2]。当前，社会档案意识发展日趋多元，"人们把档案视为信息资源和文化遗产，把利用档案作为公民的权利，把保护档案作为全体公民的义务，甚至把档案信息作为一种产业"[3]，这有利于深化社会对档案、档案工作以及档案事业的认知，激发社会档案信息利用需求。

社会档案意识在数字档案馆生态系统中占据特别位置，反映了人们对数字档案馆及其功能、地位的认识水平和认识程度，不仅关系到数字档案资源的形成与积累，而且关系到数字档案资源利用与服务，对完善档案资源体系、创新档案信息服务手段、激发社会档案利用需求、优化数字档案馆生态环境等具有直接作用。"社会档案意识培育为数字档案馆生态系统创造适宜的'阳光'和'空气'环境，为各种生态因子的繁育提供良好条件。"[4] 社会档案意识培育主体是档案部门的档案管理者和高等院校档案学专业教育工作者，培育对象为社会公众和社会机构，培育内容则根据培育

---

① 叶六奇：《社会档案意识的形成与构建》，硕士学位论文，中国人民大学，2004年，第2页。

② 王运彬、柯琳等：《档案意识的发展——从十年前"生产日报单案"的讨论说起》，《山西档案》2005年第4期。

③ 聂云霞：《全球化过程中档案意识的认同与重构》，《档案学通讯》2008年第4期。

④ 倪代川、金波：《数字档案馆生态系统培育探析》，《档案与建设》2013年第3期。

对象的不同区别对待。社会档案意识培育重点为档案利用者与档案形成者两个方面。

（1）档案利用者档案意识培育

档案利用是档案事业发展的目的，是档案资源价值实现的载体，是档案馆（室）的核心工作。档案利用状况不仅反映了国家档案事业的发展成效，而且是衡量社会档案意识强弱的重要指标。为此，提高档案利用者的档案意识，激发社会档案利用需求，提高社会档案利用效益，有利于增强档案工作的社会影响力。当前，社会档案意识虽然呈现多元发展态势，但总体上仍相对薄弱，人们的档案利用需求还有待激发，方便人民群众的档案利用体系尚待完善，迫切需要强化档案利用者档案意识培育，为新时期数字档案馆生态系统建设发展创建良好的社会环境。档案利用者档案意识培育主要从以下三方面重点推进：

一是提高数字档案信息服务实效，不断扩大档案工作社会影响力。"信息时代的产物、电子政务环境下的数字档案馆，不仅从根本上改变了档案工作的管理模式、服务类型、利用方式，而且为整合、开发、利用档案信息资源，实现档案信息共享提供了巨大空间。"[1]数字档案资源来源广泛，整合加工便捷，传播形式多样，利用方式多元，有利于创新档案信息服务方式，拓展档案利用空间，增强档案利用服务的主动性、针对性、丰富性、精准性，满足日益增长的社会档案利用需求，提高数字档案馆档案信息服务效益。2014年，《关于加强和改进新形势下档案工作的意见》提出，要"充分利用已有的信息传输网络和平台，积极推进城乡档案信息资源共享，支持档案馆（室）把可公开的各类档案、信息上传网络，开展远程利用"。[2]档案部门可以"及时向社会公布档案，发布档案工作法规标准，报道国内外档案工作动态，出版档案史料汇编，举办档案展览，拍摄电视片，为社会提供档案，进行社会宣传和教育，提高社会对档案信息资源作用与价值的认识，使档案工作受到社会的普遍理解和重视，拉近档案与社会的距离，让档案走进社会，激发社会对档案的利用需求，提高社会整体

---

① 王树梅：《提高社会档案意识的几点思考》，《浙江档案》2008年第4期。

② 《中共中央办公厅国务院办公厅印发〈关于加强和改进新形势下档案工作的意见〉》，《中国档案》2014年第5期。

档案意识，扩大档案利用者队伍，为数字档案馆生态系统健康运行和持续发展创造社会基础"。[①]

二是创新档案宣传方式，激发用户利用需求。无论是社会公众档案意识的提高，还是社会机构档案意识的自觉，不仅攸关社会整体档案意识的强弱，而且影响档案资源的社会利用效果。当前，需要创新档案宣传方式，整合广播、电视、报刊、网络等传播媒介，使"档案宣传工作从界内单打独斗，走向联合社会各界实现合作共赢，呈现出跨地域、跨媒体、跨行业的优势"[②]，提高档案宣传工作实效。丹麦哥本哈根档案馆通过面向公共领域进行档案宣传提高公众的档案意识，取得很多有效经验，如重视与媒体广泛合作、科学设计档案网络平台、积极推广档案服务、挖掘普通大众身边故事、获取档案用户信任等[③]。同时，要借助现代信息技术，"充分挖掘档案资源的现实和历史价值，设计宣传主题，创新宣传形式，推出一批有档案特色、有社会影响力、为人民群众喜闻乐见的档案宣传精品力作，为档案事业科学发展提供强大舆论支持"[④]，加速档案信息资源的大众化传播，提高社会大众的档案意识，激发档案用户的潜在利用需求，激活档案信息消费，为档案工作转型、社会管理创新和智慧城市建设注入活力，实现档案信息资源社会共享，扩大档案工作的社会影响力。

三是举办档案主题展览，吸引公众广泛参与。档案是人类社会活动的历史记录，具有真实性、权威性、稀缺性，数字档案资源建设有利于"缩小'数字鸿沟'，提高公众获取档案信息和知识的能力，扩大数字档案信息资源交流的途径"。[⑤]社会转型与技术发展为档案事业发展创造了机遇，使得档案展览成为现代社会档案意识培育的重要渠道。档案机构通过挖掘馆藏资源举办主题展览，公众在享受档案展览的同时，增强对档案工作的

① 金波、丁华东、倪代川：《数字档案馆生态系统研究》，学习出版社2014年版，第398页。

② 郭海缨：《从中国档案报的视角看中国档案宣传的特点和发展趋势》，《中国档案报》2011年7月4日。

③ ［丹麦］安德斯·克里斯蒂安·巴克（Anders Kristian Bak）：《公共领域的档案宣传——提高公众的档案意识》，杨太阳译，《中国档案报》2011年6月23日。

④ 《中共中央办公厅国务院办公厅印发〈关于加强和改进新形势下档案工作的意见〉》，《中国档案》2014年第5期。

⑤ 褚峻、朱静静、张苏：《政府信息竞争问题研究》，《电子政务》2011年第1期。

认识，提高档案工作的社会影响力。档案部门通过创新档案展览方式，丰富展览内容，强化展览互动，吸引公众广泛参与，增强公众在档案展览服务过程中的体验感、主体感，提高社会大众档案意识，激发、激活档案利用需求。英国自2003年始持续开展"档案意识月"系列活动，"全国上下每年围绕某一主题，举行一系列与档案相关的活动，走近大众，吸引大众参与，向更多的人揭示和挖掘埋藏在档案中的财富，从而提升英国大众的档案意识"。① "国际档案日"② 作为国内外档案界的盛大节日，通过举办丰富多彩、形式多样的主题展览，不仅为世界各国档案工作者推动本国档案事业的发展提供了一个契机，而且有助于提升档案工作的社会地位，改变档案部门刻板的社会形象，拉近档案与社会大众的距离。

（2）档案形成者档案意识培育

档案形成者是档案产生的源头，是档案形成前端工作的中坚力量，决定着档案资源的类型和质量，关系到档案资源收集的齐全与完整，直接影响着数字档案资源的管理方式、管理手段、管理方法等。档案形成者类型结构十分复杂，可以是规模不同的政府机关、企事业单位以及其他社会组织，也可以是自然人，他们都可以成为档案形成者。档案形成者是"数字档案馆信息资源的生产者、制造者，是数字档案信息资源形成的基础，决定着数字档案馆生态系统中档案信息资源的质量，直接影响着整个数字档案馆生态系统的建设与发展"。③ 提高档案形成者的档案意识，有利于维护数字档案馆档案信息资源的真实性、完整性、可用性和安全性。档案形成者档案意识培育主要从以下三方面重点推进：

一是强化档案形成者的历史责任感与使命感。数字档案资源不仅是档案资源的重要组成部分，而且是社会数字记忆的重要载体，记录着现代社会的活动轨迹，是社会发展中直接形成的原始记录和未来历史研究的重要史料。为此，需要加强对档案形成者的档案意识培育，增强对档案资源的认识，强化档案形成者的历史责任感与使命感，"不仅要注重传统档案信

---

① 颜川梅：《英国"档案意识提升运动"的启示》，《中国档案》2007年第10期。

② 2007年11月，为了庆祝2008年6月9日国际档案理事会（ICA）成立60周年纪念日，ICA全体成员在加拿大魁北克举行的年度全体会议上投票决定，将每年的6月9日定为国际档案日；中国自2013年始，把每年的6月9日即"国际档案日"作为档案部门的宣传活动日。

③ 金波、丁华东、倪代川：《数字档案馆生态系统研究》，学习出版社2014年版，第125页。

息资源的积累，而且要加强对电子文件的积累；不仅要注重宏观档案信息资源的积累，而且要注重微观档案信息资源的积累；不仅要注重一般档案信息资源的积累，而且要注重典型、特殊档案信息资源的积累"。①

二是提高社会对档案工作的重视与支持。社会档案意识的增强离不开社会对档案工作的支持，档案部门需要加强与社会各界的合作，赢得社会对档案工作的理解与重视。一方面，档案形成部门要将档案工作"列入领导日程、列入发展规划和计划、列入工作报告、列入投资概算、列入财政预算、列入立法计划、列入执法检查、列入考核体系"②等，全面提升档案形成部门的档案意识，增强档案形成者的档案专业素养，优化数字档案资源形成环境；另一方面，档案部门要不断完善档案工作条件，健全档案工作网络，使档案工作机构、经费、人员、馆舍、设备、技术等应有尽有，满足新时期档案事业发展的需要，推进"档案社会"的形成与发展。③

三是建立前端控制管理机制。前端控制是现代文件管理的重要思想，有着深刻的理论渊源和现实基础，是"实现电子文件全程管理的重要保障，是全面、系统、优化思想的集中体现"。④"前端控制将文件、档案看成同一事物的前后两个阶段，强调档案工作者要改变以往只关注'后端'的做法，将注意力放到'前端'。"⑤信息社会，数字档案资源建设需要实施前端控制机制，强化前端控制理念，重构档案管理业务流程，在文件生命周期全过程整体规划的基础上，将关系到数字档案资源真实、完整、可用、安全等的业务环节提前到形成阶段实施，建立"文档一体化"管理平台，保障数字档案资源真实可靠、完整安全、长期可读，提高数字档案管理效率。为此，需要档案部门提前介入，加强与档案形成者的业务联系，广泛深入交流，规范数字档案资源的前端管理，不断增强档案形成者的档案管理意识，主动采集、捕获形成阶段的数字档案资源，确保数字档案资

---

① 金波、丁华东、倪代川：《数字档案馆生态系统研究》，学习出版社 2014 年版，第 397 页。

② 崔志华：《为实现档案强国新战略目标而努力奋斗——记者专访国家档案局局长、中央档案馆馆长杨冬权》，《中国档案报》2012 年 6 月 7 日。

③ 崔志华：《为实现档案强国新战略目标而努力奋斗——记者专访国家档案局局长、中央档案馆馆长杨冬权》，《中国档案报》2012 年 6 月 7 日。

④ 冯惠玲主编：《电子文件管理教程》，中国人民大学出版社 2001 年版，第 14 页。

⑤ 金波、丁华东主编：《电子文件管理学》，上海大学出版社 2015 年版，第 64 页。

源的齐全完整，保证数字档案资源质量，为数字档案资源的科学化、标准化、规范化管理奠定基础。

（二）文化自觉培育

档案是人类在社会活动中直接形成的历史记录，是文化的"母资源"，在人类社会文化记忆、文化传承、文化创新中发挥着重要作用。"没有档案的世界，是一个没有记忆、没有文化、没有法律权利、没有历史的世界。"[①] 档案馆是保存档案资源的重要基地，是科学文化事业机构，具有"积累、保存人类精神文化财富的功能，传播、延续人类档案文化信息的功能，创造新的文化财富、繁荣社会文化事业的功能，培养人才特殊场所的功能等"。[②] 档案管理者作为档案事业发展的中坚力量，既是数字档案馆文化功能实现的直接实施者，也是数字档案馆生态系统主体文化自觉培育的主要对象，本节重点探讨档案管理者文化自觉培育。

1. 文化自觉发轫

"文化是人类适应各种自然现象或自然环境而努力利用这些自然现象或自然环境的结果，也可以说成是人类适应时境以满足其生活的努力的结果。"[③] 文化是民族的血脉，是人民的精神家园，是人类文明延绵不绝的传承载体。党的十八大报告明确指出："全面建成小康社会，实现中华民族伟大复兴，必须推动社会主义文化大发展大繁荣，兴起社会主义文化建设新高潮，提高国家文化软实力，发挥文化引领风尚、教育人民、服务社会、推动发展的作用。"[④]

1997年，著名社会学家费孝通先生在北京大学举办的第二届社会文化人类学高级研讨班上首次提出"文化自觉"这一概念。他在《关于"文化自觉"的一些自白》中对"文化自觉"进行了系统阐释，指出"'文化自觉'这个概念意义在于生活在一定文化中的人对其文化有'自知之明'，

---

① 徐玉清、王红敏：《档案与信息社会——第12届国际档案大会主报告内容综述》，《档案学研究》1992年第4期。

② 王英玮：《档案文化论》，《档案学通讯》2003年第2期。

③ 陈序经：《文化学概论》，中国人民大学出版社2005年版，第28页。

④ 胡锦涛：《坚定不移沿着中国特色社会主义道路前进为全面建成小康社会而奋斗——在中国共产党第十八次全国代表大会上的报告》，《求是》2012年第22期。

明白它的来历、形成的过程、所具有的特色和它的发展的趋向，自知之明是为了加强对文化转型的自主能力，取得决定适应新环境、新时代文化选择的自主地位"。[①] "文化自觉"理念，其"'文化'涉及经济、政治、法律、教育、学术和其他领域的方方面面，'自觉'表达的是全球化处境中对于中国的文化自主性的关切和思考，而这一关切和思考不可能不涉及中国如何在开放条件下寻求经济、政治、法律、教育、学术等领域的独特的变革道路这一现实问题"。[②] 当下，文化自觉已经成为社会共识，文化自觉是指"对文化在历史进步中的地位和功能有深刻的认知，对文化发展规律和趋势有正确的把握，对发展文化的社会与历史责任有主动的担当"。[③] 数字档案馆生态系统主体文化自觉培育，主要是面向广大档案管理者，要求档案管理者必须深刻把握文化自觉内涵，树立文化自信，充分认识数字档案资源的文化属性、文化内涵、文化价值以及文化功能，推动数字档案馆生态系统的文化建设。

2. 档案管理者文化自觉内涵

数字档案馆生态系统中的档案管理者主要是指档案行政管理者和档案业务管理者，肩负着数字档案馆组织文化建设的重任，"为数字档案馆创造共同的文化和价值观念，确立组织目标，树立良好的服务理念，打造数字档案馆品牌"。[④] 数字档案馆生态系统中的档案管理者文化自觉是指档案管理者需要树立文化自觉理念，提升文化素养，增强对数字档案资源文化质性、文化内涵、文化价值、文化功能的认识，充分发挥档案管理者主观能动性，促进数字档案馆文化功能的实现，增强档案事业在国家文化事业发展中的地位和作用。档案管理者文化自觉内涵主要体现在以下方面：

一是要充分认识档案资源的文化属性。档案是人类社会活动中形成的，是人类文化遗产的重要组成部分；档案记录了人类的思想和活动的成果，是人类社会走向文明的重要阶梯。档案是"维系和促进人类历史文明延续和发展的宝贵精神文化财富，是社会文化的源泉、文化的精髓，是一

---

① 费孝通：《关于"文化自觉"的一些自白》，《学术研究》2003 年第 7 期。

② 黄平：《乡土中国与文化自觉》，生活·读书·新知三联书店 2007 年版，第 1—2 页。

③ 殷燕召：《树立文化自觉与自信的理念——访北京大学中文系教授董学文》，《光明日报》2011 年 10 月 12 日。

④ 金波、丁华东、倪代川：《数字档案馆生态系统研究》，学习出版社 2014 年版，第 125 页。

个社会共同体的宝贵历史遗产"。①

二是充分认识档案馆的文化属性。2020 年新修订的《中华人民共和国档案法》(简称《档案法》)明确规定:"中央和县级以上地方各级各类档案馆,是集中管理档案的文化事业机构,负责收集、整理、保管和提供利用各自分管范围内的档案。"② 档案馆是档案资源的保管基地和爱国主义教育基地,肩负着传承民族优秀文化、发展社会先进文化的重要使命,"在繁荣国家文化事业、促进社会进步和建设社会主义精神文明中具有重要的作用"。③

三是充分认识档案工作的文化属性。档案工作本质上是一种文化活动,档案管理方式、管理手段和管理设备凝聚着档案管理者的创造性劳动,反映着档案管理者的智慧结晶和精神活动。档案工作是保存和利用人类的智慧活动,是人类记忆传递、民族文化传承的重要方式。

3. 文化自觉培育路径

"如果数字档案馆生态系统的主体(人)是大脑,那么档案管理者就是脑部的中枢神经,是数字档案馆生态系统主体的核心。"④ 档案管理者是数字档案馆生态系统中最为重要的生态因子,直接参与数字档案馆的管理与运行,在数字档案馆建设中发挥着重要作用,需要强化文化自觉培育,增强档案管理者的文化素养,充分发挥数字档案资源的文化价值,拓展数字档案馆的文化功能。档案管理者文化自觉培育需要从以下三个方面重点推进:

一是强化档案文化理念。"档案是人类社会活动的记录者和承载者,作为凭证与信物,它记录人类文化的成果,也揭示了人类文化。档案中蕴含的丰富的历史文化知识,是人类必需的文化营养与精神财富,是人类进步的阶梯。"⑤ "档案馆是维系人类社会发展的一个重要领域,是社会文明的标志,是国家的一项重要文化事业,是国家档案事业的主体,有着独立的

---

① 郑金月:《文化自觉视野下的档案文化建设》,《档案学研究》2011 年第 6 期。

② 《中华人民共和国档案法》,《人民日报》2020 年 7 月 16 日。

③ 冯惠玲、张辑哲主编:《档案学概论》(第二版),中国人民大学出版社 2006 年版,第 85 页。

④ 金波、丁华东、倪代川:《数字档案馆生态系统研究》,学习出版社 2014 年版,第 126 页。

⑤ 任汉中:《中国档案文化概论》,中国档案出版社 2000 年版,第 5 页。

社会文化功能。"① 数字档案馆作为保存数字档案资源的基地，肩负着保存历史文化资源的重任，具有重要的文化功能，为人民群众的文化学习、文化创造、文明建设提供优质文化资源，推动社会主义精神文明建设。"'档案文化'这一中国档案史上从未出现过的名词，越来越频繁地出现在各种档案刊物上，还有研究档案文化的专著出版发行，这标志着中国档案界主体意识的觉醒、理性精神的张扬。"② 为此，在数字档案馆生态系统建设中，需要强化档案管理者文化理念，加强档案管理者文化素养培育，增强对档案、档案馆、档案工作以及档案事业发展的文化认知，提高对数字档案资源、数字档案馆的文化属性、文化价值、文化功能等的文化认识，既要从社会宏观层面拓展档案文化价值外延，提升档案文化建设空间；又要在档案微观层面深化档案文化价值内涵，增强对档案文化理论的"器物层次、制度层次、观念层次"③ 等认知，促使档案管理者树立文化自觉意识。

二是深化档案资源文化开发。"档案具有得天独厚的文化价值，在实体文化产品中是纯'天然'的原始信息，是很多文化产品的'母资源'。"④ 数字档案资源的优势在于开发利用，数字档案馆建设为档案资源文化开发提供了契机，需要大力推进档案文化服务创新，丰富档案文化服务内涵，完善档案文化服务方式，拓展档案文化服务空间。第一，充分利用现代信息技术，拓展档案资源开发手段，通过移动互联技术，广泛开展微博、微信、APP 等档案移动文化服务，创新"互联网 +"环境下档案文化服务方式；通过利用数据挖掘技术、大数据技术，充分挖掘分析用户利用行为，揭示用户需求特点与规律，为用户提供专业化、个性化、精准化、定制化的档案文化服务；通过利用云计算技术，积极开展数字档案馆云存储、云共享、云管理、云平台等云服务，推进数字档案资源文化共享，满足日益增长的多元档案文化利用需求。第二，数字档案资源来源广泛，内容丰富，根据档案用户的社会需求，整合集成数字档案资源，加大对历史档案资源、民生档案资源、民俗档案资源、特色档案资源等专题档案文化资源

---

① 王英玮：《档案文化论》，中国人民大学出版社 1998 年版，第 176 页。

② 任汉中：《中国档案文化概论》，中国档案出版社 2000 年版，第 1—2 页。

③ 任越：《文化哲学视域下档案文化层次问题研究》，《档案学通讯》2016 年第 1 期。

④ 覃兆刿：《档案文化建设是一项"社会健脑工程"——记忆·档案·文化研究的关系视角》，《浙江档案》2011 年第 1 期。

开发，打造档案文化精品，激活档案资源文化价值，满足社会大众的档案文化利用需求。第三，数字档案资源价值密度高，文化内涵丰富，亟待开发利用。数字档案馆应加强同文化事业单位、新闻传媒机构、软件公司等部门合作，通过自主开发、联合开发、社会开发等形式，广泛开发档案文化产品，提供出版物、复制品、创意品等形式的档案文化产品，增强用户档案资源利用的互动性、趣味性与体验性。

三是促进档案文化传播。"档案文化自觉意识的获得不会自然产生，获得后也不会静止不动，而是始终处在生发、明确、凸显和消退这样的动态循环中，而这种运动循环的动力来自于与档案文化观念塑造实践的互动交织。"① 无论是数字档案馆的文化价值，还是数字档案馆的文化功能；无论是数字档案馆文化服务内涵，还是数字档案馆文化服务方式，都离不开档案文化传播，需要"加强理念创新、手段创新，充分运用新技术，利用档案报刊等媒体，特别是新兴媒体，有效传播优秀档案文化，扩大档案工作的社会影响力"②。新媒体技术的发展与应用，拓展了档案文化传播的方式与路径。第一，档案展览。根据社会需求和国家需要，充分挖掘馆藏档案资源，举办档案主题展览和专题展览，吸引公众广泛参与，增强公众在档案展览过程中的互动性，展示档案文化的魅力。第二，出版发行。为了充分展示档案文化的社会影响力，通过报纸、期刊、图书、光盘等形式，传播档案文化资源和档案文化资源编研开发成果，共享档案文化成果。第三，广播电视。充分利用馆藏档案资源，加强同新闻传媒机构合作，通过广播电视等大众传媒渠道，共同开发档案资源，如中国国际广播电台的《档案揭秘》、中央电视台的《国宝档案》、上海电视台与北京电视台分别推出的《档案》、广东电视台的《解密档案》、福建电视台的《发现档案》、安徽电视台的《记者档案》、浙江电视台的《跟着档案去旅行》、凤凰卫视的《中国记忆》、香港 TVB 的《诡异档案》、上海电影制片厂的《蓝色档案》等，促进档案文化传播。第四，网络媒体。充分利用互联网技术，通过档案网站、微博、微信、APP 等途径，提供档案文化资源的实时利用、远程利用、移动利用，实现档案文化的在线化、便捷化、智慧化传播。

---

① 陆阳:《档案文化自觉论》,《档案学通讯》2013 年第 4 期。

② 国家档案局:《全国档案事业发展"十三五"规划纲要》,《中国档案》2016 年第 5 期。

（三）职业精神培育

职业精神"是指人们在职业理性认识基础上的职业价值取向及其行为表现，是对职业理念、职业责任及职业使命的认识与理解，是对职业理想、职业追求及职业荣誉的升华与深化条件下的职业态度及其职业操守，它既是一个人内在的认识思维系统，是对职业的理性认知及其崇尚景仰的心理状态；又是一个人的外在的实践系统，表现为一个人在从业过程中的热爱、严谨、细致、负责、高效的行为及风貌"。[1] 档案职业精神是档案管理者主体意识的重要内容，不仅反映了档案工作的职业特色，而且是档案管理者职业意识、职业思维、职业心理、职业道德等综合素质的体现。档案职业精神培育是数字档案馆生态系统主体培育的重要内容，是增强档案管理者主体意识的重要路径，有利于凝聚广大档案管理者责任意识、使命意识和行动意识。

1. 档案职业精神辨析

"职业精神的核心是全力承担社会责任的生命境界，是超越物欲的一种追求，是人格和人性的真善美在职业生涯中的体现。"[2] 档案职业作为重要的社会职业形态具有悠久的历史，它不仅是档案工作的形成与发展的基本载体，而且具有自身的职业结构分布、社会职能、公众形象、社会控制等，决定着档案职业的社会地位和发展趋势[3]。"我国档案管理活动的发展过程，就是一个逐步职业化的过程，是一个需要从社会职业的角度分析和认识的过程。档案职业活动是由其基本形态构成的，这种基本形态包括职业活动的主体、客体、技能和条件等构成要素。"[4]

档案职业精神是在档案职业活动中逐渐形成与发展的，不仅承担着社会赋予档案工作所承载的社会责任，而且反映了档案工作特有的价值追求，是广大档案工作者对档案工作的职业认知（职业态度和职业纪律等）、职业道德（职业良心和职业责任等）、职业使命（职业理想和职业荣誉

---

① 蒋晓雷：《现代职业精神的培育》，《中国职业技术教育》（理论版）2009 年第 24 期。

② 孙晓临：《人品与文品俱美——和青年朋友谈谈职业精神和职业道德》，《中国记者》2004 年第 9 期。

③ 吴红：《档案职业论》，《档案学通讯》2005 年第 2 期。

④ 胡鸿杰：《论档案职业的发展空间》，《档案学通讯》2007 年第 6 期。

等），是广大档案工作者的职业观与价值观的综合体现，是国家档案事业发展的精神动力，对数字档案馆建设与发展起着重要的能动作用。

2. 档案职业精神培育路径

档案职业精神培育是数字档案馆生态系统主体培育的重要内容，其核心是对档案管理者进行职业精神培育，以增强档案管理者的职业认知、职业道德、职业使命，树立档案管理者的职业自觉和职业自信，推进数字档案馆生态系统建设发展。档案管理者职业精神培育重点从以下三方面系统推进：

一是职业认知培育。"'职业化'意味着一个拥有和运用独特的知识、技能、方法、思维模式和语言文字等（同质化）的群体专门以从事某类工作为业，通过向社会提供特定的产品来参与社会资源和利益分配。档案职业正是以其职业客体——作为一种社会资源的档案维系着自己的存在的。"[①] 档案职业认知培育是数字档案馆生态系统档案管理者职业精神培育的重要内容，具体包括档案职业态度、档案职业纪律等。其中，档案职业态度培育重在对档案管理者的档案工作职业意识、职业情操、职业表现等培育，旨在强化档案管理者的职业自觉，增强档案管理者的职业精神、管理能力与服务意识；档案职业纪律培育主要通过宣传教育、专题培训与职业实践等形式，旨在增强档案管理者的法治意识、政治意识、自律意识等，自觉遵守档案法律法规和各项规章制度。

二是职业道德培育。职业道德是现代社会职业精神的核心，档案职业道德是指档案管理者在从事档案工作活动中应当遵守的行为规范，它不仅是对档案管理者在职业活动中的行为要求，而且也是档案管理者对社会所承担的道德责任和义务，涵盖了档案管理者与服务对象、档案职业与档案管理者、档案职业与其他职业之间的关系，体现了档案管理者的职业良心和职业责任。档案职业道德培育是数字档案馆生态系统主体职业精神培育的核心内容，旨在通过对档案管理者实施系统的职业道德培育，在档案管理实践中做到"忠于职守、爱岗敬业；守护记忆、维护史实；传播信息、服务社会；遵纪守法、保守秘密；钻研业务、提高技能；团结协作、开拓

---

① 胡鸿杰、吴红：《档案职业状况与发展趋势研究》，中国言实出版社 2008 年版，序。

进取"①，树立档案管理者职业自觉意识，增强档案管理者的职业责任感，提高档案工作的社会职业价值。

三是职业使命培育。"职业使命是一种工作价值观，一种人们所体验到的指向某一特定职业领域的强烈的激情与力量，希望能从事某种特定职业并从中获得意义感、责任感和实现个人价值的激情。"②职业使命是档案管理者的职业理想、职业荣誉的综合体现，职业使命培育旨在增强档案管理者的职业理想价值和职业荣誉意识。档案职业理想培育目的是聚焦档案管理者的世界观、人生观和价值观，树立面向历史、面向现实、面向未来的职业操守，凝聚档案管理者对档案工作的职业认识，增强做好档案工作的使命感、责任感和紧迫感，在档案事业发展中实现人生价值。档案职业荣誉培育主要是为了增强档案管理者的知耻心、自尊心、自爱心与对档案工作的认同感和归属感，激发档案管理者在档案工作中的主观能动性，提高档案工作的社会职业声誉与职业形象。

（四）历史意识培育

档案是连接过去、现在和未来的桥梁。"档案是历史的文化积淀，它是历史上人类活动的'影相'。如物与影同理，物动则影动，物静则影止，留住了档案，就留住了历史。走进档案库房，我们就走进了历史的长河之中。通过档案的利用，我们不但知道过去，还可以规划未来。"③"档案与档案管理对人类社会具有极其深刻的意义：它不仅忠实地记录、维护过去，而且终将把过去、现在和未来贯穿在一起。"④数字档案资源是人们在社会经济发展活动中直接形成的历史记录，是人类社会历史演进与发展的见证，具有深刻的历史价值与文化内涵，有利于人类历史文化遗产保护、社会记忆保存、文明传承及文化创新。为此，需要加强档案管理者历史意识培育，强化数字档案资源、数字档案馆历史价值与功能认识，促进数字档案馆生态系统可持续发展。

---

① 郭红解：《论档案职业道德》，《浙江档案》2006 年第 5 期。

② 于春杰：《职业使命对员工敬业度的影响机制研究》，《管理观察》2015 年第 26 期。

③ 桑毓域：《论档案与历史的关系》，《档案学通讯》2002 年第 4 期。

④ 张辑哲：《档案·历史·文化——中国档案事业发展的历史与现状》，《中国档案》1996 年第 8 期。

1. 历史意识辨析

历史意识"是指人们由历史知识凝聚、升华而成的经验性心理、思维、观念和精神状态"。① 历史意识的形成不仅来源于社会实践，而且具有反作用于社会实践的现实功能，人们认识历史，不仅在于了解和接受已经发生的历史事实，还要对历史经验进行思考总结，深度理解历史的种种机遇和可能性，反思历史上的教训、失误和遗憾，避免重蹈覆辙，加深对现实社会活动的把握与理解。历史意识"不仅'种植'了民族文明的基因，而且构成了民族延续的生命之根和文化血脉的精神家园；历史意识作为'集体记忆'，除了可以保留历史记忆，传承价值文化，还可以凝聚族类意识，强化血脉认同"。②

档案作为历史的原始记录，具有延续历史记忆、再现历史场景、传承人类文明、弘扬传统文化等重要的历史文化价值，这不仅是现代社会共识，而且成为广大档案管理者的特殊使命。"社会的进步和文明的发展离不开它的记忆功能，使社会记忆功能健全完整，确保历史记录的真实性，维护历史记录的连续性，保持历史记录的生动性，提高历史记录的适用性，是档案工作者崇高而又神圣的历史责任。"③ 毫无疑问，档案管理者理应具有历史意识，以高度的历史责任感投身于档案实践活动中。

档案管理者的历史意识，一方面，体现为对档案资源的历史属性、历史价值以及历史功能的认识，档案管理者要对档案的历史质性具有全面的把握和深刻的理解，树立历史意识，保护、传承、弘扬档案的历史价值和文化功能；另一方面，体现为档案历史价值的发挥，档案是社会活动的原始记录，是重要的历史史料和历史文献，翔实地记录了国家、民族、地区的历史发展足迹，具有凭证价值与情报价值，是社会发展、经济建设、生产活动的重要依据，对生产建设、经营活动、行政管理、文化艺术、科学研究等具有借鉴作用和参考价值。

2. 历史意识培育路径

历史意识是一种跨越时空的思维方式，"根据历史启示和历史发展的

---

① 徐兆仁:《历史意识的内涵、价值与形成途径》,《中国人民大学学报》2010 年第 1 期。

② 杨金华:《论历史意识与精神家园》,《江汉论坛》2012 年第 9 期。

③ 于佩常:《档案工作者的历史责任》,《中国档案》2004 年第 9 期。

规律来理解历史、观察现实、展望未来，进而在这一过程中形成对自身、民族、国家、文化的历史及其发展的认同感、自豪感和责任感"。① "必须坚持正确历史观、加强规划和力量整合、加强史料收集和整理、加强舆论宣传工作，让历史说话，用史实发言。"② 随着数字档案馆生态系统建设的持续推进，需要强化历史意识，增强档案管理者对档案、档案工作以及档案事业的历史认知，提高档案管理者的历史素养，激活数字档案资源的历史价值，拓展数字档案馆生态系统的历史功能。

一是提高档案管理者历史素养。档案是人们在社会活动中直接形成的重要的历史文化遗产。"在社会记忆出现断裂的地方，一旦发掘发现档案，便可找回社会记忆，复活与再现历史，从而在一定程度上保持历史的连续性和整体性。"③ 历史意识形成的前提是档案管理者必须掌握扎实的历史理论与知识，将历史意识内化于心、外化于行，全面提高自身的历史素养，系统挖掘数字档案资源的历史价值，充分发挥数字档案馆保存历史记忆、传承人类文明、促进文化创新的历史文化功能。第一，将历史知识融入档案职业培训，完善职业培训内容体系，使档案管理者掌握历史知识，尊重历史传统，汲取历史智慧，提高档案管理者的历史文化素养。第二，"档案文件虽然是以单件的个体形式陆续产生的，却是以组合的群体形式存在和运动的，因此，整理档案时，必须保持文件的固有联系，才能把文件组成科学的有机体系，反映历史活动的原貌和文件间的相互关联性。"④ 为此，需要加强对档案历史价值的认识，从档案形成的历史联系来管理档案，维护档案之间的来源、时间、内容和形式等方面的有机联系，形成有机整体。正如美国档案学家谢伦伯格所言："从一个档案组合中抽出来的单独的一份文件本身所能告诉我们的，并不会比脱离了某种已经绝迹的不知名的古动物整副骨骼的一块骨头所能告诉我们的更多一些。"⑤ 第三，历史档

---

① 徐兆仁：《历史意识的内涵、价值与形成途径》，《中国人民大学学报》2010 年第 1 期。

② 习近平：《让历史说话用史实发言 深入开展中国人民抗战研究》，《人民日报》2015 年 8 月 1 日。

③ 丁华东：《档案与社会记忆研究》，人民出版社 2016 年版，第 95 页。

④ 王英玮、陈智为、刘越男主编：《档案管理学》，中国人民大学出版社 2015 年版，第 88 页。

⑤ ［美］谢伦伯格：《现代档案——原则与技术》，黄坤坊译，中国档案出版社 1983 年版，第 25 页。

案是文化传承、史学研究、科学研究、经济建设等不可或缺的原始素材，是宝贵的档案文献，"一个档案馆收藏的历史档案的数量和质量，往往是社会和用户衡量和评价其工作水平的一个重要标志"。[①] 为此，需要注重历史档案的征集与管理，及时征集散存于国家机关、社会组织、公民个人以及境外的历史档案，丰富馆藏历史档案资源，实现历史档案资源的集中统一管理和数字化存储。

二是激活数字档案资源历史价值。"数字档案信息资源的开发与利用是数字档案馆生态系统中最为活跃的生态因子，是数字档案馆输出档案信息、提供档案信息服务、发挥档案信息价值、产生档案社会影响力的关键。"[②] 档案管理者历史意识培育需要同数字档案资源开发利用实践紧密结合，强化历史思维，"充分发挥档案的历史凭证作用，深度挖掘档案，主动发出声音，揭穿谎言、澄清真相、弘扬主旋律、传播正能量"。[③] 围绕重大历史事件（如抗战、建党题材等）、重要历史纪念（如辛亥革命、五四运动等）、珍贵历史档案资源等（如非遗题材、明清档案、敦煌文献等），加强同党政机关、新闻媒体、研究机构、数字图书馆、数字博物馆等部门的协同合作，充分利用现代信息技术，深度开发历史档案资源，编制高质量、多类型、生动直观、易于展示和传播的历史档案文化产品，激活历史档案资源的社会价值，打造历史文化精品，发挥档案资源在培育和践行社会主义核心价值观方面的独特作用。2016年，为庆祝中国共产党成立95周年，中央档案馆与上海市档案馆联合举办"信仰的力量——中国共产党人的家国情怀"档案主题展览，展示新民主主义革命及中华人民共和国成立初期，中国共产党人尤其是老一辈无产阶级革命家的高尚品格和无私情怀；长春市档案馆举办"光辉旗帜"档案专题展览，全景式地再现了中国共产党党旗党徽产生发展的全过程，以图文方式展现中国共产党作为历史和人民的选择，在革命、建设、改革中走过的光辉历程。

---

① 王英玮、陈智为、刘越男主编：《档案管理学》，中国人民大学出版社2015年版，第82页。
② 金波、丁华东、倪代川：《数字档案馆生态系统研究》，学习出版社2014年版，第235页。
③ 李明华：《在全国档案工作暨表彰先进会议上的讲话》，《中国档案报》2017年1月5日。

（五）创新思维培育

数字档案馆生态系统的建设发展需要强化主体的创新思维，提高主体创新意识，增强主体创新能力，通过"科学的管理，有效地组织，充分挖掘和发挥各个生态因子的功能，使数字档案馆的资源配置最优化，从而使数字档案馆在激烈的社会竞争中取得优势"。[①] 数字档案馆生态系统创新思维培育主要是针对档案管理者，旨在通过创新思维培育充分发挥档案管理者的主观能动性，增强档案管理者创新能力，为数字档案馆生态系统可持续发展注入活力。

1. 创新思维释义

"创新是一个民族进步的灵魂，是国家兴旺发达的不竭动力。如果自主创新能力上不去，一味靠技术引进，就永远难以摆脱技术落后的局面。一个没有创新能力的民族，难以屹立于世界先进民族之林。"[②] 创新是人类特有的认识能力和实践能力，是人类在原有基础上的推陈出新、创造发明，体现在理论研究、制度建设、科学技术、社会发展、文化教育、管理服务等方面。当前，创新发展已经成为时代发展主旋律，是全方位、各领域、全覆盖的全面创新，"必须把创新摆在国家发展全局的核心位置，不断推进理论创新、制度创新、科技创新、文化创新等各方面创新，让创新贯穿党和国家一切工作，让创新在全社会蔚然成风"。[③]

创新思维"是指主体在一定的知识、经验和实践基础上，伴随着思维方式的变革提出新的理论、观点和想法的思维过程。这种创造性的思维活动能够产生前所未有的成果，推动人类文明的发展"。[④] 创新思维能使人富有联想，开启智慧，产生灵感，是人们探索新领域、发明新技术、发现新问题、形成新观念、创建新理论、设计新方法、解决新问题、开创新局面等系列活动的重要推动力。数字时代，档案部门需要"深化对档案工作规律的认识，积极推动档案工作理念、制度、机制、方法创新，把创新贯穿

---

① 金波、汤黎华、何伟祺：《数字档案馆生态系统的建构》，《档案学通讯》2010 年第 1 期。

② 江泽民：《江泽民同志在全国科学技术大会上的讲话》，《科协论坛》1995 年第 7 期。

③ 中国共产党第十八届中央委员会：《中国共产党第十八届中央委员会第五次全体会议公报》，《求是》2015 年第 21 期。

④ 王桂娥：《对创新思维的深层文化思考》，《北京师范大学学报》（社会科学版）2003 年第 5 期。

于档案工作的各个环节，不断增强档案事业发展的内生动力，激发档案事业发展的巨大潜力，实现档案工作转型升级和提质增效，开创档案事业发展新局面"。①档案管理者要根据数字档案馆建设发展的时代要求，拓宽视野，开阔思路，创新管理方式，拓展生存空间，提升服务能级。

2. 创新思维培育路径

数字档案馆生态系统主体创新思维培育，有利于提高档案管理者创新意识，增强档案管理者创新自觉，加快档案工作创新驱动发展。档案管理者创新思维培育主要从创新文化、创新意识、创新能力三方面推进。

（1）创新文化培育

创新文化培育旨在营造一种有利于组织发展的创新环境和创新氛围，形成组织创新文化，提升人们的创新意识、创新能力与创新绩效，发挥组织文化对创新的正向促进作用，"既尊重人的自由探索，尊重人的首创精神，鼓励和激励人通过创新努力实现个人价值，让其以个人成就展现自己；又提倡团队合作，建立学习型组织，创造条件充分发挥科技人员的聪明才智和想象力，发挥他们的集体智慧和团队精神，真正让文化的力量深深熔铸在民族的生命力、创造力和凝聚力之中"。②

档案管理者创新文化培育，旨在为数字档案馆营造一种创新文化氛围，使"敢于创新、乐于创新、积极创新"融入档案管理者的精神世界与实践领域，使之成为档案管理者的主体自觉。创新文化培育主要表现为两方面：一是营造数字档案馆创新文化氛围。创新文化的核心就是大力弘扬科学精神和企业家精神，倡导崇尚理性、尊重知识、勇于竞争、鼓励创新、宽容失败。数字档案馆是现代信息技术发展的产物，是档案工作的新领域，是新时期国家档案事业建设的主战场，需要突破传统档案管理理论与方法，创新适应数字档案资源管理的新理论、新方法、新手段。为此，需要加强数字档案馆创新文化培育，营造"激励探索、包容个性、鼓励创新、宽容失败"创新文化氛围，激励档案管理者主动参与创新活动，积极探索数字档案资源的收集方式、征集路径、存储技术、保管模式、整合方法、服务手段、管理机制等，保障数字档案资源的真实可靠、完整安全、

---

① 李明华：《在全国档案局长馆长会议上的工作报告》，《中国档案报》2017 年 1 月 5 日。

② 金吾伦：《创新文化的内涵及其作用》，《光明日报》2004 年 3 月 16 日。

长期可读，提高数字档案管理效率。二是完善数字档案馆创新激励制度。制度建设是数字档案馆生态系统创新文化建设的重要内容，是提高档案管理者创新能力的重要保障。为此，需要加强数字档案馆创新制度建设，完善创新激励机制，制定数字档案馆创新政策、创新条例、创新规则，引导档案管理者的创新价值取向，调整资源配置，鼓励档案管理者积极参与创新实践，整合科研力量和人力资源，加强创新团队建设，健全数字档案馆协同创新机制，形成创新整体合力，增强档案管理者的职业获得感、荣誉感与成就感，形成数字档案馆创新文化价值观。

（2）创新意识培育

数字档案馆生态系统主体的创新意识培育，需要档案管理者围绕数字档案馆建设实践，审时度势，抢抓机遇，紧密跟踪信息技术和管理科学发展前沿，增强创新兴趣、创新动机、创新意志、创新情感等创新思维，提升创新能力。

加强档案管理者创新意识培育是档案事业发展的时代要求。一是开展创新主题培训，通过开展创新方法、创新途径、创新案例等专题教育活动，增强档案管理者创新思维和创新知识。二是增强档案管理者创新兴趣，数字档案与传统档案记录方式、存储载体、保存环境、传递手段不同，需要研究新的管理方法与管理技术，激发档案管理者创新热情，创新数字档案资源管理模式。三是营造创新氛围，创新存在成本与风险，需要为档案管理者营造积极探索、允许失误的多元宽容环境，鼓励探索者，包容失败者，让档案管理者敢于创新、乐于创新。

（3）创新能力培育

创新能力是"管理主体在自身从事的管理领域中善于敏锐的观察出事物的缺陷，准确地捕捉新事物的萌芽，提出大胆新颖的推测和设想，继而进行周密的论证，拿出可行的方案来付诸实施"。[①] 数字档案馆是现代信息技术与档案事业发展融合创新作用的产物，需要加强档案管理者创新能力培育，激发创新思维，增强创新意识，提高创新能力。

档案管理者应具有扎实的内功，有效地开发创新潜能，成为数字档案馆创新驱动发展的主力军。一是优化资源配置，科学配置数字档案馆人力

---

① 王庆海：《管理学概论》，清华大学出版社 2008 年版，第 104 页。

资源、技术资源、财力资源等要素，调动档案管理者的创新激情，组建创新团队，多途径开展创新活动。二是设置创新实践项目，数字档案馆建设是一项创新性活动，需要从各个方面进行探索和推进，通过项目研制与攻关，开展预研究，不断积累建设经验，探索可复制、可推广的管理模式、管理方法、管理手段，推动数字档案馆生态系统建设发展。三是继承与创新相结合，数字档案馆是由传统档案馆演变而来的，需要借鉴传统档案管理理论与方法，汲取档案管理智慧，结合数字档案资源特点，开展创新研究，创建数字档案馆管理模式；同时，要加强与软件公司、传媒机构、移动通信等部门的协同合作，联合开展技术攻关，共同研制数字档案馆管理平台、服务平台、传播平台，提升数字档案馆现代化、智能化管理水平。

三、数字档案馆生态系统生存环境培育

数字档案馆生态系统的生存环境"是指围绕数字档案馆发展而变化的，并足以影响或制约数字档案馆生态系统成长的一切外部条件的总称"①，它是数字档案馆协调运行与健康发展的基石，攸关数字档案馆生态系统的智能化发展、融合发展与可持续发展。数字档案馆生态系统生存环境复杂，既包括系统内部的运行环境因子，又包括系统外部的发展环境因子，涉及政治、经济、社会、文化、技术等诸方面，深刻影响着数字档案馆生态系统的运行与发展，需要强化数字档案馆生态系统培育思维，对数字档案馆生态系统生存环境实施积极的人工干预，增强数字档案馆生态系统生存环境因子活力，为数字档案馆生态系统建设与发展提供良好的生态环境。本节重点从网络环境、文化环境、技术环境、法治环境四个方面重点探索和分析数字档案馆生态系统生存环境培育。

（一）网络环境培育

网络环境既是数字档案馆生态系统运行的基础，也是数字档案馆生态系统建设与发展的动力之源，具有鲜明的时代性、发展性特征。2016 年 7月，我国正式颁布《国家信息化发展战略纲要》，明确提出要从"推进信

---

① 金波、汤黎华、何伟祺：《数字档案馆生态系统的建构》，《档案学通讯》2010 年第 1 期。

息化法治建设""加强网络生态治理""维护网络空间安全"等方面不断优化信息化发展环境，使网络空间天朗气清、生态良好，成为亿万民众共同的精神家园①。随着信息技术的快速发展与档案信息化的持续推进，数字档案馆生态系统逐步形成，其个体功能不断完善、种群规模不断扩大、群落分布不断增长，迫切需要围绕社会信息化、网络化发展态势，系统推进数字档案馆生态系统网络环境培育，主动融入、对接社会信息化、网络化发展方向与发展战略，促进数字档案馆生态系统与现代信息网络社会环境之间保持良性互动与协作运行，为数字档案馆生态系统创造良好的网络空间环境。网络环境培育不仅是新时期国家档案事业发展的战略选择，而且是数字档案馆生态系统智能化发展、融合发展、可持续发展态势的内在需求，需要在全面分析社会信息化、档案信息化以及数字档案馆建设的基础上，重点从以下三个方面系统强化数字档案馆生态系统网络环境培育。

一是要加强档案信息化建设，推进档案事业"互联网＋"发展战略，夯实数字档案馆网络化基础。《全国档案事业发展"十三五"规划纲要》明确提出，需要"全面推进档案资源存量数字化、增量电子化、利用网络化；创新档案信息化管理模式，加快与信息社会融合，以信息化为核心的档案管理现代化水平明显提升"。②数字档案馆网络化建设不仅是档案信息化建设的重要内容，而且是新时期档案事业融入社会信息化发展的必由之路，需要系统分析"互联网＋"环境下档案事业的发展之路，探讨数字档案馆生态系统与现代网络社会环境之间的融合路径，促进数字档案馆生态系统与社会整体的信息网络环境之间保持和谐共生；积极推进数字档案馆"互联网＋"战略，打造优质的档案网络技术空间、档案网络体验空间以及档案网络利用空间，推进数字档案馆生态系统的社会融合发展，拓展数字档案馆的社会价值与功能，增强数字档案馆的信息竞争力与社会影响力。

二是加强数字档案馆网络空间的生态治理，积极构筑数字档案馆网络安全防御体系，保障国家档案网络空间安全。网络的开放、共享，使得它可以成为各方关系连接的平台，"在高度复杂性和高度不确定性的条件下，网络空间的各种问题与实体社会的问题交织在一起，呈现出千头万绪、扑

---

① 中共中央办公厅、国务院办公厅：《国家信息化发展战略纲要》，《人民日报》2016年7月28日。
② 国家档案局：《全国档案事业发展"十三五"规划纲要》，《中国档案》2016年第5期。

朔迷离的状态"[①]，需要广泛动员公众参与，积极加强网络空间治理，营造良好的网络空间秩序。当前，网络安全已经成为全球问题之一，维护网络安全已经成为全球共识，各类网络安全隐患的潜在威胁与网络安全事件的现实教训为数字档案馆安全敲响了警钟。"当前，我们面临的最现实安全威胁主要来自网络空间，关键信息基础设施安全防护漏洞较多，确保档案信息绝对安全的任务已变得十分紧迫。"[②]需要我们在全面推进数字档案馆建设的同时，对数字档案馆运行与发展所面临的现实网络安全问题具有清醒的认识，不断强化网络安全意识与网络安全责任，积极构建有效的数字档案馆网络安全防御体系，夯实数字档案馆安全屏障，增强数字档案馆网络安全防御能力，维护国家档案网络空间安全，保持数字档案馆生态系统可持续发展态势。

三是加大档案信息资源的数字化开发力度，拓展数字档案资源利用空间，深化数字档案资源服务内涵。数字档案资源是国家信息资源的重要组成部分，将逐步成为国家档案信息资源的主要形态。面对当前数字档案资源的不断生成与大量积聚，需要系统分析数字档案资源管理与服务面临的现实问题，增强数字档案资源研究的问题意识，提高数字档案资源管理效益，适应网络环境下数字档案资源安全保管、互联互通以及共享利用等现实需求。为此，需要"建立开放档案信息资源社会化共享服务平台，制定档案数据开放计划，落实数据开放与维护的责任；优先推动与民生保障服务相关的档案数据开放；积极探索助力数字经济和社会治理创新的档案信息服务；拓宽通过档案网站和移动终端开展档案服务的渠道"。[③]系统整合数字档案资源，加大数字档案资源的开发力度，丰富数字档案资源开发产品，优化数字档案资源馆藏结构，深化数字档案资源开放利用，激活数字档案资源的社会价值与功能。

---

① 李传军：《论网络空间治理中的公众参与》，《武汉科技大学学报》（社会科学版），2016 年第 4 期。

② 李明华：《在全国档案局馆长会议上的工作报告》，《中国档案报》2017 年 1 月 5 日。

③ 国家档案局：《全国档案事业发展"十三五"规划纲要》，《中国档案》2016 年第 5 期。

（二）文化环境培育

文化环境作为数字档案馆生态系统基本生存环境之一，其现实发展状况对数字档案馆生态系统建设与发展具有直接影响，攸关数字档案馆文化属性的彰显与文化功能的实现。档案是人类在社会活动中直接形成的历史记录，不仅是人类社会极为重要的文化资源，对人类文明的传承、发展、变革等均具有重要作用，而且是人类文化记忆、文化传承、文化创新的重要载体。挪威档案学家列威·米克伦认为："没有档案的世界，是一个没有记忆、没有文化、没有法律权利、没有历史的世界。"[①]数字档案馆生态系统文化环境培育，不仅是数字档案馆自身文化属性和文化功能的内在要求，而且是数字档案馆生态系统生存环境培育的重要内容，有利于增强数字档案馆文化功能，提升数字档案馆文化软实力。

随着新时期国家档案事业的快速发展与现代信息技术的广泛应用，数字档案馆生态系统文化环境培育需要重点强化数字档案馆文化空间、文化资源、文化服务等建设，夯实数字档案馆生态系统文化功能，提升数字档案馆文化服务能力。

一是强化数字档案馆文化空间建设，营造数字档案馆文化氛围，夯实数字档案馆文化属性。数字档案馆作为现代信息技术与档案事业融合发展的产物，网络公共空间特质明显，既有传统的数字档案馆网站平台，也有现代移动互联时代的数字档案馆微信、微博、APP 终端等，其本质上都是通过网络公共空间来实现互联网环境下的档案信息服务，需要不断凝聚数字档案馆生态系统主体的文化共识，切实强化数字档案馆网络空间的文化营造，科学嵌入各类文化元素，打造数字档案馆网络空间文化品牌，提升用户的数字档案馆文化体验，塑造数字档案馆的文化新形象。

二是加强数字档案资源建设，努力打造优质档案文化精品，提升数字档案馆文化竞争力。档案馆蕴含着丰富的历史文化资源、地方文化资源、民族文化资源以及各类非遗文化资源等，需要充分利用现代信息技术赋能馆藏档案文化资源开发，加快推进数字档案馆生态系统文化资源整合，"以用户需求为导向，继续加强档案资源'三库'（目录库、全文库、专题

---

① 姜龙飞：《档案文化论》，《上海档案》2010 年第 3 期。

库）建设，同时加大档案资源开发力度，整合相关社会信息资源，建设好'信息库''知识库'和'思想库'"[①]，强化数字档案文化资源挖掘，充分发挥数字档案资源的历史文化价值，适应用户档案文化利用需求；同时，要积极实施数字档案馆文化品牌战略，夯实数字档案馆生态系统文化资源质量，增强数字档案馆档案资源的文化内涵，广泛开发数字档案资源文化产品，"充分利用各种档案资源优势，灵活运用各种形式，精心打造档案文化产品特别是有影响力的精品……使档案文化成为我国文化产品中的一种特色产品，成为我国文化的一道亮丽风景线，成为社会主义文化大发展大繁荣的一个新的增长点"[②]，提升数字档案馆生态系统的文化软实力和与文化竞争力。

三是拓展数字档案馆文化服务路径，丰富数字档案馆文化服务内涵，提升数字档案馆文化服务能级。数字档案馆一方面要充分利用现代技术优势，广泛征集历史档案资料，将散存于民间、党政机关、社会组织以及境外的历史档案资源集中保存，丰富数字档案馆馆藏档案文化资源，完善数字档案馆馆藏档案文化资源结构。另一方面要面向社会大众，增强公共服务意识，加快档案开放利用步伐，推进档案公共服务标准化、均等化；大力开发内容丰富、形态多样、形式多元的档案文化产品，增强数字档案馆的公共文化服务功能，满足民众的数字档案资源文化利用需求。与此同时，要强化与广播电视、图书报刊、手机网络等大众传媒之间合作，多视角、多途径打造档案文化品牌，开发具有强大传播力、影响力的档案文化品牌产品，使档案文化以各种方式融入社会和百姓生活，依托档案馆日、专题展览等档案文化主题活动，广泛传播档案文化；依托信息网络平台建立档案文化传播网络阵地，拓展档案文化产品利用渠道；依托各类档案讲座、学术论坛等文化载体，增强档案文化传播深度和广度[③]，充分发挥数字档案资源文化价值与数字档案馆文化功能，适应新形势下档案工作的公共服务转型，满足日益增长的公众档案利用需求。

---

① 王英玮、陆红：《关于社会转型期我国档案文化建设与发展问题的思考》，《中国档案》2011年第12期。

② 杨冬权：《在全国档案工作暨表彰先进会议上的讲话》，《中国档案》2012年第4期。

③ 鹿璐：《档案馆提升档案文化软实力的途径与对策》，《中国档案》2012年第1期。

（三）技术环境培育

技术环境是数字档案馆生态系统核心生存环境，数字档案馆生态系统的形成与运行对其高度依赖，为数字档案馆生态系统建设与发展提供动力支持和技术保障。毋庸置疑，"技术总是进行着这样的循环，为解决老问题去采用新技术，新技术又引发新问题，新问题的解决又要诉诸更新的技术"[①]，是推动社会发展的不竭动力，广泛影响人们的生活方式、工作方式、交流方式。在档案事业发展的过程中，技术始终扮演着重要角色，正是技术的发展与应用促进了档案形态的变革，革新了档案管理方式，创新了档案利用方式以及催生了新型档案机构的出现[②]。《全国档案事业发展"十三五"规划纲要》提出，将"如何适应政务公开推进档案信息开放、如何适应社会多样需求改进档案服务、如何适应信息技术发展加强电子档案管理"等确定为新时期我国档案工作面临的主要挑战，要求积极"组织引导具有前瞻性、战略性、创新性、先进性和实用性的档案科技项目研究，解决关系档案事业发展全局和档案基础业务建设环节的重大理论和关键技术问题。加大档案科技成果应用转化力度，促进科技与档案业务工作紧密结合"。[③]

"当今世界，信息技术创新日新月异，以数字化、网络化、智能化为特征的信息化浪潮蓬勃兴起。"[④] 数字档案馆生态系统技术环境培育应聚焦大数据、云计算、物联网、人工智能等现代信息技术在数字档案馆建设与发展中的融合应用，不断优化数字档案馆生态系统生存环境。

一是持续强化档案管理者技术应用能力培育，提升档案管理者技术素养。数字档案馆生态系统的形成与演化与技术驱动息息相关，尤其是与现代计算机技术、网络技术、通信技术等信息技术紧密关联，需要在档案管理者技术应用能力培育中给予重点关注，通过系统化、制度化、专题化的现代信息技术素养培训，全面提升档案管理者的综合技术素养，增强档案

---

① ［美］布莱恩·阿瑟：《技术的本质》，曹东溟、王健译，浙江人民出版社 2014 年版，第 5 页。

② 倪代川、金波：《数字档案馆生态系统发展动力探析》，《档案学研究》2016 年第 4 期。

③ 国家档案局：《全国档案事业发展"十三五"规划纲要》，《中国档案》2016 年第 5 期。

④ 中共中央办公厅、国务院办公厅：《国家信息化发展战略纲要》，《人民日报》2016 年 7 月 28 日。

管理者技术应用意识，熟练掌握现代信息技术，密切关注新技术的发展应用，提高档案信息化应用水平，提升数字档案馆现代化管理水平。

二是加强数字档案馆技术保障研究，维护国家数字档案资产的数据安全、系统安全、网络安全等。数据安全旨在强调数字档案信息资源的可靠、可用以及保证其信息的不泄密与不被非法篡改等，确保数字档案信息的数据内容的安全，维护数字档案信息的真实、可靠；系统安全重在要求数字档案馆业务管理、信息服务、资源共享等信息网络系统的安全与可靠，保持系统软硬件和网络平台的稳定性、可靠性、可控性，做到既能充分发挥信息技术为档案信息化管理带来的便捷，又能保障网络环境下数字档案资源管理与利用的安全要求；网络安全聚焦保护数字档案馆的局域网、政务网和互联网等网络不受攻击和病毒传染，确保档案信息网络服务的可用性与可控性，保障数字档案馆管理与服务安全。当前，需要着力建立健全数字档案馆人防、物防、技防"三位一体"的安全防范体系，全面提升档案网络和信息系统风险管理能力，实现档案安全高效化，提升数字档案馆安全能级，维护国家数字档案资产安全[①]。

三是聚焦数字档案馆技术集聚能力，提高数字档案资源信息竞争力与数字档案馆信息生态位。"数字信息资源已成为社会信息资源的主流，集中反映了一个时代文化、科技、政治、经济等领域的特征，塑造了一个民族的记忆，是国家软实力的重要表征。"[②] 无论是数字档案馆生态系统中信息资源的集聚还是信息资源的整合，现代信息技术始终在这些功能实现的过程中扮演着重要角色，一方面通过技术的力量，实现各类档案信息资源的数字化集聚，使数字档案馆成为名副其实的原生信息资源的聚集地；另一方面通过技术的应用，系统整合各类档案信息资源，形成科学有序的数字档案信息资源库，充分发挥数字档案信息资源的信息竞争力，提高数字档案馆的信息生态位。当前，档案管理者应当具有敏锐的技术洞察力，重点关注云计算、大数据、物联网、区块链、人工智能等信息前沿技术发展，提升数字档案馆技术集聚研发能力，推进数字档案馆信息化建设，优化数字档案馆技术环境，为数字档案馆生态系统智能化发展储备技术

---

① 国家档案局:《全国档案事业发展"十三五"规划纲要》,《中国档案》2016 年第 5 期。

② 马费成:《数字时代不能没有"中国记忆"》,《中国社会科学报》2014 年 5 月 26 日。

资源。

（四）法治环境培育

法治环境是数字档案馆生态系统生存环境的重要组成部分，为数字档案馆生态系统健康发展提供法律制度保障。完善的法治环境既是国家档案事业可持续发展的内在要求，也是数字档案馆生态系统建设与发展的重要保障，有利于全面提升我国档案法治化管理水平，促进数字档案馆生态系统法治化运行。法治管理作为现代国家治理的基本共识，是国家治理现代化的重要标志，需要不断健全和完善国家治理法律规范、法律制度、法律程序和法律实施机制，形成科学完备、法治为基的国家治理体系，不断提高国家治理能力和水平[①]。当前，"依法治档"已经成为国家档案事业发展的战略共识，需要不断完善数字档案馆法律法规体系，发挥立法的引领和推动作用，加强档案执法能力建设，为数字档案馆生态系统建设发展创造良好的法治环境。

数字档案馆生态系统法治环境培育，不仅是落实《全国档案事业发展"十三五"规划纲要》与《全国档案"七五"法治宣传教育规划（2016—2020 年）》[②]的基本要求，而且是新时期国家数字档案馆建设与发展的内在要求，有利于优化数字档案馆生态系统可持续发展的生存环境，为数字档案馆生态系统建设提供法治保障。数字档案馆生态系统法治环境培育需要从以下三个方面系统推进：

一是完善档案法制体系，为档案事业法治化管理奠定法律基础，使数字档案馆生态系统建设与发展"有法可依"。《全国档案事业发展"十三五"规划纲要》明确要求，"加强重点领域档案立法，将档案法规的制定和国家各项事业发展结合起来，推动档案事业在法治的轨道上发展。健全档案法规标准体系，配合国务院法制办、全国人大常委会法工委推进《档案法》修订工作；制修订《档案法实施办法》《档案馆工作条例》《机关档案工作条例》《干部档案工作条例》等法规规章；完善档案标准和制度建设，制修订《国家档案法规体系方案》《各级国家档案馆档案解密和划分控

---

① 张文显：《法治与国家治理现代化》，《中国法学》2014 年第 4 期。
② 《全国档案"七五"法治宣传教育规划（2016—2020 年）》，《中国档案》2016 年第 8 期。

制使用范围的暂行规定》等规范性文件。"① 数字档案馆建设离不开法制保障，通过建立健全档案法律法规体系，以法制环境优势助推数字档案馆生态系统建设发展。

二是加强档案行政执法，提高档案行政执法主体执法能力，规范档案管理服务行为，提高数字档案馆生态系统建设与发展中的"违法成本"，保障数字档案馆生态系统健康发展。"档案法制建设不仅需要制定完善的档案法规体系，使档案法律、法规和规章协调配套，而且更需要通过执法环节将档案法律规范在日常档案工作中加以贯彻落实。"② 档案行政执法是推进依法治档、规范管理的关键环节，是国家管理活动的重要组成部分，是档案行政管理过程中的不可缺少的重要环节，是维护国家利益、集体利益和公民合法权益的重要举措，有利于促使档案行政管理部门依法治档，制止、减少和预防档案违法行为等，提升全社会档案法治化水平③。数字档案馆生态系统建设与发展实践中，需要"加强和改进档案行政执法工作，全面推行行政指导，把事后处理向事前预防延伸，强化执法监督管理，做到严格规范执法"④，提高档案行政执法主体的管理能力、办案能力、执行能力等执法能力，在数字档案馆生态系统档案行政执法实践中做到"有法必依""执法必严""违法必究"，推进数字档案馆生态系统法治化运行。

三是强化档案普法宣传，丰富档案法治教育内容，提升档案法治宣传效果。档案法律法规在国家档案事业发展中具有重要作用，不仅是实现依法治档的法律依据，而且是提高档案行政管理效率的有效手段，是有效保护档案财富的可靠保障，是促进档案信息资源开发利用的有效保障⑤。随着依法治国战略的持续推进，依法治档必将成为国家档案事业可持续发展的基本保障，迫切需要完善优化数字档案馆生态系统建设发展的法治环境，"在全社会深入开展档案法律法规的学习、宣传和教育活动，实现档案普法宣传报刊有'文'、电视有'影'、网络有'言'、参与有'众'，不断扩大档案普法覆盖面和普及率，切实增强全民档案法治观念，进一步提高全

---

① 国家档案局：《全国档案事业发展"十三五"规划纲要》，《中国档案》2016 年第 5 期。
② 潘玉民编著：《档案法学基础》，辽宁大学出版社 2002 年版，第 276 页。
③ 徐绍敏、李统祜：《档案立法研究》，浙江大学出版社 2003 年版，第 361—363 页。
④ 李明华：《在全国档案局长馆长会议上的工作报告》，《中国档案报》2017 年 1 月 5 日。
⑤ 潘玉民编著：《档案法学基础》，辽宁大学出版社 2002 年版，第 9—11 页。

社会档案法治意识"①，大力弘扬档案法治精神，全面增强数字档案馆生态系统主体尊法学法守法用法观念，使档案工作人员和社会公众普遍树立依法形成档案、保护档案、用好档案的实践自觉，促进国家档案事业沿着法治化轨道高质量发展。

四、数字档案馆生态系统档案资源培育

20 世纪 80 年代以来，信息技术的快速发展和广泛运用为档案部门增添了数字化档案、电子档案、虚拟档案等各类数字档案资源，逐步成为国家档案信息资源的主要形态，为新时期国家档案资源建设带来了新的机遇与挑战，不仅关系到档案工作的转型发展，更关系到档案事业的未来生存。数字档案馆建设、运行与发展对档案资源这一生态因子高度依赖，数字档案资源已经成为数字档案馆建设的核心指标，其"数量与质量决定着数字档案馆信息资源开发的广度和深度，也决定了数字档案馆的服务内容和服务水平"。②

随着数字档案馆生态系统的演化与运行，档案资源作为数字档案馆生态系统核心生态因子的地位日趋突出，已经成为国家经济建设、文化繁荣、社会进步的战略信息资源，需要在数字档案馆生态系统的建设与发展中，立足数字档案馆档案资源建设现状，围绕国家数字档案资源建设战略需求，强化档案资源培育力度，通过健全档案资源建设机制、完善档案资源体系、丰富档案资源内容等路径，创新档案资源建设模式，激活档案资源活力。

（一）档案资源建设机制培育

"数字档案馆如果没有优质的、丰富的、独特的数字档案信息资源，就会成为空洞的技术堆砌，就会成为'无本之木、无源之水'。"③新世纪以来，我国高度重视档案信息资源建设，从国家层面制定和实施相关行业政策与规划，指导国家档案信息资源的建设与利用。2002 年国家档案局发布

---

① 李明华:《在全国档案局长馆长会议上的工作报告》,《中国档案报》2017 年 1 月 5 日。
② 金波、汤黎华、何伟祺:《数字档案馆生态系统的建构》,《档案学通讯》2010 年第 1 期。
③ 金波:《论数字档案信息资源建设》,《档案学通讯》2013 年第 5 期。

《全国档案信息化建设实施纲要》，提出从"档案目录数据库、机读目录移交、档案目录中心建设、档案全文数据库和多媒体数据库建设、电子文件归档、档案数字化"等方面加强档案信息资源建设[①]；2006 年《档案事业发展"十一五"规划》将"建设较大规模的全国性、系统性、分布式、规范化的档案信息资源库群，建立一批电子文件中心和数字档案馆，实现档案信息资源社会共享"作为总体目标[②]；2010 年国家档案局颁布《数字档案馆建设指南》，指出"数字档案资源建设是数字档案馆建设的核心内容，也是一项经常性的业务工作"[③]；2011 年《全国档案事业发展"十二五"规划》将"加快推进传统载体档案数字化、电子文件接收、重要数字信息采集等数字档案资源建设"作为重要建设任务[④]；2014 年中共中央办公厅、国务院办公厅印发《关于加强和改进新形势下档案工作的意见》，将"建立健全覆盖人民群众的档案资源体系"作为核心内容，并提出"加大档案收集整理力度、完善归档制度、重视做好民生档案工作、科学整合档案信息资源"等要求[⑤]；2016 年《全国档案事业发展"十三五"规划纲要》明确提出"有效推进档案资源体系建设"[⑥]，进一步丰富和优化国家档案资源体系；2021 年《"十四五"全国档案事业发展规划》提出"深入推进档案资源体系建设，全面记录经济社会发展进程"，全方位收集反映党史、新中国史、改革开放史、社会主义发展史的档案材料，强化档案资源建设，实施新时代新成就国家记忆工程。[⑦]

目前，各级档案部门立足国家发展大局，紧密跟踪数字档案馆生态系统发展态势，准确把握数字档案馆生态系统环境下档案资源的形成特点与运行规律，科学分析国家档案资源建设的机遇与挑战，不断强化档案资源机制建设，厚植档案资源优势，提升数字档案馆社会生态位和信息竞争

---

① 《全国档案信息化建设实施纲要》，《中国档案》2003 年第 3 期。

② 国家档案局、中央档案馆：《档案事业发展"十一五"规划》（档发〔2006〕4 号）。

③ 国家档案局办公室：《数字档案馆建设指南》（档办〔2010〕116 号）。

④ 国家档案局、中央档案馆：《全国档案事业发展"十二五"规划》（档发〔2011〕1 号）。

⑤ 《中共中央办公厅国务院办公厅印发〈关于加强和改进新形势下档案工作的意见〉》，《中国档案》2014 年第 5 期。

⑥ 国家档案局：《全国档案事业发展"十三五"规划纲要》，《中国档案》2016 年第 5 期。

⑦ 《中办国办印发〈"十四五"全国档案事业发展规划〉》，《中国档案》2021 年第 6 期。

力，为数字档案馆生态系统可持续发展提供档案资源保障。为此，各级档案部门需要高度重视数字档案馆生态系统档案资源培育，积极构建科学有效的档案资源建设机制。一是要提供政策支持，为数字档案馆生态系统档案资源建设提供经济保障和政策保障，设立专门机构和专项基金，组织力量研究档案资源收集整合、保管存储、安全利用等关键技术，鼓励引导数字档案馆大力开展档案资源建设，大力丰富档案资源数量，全面提高档案资源质量，增强档案资源的信息竞争力与社会影响力。二是要加强档案资源建设制度设计，依法管档，依规建档，理顺档案资源建设中各组织机构之间的关系，从体制机制上保障档案资源的齐全完整和有效管理，确保国家档案资源的及时收集，实现社会档案资源的广泛集聚，为数字档案馆生态系统档案资源建设培育提供制度保障，全面履行好为国家和社会积累档案财富的历史使命与时代担当。三是要加强档案资源整合，档案资源来源广泛，种类繁多，由于生成环境存在技术系统异构、数据结构异构、业务流程异构、服务平台异构等问题，各系统、各单位、各部门的档案资源管理条块分割、各自为政、彼此孤立，形成一个个"信息孤岛""信息烟囱""信息沙滩"，难以实现档案资源的共建共享和价值充分发挥，需要加强对档案资源的科学整合与系统开发，实现档案资源的集成管理与共享服务。围绕档案资源的生成状况，探索档案资源管理无序与有序、分散与集成、孤立与互通、异构与统一之间的矛盾，研究档案资源的整合策略、整合路径、整合方法、整合技术以及整合评估等，不断提高数字档案馆档案资源整合水平，为数字档案资源整合建立"无缝"衔接。"档案行政管理部门要统筹规划，支持和鼓励打破部门和条块分割，整合同一单位内不同部门、同一地区各档案馆（室）及不同地区档案馆（室）的档案资源，推动档案资源科学配置和高效利用。"[1] 四是要强化档案资源建设的组织领导，聚焦档案资源建设的顶层设计和战略发展，通过"建立档案事业发展保障体系、提高档案资源管理能力、提高档案公共服务能力、建立强大的专业人才队伍"[2] 等途径，拓展档案资源建设空间，为数字档案馆生态系统档案

---

[1] 《中共中央办公厅国务院办公厅印发〈关于加强和改进新形势下档案工作的意见〉》，《中国档案》2014年第5期。

[2] 杨冬权：《在全国档案工作暨表彰先进会议上的讲话》，《中国档案》2012年第4期。

资源培育创造良好的组织生态环境，增强国家对数字档案资源的控制力，保障国家档案资源建设战略的持续推进。

（二）档案资源体系培育

档案资源是档案工作的生命线，是沟通历史与未来的桥梁。当前，国家高度重视档案资源建设，将档案资源建设视作国家档案事业发展的基石，从战略高度强化档案资源建设顶层设计，提出"建立健全覆盖人民群众的档案资源体系"建设目标，突出档案资源的前端控制与过程管理，从源头上保障档案资源的及时归档与科学管理。随着档案信息化的快速发展和数字档案馆建设的持续推进，迫切需要完善档案资源体系培育。一方面，要进一步深化对档案资源体系培育建设重要性的认识，明确目标，凝聚共识，汇聚力量，有效推进档案资源体系建设；另一方面，要求在档案事业建设实践中不断完善档案资源体系，特别是要处理好传统档案资源、数字档案资源以及网络档案资源之间关系，既要丰富档案资源内容，又要完善数字档案馆生态系统档案资源体系，切实提高档案资源质量，加大对档案工作的支持保障力度，激活档案资源的社会价值，增强档案资源的信息竞争力和社会影响力，推动档案事业科学发展。

"加强和完善档案资源体系建设，已成为新时期档案事业实现科学发展的重要任务。"[1] 随着数字档案馆生态系统的建设与发展，档案资源作为其核心生态因子的地位和作用日趋凸显，迫切需要强化对档案资源体系的培育，增强数字档案馆生态系统的核心竞争力。一是从前端控制视角拓展数字档案馆生态系统档案资源体系建设路径，加大档案收集整理力度，做到各类档案资源应归尽归、应收尽收、应管尽管，实现"各地区各部门各单位要把档案工作与其他工作同规划、同部署、同落实，做到全面覆盖"[2]，从源头上确保数字档案馆生态系统档案资源的齐全与完整；同时，要树立"大档案"理念，广泛接收、征集社会档案资源、民间档案资源和新业态档案资源，扩大档案资源总量，丰富档案资源种类，真正建立覆盖

---

① 王国振：《档案资源体系建设的任务与途径》，《中国档案报》2010年10月21日。

② 《中共中央办公厅国务院办公厅印发〈关于加强和改进新形势下档案工作的意见〉》，《中国档案》2014年第5期。

人民群众的档案资源体系。二是从资源结构视角深化数字档案馆生态系统档案资源体系内涵建设，不断"加强对档案收集整理工作的监督指导，特别是对重点工作、重大活动、重大建设项目、重大科研项目、重大生态保护项目以及新领域、新专业、新机构、新社会组织等，要监督指导有关方面及时建立档案工作制度"①，优化档案资源空间布局，完善档案资源内容结构，确保重要档案资源的收集，及时建立新型组织机构的档案归档管理制度，不断拓展档案资源空间，提升档案资源质量。三是从公共服务视角强化民生档案工作，强化数字档案馆社会属性和公共服务属性，转变服务理念，实现从以党政机关部门利用服务为主向以社会民众利用服务为主的转变，满足社会大众对档案资源的内在利用需求。"各级国家档案馆要积极接收各类民生档案，把民生档案纳入国家档案资源体系"②，"加强对尚未进馆部分的调研，对面上的民生档案做到心中有数；明确进馆档案的对象；注重对现有馆藏的整合、开发；加强接收和整合，尽快建立覆盖人民群众的档案资源体系"③，有效推动民生档案资源科学配置和高效利用，提升数字档案馆公共服务能力。

（三）档案资源内容培育

档案资源作为数字档案馆生态系统核心生态因子，不仅表明其在系统中的地位重要，既是档案事业发展基础，也是数字档案馆建设核心；而且反映出档案资源自身具有重要价值与功能，既是国家信息资产的重要组成部分，也是国家信息竞争力与文化软实力的重要载体。随着社会信息化的深入发展与档案信息化的全面推进，档案资源内容更加丰富，类型更加多样，既有传统印刷型档案资源，也有现代数字型档案资源；既有文本、图片等单媒体档案资源，也有视频、动画等多媒体档案资源。除了要强化档案资源建设机制培育和档案资源体系培育外，数字档案馆生态系统档案资源培育还要立足于档案资源建设现状，大力加强档案资源内容培育，不断

---

① 《中共中央办公厅国务院办公厅印发〈关于加强和改进新形势下档案工作的意见〉》，《中国档案》2014 年第 5 期。

② 《中共中央办公厅国务院办公厅印发〈关于加强和改进新形势下档案工作的意见〉》，《中国档案》2014 年第 5 期。

③ 严永官：《建立覆盖人民群众的档案资源体系之我见》，《浙江档案》2009 年第 2 期。

优化馆藏档案资源结构，丰富馆藏档案资源内容。

1. 数字档案资源培育

20世纪90年代以来，"数字信息资源建设、开发利用及其研究受到世界范围的高度重视，世界各国都把信息基础设施建设与信息资源建设作为国家信息化发展战略的两个重要组成部分。"[①]随着信息技术和网络技术的快速发展和广泛应用，信息资源的生成环境、记录方式、存储载体、传播媒介等发生了重大变革，数字档案资源海量生成、急剧增加，"数字档案资源日渐成为档案信息资源的主要形态，不仅是数字时代社会记忆的重要构成，而且成为国家信息资产的重要组成部分"[②]。截至2021年底，全国各级国家综合档案馆"馆藏电子档案1629.9TB。其中，数码照片423.9TB，数字录音、数字录像690.6TB。馆藏档案数字化副本24179.4TB。""通过省级及以上档案主管部门认证的数字档案馆307个。"[③]数字档案馆生态系统建设应紧跟信息技术发展步伐，充分利用大数据、物联网、云计算等技术优势，做好新形势下数字档案资源培育工作，为数字档案馆生态系统提供丰富的、优质的档案资源。不容否认，纸质档案资源在当前档案馆馆藏档案结构中仍占据主导地位，数字档案资源总量仍然较少，异构现象严重，需要进行科学规划和系统培育，不断提高馆藏数字档案资源总量和质量，适应社会大众的数字化利用需求，增强数字档案馆档案资源信息竞争力，提升数字档案馆社会生态位[④]。

数字档案资源培育需要从以下几方面重点推进：一是加快传统存量档案资源的数字化转换，将传统馆藏档案资源的模拟信息转变成数字信息，激活传统静态档案资源信息的潜能与活力，将沉睡在档案库房中的社会记忆变为流动的信息和知识，满足现代档案用户的个性化、社会化、便捷化、智慧化的利用需求，扩大档案工作的社会影响力，为数字档案馆公共服务能力的提升奠定基础。二是加强数字环境下电子文件等增量数字档

---

① 马恒通、贾艳艳：《探索基于宏观视角的数字信息资源研究前沿的新成果——简评〈数字信息资源建设与服务研究〉一书》，《情报科学》2010年第8期。

② 倪代川、戚颖：《数字档案资源研究综述》，《档案管理》2016年第2期。

③ 国家档案局政策法规司：《2021年度全国档案主管部门和档案馆基本情况摘要（二）》，2022年8月18日，见 https://www.saac.gov.cn/daj/zhdt/202208/b9e2f459b5b1452d8ae83d7f78f51769.shtml。

④ 倪代川、金波：《数字档案馆生态系统培育探析》，《档案与建设》2013年第3期。

案资源的接收归档工作，树立前端控制、全程管理、生态管理思想，"根据档案接收范围，建立电子文件接收进馆制度和机制，配备必要的技术手段，从源头上保证数字档案信息的真实、完整、可用"[1]，形成有序、持续的数字档案资源积累机制，确保入馆数字档案资源的数量和质量。三是充分利用现代信息网络技术整合数字档案资源，实现数字档案资源的信息集聚和知识集聚；综合利用数据分析与挖掘、可视化、知识图谱、关联数据等大数据技术，深度挖掘馆藏数字档案资源潜在价值，充分释放数据档案资源能量，实现数字档案馆由信息管理向数据管理、知识管理的转变，提升数字档案馆的数据竞争力和知识贡献力。四是要建立健全数字档案资源标准规范体系，加快数字档案资源标准规范的顶层设计，适时制定国家数字档案资源的管理标准、技术标准、评估指标等标准体系，并根据信息技术发展及时修订现有标准或增加相应标准；秉承国际化视野，数字档案资源标准制定要引入借鉴国际标准，提高与国际标准的兼容性，促进数字档案资源标准化，有序推进数字档案资源建设可持续发展[2]。

2. 多媒体档案资源培育

多媒体档案资源是以文本、声音、图形、图像、动画、视频等多种表现媒体组合形式存在的优质档案信息资源，具有技术特征明显、利用生动便捷、传播力强、社会影响力大等特性，具有多种媒体融合集成的展示效果，在经济建设、社会发展和文化生活中发挥着重要作用，是新时期数字档案馆档案资源建设培育的重要内容。多媒体档案资源在建设发展过程中存在诸多现实问题亟待破解，如"传统载体老化失效，传统多媒体档案急待转录迁移；探索多媒体档案的智能管理技术，构建交互式多媒体平台框架，如何形成电子编研产品以满足社会公众利用需求；身处当前大数据时代，如何利用云技术、物联网技术应对海量多媒体档案信息的收、管、用"[3]等。档案部门应主动"学习、掌握、钻研多媒体技术，从多方面寻找与拓宽多媒体技术在档案信息管理中的应用面，开发出具有档案本身应用

---

① 国家档案局办公室：《数字档案馆建设指南》（档办〔2010〕116 号）。

② 聂云霞、杨千：《新常态下我国数字档案资源建设的路径探析》，《档案与建设》2016 年第 3 期。

③ 《科技驱动推进多媒体档案资源建设——多媒体档案数字化学术论坛综述》，《中国社会科学报》2014 年 12 月 15 日。

特点的多媒体档案信息管理系统，开发利用我国巨大的档案信息资源，拓宽档案信息服务领域，让档案信息资源的潜能充分发挥出来，转化为生产力，造福于人类社会"。① 数字档案馆生态系统多媒体档案资源培育，有利于丰富档案资源的内容形式，拓展档案资源的利用空间，扩大档案资源的社会影响，这既是信息时代数字档案馆档案资源建设新的增长点与亮点，也是新形势下档案用户利用的内在要求。

多媒体档案资源培育可以从以下几方面积极推进：一是以存量传统档案资源数字化为契机，积极引入多媒体技术对传统档案资源进行整合和编研，实现传统载体档案资源的多媒体化呈现，创新档案资源开发利用方式，将传统低利用率档案资源转化为高利用率档案资源，并通过文化讲堂、学术论坛、报纸期刊、广播电视、网络媒体等形式，讲好档案故事，更好地满足现代用户数字化、便捷化、生动化、立体化的利用需求，激活传统档案资源的社会价值，提高数字档案馆公共服务能力。二是加大增量多媒体档案资源的收集捕获力度，从多媒体档案资源形成的源头着手，制定馆藏多媒体档案资源建设规划，广泛并有针对性地收集捕获各类有价值的多媒体档案资源，丰富和优化馆藏多媒体档案资源。三是建立多媒体档案资源建设标准体系，覆盖积累归档、收集整理、存储保护、开发利用全过程，规范多媒体档案资源全生命周期管理，从根本上改变多媒体档案资源管理系统"各自为政"现象，实现多媒体档案的规范管理和资源共享②。

3. 民生档案资源培育

民生档案资源建设是国家档案资源建设的战略重点，成为党和政府联系广大人民群众的纽带，不仅为档案事业发展注入了活力，而且提高了档案工作的社会影响力和辐射力。2007 年 12 月，国家档案局印发《关于加强民生档案工作的意见》，要求"各级档案行政管理部门要充分发挥档案事业管理职能，加强调查研究，加强业务指导与监督检查，规范民生档案工作。要坚持以人为本，转变重事轻人、重物轻人、重典型人物轻普通人物的传统观念和认识，重视所有涉及人的档案的价值，努力建立覆盖人民

---

① 金波：《多媒体技术与档案信息管理》，《档案学通讯》1998 年第 3 期。

② 徐卫红、王健：《多媒体档案资源建设与实践》，《兰台世界》2014 年第 S4 期。

群众的档案资源体系"。① 2012 年 9 月 20 日，国家档案局在天津召开"全国民生档案工作经验交流会"，总结交流民生档案工作经验，分析当前民生档案工作存在的现实问题和实践障碍，探讨未来民生档案工作建设方向。会议指出，"全国民生档案工作呈现出蓬勃发展的良好态势，逐步建立起行之有效的推进民生档案工作的机制，形成了条块结合、齐抓共管的民生档案工作新格局，有中国特色的民生档案工作机制和体系已经基本形成，服务民生成为档案工作服务党和国家工作大局的一个新亮点"。② 但是，由于民生档案工作全面开展的时间不长，馆藏民生档案资源有限，可供民众利用的民生档案资源不足，仍然面临一些现实问题亟待解决，如"对民生档案认识不统一，工作开展不平衡；民生档案管理分散，机制不顺，管理制度不规范；部门、地区间信息化建设差异明显；资源信息共享程度低；一些专业部门档案基础设施建设滞后，档案工作经费短缺等等"③。为此，要从党和国家工作大局着眼，认真贯彻《关于加强民生档案工作的意见》精神，重点推进民生档案资源培育工作，保障社会各行各业形成的民生档案资源完整齐全，为社会大众提供可靠真实的信息来源；广泛收集各类民生档案资源，建立面向老百姓的多元化档案资源体系，让民生档案成为党和政府改善民生、保障民生的好帮手④；按照"四个体系"建设要求，增强民生档案工作意识，加强民生档案资源收、管、存、用的顶层设计，强化档案机构对民生档案资源的监控能力，拓展馆藏民生档案资源的种类，丰富民生档案资源的内涵，促进国家档案工作的战略性转变；创新民生档案工作思路，有效整合区域内的民生档案资源，形成民生档案资源集成管理和"一站式"利用服务的新模式，推进档案公共服务规范化、标准化和均等化。如上海市启动民生档案"馆际"联动机制，整合上海市各级国家综合档案馆民生档案资源，实现上海市档案馆和 16 个区县档案馆的"一站式"远程利用服务，"自 2010 年 9 月 1 日上海市档案系统启动以'就地查询、跨馆出证、馆社联动、全市通办'为目标的民生档案远程协

①　国家档案局：《关于加强民生档案工作的意见》（档发〔2007〕12 号）。
②　杨冬权：《在全国民生档案工作经验交流会上的讲话》，《中国档案》2012 年第 11 期。
③　杨冬权：《在全国民生档案工作经验交流会上的讲话》，《中国档案》2012 年第 11 期。
④　严永官：《论"民生档案"》，《档案管理》2009 年第 1 期。

同服务机制建设以来，至 2012 年 3 月底，受惠群众已达 8739 人次"。[①]

4. 特色档案资源培育

我国是一个幅员辽阔、民族多元的国家，民族文化多彩，区域特色显著，特色档案资源具有鲜明独特的地方色彩和风格，"不仅全面系统地记载了本地区的历史面貌和发展轨迹，而且还反映了本地区的各种独特风格，档案的地方特色正是由各地历史发展中固有的特征而自然形成的"[②]，主要包括地方自然环境、历史文化、经济发展、民俗文化、重要人物、重大事件、典型历史事件等特色档案资源。特色档案资源既是档案馆馆藏建设的重要内容，也是档案馆档案资源核心竞争力的重要载体和抓手。当前，各档案馆都十分重视征集反映本馆所处区域的各类特色档案资源，构建馆藏特色档案资源库，不断优化自身馆藏档案资源结构，丰富馆藏档案资源内容，促进区域历史文化资源的保存、传承、开发与创新。数字档案馆生态系统的建设与发展既要重视数字档案资源、多媒体档案资源等新型载体档案资源的培育，也要积极贯彻国家档案工作战略，做好民生档案资源培育，同时要采取措施加强特色档案资源培育，这既是国家档案事业发展的需要，也是数字档案馆自身建设发展的需要，还是数字档案馆信息竞争力、核心竞争力的重要支撑。如上海市档案馆十分重视金融档案资源建设，发挥其在上海国际金融中心建设中应有的作用，"在市档案馆的馆藏中，金融档案是最富有特色的一类。我馆珍藏有 300 多家中外金融机构的档案，单是 1949 年前的金融档案就达 7 万卷左右，内容涵盖中外银行、非银行金融机构、金融业辅助机构等，其种类之全、数量之多、价值之高，在国内绝无仅有。这些金融档案不仅内容丰富，而且历史脉络清晰，生动反映了近代上海金融中心形成的全过程，极具历史文化价值和现实意义"。[③]

数字档案馆生态系统特色档案资源培育，需要立足国家档案事业发展

---

① 姜龙飞、张晶晶:《融入智慧城市的档案服务——上海市民生档案远程协同服务机制建设纪实》,《中国档案》2012 年第 9 期。

② 张影:《档案与文化传承: 地方特色档案资源建设》,载马淑桂主编:《档案管理与利用——方法 技术 实践》,中国文史出版社 2013 年版, 第 202—205 页。

③ 朱纪华:《建立上海金融档案史料中心 为上海国际金融中心建设服务》,《上海档案》2014 年第 6 期。

战略，聚焦区域历史、地理、政治、经济、社会、文化等特色，"从资源建设、特色培育工作的长远角度来谋划、搭建和延伸档案征集平台，采取多体制、多载体的平台模式征集档案"。[①] 一方面，以数字档案馆建设为契机，以馆藏数字档案资源为基础，充分依托数字档案馆网络平台广泛集成特色数字档案资源，丰富和完善馆藏特色档案资源体系；同时，以特色档案资源开发利用为载体，通过档案编研、实体展览、媒体传播、媒介宣传等形式广泛征集特色档案资源，拓展档案馆特色档案资源的来源渠道。另一方面，主动对接数字档案馆生态系统融合发展态势，以档案资源共建共享为目标，以馆际互赠、数据共享、远程利用、协同开发等方式，科学搭建馆际合作交流平台和馆际档案资源共享通道，不断增强和凸显数字档案馆馆藏资源特色，扩大数字档案馆生态系统特色档案资源比重，充分发挥特色档案资源的社会记忆、历史再现、文化传承等内在价值，促进特色档案资源的共建共享，拓展数字档案馆生态系统的社会功能。

---

① 金幼图:《论馆藏特色档案资源建设方式和途径》,《中国档案》2010 年第 9 期。

第三章　数字档案馆生态系统战略管理

战略管理理论是管理学的重要理论，具有全局性、长远性、科学性、动态性等特征，广泛应用于军事、政治、经济、文化等领域，对国家、企业、社会组织发展具有指导作用。数字档案馆是未来档案事业发展的方向，需要运用战略管理理论与思想，强化数字档案馆建设的顶层设计和总体规划，科学配置战略资源，持续推进数字档案馆建设，促进数字档案馆生态系统的健康运行和可持续发展。

一、战略与战略管理

"战略"早期应用于军事领域，是一个军事术语。20世纪60年代，战略思想开始运用于经济生产与企业管理领域。1965年，美国著名战略学家安索夫（H.I.Ansoff）首次提出"战略管理"理念，推动战略管理理论的形成与发展，是现代管理学理论的重要组成部分，广泛应用于经济社会发展各领域。

（一）战略

战略，原为军事用语，指作战的谋略，对战争全局的谋划。"战略及战略概念是伴随着战争的产生而产生的。一旦有了战争，就要有指导战争的战略。战略是战争的伴生物。"[①]《孙子兵法》是我国古代著名的军事战略著作，蕴含着丰富的战略思想，其中"兵者，诡道也""凡战者，以正合，

---

① 徐君:《企业战略管理》（第二版），清华大学出版社2013年版，第3页。

以奇胜"①道破了战略含有谋划、出奇制胜的含义。毛泽东在《中国革命战争的战略问题》中指出："战略问题是研究战争全局的规律的东西""凡属带有要照顾各方面和各阶段的性质的，都是战争的全局"。②《辞海》将"战略"定义为："对战争全局的筹划与指导；泛指重大的、带全局性或决定全局的谋划。"③

在西方，战略"Strategy"一词源于希腊语"Stratos"，表示"指挥军队的才干"。19 世纪，德国军事理论家卡尔·冯·克劳塞维茨（Carl Von Clausewitz）认为："战略是为了达到战争目的而对战斗的运用"④，包括战争的战略目标和计划，以及达到这一目标的行动措施、战略方案和战斗部署等。

20 世纪 80 年代以来，随着社会的快速发展、全球竞争的加剧，战略广泛应用于经济社会活动的各个领域，泛指重大的、带有全局性和决定性的谋划，如国家发展战略、区域发展战略、经济发展战略、文化发展战略、教育发展战略、企业发展战略等，已经成为国家经济社会发展中的重要指导思想。

（二）战略管理

1. 战略管理定义

"战略管理"一词要比"战略"出现晚得多，战略管理理论最早提出于 20 世纪 60 年代的美国，主要应用在企业管理中。1965 年，美国安索夫（H.I.Ansoff）在《公司战略》（Corporate Strategy）这一经典著作中首次提出"战略管理"概念。随着战略管理的运用和发展，战略管理理论逐步形成，并成为管理学的又一重要理论。战略管理定义主要有：

小汤普生（Arthur A.Thompson，Jr.）认为，"战略管理是一个过程，在这个过程中，高层管理者确定组织的长期方向，设定特别绩效目标，根据与组织相关的内外环境，制定出能达成这些目标的战略，并且卓有成效

---

① 中国人民解放军军事科学院战争理论研究部《孙子》注释小组：《孙子兵法新注》，中华书局 1997 年版，第 5 页。

② 《毛泽东选集》第一卷，人民出版社 1991 年版，第 175 页。

③ 辞海编辑委员会：《辞海》（缩印本 1989 年版），上海辞书出版社 1990 年版，第 1523 页。

④ ［德］克劳塞维茨：《战争论》，商务印书馆 1978 年版，第 175 页。

地实施这些被选定的决策方案。"①

弗雷德·R.戴维（Fred R.David）认为，战略管理是"制定、实施和评价使组织能够达到其目标的、跨功能决策的艺术与科学"，并将战略管理的过程分为战略制定、战略实施和战略评价三个阶段。②

刘向兵认为，"战略管理是组织为了长期的生存和发展，在充分分析组织外部环境和内部条件的基础上，确定和选择组织战略目标，并针对目标的落实和实现进行谋划，进而依靠组织内部能力将这种谋划和决策付诸实施以及在实施过程中进行控制与评价的一个动态管理过程"。③

战略管理有广义和狭义之分。"广义的战略管理是运用战略对整个企业进行管理，安索夫（H.I.Ansoff）的《从战略规划到战略管理》（1976）一书指出：企业的战略管理是指将企业的日常业务决策同长期计划决策相结合而形成的一系列经营管理业务。狭义的战略管理是对战略的制定、实施、控制和修正进行的管理，斯坦纳（G.A.Steiner）的《企业政策与战略》（1982）一书指出：企业战略管理是确定企业使命，根据企业外部环境和内部经营要素确定企业目标，保证目标的正确落实并使企业使命最终得以实现的一个动态过程。"④ 广义的战略管理主要是指从宏观整体上对组织进行管理，确定组织发展方向；狭义的战略管理是对组织战略的具体制定与实施，确保组织战略目标的实现。

根据战略管理的相关定义，我们主要从狭义视角来探讨战略管理，认为战略管理是指通过对组织内外部环境的分析，制定战略规划，明确组织发展战略目标，确立战略实施路径，形成能够实现组织战略目标的动态管理过程。

2.战略管理的特征

战略管理作为现代管理学的重要组成部分，旨在制定和实施计划

---

① 陈振明：《公共部门战略管理途径的特征、过程和作用》，《厦门大学学报》（哲学社会科学版）2004年第3期。

② ［美］弗雷德·R.戴维：《战略管理》（第八版），李克宁译，经济科学出版社2001年版，第18页。

③ 刘向兵、李立国：《从战略规划到战略管理——高校管理发展的重要选择》，《国家教育行政学院学报》2005年第12期。

④ 柯平：《基于战略管理的图书馆战略研究》，《山东图书馆学刊》2010年第3期。

以实现组织目标的一系列决策和行动，在社会各领域获得广泛应用，其本质体现为"5个P"，即"战略是一种计划（Plan）""战略是一种计谋（Ploy）""战略是一种模式（Pattern）""战略是一种定位（Position）""战略是一种观念（Perspective）"①。战略管理作为一种长期的、以未来为导向的复杂决策，具有全局性、长远性、科学性、动态性等特征。

（1）全局性

战略管理围绕组织发展进行整体规划和整体设计，从整体着眼，统筹考虑，以达到组织发展效果的最优化。"企业的战略管理是以企业的全局为对象，根据企业总体发展的需要而制定的，所管理的是企业的总体活动，所追求的是企业的总体效果。"②战略管理不是强调组织局部或部门的重要性，而是以组织的全局为对象，从组织的内外部环境整体进行系统分析和思考，根据组织的整体发展要求而制订的战略行动计划，整合组织各部门的资源，调动每一个要素的积极性，形成一个高效的运作整体，保障组织战略目标的实现。

（2）长远性

战略管理是对组织在一定时期内的发展方向、发展目标和发展任务，以及资源配置等做出的管理决策和管理艺术。为此，组织在制定自身发展战略时，需要坚持前瞻思维，围绕组织在未来相当长一段时间内的总体发展，规划组织发展路线，明确组织发展方向，预见组织发展目标，制订组织战略实施计划，指导组织按照规划目标有序发展。"在迅速变化和竞争性的环境中，企业要取得成功必须对未来的变化采取适应性的态势，这就需要企业作出长期性的战略计划。"③可见，组织的战略管理都是着眼于未来的长远发展（一般都在5年以上），它是面向未来的管理，是对全局发展的管理，以组织的长远发展为目标，追求组织的长期可持续发展。

（3）科学性

战略管理的科学性包括三个方面：一是战略目标制定的科学性，战略目标是经过科学论证的，具有可行性和可实施性。如果所设定的战略目标

---

① 徐君：《企业战略管理》（第二版），清华大学出版社2013年版，第5—6页。

② 胡大立、陈明等：《战略管理》，上海财经大学出版社2009年版，第7页。

③ 徐大勇主编：《企业战略管理》，清华大学出版社2015年版，第12页。

没有建立在实际调研和科学分析基础上，这样的战略目标将难以实现；二是战略管理过程的科学性，战略管理需要在科学研究的基础上合理设计，每一个环节的设定都要有据可依，有章可循，符合组织运行规律，有利于组织战略目标的实现；三是强调"以人为本"，实施人本管理，"要把依靠人作为发展的根本前提，就是要看到人民群众是历史发展的主体，是实现发展的根本力量。"[①] 战略管理强调人在组织中的核心地位，组织战略目标的实现需要尊重人才，充分调动人的积极性、主动性和创造性，凝聚人心，营造积极向上的组织文化氛围，形成组织的共同价值观和愿景，推动组织战略目标的实现。

（4）动态性

战略管理是一个动态的过程，强调组织与环境的匹配，强调外部环境、内部环境与企业目标的动态平衡。"了解战略具有动态性这一观点是把握战略管理的要义。"[②] 组织在制定战略管理的过程中需要对组织自身所处的生态环境进行全面分析，及时掌握内外部环境条件的变化，适时动态调整组织战略目标和实施计划。当组织某一阶段或某个战略目标实现之后，组织要根据实际情况重新制定战略目标，实施战略转移，推动组织在新的战略下继续前行。当然，战略管理的动态性与稳定性之间并不矛盾，战略目标一旦制定，应具有相对稳定性，"企业战略必须在一定时期内保持相对的稳定性，才能在企业经营实践中具有指导意义"[③]，战略管理的动态性以及战略的调整不是依据内外部环境的微小变化而作频繁变动，只有在内部环境或外部环境发生较大变化时，才调整组织战略。

3.战略管理的作用

战略管理不同于一般的项目管理、经营管理、生产管理等管理形式，具有全局性和广泛性，所关注的问题更为复杂。战略管理"是从科学管理理论以及现代管理理论中汲取了营养，是在总体管理理论的基础上顺应时代的要求而发展起来的，经历了计划管理时代、长期规划管理时代、战略规

---

① 段培君:《战略思维理论和方法》,中共中央党校出版社 2011 年版,第 137 页。
② 徐大勇主编:《企业战略管理》,清华大学出版社 2015 年版,第 13 页。
③ 刘冀生、彭锐:《创新时代的企业战略管理》,企业管理出版社 2007 年版,第 6 页。

划时代和战略管理时代四个阶段"。[①] "战略管理事关一个国家、机构和组织的生死存亡"[②]，在社会领域得到广泛应用，其作用主要表现在三个方面：

一是提高组织的核心竞争力。"历史经验表明，战略管理最重要的作用在于帮助组织通过采用更系统的、逻辑的和数理的方法选择战略而制定出自己机构的更佳战略。"[③] 实施战略管理，有利于组织在战略制定过程中，通过科学化的行业扫描和内部环境分析，把握自身的发展优势、生存劣势、未来机遇和面临挑战，制定适宜的组织发展策略，避免盲目跟风、不切实际的短期行为，通过品牌化战略、差异化战略等，建立组织竞争优势，提升经济效益和社会效益。

二是充分发挥组织的资源价值。战略管理使得组织能够明确未来各个发展阶段的工作重点和相应的资源需求，通过围绕组织战略目标，科学配置组织资源，并对资源的使用效率进行监督、检查和评价，使得资源利用更具目的性，降低组织的资源消耗和运行成本，节省人力、物力、财力，最大限度地发挥资源的价值，大大提高资源的利用效益。

三是提高组织的协同创新能力。"战略谋划和实施是一项复杂的系统工程。它不是单独一种因素发挥作用或诸多因素的简单相加，而是各种因素、各种力量协调动作、有机结合所构成的统一的活动过程。"[④] 战略管理确定了组织未来一定时期的发展目标，一方面，通过战略管理使得组织内的人员明确发展方向，形成战略共识，增强组织人员的凝聚力和向心力，有利于组织协同作用，调动组织中各个部门人员的积极性，发挥组织的整体功能，确保组织战略实施的有序推进；另一方面，组织战略目标的实现，需要科学分析组织生存环境，创新管理模式、管理方式与管理手段，优化组织生态结构，重组业务工作流程，提高组织管理效率，巩固组织竞争优势，确保组织战略目标的实现。

---

① 徐君：《企业战略管理》（第二版），清华大学出版社 2013 年版，第 31 页。

② 陈振明：《公共部门战略管理》（修订版），中国人民大学出版 2011 年版，第 36 页。

③ 陈振明：《公共部门战略管理》（修订版），中国人民大学出版 2011 年版，第 36 页。

④ 段培君：《战略思维理论和方法》，中共中央党校出版社 2011 年版，第 182 页。

二、数字档案馆生态系统战略管理提出

随着现代信息技术的快速发展与档案信息化的全面推进，数字档案馆个体快速成长、种群日趋壮大、群落日益增强，迫切需要实施战略管理，强化战略思维，加强数字档案馆生态系统建设的顶层设计与培育规划，厘清数字档案馆生态系统发展面临的机遇和挑战，明确数字档案馆生态系统建设的发展目标与实施策略，推动国家档案事业可持续发展。

（一）数字档案馆生态系统战略管理内涵

"数字档案馆生态系统是指数字档案馆空间范围内的人与其生存环境相互作用而形成的统一复合体。"[①] 数字档案馆生态系统概念的提出，主要是从生态学视角将数字档案馆视作人工生态系统，旨在运用生态系统的概念、理论和方法研究数字档案馆结构、功能和管理运作，这不仅有利于拓展数字档案馆研究思维，深化数字档案馆研究内涵，而且有利于拓宽数字档案馆建设视野，推进数字档案馆建设实践。

随着数字档案馆建设的蓬勃发展，数字档案馆生态系统不断壮大，需要实施战略管理，强化数字档案馆生态系统建设的顶层设计和系统谋划，从宏观上整体推进国家数字档案馆建设与发展，充分发挥数字档案资源、数字档案馆的社会价值与功能。数字档案馆生态系统战略管理是指以战略管理理论为基础，从国家档案事业发展战略高度出发，对数字档案馆生态系统内外部环境进行充分分析，探寻数字档案馆生态系统面临的机遇和挑战，制定数字档案馆生态系统战略规划，确立战略目标，构建实施路径，为数字档案馆生态系统的健康运行和长远发展提供战略支撑。数字档案馆生态系统战略管理是围绕数字档案馆生态系统的总体发展、长远发展、系统发展等战略发展而实施的宏观管理策略，其内涵主要体现为：

一是强化战略思维。数字档案馆生态系统研究以生态学理论为指导，立足于数字档案馆建设理论与实践，探索信息时代背景下档案馆建设与发展的路径，为数字档案馆个体、种群建设以及国家数字档案馆建设发展提

---

① 金波、丁华东、倪代川：《数字档案馆生态系统研究》，学习出版社 2014 年版，第 121 页。

供了总体思路和战略导向。数字档案馆生态系统研究从生态系统和战略思维视角出发，运用整体性、系统性、平衡性、协同性等生态学思想，观察和分析数字档案馆建设现状和发展态势，审视和思考数字档案馆生态系统的结构和功能，揭示数字档案馆生态系统的演化规律与运行机制，为国家数字档案馆建设提供理论指导和决策参考。

二是对接国家信息化发展战略。信息化是当今世界发展的潮流，是推动经济社会发展变革的主要力量。"全球信息化正在引发当今世界的深刻变革，重塑世界政治、经济、社会、文化和军事发展的新格局。加快信息化发展，已经成为世界各国的共同选择。"[①] 1996 年，我国成立国家信息化工作领导小组，研究制定我国信息化建设的发展战略和发展规划，出台了《国民经济和社会信息化发展专项规划》《关于我国电子政务建设的指导意见》《关于加快我国电子商务发展的若干意见》等一系列指导性文件，加快了我国社会信息化的进程。2006 年，我国发布《国家信息化发展战略（2006—2020）》，提出"大力推进信息化，充分发挥信息化在促进经济、政治、文化、社会和军事等领域发展的重要作用"[②]。2016 年，出台《国家信息化发展战略纲要》，"是规范和指导未来 10 年国家信息化发展的纲领性文件，是国家战略体系的重要组成部分，是信息化领域规划、政策制定的重要依据"。[③]国家信息化战略系列政策的颁布与实施，为我国数字档案馆发展提供了建设依据和政策导向，促进数字档案馆生态系统融合发展、智能化发展与可持续发展，提升国家文化软实力，推进国家文化创新。

三是注重顶层设计和整体规划。数字档案馆生态系统战略管理是从国家档案事业发展的战略需求出发，通过强化顶层设计与整体规划，推动国家数字档案建设持续开展，促进数字档案馆生态系统健康成长。数字档案馆生态系统顶层设计是一种自上而下的设计，是一种战略设计和战略实施。从涉及范围而言，是以国家层面为起点，统领地区、行业、组织层面的数字档案馆，构建涵盖全国范围的数字档案馆网络体系；从实践路径观

---

① 中共中央办公厅、国务院办公厅：《2006—2020 年国家信息化发展战略》（中办发〔2006〕11 号）。

② 中共中央办公厅、国务院办公厅：《2006—2020 年国家信息化发展战略》（中办发〔2006〕11 号）。

③ 中共中央办公厅、国务院办公厅：《国家信息化发展战略纲要》，《人民日报》2016 年 7 月 28 日。

察，是以战略规划为起点，确立国家数字档案馆建设发展方向、基本格局和实施方略，推进数字档案馆生态系统战略目标的实现。数字档案馆生态系统战略管理是一项跨区域、跨行业、跨机构的综合性管理，需要以战略思维为指导，通过整体规划，将数字档案馆生态系统与社会发展、经济发展、文化发展以及信息技术发展等联系起来，制定具有全局性、前瞻性、长远性的数字档案馆发展战略及其行动方案，推进战略管理的实施。

（二）数字档案馆生态系统战略管理原则

1. 环境适应原则

数字档案馆生态系统是一个开放、共享、可持续发展的生态系统。数字档案馆生态系统战略管理需要重视数字档案馆与生存环境之间的互动关系，把握数字档案馆建设发展现状，科学制定数字档案馆生态系统建设规划。当前，需要密切关注大数据、云计算、物联网、"互联网＋"、人工智能等新技术的发展与应用，数字档案资源的形成与存储，档案用户需求的变化与特征，档案管理体制机制的转型与变革等，厘清数字档案馆生态系统发展面临的优势、劣势、机遇和威胁，及时调控数字档案馆生态系统的战略目标、战略规划和实施策略，保持与社会生态系统协同共进。

2. 整体优化原则

"数字档案馆生态系统不是一个生物分类学的单元，而是一个不可分割的功能单元，具有整体性的特征。这种整体功能主要是通过人的智力控制、管理运作、动力需求等来实现的，从而使整个数字档案馆生态系统的各个生态因子不再处于分散状态，组成一个有机整体。"[1] 数字档案馆生态系统战略管理需要统筹协调数字档案馆各个生态因子，调动所有生态因子的作用与功能，完善数字档案馆建设的使命、愿景、目标和策略；同时，数字档案馆生态系统是一个有机整体，每一个生态因子的弱化都会影响数字档案馆生态系统整体功能的发挥，对出现生态疾病的生态因子应采取措施，及时应对，寻求资源支持或结构重组，优化数字档案馆生态系统内外部环境，形成合力，促进数字档案馆生态系统整体协调发展，推动数字档案馆生态系统战略目标的实现。

---

[1]　金波、丁华东、倪代川：《数字档案馆生态系统研究》，学习出版社 2014 年版，第 136 页。

3. 全程管理原则

全程管理理念来源于文件生命周期理论，是现代档案工作的重要指导思想，在数字档案馆建设与管理中具有广泛应用空间。文件生命周期是指"文件从其形成到最后销毁或作为档案永久保存，经历了一个完整的运动过程"。[①] 随着电子文件的大量生成，电子文件生命周期引起学界的高度关注，"国际档案理事会电子文件委员会制定的《电子文件管理指南》，则在对电子文件的运动特点进行分析的基础上，把电子文件的生命周期（the Life Cycle of Electronic Records）划分为三个阶段，即：概念阶段（Conception Stage）、形成阶段（Creation Stage）、维护阶段（Maintenance Stage）"。[②] 数字档案馆生态系统战略管理，需要借鉴文件生命周期理论与思想，对数字档案馆生态系统的演化规律与运行过程进行系统揭示，将战略管理思维贯穿于数字档案馆生态系统运行过程之中，实现对数字档案馆生态系统的全程管理。为此，需要秉承全程管理原则，一方面，科学建构数字档案馆生态系统战略愿景、目标、规划及其实施策略，将战略分析、战略规划与战略实施等看作一个有机整体，建立检查和评价机制，对数字档案馆战略管理的全过程进行管控和监督，任何一个过程都不能忽视，某一个过程的差错都有可能导致战略管理的失败。另一方面，将战略管理思维贯穿于数字档案馆生态系统运行全过程，统筹兼顾数字档案馆生态系统管理活动和管理要素，促进数字档案馆生态系统的形成演化，保障数字档案馆生态系统有序运行。

4. 全员参与原则

全员参与是提高组织执行力的有效手段，是实现组织战略目标的重要保障。"任何一种科学先进的管理形式与方法，没有全体员工的积极参与，不被他们所接受，无论如何也达不到理想的效果。"[③] 数字档案馆生态系统战略管理，不仅需要顶层设计，科学规划数字档案馆生态系统发展愿景、目标及其实施方略；而且在实施战略管理的实践过程中，既需要数字档案馆高层管理者决策管理，指导数字档案馆生态系统战略管理有序推进，也

---

① 何嘉荪:《文件生命周期理论及对我们的启示》,《档案学通讯》1991 年第 6 期。

② 何嘉荪:《论电子文件的生命周期》,《浙江大学学报》（人文社会科学版）2001 年第 4 期。

③ 邢孔照:《注重全员参与着力提高企业执行力》,《经营管理者》2013 年第 10 期。

需要数字档案馆全体员工的广泛参与和支持，确保数字档案馆生态系统战略管理实施方略得到有效执行。一旦数字档案馆战略规划与战略目标确定，就成为数字档案馆前进的方向和全体员工共同的意愿，需要调动全体员工积极性和主动性，全身心地投入和高效工作，促进数字档案馆生态系统战略目标的实现，推动国家数字档案馆的建设与发展。

（三）数字档案馆生态系统战略管理作用

数字档案馆建设是新时期档案事业建设的重要任务，在国家档案事业发展中具有战略性地位，需要加强顶层设计，从生态系统发展角度制定科学的建设规划，指导数字档案馆建设实践，保持与社会生态系统协同共进。

1.明确数字档案馆建设方向

数字档案馆建设是一项复杂的、长期的系统工程。我国数字档案馆建设经过不断发展，虽然取得了一些成绩，但总体发展较为缓慢，尚缺乏系统的顶层设计及发展规划。《全国档案事业发展"十三五"规划纲要》提出："到2020年，全国地市级以上国家综合档案馆要全部建设成具有接收立档单位电子档案、覆盖馆藏重要档案数字复制件等功能完善的数字档案馆；全国50%的县建成数字档案馆或启动数字档案馆建设项目""开展企业示范数字档案馆建设，建成一批具有国际先进水平的企业数字档案馆；适时启动国家级电子（数字）档案馆系统项目建设。"[1]《"十四五"全国档案事业发展规划》提出"加速数字档案馆（室）建设"，"加强大数据、人工智能等新一代信息技术在数字档案馆（室）建设中的应用，推动数字档案馆（室）建设优化升级"。[2]运用战略管理理论，分析数字档案馆建设中所面临的优势、劣势、机遇和威胁，从战略层面思考数字档案馆生态系统建设的顶层设计和实施策略，为国家数字档案馆建设提供决策支持。数字档案馆生态系统战略管理应树立整体观念和全局意识，立足于国家档案事业发展，对数字档案馆建设进行统筹规划和战略决策，为数字档案馆建设指明方向，推动数字档案馆生态系统健康可持续发展。

---

① 国家档案局：《全国档案事业发展"十三五"规划纲要》，《中国档案》2016年第5期。

② 《中办国办印发〈"十四五"全国档案事业发展规划〉》，《中国档案》2021年第6期。

2. 推进数字档案馆种群建设

随着档案信息化建设的持续推进，我国数字档案馆建设蓬勃发展。一方面，数字档案馆个体数量不断增长，各种类型的数字档案馆不断涌现；另一方面，数字档案馆种群规模不断壮大，国家综合数字档案馆种群、企业数字档案馆种群、高校数字档案馆种群与其他行业数字档案馆种群等相继形成。当前，我国数字档案馆种群处于发展期，数字档案馆种群数量相对较少，种群发展不均衡，总体呈现出"东强西弱、南强北弱"基本格局。数字档案馆生态系统战略管理强调统筹规划，从国家整体层面出发，合理配置资源，加大数字档案馆种群培育力度，协调数字档案馆种群间的关系，优化数字档案馆种群成长环境，促进数字档案馆种群发展。

3. 提高档案工作者战略思维

"战略思维既是一种思维能力、思维方式和思维艺术，又是一种主体素质和思想境界。"[①] "人们只有发挥主体能动性，运用战略思维方法和艺术，才能进行战略谋划，制定和实施正确的战略策略。"[②] 战略聚焦研究、谋划组织发展的全局性、根本性、长远性问题，在实施战略管理时"必须具有清醒的理性意识，对于客观环境和客观规律、主体条件和主体利益有比较全面和准确的把握，对于可能的利害得失有冷静切实的估计，并据此选择最有利的行动路线和方案"。[③] 数字档案馆是信息化条件下档案馆发展的新模式，管理对象多元，管理方法多样，管理过程复杂，需要档案工作者树立战略思维，综合运用计算机技术、网络技术、科学管理和档案管理等专业理论和知识对数字档案馆进行战略思考，推动数字档案馆生态系统建设，发挥数字档案馆社会功能。数字档案馆生态系统战略管理，有利于凝聚数字档案馆发展共识，增强档案工作者的整体意识、全局意识和创新意识，全面提升档案工作者综合素养，提高信息化环境下档案管理能力，促进数字档案馆生态系统战略管理的稳步实施。

4. 提升数字档案馆生态位

数字档案馆生态位是指"数字档案馆（个体、种群、群落、整体）在

---

① 段培君：《战略思维理论和方法》，中共中央党校出版社 2011 年版，第 186 页。

② 段培君：《战略思维理论和方法》，中共中央党校出版社 2011 年版，第 181 页。

③ 段培君：《战略思维理论和方法》，中共中央党校出版社 2011 年版，第 192 页。

一定时空区域内依据自身的档案信息资源规模、基础设施、信息服务、社会影响等因素，在各种社会组织、社会信息系统中形成的特定位置"。[①] 信息化代表新的生产力和新的发展方向，"信息化建设水平已成为衡量一个国家或地区现代化程度乃至一个国家综合国力的重要标志"[②]，全球信息化进入全面渗透、跨界融合、加速创新、引领发展的新阶段，加快信息化发展，建设数字国家已经成为全球共识。2016 年，《国家信息化发展战略纲要》提出，"随着世界多极化、经济全球化、文化多样化、社会信息化深入发展，全球治理体系深刻变革，谁在信息化上占据制高点，谁就能够掌握先机、赢得优势、赢得安全、赢得未来"。"当前，我国信息资源开发利用不足与无序滥用的现象并存，要加强顶层设计和系统规划，完善制度体系，全面提升信息采集、处理、传输、利用、安全能力，构筑国家信息优势。"[③] 数字档案馆建设作为国家信息化建设中的一部分，需要强化数字档案馆生态系统战略管理，主动对接国家信息化发展战略，紧跟社会信息化发展步伐，加快档案信息化建设，提高档案管理现代化水平，丰富数字档案资源内容，完善数字档案资源结构，加强数字档案资源开发，主动适应经济社会发展和档案用户利用需求，增强数字档案馆信息服务和知识服务能力，打造数字档案馆核心竞争力，提高数字档案馆社会影响力，实现数字档案馆生态位的跃升。

三、数字档案馆生态系统战略环境分析

环境分析是战略管理的首要环节，是指"一个组织通过对其所处的内外部环境进行扫描、分析与评估，以有效识别自身的优势、劣势以及所面临的外部威胁与机遇及时做出有效的反应确定未来发展方向的过程"。[④] 环境分析在数字档案馆生态系统战略规划中占据关键地位，对数字档案馆生态系统战略愿景、目标、规划及其实施方略的确定等具有直接影响。数字档案馆生态系统战略环境分析，需要战略制定者有目的、有重点地抓住数

① 金波、丁华东、倪代川：《数字档案馆生态系统研究》，学习出版社 2014 年版，第 97 页。

② 马长林、宗培岭等：《档案馆信息化建设探讨》，上海社会科学院出版社 2006 年版，第 1 页。

③ 中共中央办公厅、国务院办公厅：《国家信息化发展战略纲要》，《人民日报》2016 年 7 月 28 日。

④ 柯平等：《图书馆战略规划：理论、模型与实证》，国家图书馆出版社 2013 年版，第 64 页。

字档案馆生态系统关键环境因素，科学预测数字档案馆生存环境发展态势，准确把握数字档案馆生态系统建设所面临的机遇和挑战，为数字档案馆生态系统战略规划的制定和战略管理的实施奠定基础。数字档案馆生态系统战略环境分析包括外部环境分析与内部环境分析两大方面，其中，外部环境是数字档案馆生态系统战略管理环境分析的主要内容，对数字档案馆生态系统战略管理实施具有决定性影响。

（一）战略环境分析方法

目前，对组织战略环境分析有多种方法，其中 PEST 分析法、SWOT 分析法、VRIO 分析法、情景分析法等应用较为广泛。在战略环境分析过程中，需要综合运用各种分析方法和工具，全面考察分析组织的生态环境，为组织战略发展提供决策依据。

1.PEST 分析法

PEST 是一种分析模型，即 Political（政治）、Economic（经济）、Social（社会）、Technological（科技）四个英文单词的首字母。PEST 分析是对宏观环境的分析，主要是从政策与法律环境、经济环境、社会与文化环境、科学技术环境四个方面对组织所处的外部环境进行综合分析，并探察、认识影响组织发展的重要因素。也有人把人口问题从社会与文化环境中单独列出，为此 PEST 外部环境分析的主要方面及其内容如表 3–1 所示。[①]

表 3–1　PEST 外部环境分析的主要内容 [②]

主要方面	主要内容
人口	人口的地理分布、就业水平、收入水平、年龄、文化差别等
经济	增长率、政府收支、外贸收支及汇率、利率、通货膨胀率
政策与法律	环境保护、社会保障、反不正当竞争法以及国家的产业政策
社会与文化	公民的环保意识、消费文化、就业观念、工作观念等
科学技术	高新技术、工艺技术和基础研究的突破性进展

---

① 王迎军、柳茂平：《战略管理》（第 2 版），南开大学出版社 2013 年版，第 47—48 页。

② 王迎军、柳茂平：《战略管理》（第 2 版），南开大学出版社 2013 年版，第 48 页。

2.SWOT 分析法

SWOT 分析法又称态势分析法，SWOT 分别代表优势（Strength）、劣势（Weakness）、机会（Opportunity）、威胁（Threat），SWOT 分析法旨在将组织的战略与组织的内外部环境有机地结合起来，"将企业的内外部环境所形成的优势（Strength）、劣势（Weakness）、机会（Opportunity）、威胁（Threat）综合起来进行分析和判断，从而选择最佳经营战略的一种分析方法"。[①]SWOT 分析法常常被用于制定组织发展战略和分析竞争对手情况，在战略分析中，是最常用的方法之一。

SWOT 分析法为组织提供四种可以选择的战略，分别为 SO 战略、WO 战略、ST 战略和 WT 战略，其中，SO 战略即优势—机会战略，是一种发挥组织内部优势而利用组织外部机会的战略；WO 战略即弱点—机会战略，是以通过利用外部机会来弥补内部弱点为目标的战略；ST 战略即优势—威胁战略，是利用本组织的优势回避或减轻外部威胁的影响；WT 战略即弱点—威胁战略，是一种旨在减少组织内部弱点同时回避外部环境威胁的防御性战略。[②]

3.VRIO 分析法

VRIO 模型最早由杰恩·巴尼（Jay B.Barney）1991 年提出，"认为企业的竞争优势不能简单地通过对环境中的机会和威胁进行分析后经由经营业务来创造，企业竞争优势的获取应该从企业内部寻求独特的资源和能力，并把这些资源和能力应用于竞争中"。[③]VRIO 分析法，是指在评价某项资源是否能为企业获得竞争优势的资源和能力时，需要审视企业的价值问题（Value）、稀缺性问题（Rarity）、可模仿性问题（Inimitability）和组织问题（Organization）等，并围绕此四大问题构建分析模型。其中，"价值问题是指企业的资源和能力能否使企业对环境威胁和机会作出反应；稀缺性问题指有多少竞争企业已拥有某种有价值的资源和能力；可模仿性指不具备这种资源和能力的企业在取得它时面对与已经拥有它的企业相比较

---

① 柯平等：《图书馆战略规划：理论、模型与实证》，国家图书馆出版社 2013 年版，第 67 页。
② 张沁园：《SWOT 分析法在战略管理中的应用》，《企业改革与管理》2006 年第 2 期。
③ 高爱霞、满广富：《基于 VRIO 模型的中小物流企业竞争力评价研究及提升对策》，《山东财经大学学报》2016 年第 6 期。

153

是否处于成本劣势；组织问题指一个企业的组织能充分利用起资源和能力的竞争潜力"。①

4. 情景分析法

"'情景'一词最早出现于 1967 年 Kahn 和 Wiener 合著的《2000 年：未来 33 年的推测框架》一书，是对事物所有可能的未来发展态势的描述，既包括对各种态势基本特征的定性和定量描述，同时还包括对各种态势发生可能性的描述。"② 情景分析法起源可以追溯到 20 世纪 50 年代；20 世纪 60 年代，荷兰皇家壳牌公司首先将这种方法用于战略规划，并获得显著成效；自 20 世纪 70 年代开始，史丹福研究院致力于研究可实际应用的情景分析预测，随后通用电器公司（GE）等知名企业也将情景分析法运用于企业的整体规划中。③

情景分析法，又称前景描述法或脚本法，是在推测的基础上，对可能的未来情景加以描述，同时将一些有关联的单独预测集形成一个总体的综合预测。它是一项提供环境全景描述的方案，并随时监测影响因素的变化，对方案做相应调整，最终为决策服务。情景分析法主要用于针对未来较长时期环境的发展变化，在不确定因素很多的情况下，对未来可能出现的多种情况进行预测，有利于分析环境和形成决策，提高组织的战略适应能力，提高团队的总体能力，实现资源的优化配置。④

（二）数字档案馆生态系统外部环境

外部环境是战略管理环境分析的核心内容。一般来说，组织的外部环境也称作宏观环境，它是指存在于组织周围、影响组织战略选择及决策活动的各种客观因素的总和，包括组织所面临的政治、经济、文化、科技等社会各方面，对组织的发展愿景、发展目标、发展模式等战略选择具有直接的影响。数字档案馆生态系统战略管理外部环境是指那些为数字档案馆生态系统建设和发展带来机会或造成威胁的外部因素，主要包括政治、经

---

① 柯平等：《图书馆战略规划：理论、模型与实证》，国家图书馆出版社 2013 年版，第 64 页。

② 孙建军、柯青：《不完全信息环境下的情报分析方法——情景分析法及其在情报研究中的应用》，《图书情报工作》2007 年第 2 期。

③ 王迎军、柳茂平：《战略管理》（第 2 版），南开大学出版社 2013 年版，第 49—50 页。

④ 田光明：《情景分析法》，《晋图学刊》2008 年第 3 期。

济、文化、技术等方面。

1. 政治环境

"档案工作是党和国家工作中不可缺少的基础性工作，做好档案工作是各地区各部门各单位的重要职责。"① 数字档案馆是档案馆发展的方向，是未来国家档案事业发展的主体。良好的政治法律环境是数字档案馆建设与发展的重要保障，体现了党和政府以及社会对数字档案馆工作的关心与支持。数字档案馆生态系统的政治环境是指影响和制约数字档案馆建设发展的国家政策、发展规划、法律法规等环境因素。

新世纪以来，我国出台了一系列国家政策文件，持续推动数字档案馆建设与发展。2002年，国家档案局中央档案馆颁布《全国档案信息化建设实施纲要》（档发〔2002〕8号），提出"在部分中心城市建设示范性数字档案馆"②，为数字档案馆建设拉开了序幕。2005年，国家档案局中央档案馆正式颁布《关于加强档案信息资源开发利用工作的意见》，对数字档案馆建设部分基础性工作进行了部署，为数字档案馆建设发展奠定了基础。③2010年，国家档案局颁布《数字档案馆建设指南》，明确了数字档案馆建设的目标、原则和内容，为数字档案馆建设提供了标准规范和建设依据。④2014年，《关于加强和改进新形势下档案工作的意见》提出要"加大对档案工作的支持保障力度"，要求"各地区各部门各单位要指定专人分管档案工作，切实把档案工作纳入本地区经济社会发展规划，纳入本部门本单位事业发展规划和年度工作计划，列入工作考核检查的内容"。⑤

随着档案信息化建设的持续推进，数字档案馆建设成为档案信息化建设的重要内容，被列入国家和各个地方档案事业发展规划，体现出各级档案部门高度重视数字档案馆建设。全国档案事业发展"十一五"规划、

---

① 《中共中央办公厅国务院办公厅印发〈关于加强和改进新形势下档案工作的意见〉》，《中国档案》2014年第5期。

② 《全国档案信息化建设实施纲要》，《中国档案》2003年第3期。

③ 国家档案局、中央档案馆：《关于加强档案信息资源开发利用工作的意见》（档发〔2005〕1号）。

④ 国家档案局办公室：《数字档案馆建设指南》（档办〔2010〕116号）。

⑤ 《中共中央办公厅国务院办公厅印发〈关于加强和改进新形势下档案工作的意见〉》，《中国档案》2014年第5期。

"十二五"规划、"十三五"规划、"十四五"规划先后对数字档案馆建设进行了部署，《档案事业发展"十一五"规划》提出"建设较大规模的全国性、系统性、分布式、规范化的档案信息资源库群，建立一批电子文件中心和数字档案馆"[①]；《全国档案事业发展"十二五"规划》要求"各级国家档案馆加快数字档案馆建设步伐，有条件的要完成数字档案馆建设"[②]；《全国档案事业发展"十三五"规划纲要》将"持续推进数字档案馆建设"作为主要任务和实现目标[③]；《"十四五"全国档案事业发展规划》将"加速数字档案馆（室）建设"作为主要任务之一[④]。

2008年，《中华人民共和国政府信息公开条例》颁布实施，有效保障了公民、法人和其他组织依法获取政府信息，充分发挥政府信息对人民群众生产、生活和经济社会活动的服务作用。[⑤]近年来，随着国家政治文明建设的不断深入，政治民主化不断推进，公民的信息意识不断增强，公民信息权利日益觉醒。公民信息权利的觉醒，推动了对档案信息利用需求的增长，对档案部门提出了新的挑战，需要档案部门加大档案信息开放力度，处理好档案信息开放与保密之间的关系，更好地满足用户日益增长的多元档案信息利用需求。2020年，《中华人民共和国档案法》已由中华人民共和国第十三届全国人民代表大会常务委员会第十九次会议于2020年6月20日修订通过，自2021年1月1日起施行[⑥]。新修订的《中华人民共和国档案法》增加了"档案信息化建设""监督检查"两章，将对数字环境下档案工作产生重要影响。

综观当前政治环境，一系列政策、规划、法规等的出台，为数字档案馆建设提供了制度保障和动力源泉。数字档案馆生态系统战略管理中，需要对数字档案馆建设发展面临的政治环境进行深入分析，以国家政策为引领，充分利用政策红利，紧抓信息化建设发展机遇，把握数字档案馆建设方向，准确定位数字档案馆发展战略。

---

① 国家档案局、中央档案馆：《档案事业发展"十一五"规划》（档发〔2006〕4号）。

② 国家档案局、中央档案馆：《全国档案事业发展"十二五"规划》（档发〔2011〕1号）。

③ 国家档案局：《全国档案事业发展"十三五"规划纲要》，《中国档案》2016年第5期。

④ 《中办国办印发〈"十四五"全国档案事业发展规划〉》，《中国档案》2021年第6期。

⑤ 国务院：《中华人民共和国政府信息公开条例》（中华人民共和国国务院令第492号）。

⑥ 《中华人民共和国档案法》，《人民日报》2020年7月16日。

2. 经济环境

数字档案馆生态系统经济环境主要包括经济政策、社会经济发展水平、产业结构、消费方式等，攸关数字档案馆建设的经费保障，对数字档案馆的档案管理系统、数字档案资源库、信息存储设备、利用服务平台等建设产生直接影响。"经济环境决定着数字档案馆的建设规模、建设速度和建设能力。"①

当前，我国经济发展进入新常态，"既面临大有作为的重要战略机遇期，也面临诸多矛盾相互叠加的严峻挑战"②，经济发展的环境、条件、任务和要求等都发生了新的变化。可以说，我国经济发展转型任务依旧艰巨，认识新常态、适应新常态并引领新常态，是"十三五"时期国家经济工作的重点，是数字档案馆可持续发展面临的现实经济环境。数字档案馆建设技术要求高，更新速度快，涉及范围广，相对于传统档案馆，投入巨大。各级党委和政府要贯彻落实《关于加强和改进新形势下档案工作的意见》精神要求，"按照部门预算编制和管理有关规定，科学合理核定档案工作经费，将档案馆（室）在档案资料征集、抢救保护、安全保密、数字化、现代化管理、提供利用、编纂、陈列展览及设备购置和维护等方面的经费列入同级财政预算"③，不断完善数字档案馆建设投入机制，确保数字档案馆建设与发展的经费支持。

数字档案馆建设是国家文化事业建设的重要组成部分，对经济发展环境高度依赖。数字档案馆建设经费投入力度和规模与国家经济发展形势密切相关。经济发展好，数字档案馆建设资金投入力度会相应加大；经济发展萎靡，资金投入会缩减。数字档案馆建设需要大量的资金投入，在不同的经济发展阶段，数字档案馆建设应采用不同的发展战略。为此，数字档案馆生态系统战略管理需要对经济社会发展环境充分把握，"建立档案事业与当地国民经济统筹发展的经费增长机制，切实把档案事业发展所需硬

---

① 金波、丁华东、倪代川：《数字档案馆生态系统研究》，学习出版社 2014 年版，第 127 页。

② 人民网：《习近平定调"十三五"：中国发展的重要战略机遇期》，2015 年 7 月 21 日，见 http://politics.people.com.cn/n/2015/0721/c1001-27339233.html。

③ 《中共中央办公厅国务院办公厅印发〈关于加强和改进新形势下档案工作的意见〉》，《中国档案》2014 年第 5 期。

件、经费等纳入制度化轨道，确保档案事业投入有规可循、有章可依"①，制定与国家和地方经济发展水平相适应的战略规划，确保数字档案馆建设有序推进。

3. 文化环境

文化环境是指"一个国家和地区的民族特征、文化传统、价值观、宗教信仰、教育水平、社会结构、风俗习惯等情况"。② "文化环境是人类在特定的社会环境中依靠自己意识、精神的创造力造就的氛围或环境"③，对人类发展和社会进步具有巨大作用。文化环境作为数字档案馆生态系统外部环境因素，它不仅影响着数字档案资源的结构，而且影响着数字档案馆生态系统文化功能的发挥；只有整个社会的文化教育水平、文化发展状况达到一定程度，才能有效地推动数字档案馆的建设和发展。

文化是民族的血脉，是人民的精神家园，文化实力和竞争力是国家富强、民族振兴的重要标志。2012年，党的十八大报告指出，"全面建成小康社会，实现中华民族伟大复兴，必须推动社会主义文化大发展大繁荣，兴起社会主义文化建设新高潮，提高国家文化软实力，发挥文化引领风尚、教育人民、服务社会、推动发展的作用"。大力加强国家文化软实力建设的提出，有利于"社会主义核心价值体系深入人心，公民文明素质和社会文明程度明显提高。文化产品更加丰富，公共文化服务体系基本建成，文化产业成为国民经济支柱性产业，中华文化走出去迈出更大步伐，社会主义文化强国建设基础更加坚实"。④ 改革开放以来，我国社会主义事业建设取得巨大成就，与此相适应，文化事业建设也得以全面推进，文化自信逐步增强。当前，我国正在全面实施文化强国战略，国家文化软实力不断增强。同时，随着全球化的纵深推进，我国正在大力推动中华文化走出去，向世界传播中国好声音，尤其是"一带一路"建设的推进，加强沿线各国文化交流，传播中华优秀文化，努力提高中华文化的世界影响力。文化的发展繁荣推动着中华民族伟大复兴的历史进程，为数字档案馆生态

① 叶建强：《加大档案事业经费投入 建立经费增长机制》，《中国档案报》2015年3月16日。

② 高红岩主编：《战略管理学》，清华大学出版社2007年版，第81页。

③ 马志政：《论文化环境》，《浙江大学学报》（人文社会科学版）1999年第2期。

④ 胡锦涛：《坚定不移沿着中国特色社会主义道路前进为全面建成小康社会而奋斗——在中国共产党第十八次全国代表大会上的报告》，《求是》2012年第22期。

系统建设发展创造了良好文化环境，推动着数字档案馆生态系统的发展壮大。

我国文化事业发展取得了巨大成就，不断提高的文化教育水平，显著提升的公民文化素质，日益提高的社会档案意识，为我国数字档案馆生态系统建设提供了发展机遇。文化教育水平的提升，提高了社会公众的信息意识和信息素养，有利于社会公众利用计算机技术、网络技术获取信息知识，适应数字化生存。日趋增强的公民文化素质，推动了公民获取档案信息资源需求和能力，促使档案部门适应时代发展和公众需求。公民信息权利意识的增强，提高了公民的社会档案意识，有利于推动数字档案馆公共服务能力建设，促进档案信息资源的文化消费。数字档案馆生态系统战略管理，需要充分把握当前我国文化建设大发展大繁荣的历史机遇，主动对接国家文化建设发展战略，强化数字档案馆生态系统文化建设，充分发挥数字档案资源的文化价值，有效拓展数字档案馆文化功能，"充分利用各种档案资源优势，灵活运用各种形式，精心打造档案文化产品特别是有影响力的精品，宣传和弘扬社会主义核心价值观，巩固全党全国各族人民团结奋斗的共同思想基础，使档案文化成为我国文化产品中的一种特色产品，成为我国文化的一道亮丽风景线，成为社会主义文化大发展大繁荣的一个新的增长点"。[①]

4. 技术环境

众所周知，在档案事业发展的过程中，技术始终发挥着重要作用，"无论是档案载体的革新还是档案内容的存储，无论是档案形态的变革还是档案利用的拓展等，技术始终如影随形，成为推动档案事业发展的重要驱动力"。[②] 大数据、云计算、物联网、移动互联、人工智能等现代信息技术的广泛应用，推动着社会数字化、网络化、智能化快速发展，为数字档案馆建设发展带来了战略机遇，有利于推动数字档案馆生态系统智能化发展。

2015年3月，李克强在政府工作报告中提出"互联网+"行动计划；2015年7月，《国务院关于积极推进"互联网+"行动的指导意见》（国发

---

① 杨冬权：《在全国档案工作暨表彰先进会议上的讲话》，《中国档案》2012年第4期。

② 倪代川、金波：《数字档案馆生态系统发展动力探析》，《档案学研究》2016年第4期。

〔2015〕40号）正式发布，"互联网＋"成为经济社会创新发展的重要驱动力量。"互联网＋"强调用户创新、开放创新、大众创新、协同创新，整合重塑物联网、云计算、大数据、人工智能等现代信息技术的融合应用，改变着人们的生产方式、工作方式和生活方式。"技术始终是推动数字档案馆生态系统持续发展的重要动力"①，随着"互联网＋"行动计划的实施，进一步推动数字信息资源的广泛产生，数字档案资源海量生成，推动着档案工作方式的变革，需要广泛聚焦现代信息技术在数字档案馆中的应用，创新数字档案馆生态系统管理手段、管理方式和管理模式，优化数字档案馆生态系统技术环境。"对于'互联网＋'，生态是非常重要的特征，而生态的本身就是开放的。我们推进'互联网＋'，一个重要的方向就是化解过去制约创新的环节，将孤岛式创新连接起来。"②

"纵观档案科技发展史，从简牍到云端，档案工作正是在不断适应科技重大发展、不断自我更新档案管理内容和管理手段中，获取了广阔的发展空间。如今，面对大数据时代的机遇与挑战，数字档案馆（室）建设的重要性和紧迫性日益凸显。"③面对现代信息技术的快速发展，数字档案馆生态系统战略管理需要强化技术思维，在数字档案馆生态系统战略规划制定中，对技术环境进行深入分析，主动适应技术发展趋势，加强数字档案馆技术研发、应用与推广，充分利用信息技术驱动数字档案馆创新发展，推动数字档案馆生态系统智能化发展。

（三）数字档案馆生态系统内部环境

内部环境分析主要是通过对组织内部生存环境进行全面、系统的分析，充分掌握组织自身的发展现状，了解组织自身的资源优势、能力状况以及核心竞争力等，并与组织的外部环境分析相结合，为组织战略目标及其实施方略的确定奠定基础。"通过内部环境分析，公司可以决定它能做什么。将公司能做什么与公司应该做什么（取决于外部环境中的机会与威

---

① 金波、丁华东、倪代川：《数字档案馆生态系统研究》，学习出版社2014年版，第402页。

② 田伟、韩海涛：《实现我国"互联网＋档案"关键问题刍议》，《中国档案》2015年第12期。

③ 周峰林：《大数据时代的数字档案馆（室）建设——专访国家档案局档案馆（室）业务指导司司长孙钢》，《浙江档案》2013年第8期。

胁）相匹配，就可以更好地帮公司进行战略选择。"①数字档案馆生态系统内部环境分析立足于数字档案馆生态系统自身条件，重点分析数字档案馆基础设施建设、数字档案资源建设、档案管理人员专业技能以及信息服务能力，把握数字档案馆生态系统建设发展面临的机遇与挑战，为数字档案馆生态系统战略管理提供决策支持。

1. 基础设施建设

数字档案馆基础设施是数字档案馆生态系统战略规划的重要物质基础，"基础设施的好坏决定着数字档案馆的建设水平、运行状况和服务能力"。②数字档案馆基础设施建设主要包括硬件与软件两个方面：一是硬件设备，主要包括计算机和服务器设备、网络设备、信息记录设备、模数转换设备、多媒体设备、信息存储设备、数据备份设备、智能监控设备、温湿度调控设备、库房机房建筑等硬件设备，它们是数字档案馆基础设施建设的主体。二是软件平台系统，主要包括数字档案馆办公自动化系统、数据库管理系统、电子文件管理系统、档案利用服务系统、网络安全保障系统等系统平台，它们是数字档案馆运行的中枢神经。

基础设施建设状况是数字档案馆生态系统内部环境分析的重要内容，对数字档案馆生态系统战略规划的制定具有重要影响，需要科学分析基础设施总体状况，综合研判数字档案馆基础设施建设现状。第一，要重点关注数字档案馆硬件设备的先进程度，通过调查、比较、评估等方法，对数字档案馆现有硬件配置进行全面分析，把握硬件设施的实用性、时代性和先进性。第二，要科学评价数字档案馆系统软件的运行状况，揭示系统软件平台的异构性和共享性，破解数字档案馆系统技术平台开发各自为政的弊端，避免"信息孤岛"现象产生。第三，要聚焦新技术在数字档案馆中的转化应用，信息时代，大数据、云计算、人工智能等新技术不断涌现，为数字档案馆建设发展提供了技术动力，需要科学分析新技术在数字档案馆中的应用状况，增强数字档案馆的现代性、先进性与智能性。第四，要注重考察数字档案馆建设的不平衡性，当前，我国数字档案馆建设存在着

---

① ［美］迈克尔·A. 希特、刘刚：《战略管理概念与案例》（第 10 版），中国人民大学出版社 2013 年版，第 61 页。

② 金波、丁华东、倪代川：《数字档案馆生态系统研究》，学习出版社 2014 年版，第 131 页。

行业间的不平衡、区域间的不平衡、层级间（省级、市级、县级）的不平衡，需要综合考察行业、区域与层级间的差异，明晰基础设施配置的综合状况。

随着我国国民经济的持续发展，数字档案馆基础设施建设的投入力度持续加大，推动了我国档案信息化水平的提高，促进了数字档案馆的发展与壮大。在数字档案馆战略规划制定中，需要系统分析数字档案馆基础设施状况，强化数字档案馆基础设施建设，完善数字档案馆软硬件基础设施配置，为数字档案馆建设提供技术支撑。

2. 数字档案资源

数字档案资源是数字档案馆生态系统中的核心生态因子。"数字档案馆如果没有优质的、丰富的、独特的数字档案信息资源，就会成为空洞的技术堆砌，就会成为'无本之木、无源之水'。"[①] 随着社会信息化程度的提升与数字档案馆建设步伐的加快，数字档案资源持续快速增长，但数字档案资源总量仍然较少，档案网站开放的数字档案资源也有限，不能更好满足广大民众的社会利用需求。迫切需要加强数字档案资源建设，贯彻落实"存量数字化""增量电子化"策略，丰富数字档案资源总量，有序累积国家数字档案资源。

数字档案资源是数字档案馆生态系统战略规划制定的重要依据，数字档案资源分析需要聚焦以下三个方面。一是准确把握数字档案资源规模。随着社会网络化与档案信息化的发展，电子文件海量生成，档案数字化持续推进，需要从数量上掌握数字档案资源发展状况，为数字档案馆生态系统战略规划提供数据支持。二是科学揭示数字档案资源结构。数字档案资源结构是检验数字档案资源质量的关键指标，需要树立"大档案观"，不断完善数字档案资源归档制度，拓展数字档案资源收集渠道，提升数字档案资源质量，逐步建立起内容丰富、结构合理、载体多样、特色鲜明的档案资源体系。三是重点考察特色档案资源建设状况。特色档案资源是数字档案馆馆藏资源的亮点，是反映数字档案馆馆藏资源价值的重要指标，需要综合考察馆藏历史档案资源、民生档案资源、专题档案资源等特色档案资源的建设状况，分析评价馆藏数字档案资源的竞争力与影响力。"富有

---

① 金波：《论数字档案信息资源建设》，《档案学通讯》2013年第5期。

特色的档案馆，才是富有生命力的档案馆，档案馆的特色越鲜明，服务中心工作的作用就越突出。"①

"文献资源的建设、运行方式、宏观调控、有效管理都对战略规划环境的考量和分析产生影响，能够让战略制定者从中决策出适合图书馆短期至中期发展的任务、战略方向以及行动方略。"② 在数字档案馆生态系统战略管理中，需要加强数字档案资源建设，系统分析数字档案资源建设现状，为数字档案馆生态系统战略规划的制定提供决策支持。

3. 人员专业技能

"人是战略的核心——人们所掌握的知识和经验是战略成功的关键因素。"③ 人作为数字档案馆生态系统的主体，主要包括档案形成者、管理者与利用者。其中，档案管理者是数字档案馆生态系统中最重要的主体生态因子，直接参与数字档案馆的建设、管理和运行，承担着制定数字档案馆的发展目标和计划、组织和管理数字档案馆有序运行、建立和完善数字档案馆组织文化、监督和控制数字档案馆运作过程等重要职能④，"如果数字档案馆生态系统的主体（人）是大脑，那么档案管理者就是脑部的中枢神经，是数字档案馆生态系统主体的核心"。⑤ 数字档案馆生态系统战略规划，需要对数字档案馆管理者进行深入分析，全面了解其专业技能水平状况，为数字档案馆战略规划制定提供决策参考。

信息时代，档案事业面临转型和挑战，对档案管理者提出了新的要求。数字档案馆建设不仅要求档案管理者具有档案的收集、鉴定、整理、保管、编研、利用等档案业务管理知识，同时还要求具备信息技术知识和技能。数字档案馆人员专业技能分析应重点考察档案管理者自身所具备的信息技能、专业素养、管理能力等。数字档案馆是现代信息技术应用发展的产物，信息技术集聚程度高，档案管理者必须对现代信息技术发展应用充分了解，掌握办公自动化软硬件技术的使用方法，能熟练应用档案管理

---

① 刘文彦、杨光：《档案馆要加强特色档案资源建设》，《中国档案报》2010年8月20日。

② 柯平等：《图书馆战略规划：理论、模型与实证》，国家图书馆出版社2013年版，第90页。

③ ［英］格里·约翰逊、凯万·斯科尔斯：《战略管理》（第6版），王军等译，人民邮电出版社2004年版，第306页。

④ 金波、丁华东、倪代川：《数字档案馆生态系统研究》，学习出版社2014年版，第125页。

⑤ 金波、丁华东、倪代川：《数字档案馆生态系统研究》，学习出版社2014年版，第126页。

信息系统、数据库管理系统、档案信息服务利用系统等软件平台，能熟练操作信息存储、扫描仪、传真机、数码相机、摄影机等信息化硬件设备，切实提高自身的信息技能。同时，档案管理者还需要具备扎实的专业素养，既要掌握档案学概论、档案管理学、档案文献编纂学、档案保护技术等档案学基础理论知识，又要掌握电子文件、电子档案管理、数字档案资源建设、数字档案馆等档案信息化理论知识，熟悉数字档案馆建设实践，具备网络环境下的档案工作理论知识与实践经验。另外，档案管理者还需要提高自身的管理能力，一方面掌握现代管理理论与知识，提高档案管理者的管理水平，适应数字时代的组织管理；另一方面掌握数字档案资源的形成规律和特点，完善数字档案管理业务规范，提升数字档案馆管理能级。

"信息化人才是推动档案信息化发展的动力，是档案信息化建设最宝贵的资源。重视信息化人才培养，提高档案从业者的信息素养和信息技能，是档案信息化建设的迫切任务。"[1]数字档案馆生态系统战略规划需要聚焦数字档案馆管理者的专业技能提升，一方面，通过技术培训、技术研发、技术应用等方式，加强数字档案馆和其他信息技术公司协同合作，不断提高档案管理者的专业技术水平；另一方面，通过人才引进，主动吸纳信息技术专业人才，完善数字档案馆技术人才队伍，为数字档案馆管理队伍输入新鲜血液。

4. 信息服务能力

信息服务能力是数字档案馆信息竞争力与社会影响力实现的关键。数字档案馆信息服务"指的是在网络环境下数字档案馆利用计算机、通信和网络等现代技术从事档案信息采集、处理、存储、传递和提供利用等一系列活动，以达到为档案信息用户提供所需数字档案信息产品和服务、满足其解决现实问题的档案信息需求的过程"[2]数字档案馆生态系统依据技术优势、资源优势以及人才优势，不断拓展服务领域，创新服务手段，提高服务质量，满足社会大众日益增长的档案信息需求。

信息服务能力是制定数字档案馆生态系统战略规划的重要决策依据。信息服务能力分析应重点考察网络环境下的档案常规服务、创新服务与协

---

① 张照余：《档案信息化人才建设现状与对策》，《浙江档案》2006 年第 10 期。

② 陈忠海、崔晓惠：《数字档案馆信息服务研究综述》，《档案管理》2008 年第 6 期。

同服务三个方面。其中，常规服务主要体现在档案查询、档案阅览、档案展览、档案编研等传统服务方面，在网络环境下仍居重要位置，是档案信息服务的重要方式。创新服务旨在考察数字档案馆运用现代信息技术提升档案信息服务能力，突出表现在数字档案馆网站建设和数据库建设，提供新媒体服务、精准化服务、智能化服务、个性化服务等方面，它们是数字档案馆信息服务能力的时代特色与时代要求。协同服务旨在考察数字档案馆间的共建共享以及与其他信息机构间的互联互通，提升数字档案资源的社会共享。一方面，需要加强数字档案馆间的协同合作，加大对数字档案馆种群中的数字档案资源整合与集成，消除"信息孤岛""信息烟囱"，推动数字档案信息资源共建共享，实现数字档案资源的馆际联动和远程利用；另一方面，需要加强与其他信息机构间的互联互通，拓展数字档案馆与数字图书馆、数字博物馆、传媒机构等信息组织之间的协同合作空间，整合社会信息资源，实现信息集成服务，提升数字档案馆的社会影响力。

党的十八大以来，"各级档案部门依托局域网、政务网、互联网平台，开拓档案信息服务的新渠道，服务形式日趋多样，服务受众数量不断增加，信息内容更为完善"。[①]数字档案馆生态系统战略规划需要强化信息服务能力分析，聚焦数字档案馆管理效率和管理水平的提升，加强数字档案资源开发，提高数字档案资源利用效率和利用效益，增强数字档案馆信息服务能力。

四、数字档案馆生态系统战略规划制定

"规划是一个组织对其未来及通向未来的路径进行设计的过程"[②]，战略规划是战略管理不可或缺的一部分，在战略管理中起着关键性作用。数字档案馆生态系统战略规划是在分析数字档案馆战略管理环境基础上制定的，包括战略规划制定原则和战略规划内容，为数字档案馆生态系统的长远发展提供制度保障。由于数字档案馆生态系统结构的复杂性，不同类

---

① 王大众：《夯实基础 开拓创新 确保安全——党的十八大以来档案信息化建设日趋完善》，《中国档案报》2017 年 9 月 7 日。

② 于良芝：《战略规划作为公共图书馆管理的工具：应用、价值及其与我国公共图书馆的相关性》，《图书馆建设》2008 年第 4 期。

型、不同层面的数字档案馆生态系统战略规划制定的方式和内容也不尽相同。本节着重从数字档案馆生态系统个体视角探讨分析战略规划的制定。

（一）战略规划制定原则

数字档案馆生态系统战略规划的制定不是盲目的，需要遵循一定的原则，主要包括以下几个方面。

1. 前瞻性原则

战略规划主要着眼于组织的未来发展，旨在通过分析组织活动的不确定性来谋求组织的长远发展。数字档案馆生态系统战略规划的制定要对数字档案馆生态系统的未来发展态势、发展目标、发展愿景等进行有效预测，重点聚焦数字档案资源的结构变化、现代信息技术的发展应用、社会档案利用的时代需求等发展态势，围绕数字档案馆的长远发展，系统识别数字档案馆生态系统未来发展过程中存在的优势与劣势、机会与威胁，制定面向未来的数字档案馆战略规划。

前瞻性原则对数字档案馆生态系统战略规划制定者要求较高，既需要具有宽广的视野和前瞻性思维，也需要具有敏锐的洞察力、预见力及识别和把握机遇能力，保障数字档案馆生态系统战略规划制定的科学性。通过数字档案馆生态系统战略规划的制定与实施，大力推进数字档案馆建设，"实现'数字转型''数字升级''数字换代'，在全国档案系统形成'数字导向'，推动建成更多的数字档案馆（室），让我国档案事业实现适应时代的、跨越式的'数字崛起'，成为真正的档案强国"。[①]

2. 协调性原则

数字档案馆生态系统战略规划的制定要与其所处内外部生态因子进行有效衔接，以保证数字档案馆生态系统战略目标的实现。为此，在数字档案馆生态系统战略规划的制定过程中，一方面，要促使数字档案馆生态系统的战略规划与外部环境因子有效衔接，在纵向上与国家、地方档案事业发展规划有效衔接；在横向上与国民经济社会发展规划、信息化发展规划、文化发展规划等有效衔接，以促使数字档案馆生态系统的发展与政治、经济、社会、文化、科技等要素之间相互协调。另一方面，要促使数

---

① 杨冬权:《在全国数字档案馆（室）建设推进会上的讲话》,《中国档案》2013 年第 11 期。

字档案馆生态系统内部各生态因子之间协调发展，统筹兼顾，确保数字档案资源的数量和质量、数字档案馆基础设施建设的完善以及档案管理者素质的提升。

数字档案馆生态系统战略规划的制定要协调各生态因子之间的关系，通过各生态因子的有机组合，保障各生态因子和谐发展，实现整体功能的最优化，消除"信息孤岛"，促进数字档案馆个体、种群、群落的协调发展，发挥数字档案馆生态系统整体效益。

3. 合理性原则

战略规划是在明确组织未来发展目标的基础上，逐渐实现目标的过程。因此，在数字档案馆战略规划制定中，要从实际出发，与数字档案馆生态系统的发展实践相结合，保障战略规划的合理性。在制定战略规划过程中，要从政治、经济、社会、文化、技术等外部环境以及数字档案资源、档案信息化、档案利用等内部环境出发，立足数字档案馆建设实践，把握数字档案馆生态系统发展态势以及面临的机遇和挑战，科学制定数字档案馆生态系统发展使命、愿景、目标与行动方案，保障数字档案馆生态系统战略规划内容的合理性。

"企业经营战略通常应着眼于企业未来3至5年乃至更长远的目标。"[①]数字档案馆生态系统也应制定中长期发展规划，需要系统考虑未来相当长一段时间的整体发展问题，保障数字档案馆生态系统可持续发展；同时，"数字档案馆的规划和建设是信息技术对档案事业发展影响和要求的必然结果"[②]。因此，数字档案馆生态系统战略规划内容应体现现代信息技术发展要求和发展特征，合理利用现代信息技术，促进数字档案馆生态系统的智能化发展。

4. 集中性原则

数字档案馆生态系统战略规划的制定是在科学论证基础上形成的，需要组织利益相关者对战略规划内容进行充分讨论，汲取各方智慧和利益诉求，从数字档案馆生态系统全局利益出发，集中统一各方意见，凝聚共识，明确数字档案馆生态系统建设的使命、愿景、目标与行动方案。同

---

①　胡大立、陈明等：《战略管理》，上海财经大学出版社2009年版，第147页。

②　李雪：《信息化时代背景下数字档案馆的建设与发展》，《理论观察》2016年第9期。

时，数字档案馆生态系统战略规划需要广泛征求专家意见，避免战略规划制定的盲目性，发挥专家的智囊作用，不断完善战略规划制定设计，为战略规划决策提供科学依据。

集中性原则既体现了民主协商的精神，可以广泛征求各方面意见与建议，有利于提高战略规划的科学性与民主性；同时，也要求在充分讨论与协商的基础上达成共识，形成统一决策，制定统一方案，提高战略规划的有效性，增强战略规划的指导性与引领性。

（二）战略规划内容

战略规划"是制定组织的长期目标并将其付诸实施，它是一个正式的过程和仪式"[①]，"规定机构的使命，制定指导机构设定目标和实施战略的方针，建立实现机构使命的长期目标和短期目标，然后根据确定的目标决定行动的方向。"[②] 数字档案馆生态系统战略规划是在正确分析数字档案馆所面临的内外部环境基础上提出的，包含组织使命的确定、组织愿景的构建、组织目标与行动方案的制定等内容。

1. 使命

使命是组织战略规划制定的重要内容，直接影响组织发展目标的制定，在战略规划中通常位居首位，体现着组织在经济社会发展过程中承担的社会责任，是组织长远发展的价值观，为组织的长期可持续发展提供精神指导。企业在战略管理中，"对企业使命进行审视，有助于人们明确企业为何存在，并提醒人们注意环境提供的机遇。但是，企业要获得效能，企业使命需要保持一定的连续性"。[③] 国内一些著名企业与媒体的使命如下：[④]

海尔集团："敬业报国，追求卓越。"

阿里巴巴："让天下没有难做的生意！"

凤凰卫视："创办一个在全世界有影响的华人传媒"；"东西南北大荟

---

① ［美］乔治·斯坦纳:《战略规划》，李先柏译，华夏出版社 2001 年版，第 7 页。

② 吴建中:《战略思考——图书馆管理的 10 个热门话题》，上海科学技术文献出版社 2005 年版，第 21 页。

③ 徐君:《企业战略管理》（第二版），清华大学出版社 2013 年版，第 44 页。

④ 宋培义、卜彦芳等:《媒体组织战略管理》，中国广播电视出版社 2011 年版，第 60 页。

萃，为观众提供另类选择。"

当代管理大师阿里·德赫斯（Arie de Geus）认为，"使命代表着一个组织中的某种共同抱负和最基本的认同感"[①]，强调了使命的凝聚力，通过把使命渗透到组织内部，把所有人都团结在使命的周围，产生组织运行的推动作用。

使命不仅是数字档案馆生态系统战略规划制定的重要内容，而且指明了数字档案馆在经济社会发展中应担当的角色和责任，为数字档案馆生态系统可持续发展提供指导。数字档案馆的使命既需要根据数字档案馆发展实际状况和生存环境综合确立，也需要根据其生存环境的变化进行动态调整。数字档案馆个体可以根据自身特点和要求，合理确定发展使命。

从数字档案馆个体来看，国家综合数字档案馆建设使命为"数字存储，智慧利用"。随着现代信息技术的快速发展与档案信息化建设的快速推进，数字档案馆已经成为档案馆的发展方向，是国家档案事业发展的重要载体。当前，国家综合数字档案馆作为数字档案馆生态系统建设的典范，其使命集中体现在档案资源的数字存储与智慧利用上。一方面，"在现代科学技术的支撑下，信息以计算机可识别的二进制代码（0 或 1）的方式存储和利用，从而从根本上摆脱了对纸张等传统物质载体的依赖而导致的缺陷，使信息空间具备无限的伸展能力和渗透能力。"[②]与此同时，"数字化浪潮对现代档案管理带来了深刻的影响，以数字信息作为存储对象不仅导致了档案保管方法和技术的变化，从本质上说，导致了记录和读取社会活动方式的变化"。[③]数字档案馆作为一个数字档案信息管理系统，具有强大的信息处理功能和信息存储功能，通过现代信息技术来存储和管理海量数字档案信息资源，既要收集保存电子档案资源，又要保存传统档案转换的数字化档案资源，是集中保管数字档案信息资源的基地。另一方面，智慧利用是档案馆利用服务的方向，是数字档案馆信息服务的发展目标。"正如一位美国档案工作者所说：也许我们从事的工作非常重要，但是如

---

① ［美］阿里·德赫斯：《长寿公司——商业"竞争风暴"中的生存方式》，王晓霞译，经济日报出版社 1998 年版，第 67 页。

② 查先进、严亚兰、李晶：《数字信息资源配置》，武汉大学出版社 2013 年版，第 9 页。

③ 李明华：《中国的数字档案资源建设》，《中国档案》2016 年第 10 期。

果档案不用，又有谁知道我们在干什么呢？在 20 世纪当信息能从各种渠道得到时，档案人员再继续扮演看门人是一种时代的错误，我们职业的荣誉和社会地位就依赖于档案的利用。"① 随着云计算、物联网、大数据、人工智能等现代信息技术的深度发展，智能化发展已经成为数字档案馆生态系统发展态势之一，数字档案馆建设必须要把握这一时代最强音，加快数字档案馆智能化服务研发与实践，提高数字档案资源的智能化利用水平，充分利用数据分析、数据挖掘、机器学习、知识发现以及人工智能等技术，深度开发数字档案信息资源，提供知识服务、决策服务和智库服务，促进档案社会利用服务的时代转型，满足公众日益增长的档案利用需求。

2. 愿景

"愿景的描述应该是稳定的，是对组织内外的一种历久弥坚的宏伟承诺，是经过深思熟虑的清楚有力的陈述，不会因环境变化和时间变迁而轻易改变。"② 愿景描绘的是组织未来的发展轨迹，说明组织要发展的能力，描绘组织未来要成为什么样的组织与期望实现的状态和目标。例如，福特公司愿景是"成为世界上消费汽车产品与服务方面的领导企业"③，这一愿景具有挑战性，实现这一愿景意味着福特公司必须全力以赴，这正是愿景的激励作用所在。

数字档案馆生态系统战略规划制定中，愿景表达了数字档案馆工作人员共同的价值观，是数字档案馆组织文化发展与理念的结合，是对组织成员的精神激励。愿景的制定要体现出宏观性，是对数字档案馆未来发展的期待与蓝图，一般不会随着环境的变化而改变。战略规划的愿景一般分为预期型、发展型与目标型④，预期型的愿景主要表述数字档案馆未来是什么样子，可根据数字档案馆的预期设想来确定；发展型愿景可根据数字档案馆未来发展方向来选择具体内容；目标型的愿景可结合数字档案馆的重点目标来选择。在数字档案馆生态系统中，不同层次、不同类型的数字档案馆在制定战略规划时，可根据自身特点、生存环境、发展方向合理制定数

---

① 宗培岭：《对档案馆利用工作现状的思考》，《浙江档案》2000 年第 9 期。

② 宋培义、卜彦芳等：《媒体组织战略管理》，中国广播电视出版社 2011 年版，第 64 页。

③ ［美］C.W.L. 希尔、G.R. 琼斯：《战略管理》（第七版），孙忠译，中国市场出版社 2008 年版，第 17 页。

④ 柯平等：《图书馆战略规划研究》，社会科学文献出版社 2014 年版，第 149 页。

字档案馆发展愿景。一般来说，愿景内容不宜过长，不要千篇一律，能体现数字档案馆个体的发展特征和个性化要求。

数字档案馆发展愿景的确定与数字档案馆社会功能密切相关。2009年10月，时任国家档案局局长、中央档案馆馆长杨冬权在全国档案馆工作会议上指出，要"努力把各级国家档案馆建设成档案安全保管基地、爱国主义教育基地、档案利用中心、政府信息查阅中心、电子文件中心'五位一体'的公共档案馆，实现档案事业的跨越式发展"。[①]数字档案馆功能是综合性的、多层次的，既包括"归档电子文件的鉴定与接收、标准与业务规范的制定、数字档案的组织管理、数字档案的提供利用、安全维护以及档案数据挖掘与决策支持"等管理功能，也包括"保存信息社会的人类记忆、保管电子法律凭证、促进政府信息公开、为科学决策提供数据支持"等社会功能[②]。从数字档案馆个体层面来看，国家综合数字档案馆的建设愿景主要体现在数字档案资源的收、管、存、用等方面。

一是数字档案资源收集管理中心。2013年10月，国家档案局召开全国数字档案馆（室）建设推进会，提出实施"存量数字化""增量电子化"战略。数字档案馆需要大力加强数字档案资源建设，积极构建数字档案资源库，加快纸质档案、音像档案等传统载体档案的数字化进程，实现存量档案数字化；加大电子档案收集力度，确保"各单位形成的应归档的电子文件及时归档，并按规定向有关档案馆移交，使档案馆新接收进馆的档案全部为电子档案"[③]，实现增量档案电子化；加强网络档案资源的采集与捕获，优化馆藏结构，丰富馆藏内容。面对日益增长的海量数字档案信息和社会公众的档案信息利用需求，需要加强对数字档案资源进行描述、加工、整序和提炼，使馆藏数字档案信息系统化、有序化、知识化，实现无序信息流向有序信息流的转换，形成一个便于保管、控制和利用的数字档案资源收集管理中心。

二是数字档案资源长期保存中心。数字档案资源是国家档案资源体

①　杨冬权:《以丰富馆藏、提高安全保障能力和公共服务能力为重点，实现档案馆事业新跨越——在全国档案馆工作会议上的讲话》,《中国档案》2009年第12期。

②　王芳主编:《数字档案馆学》,中国人民大学出版社2010年版,第10页。

③　李明华:《中国的数字档案资源建设》,《中国档案》2016年第10期。

系的重要组成部分，由于其特殊性，数字档案潜在安全风险因素大，不利于长期永久保存，对数字档案信息的真实性、完整性、长期可读性带来严峻挑战。因此，需要提高数字档案资源的长期保存能力，建立数字档案资源长期存储与信息安全的技术性方案，探索数字档案资源的长期存储与信息安全保障策略，破解数字档案的脆弱性与永久保存之间的矛盾，实现数字档案资源的智能监控与风险防范，保障数字档案资源的长期存储和安全利用。

三是数字档案信息利用服务中心。美国国家档案与文件署（NARA）在《2006—2016 年发展规划》中指出："公共服务是我们的使命，是我们对未来愿景的核心宗旨。"①《全国档案事业发展"十三五"规划纲要》提出，要"提高档案公共服务能力""拓展档案馆开展普及型教育、专业型利用服务和定制型政府决策参考的能力，为'五位一体'建设提供便捷便利的档案服务，提高档案馆公共服务的认知度和用户满意度"。② 数字档案馆不仅蕴含着海量的数字档案资源，而且技术密集度高，有利于数字档案信息资源的科学整合与有效利用。一方面，信息技术的快速发展与应用提高了数字档案馆信息化管理水平，为数字档案馆智能化管理奠定了基础，有利于创新数字档案馆服务方式，探索数字档案馆借阅服务、网络服务、编研服务、展览服务、实时服务、异地服务、推送服务、智库服务、新媒体服务等服务手段，充分发挥数字档案资源价值，提升数字档案馆公共服务能力。另一方面，随着公众社会档案意识的提高，用户的档案利用需求日趋增强，迫切需要创新数字档案馆服务模式，深化用户档案利用需求的智能分析与精准匹配，实现集成化服务、个性化服务、精准化服务、品牌化服务、知识化服务和智能化服务，满足用户多元化档案利用需求。

3. 目标

企业目标表示企业在实现其使命和愿景的过程中所要达到的长期结果，是企业使命和愿景的具体化、明确化的体现。"战略规划中目标

---

① National Archives, *Strategic Plan: U.S.National Archives and Records Administration FISCAL YEAR 2014–2018*, 见 https://www.archives.gov/files/about/plans-reports/strategic-plan/2014/nara-strategic-plan-2014-2018.pdf。

② 国家档案局:《全国档案事业发展"十三五"规划纲要》,《中国档案》2016 年第 5 期。

体系不是一个，而是由若干目标项目组成的一个战略目标体系"①，包括"Goals"（可译为"战略目标""总体目标"）和"Objectives"（可译为"具体目标""任务"），具体目标是总体目标的进一步细化和具体化。在数字档案馆战略规划中，需要明确勾画出数字档案馆建设的总体目标，以及中长期目标和短期目标。

数字档案馆生态系统战略规划的制定，既需要明确数字档案馆的使命与愿景，也需要明确数字档案馆的建设目标，这是战略管理的灵魂所在。需要注意的是，数字档案馆个体的长期、中期和短期目标，应以国家整体数字档案馆的长期、中期和短期目标为依据，制定适合自身的发展目标，确保所有的目标能够协调一致与协同共进。战略目标的制定与实现需要在数字档案馆的使命与愿景基础上进行规划与细化，主要内容如下：

①确定数字档案馆的总体目标，对数字档案馆使命与愿景进行分析和细化，并设定达到总体目标的阶段性实施计划。

②确定数字档案馆的长期目标（5年以上，如"远景规划"）。

③确定数字档案馆的中期目标（3—5年，如"五年计划"）。

④确定数字档案馆的短期目标（1—3年，如"年度目标"）。

随着云计算、物联网、大数据以及人工智能等技术的发展与应用，未来数字档案馆建设的总体目标可定位为"智慧档案馆"。"智慧城市、智慧交通甚至智慧图书馆等新事物不断出现，智慧技术和智慧管理已经成为新的发展趋势。"② 随着智慧理念的普及、智慧实践的推进，智慧档案馆的理论与实践成为档案事业研究探索的新领域，推动着数字档案馆生态系统智能化发展。"智慧档案馆是采用物联网、云计算等新兴技术对多元化的档案资源进行整合、感知、挖掘，并提供多方位、多层次、多渠道的档案共享利用服务的一种档案馆模式"③；智慧档案馆是数字档案馆建设的目标方向，"智慧档案馆对智慧城市建设和数字档案馆建设具有积极的贡献，不仅可实现智慧城市运行档案的自动收集，也可实现数字档案馆面向公众的

---

① 柯平等:《图书馆战略规划研究》，社会科学文献出版社2014年版，第152页。

② 杨来青、徐明君、邹杰:《档案馆未来发展的新前景: 智慧档案馆》，《中国档案》2013年第2期。

③ 傅荣校、施蕊:《论智慧城市背景下的智慧档案馆建设》，《浙江档案》2015年第5期。

利用服务更加智慧化，最终达到数字档案馆更智慧、智慧档案馆更便捷的目标"。① 其中，青岛市在智慧档案馆建设方面走在全国前列，2012年完成智慧档案馆的建设理念、基本功能、系统框架及具体功能需求的研究工作，2013年提出智慧档案馆建设项目建议书，2014年初步建成智慧档案馆并进入试运行，"实现了基于电子文档一体化和业务数据仓储式管理、基于物联网技术的档案智能管理、基于青岛记忆理念的数字文献资源管理、基于智慧泛在理念的档案信息服务、基于真实可信和长期可用的档案安全存储、基于智能技术的档案馆工作科学管理、基于网格化管理的全市档案业务监督指导"。② 智慧档案馆是现代信息技术、智慧城市与数字档案馆融合发展的产物，"是对原有的数字档案馆'馆藏数字化、传输网络化、管理自动化、资源共享化'的目标进行深化，应用新一代信息技术和相关方法，最大限度地提高档案资源整合和开发服务利用的能力，从而实现档案馆的智慧化蜕变"③。随着智慧地球、智慧社会、智慧城市等深入推进，社会大众的档案智慧利用需求日趋增强，迫切需要充分运用现代信息技术与人工智能技术，加强智慧档案馆建设，大力推进档案工作现代化、信息化和智能化，创新档案服务方式，满足用户日益增长的档案公共服务利用需求。

4.行动方案

数字档案馆战略规划中除了使命、愿景与目标外，还需要有具体的战略行动方案来支撑，保障使命、愿景和目标能够顺利实现。这些行动方案也属于战略规划的一部分，依据管理、服务与技术三个维度，结合数字档案馆建设特点，数字档案馆生态系统战略规划的行动方案主要包含目标管理战略、用户需求战略与技术支撑战略。

（1）目标管理战略

目标管理代表一种思维方式，注重顶层设计。目标管理最早是由美国管理学大师彼得·德鲁克在1954年出版的《管理与实践》中提出的，随后被广泛应用于管理学领域。"目标管理的本质就是为了实现组织目标而

---

① 陶水龙：《智慧档案馆建设思路研究》，《中国档案》2014年第6期。

② 国家档案局办公室：《青岛市智慧档案馆投入试运行》，2015年8月12日，见 https://www.saac.gov.cn/daj/c100302/201508/e3f7cca60c2147b08ccfa80ae37f2a53.shtml。

③ 傅荣校、施蕊：《论智慧城市背景下的智慧档案馆建设》，《浙江档案》2015年第5期。

设计的一种激励机制和管理手段，德鲁克提出目标管理的本心正在于通过目标去激励员工提高工作的效率并取得成就，从而实现组织的目标。"① 数字档案馆生态系统战略管理应采用目标管理战略，根据国家数字档案馆建设方针政策，结合数字档案馆自身建设实践，制定数字档案馆建设总体目标，并将总体目标划分为若干个阶段性具体目标，层层递进，通过目标管理，激发数字档案馆各生态因子内在动力，推动数字档案馆建设朝着有利于战略目标实现的方向奋进。

目标管理战略在于合理制定目标与有效实施目标，它是通过目标的实现对数字档案馆生态系统中各生态因子进行管理的一种方式。实施目标管理，一方面要科学设计数字档案馆生态系统战略规划，明确数字档案馆发展目标，为数字档案馆建设提供目标导向，引导数字档案馆建设有序推进；另一方面，在数字档案馆生态系统战略规划的实施中，需要立足数字档案馆战略目标，强化数字档案馆协同管理，推进数字档案馆生态系统中个体、种群间的协同，数字档案馆与传统档案馆间的协同，数字档案馆与其他社会信息系统（数字图书馆、数字博物馆等）间的协同，推动信息资源的互联互通，弥补数字档案馆建设中的不足，消弭"信息孤岛"现象，推动数字档案馆战略规划目标的顺利实现。

（2）用户需求战略

提供利用是档案工作的中心任务，是"档案工作为社会各项事业和公众服务的手段，直接体现整个档案工作的作用，在档案工作中占有突出的地位"。② 档案提供利用工作的指导思想为："全心全意为广大利用者提供档案信息服务，最大限度地满足利用者的档案信息需求。"③ 档案工作的根本目的是便于社会各方面的利用，只有充分了解用户利用需求，才能更好地开发档案信息资源，为用户提供便捷化、个性化、精准化的档案信息服务。"档案信息用户来自社会生活各个领域，人数众多，具有不同的年龄层次、生活环境、职业背景和文化程度，不同的用户都有其独特的信息需

---

① 邱国栋、王涛:《重新审视德鲁克的目标管理——一个后现代视角》,《学术月刊》2013 年第 10 期。

② 王英玮、陈智为、刘越男主编:《档案管理学》,中国人民大学出版社 2015 年版,第 242 页。

③ 王英玮、陈智为、刘越男主编:《档案管理学》,中国人民大学出版社 2015 年版,第 243 页。

求。"[①] 为此，在数字档案馆战略规划实施中，需要采取用户需求战略，以用户档案利用需求为导向，分析用户档案利用需求特征，揭示用户档案利用规律，提高档案信息查询、借阅与展览服务水平，主动挖掘档案信息资源，积极开展档案信息推送服务、定制服务、智库服务等，提升数字档案馆信息服务能级，满足用户日益增长的多元档案利用需求。

随着"互联网+"战略的深入实施，手机、平板电脑等移动终端设备日益普及，微博、微信等社交媒体广泛应用，网络社会无所不在。在过去，民众利用档案，必须亲自到档案馆实地查阅调档；而现在，档案用户更多地希望通过网络利用档案，突破时间、空间的限制，足不出户获取所需的档案信息。为此，数字档案馆需要实施用户需求战略，以用户的需求为导向，一方面，科学设计数字档案馆的服务策略和服务方式，主动利用新媒体环境，为社会大众提供档案信息移动服务，让民众关注档案、了解档案、利用档案。另一方面，通过问卷调查、访谈、用户反馈等手段掌握用户利用需求；"通过对用户浏览档案网页的行为、档案网站所保存的Cookie、日志等的分析来了解用户数字档案信息行为"[②]；通过统计分析用户利用信息，挖掘用户利用行为与潜在需求，揭示用户利用特征，利用数据挖掘、知识图谱、可视化、数据关联等技术深度挖掘档案信息资源，为用户提供个性化、精准化的档案信息推送服务。用户需求战略能够提升数字档案馆服务能力，有利于促进数字档案馆使命、愿景、目标的实现。

（3）技术支撑战略

2012年，时任国家档案局局长杨冬权在全国档案工作暨表彰先进会议上指出："努力解决档案信息化管理技术、信息安全技术、新型载体保护技术、不同载体信息转化技术、电子档案管理、数字档案馆建设等技术难点、热点问题，更好地发挥新技术对档案信息化的支撑引领作用。"[③] 数字档案馆建设中，资源是基础，技术是保障。"数字档案馆信息服务相对于传统档案馆的服务而言更加依赖于计算机技术和网络技术，技术保障也成

---

① 毕建新、郑建明:《基于用户需求的档案信息资源建设机制研究》,《档案与建设》2013年第2期。

② 连志英:《基于用户需求的个性化数字档案信息服务模式构建》,《档案学通讯》2013年第5期。

③ 杨冬权:《在全国档案工作暨表彰先进会议上的讲话》,《中国档案》2012年第4期。

为数字档案馆信息服务的基础保障。"① 随着现代信息技术的快速发展，数字档案馆必须注重数据库技术、数字化技术、信息检索技术、信息存储技术、可视化技术、信息安全技术，以及大数据技术、云计算技术、物联网技术、人工智能技术等的应用，通过实施技术支撑战略，为数字档案馆发展使命、愿景与目标提供强有力的技术支持，推进数字档案资源系统整合与集成管理，保障数字档案资源长期保存与信息安全，创新档案信息服务方式与利用途径，促进档案资源信息挖掘与价值发现，增强社会民众档案意识与利用体验，为数字档案馆战略规划实施提供技术动力。

技术支撑战略要十分注重专业技术人才的培育。"大数据时代，数字信息巨量产生，电子文件大量生成，数字档案资源迅速增长，迫切需要具有信息技术管理能力的档案专业人才。"② 为此，在数字档案馆建设过程中，必须具有掌握现代信息技术的专业技能人才，为数字档案馆战略目标的实现提供智力支持；同时，"应加大技术研究型人才的培养；要善于采用新的技术方法和手段解决档案工作中出现的新情况、新问题，能够运用计算机技术、信息技术及相关技术获取、分析、评价、组织、开发和管理档案信息资源，培养一批具有电子文件和数字档案馆管理技术、信息技术、信息安全技术等方面技术专长的研究型人才"③，加大移动互联、大数据、云计算、物联网、人工智能等新技术应用与研发，推动数字档案馆管理创新与技术革新。

2013 年 6 月 9 日，武汉市档案馆推出全国首个"手机档案馆"，"'武汉（手机）档案信息及文化推送系统'实现了公众用手机可以查询已公开的档案目录信息、市档案馆推送的档案文化展览视频以及与中央级媒体合作推送的关联内容。"④ 广大民众可以通过手机直接查询对外开放的数字档案信息。随着新媒体技术的不断发展，一批档案馆相继开通微博、微信等社交网络平台，主动推送档案信息服务。2014 年 6 月 9 日，普陀区档案局（馆）推出"上海普陀档案"微信公众号，"致力打造老百姓'指尖上的档

---

① 逄淑美：《数字档案馆信息服务研究》，硕士学位论文，云南大学，2015 年，第 16 页。

② 金波、蔡敏芳：《大数据时代档案学专业高等教育的变革与创新》，《档案学研究》2016 年第 6 期。

③ 金波：《数字时代的档案学科建设》，《图书情报知识》2007 年第 4 期。

④ 徐辉：《接地气才会有人气》，《中国档案报》2013 年 7 月 5 日。

案馆'。这也是上海市档案系统首家推出公众微信平台的区县局（馆）"。①

（三）我国数字档案馆建设战略规划

战略规划作为组织发展的顶层设计，已成为数字档案馆确定发展目标、探索发展途径的重要手段。当前，我国各级档案行政管理部门不同程度地制定了数字档案馆建设规划，阐明了数字档案馆的建设目标和发展方向。数字档案馆个体依据层级、类型、性质确定自身的战略规划，确保数字档案馆建设顺利实施。当前，国家档案局颁布了《数字档案馆建设指南》《全国档案事业发展"十三五"规划纲要》《"十四五"全国档案事业发展规划》等战略规划，为数字档案馆提供了建设目标和行动方案；省、市、县档案馆应根据自身特点和实际情况，制定数字档案馆战略规划，推进数字档案馆建设，促进数字档案馆生态系统的成长与壮大。

1. 国家层面

目前，国家虽然没有一部专门的数字档案馆生态系统战略规划，但在《全国档案信息化建设实施纲要》与全国档案事业发展"十一五"规划、"十二五"规划、"十三五"规划、"十四五"规划中均提及数字档案馆建设目标，是数字档案馆生态系统战略规划的重要体现；同时，《数字档案馆建设指南》《数字档案室建设指南》《企业数字档案馆（室）建设指南》的相继出台，为数字档案馆生态系统建设提供了实施方案，具有战略指导意义。

2002年，《全国档案信息化建设实施纲要》提出，"建设示范性数字档案馆。在总结深圳、青岛建设数字档案馆初步经验基础上，进一步在杭州市档案馆、天津开发区档案馆、江苏省电力公司档案馆等开展试点工作"。②

2006年，《档案事业发展"十一五"规划》③确立了档案事业发展的指导思想，并明确了档案事业发展的总体目标，提出"建设较大规模的全国性、系统性、分布式、规范化的档案信息资源库群，建立一批电子文件中

---

① 王瑜婷：《指尖上的档案馆》，《上海档案》2015年第3期。

② 国家档案局、中央档案馆：《全国档案信息化建设实施纲要》，《中国档案》2003年第3期。

③ 国家档案局、中央档案馆：《档案事业发展"十一五"规划》（档发〔2006〕4号）。

心和数字档案馆，实现档案信息资源社会共享"。在主要任务中明确提出要制定《数字档案馆建设规范》，并提出"按照共建共享、互联互通的要求，建立与完善国家档案信息目录数据库、纸质档案全文数据库和多媒体档案数据库等各类档案数据库，适时启动数字档案建设与社会化服务工程"。

2010 年，《数字档案馆建设指南》提出建设目标为："紧紧依靠国家和当地信息化基础设施建设环境，充分利用各种政务网平台、公众网平台以及各类网络资源，以先进的信息技术为手段，集成建设适应本部门本单位一定时期内数字档案管理需要的网络平台，开发应用符合功能要求的管理系统，推动馆藏档案资源数字化、增量档案电子化，逐步实现对数字档案信息资源的网络化管理以及分层次多渠道提供档案信息资源利用和社会共享服务。"[1]

2011 年，《全国档案事业发展"十二五"规划》中将"加快数字档案馆及电子文件（档案）备份中心建设，完成国家数字档案馆建设总体规划的编制工作，对电子档案进行安全有效的管理"[2]作为主要目标。

2016 年，《全国档案事业发展"十三五"规划纲要》提出要持续推进数字档案馆建设，"到 2020 年，全国地市级以上国家综合档案馆要全部建设成具有接收立档单位电子档案、覆盖馆藏重要档案数字复制件等功能完善的数字档案馆；全国 50% 的县建成数字档案馆或启动数字档案馆建设项目；全国省级、地市级和县级国家综合档案馆馆藏永久档案数字化的比例，分别达到 30—60%、40—75% 和 25—50%"；要"加快档案信息资源共享服务平台建设。实施国家数字档案资源融合共享服务工程"等[3]，为新时期数字档案馆建设指明了方向。

2017 年，《企业数字档案馆（室）建设指南》提出我国企业数字档案馆（室）建设目标为："通过企业数字档案馆（室）的建设，实现企业档案工作提质增效与创新发展，全面提升档案管理、开发共享服务能力，促进企业提高管理水平，增强核心竞争力，为企业持续健康发展提供有力支

---

① 国家档案局办公室：《数字档案馆建设指南》（档办〔2010〕116 号）。
② 国家档案局、中央档案馆：《全国档案事业发展"十二五"规划》（档发〔2011〕1 号）。
③ 国家档案局：《全国档案事业发展"十三五"规划纲要》，《中国档案》2016 年第 5 期。

撑。"①

2021年，《"十四五"全国档案事业发展规划》提出，"加速数字档案馆（室）建设。推进机关、团体、企业事业单位和其他组织建设与业务系统相互衔接的电子档案管理信息系统。加大机关数字档案室建设力度，新增30家高水平的数字档案室。深入开展企业数字档案馆（室）建设，完成50家企业集团数字档案馆（室）建设试点。各级国家档案馆全面建成档案信息管理系统，大力推进数字档案馆建设，建设中央档案馆数字档案馆，新增150家高水平的数字档案馆。加强大数据、人工智能等新一代信息技术在数字档案馆（室）建设中的应用，推动数字档案馆（室）建设优化升级。加强电子档案长期保存技术和管理研究，创建科学的可信存储与验证体系，保证电子档案真实性、完整性、可用性、安全性"。②

2. 地方层面

随着国家档案事业发展规划的出台，各地（省、市、县）也积极制定本地区的数字档案馆发展规划，有力地推动了地方数字档案馆建设与发展。

2010年4月，福建省档案局印发了《福建省新馆"数字档案馆"建设规划方案》③，提出了福建省新馆"数字档案馆"建设目标与任务，按照数字档案馆"收、管、存、用"基本功能要求，结合项目建设工作实际，系统规划设计以"馆藏档案数据库"为基础、以数字档案数据"接收中心""管理中心""灾备中心""共享中心"为核心建设内容的新型档案馆。

2016年2月，武汉市互联网信息办公室组织有关专家对《武汉市数字档案馆建设规划（2016—2020年）》④进行评审。该《规划》内容包括数字档案库基础设施、系统架构、数字档案资源、数字档案应用信息系统、安全保障体系等建设，提出到"十三五"末，要构建起开放的区域性数字档案馆的总体目标，以及武汉市档案馆基本建成数字档案馆的具体目标。

2004年12月，合肥市档案局紧扣电子政务要求和工作实际，制定了

---

① 国家档案局办公室：《企业数字档案馆（室）建设指南》（档办发〔2017〕2号）。
② 《中办国办印发〈"十四五"全国档案事业发展规划〉》，《中国档案》2021年第6期。
③ 福建省档案局：《福建印发"数字档案馆"建设规划方案》，《兰台世界》2010年第9期。
④ 谭军：《〈武汉市数字档案馆建设规划〉通过评审》，《中国档案》2016年第1期。

《合肥市数字档案馆建设规划》，"以'科学规划、分步实施、安全保密、切实可行'为原则，通过分期建设，逐步实现馆藏档案数字化、电子文件规范化、档案管理现代化、检索利用网络化的目标，完成'三网一库'（局域网、政务网、因特网、档案信息资源数据库）的建设任务，构建起了涵盖数据采集、数据管理和数据利用全过程的数字档案馆业务系统，实现档案馆业务流程的全数字化。目前，馆藏全部 91 个全宗机关文书档案机读目录数字化工作已完成，对其中 22 个全宗已进行了数字化扫描，扫描档案原文 170 万页，系统整体运行良好"。[①]

2011 年 9 月，浙江省嘉善县启动数字档案馆建设规划，坚持项目、资源、平台、环境"四位一体"，统筹推进数字档案馆建设，秉承以数据为要，整合档案资源；以安全为基，构架网络平台；以服务为本，改善应用环境，建成"馆藏档案系统"，实现了"收、管、存、用"功能，并对虚拟档案库房管理、数据资源编研利用、前台式接待查档、开放式自助查档和授权式利用查档等功能集成进行了有益探索。[②]

随着档案信息化和数字档案馆建设的发展，我国从国家到地方都编制了数字档案馆相关建设规划，这些规划重点明确了数字档案馆的建设目标和发展方向，但均没有明确的"使命"和"愿景"描述，鲜有数字档案馆战略规划具体行动方案，我国数字档案馆生态系统战略管理仍有很长的路要走。数字档案馆生态系统战略规划的制定，要统筹考虑各方面因素，既要考虑数字档案馆长远发展，又要和当下实际相结合，制定出合理的战略目标与行动方案；同时要注意战略规划内容的合理性和动态性，根据内外部环境的变化做出相应的调整，制定出合理的数字档案馆生态系统战略规划，为战略规划的实施奠定基础。

五、数字档案馆生态系统战略规划实施路径

数字档案馆生态系统战略规划实施是指在数字档案馆生态系统战略环

---

① 合肥市档案馆网：《合肥市数字档案馆——发挥档案信息增值作用，促进档案事业跨越式发展》，2011 年 8 月 24 日，见 http://daj.hefei.gov.cn/xwzx/zhxw/14440849.html。

② 耿俪洳、李持真：《嘉善县数字档案馆获"全国示范数字档案馆"殊荣》，2018 年 6 月 25 日，见 http://www.zgdazxw.com.cn/news/2018-06/25/content_236532.htm。

境分析与战略规划制定的基础上，通过政策引导、制度保障、机制推动、文化培育与资源配置等途径，推进数字档案馆生态系统战略规划的有效实施，确保数字档案馆生态系统战略规划目标的实现。

（一）政策引导

从政策视角探讨分析数字档案馆生态系统战略规划实施，认为数字档案馆生态系统战略管理的实施，需要国家在宏观层面上出台相关政策，不断完善数字档案馆生态系统政策环境，为战略实施提供政策支持与保障，引导数字档案馆生态系统战略目标的实现。

1. 政策与政策引导

当前，"政策"一词已被广泛使用，面对人口老龄化，国家出台鼓励生育政策；面对劣质食品的危害，国家出台了食品安全政策，这些都属于国家发布的公共政策。对于政策的定义，不同的学者有不同的看法。美国政治学家哈罗德·拉斯维尔（Harold D Lasswell）在创立政策科学时提出，公共政策是"一种含有目标、价值和策略的大型计划"[1]；美国学者斯图亚特·内格尔（Stuarts Nagel）认为，"公共政策就是政府为解决各种各样的问题所作出的决定"[2]，突出公共政策的问题导向；美籍加拿大学者戴维·伊斯顿（David Easten）认为，"公共政策是对全社会的价值作权威性的分配"[3]，公共政策是政府进行社会性利益分配的主要形式，即决定什么人取得什么和取得多少。我国学者刘斌认为，"政策是党或其他社会政治集团为实现一定时期的任务而规定的政治行为"；兰秉洁认为，"政策是国家、政党为实现一定历史时期的任务和目标而规定的行动准则和行动方向"。[4]

数字档案馆建设政策，是指国家为推动数字档案馆发展而确定的行动准则和目标方向。所谓政策引导，是指通过制定数字档案馆建设相关政策，充分发挥政策驱动作用，强化数字档案资源建设，促进档案管理现代化，推动档案利用信息化、网络化、智能化，引导数字档案馆建设持续推

---

① 林水波、张世贤：《公共政策》，五南图书出版公司 1982 年版，第 8 页。

② 谢明：《公共政策分析》（第二版），首都经济贸易大学出版社 2010 年版，第 6 页。

③ 伍启元：《公共政策》（上册），香港商务印书馆 1989 年版，第 4 页。

④ 刘丽霞：《公共政策分析》，东北财经大学出版社 2006 年版，第 3 页。

进。当前，我国数字档案馆生态系统建设主要涉及信息化建设与数字档案馆建设两方面的国家政策，对数字档案馆生态系统战略规划的实施具有重要引导作用。

2. 信息化建设政策

当前，信息技术飞速发展，社会信息化深入推进，为了指导各行各业信息化建设有序开展，国家出台了一系列信息化政策，既推动了社会信息化建设与发展，也对数字档案馆生态系统建设起着重要的指导作用。"认清信息化潮流，抓住信息化机遇，应对信息化挑战，顺势而为，乘势而上，是 21 世纪我国档案事业发展的突出主题、战略举措和神圣使命。"①

2006 年 3 月，《2006—2020 年国家信息化发展战略》明确我国信息化发展的战略重点是："推进国民经济信息化；推行电子政务；建设先进网络文化；推进社会信息化；完善综合信息基础设施；加强信息资源的开发利用；提高信息产业竞争力；建设国家信息安全保障体系；提高国民信息技术应用能力，造就信息化人才队伍。"②

2015 年 7 月，《国务院关于积极推进"互联网＋"行动的指导意见》提出，创新政府网络化管理和服务需要"加快互联网与政府公共服务体系的深度融合，推动公共数据资源开放，促进公共服务创新供给和服务资源整合，构建面向公众的一体化在线公共服务体系。积极探索公众参与的网络化社会管理服务新模式，充分利用互联网、移动互联网应用平台等，加快推进政务新媒体发展建设，加强政府与公众的沟通交流，提高政府公共管理、公共服务和公共政策制定的响应速度，提升政府科学决策能力和社会治理水平，促进政府职能转变和简政放权"。③

2015 年 8 月，《促进大数据发展行动纲要》在指导思想中提出："大力推动政府信息系统和公共数据互联开放共享，加快政府信息平台整合，消除信息孤岛，推进数据资源向社会开放，增强政府公信力，引导社会发展。"在公共服务大数据工程中提出："加强数字图书馆、档案馆、博物

---

① 上海市档案局:《档案信息化建设》,上海教育出版社 2016 年版,第 1 页。
② 中共中央办公厅、国务院办公厅:《2006—2020 年国家信息化发展战略》(中办发〔2006〕11 号)。
③ 国务院:《关于积极推进"互联网＋"行动的指导意见》(国发〔2015〕40 号)。

馆、美术馆和文化馆等公益设施建设，构建文化传播大数据综合服务平台，传播中国文化，为社会提供文化服务。"①

2016年7月，《国家信息化发展战略纲要》在基本方针中提出："最大程度发挥信息化的驱动作用，实施国家大数据战略，推进'互联网+'行动计划，引导新一代信息技术与经济社会各领域深度融合，推动优势新兴业态向更广范围、更宽领域拓展，全面提升经济、政治、文化、社会、生态文明和国防等领域信息化水平。"在大力增强信息化发展能力中提出："发展核心技术，做强信息产业；夯实基础设施，强化普遍服务；开发信息资源，释放数字红利；优化人才队伍，提升信息技能；深化合作交流，拓展发展空间。"②

2016年12月，《"十三五"国家信息化规划》在发展目标中提出："到2020年，'数字中国'建设取得显著成效，信息化发展水平大幅跃升，信息化能力跻身国际前列，具有国际竞争力、安全可控的信息产业生态体系基本建立。信息技术和经济社会发展深度融合，数字鸿沟明显缩小，数字红利充分释放。信息化全面支撑党和国家事业发展，促进经济社会均衡、包容和可持续发展，为国家治理体系和治理能力现代化提供坚实支撑。"在繁荣网络文化行动中提出："加快文化资源数字化进程。进一步推动文化信息资源库建设，深化文化信息资源的开发利用。"③

数字档案馆建设是国家信息化建设的重要内容，国家信息化政策对数字档案馆生态系统建设具有重要引导作用。国家信息化发展战略为数字档案馆生态系统建设指明了行动方向，有利于加快数字档案馆建设步伐，促进数字档案馆个体、种群、群落以及整体的壮大与发展；数字档案馆建设要紧跟国家"互联网+"发展战略，紧抓"互联网+"机遇，推进"互联网+档案"建设，促进数字档案馆的新飞跃；国家大数据发展行动纲要为数字档案馆建设发展提供了战略机遇，有利于促进数字档案资源的整合集成、开发利用与共建共享，有利于档案文化的展示传播，提升数字档案馆公共服务能力。

---

① 国务院：《促进大数据发展行动纲要》（国发〔2015〕50号）。
② 中共中央办公厅、国务院办公厅：《国家信息化发展战略纲要》，《人民日报》2016年7月28日。
③ 国务院：《"十三五"国家信息化规划》（国发〔2016〕73号）。

3. 数字档案馆建设政策

为了加快数字档案馆发展步伐，一些发达国家率先行动，出台了一系列政策，有效地促进了数字档案馆的建设与发展。1998 年，美国国家档案与文件署（NARA）开始对永久保存电子文件的可能性、保存技术、保存系统的功能需求进行了全面的论证和试验，并启动了电子文件档案馆（ERA）项目，旨在永久保存联邦政府的电子文件，保证电子文件的真实性、凭证性、完整性，保障电子文件的安全，方便用户利用。[①] 1995 年，英国公共档案馆和伦敦大学签订合同实施 UKNDA（United Kingdom National Digital Archive，英国国家数字档案馆）计划，侧重数字馆藏的信息服务，接收、存储、保管政府部门产生并需要永久保存的单一的结构化数据，用户通过访问网站可以查到所需的第一手资料。[②] 2009 年，英国政府发布《21 世纪的档案馆》，随后英国国家档案馆以及博物馆、图书馆和档案馆理事会同来自档案部门的利益相关者联合发布《21 世纪的档案馆：行动计划》，"以支持和细化《21 世纪的档案馆》中提出的建议，两大文件清晰地阐明了未来档案馆的发展方向及其行动计划，是数字时代英国档案馆发展的路径图"。[③]

我国为了引导数字档案馆建设，也出台了诸多相关政策，有力地推动了数字档案馆的建设与发展，为数字档案馆生态系统战略规划的实施提供了政策支持与目标导向。如《全国档案信息化建设实施纲要》的实施，推进了示范性数字档案馆建设，为数字档案馆建设积累了经验；全国档案事业发展"十一五"规划、"十二五"规划、"十三五"规划、"十四五"规划，将数字档案馆建设作为档案事业发展重要目标，加快了数字档案馆建设步伐；《数字档案馆建设指南》《数字档案室建设指南》《企业数字档案馆（室）建设指南》等的颁布，明确了数字档案馆建设的总体要求、管理系统功能要求、应用系统开发和服务平台构建、数字档案资源建设以及保障体系建设等，为数字档案馆建设指明了方向。

---

①　金波、丁华东主编：《电子文件管理学》，上海大学出版社 2015 年版，第 362 页。

②　金波、丁华东主编：《电子文件管理学》，上海大学出版社 2015 年版，第 363 页。

③　冯惠玲、刘越男等：《电子文件管理国家战略》，中国人民大学出版社 2011 年版，第 100—101 页。

（二）制度保障

制度问题是根本性、全局性的问题。有效的制度保障体系是组织发展的内在要求，集中体现在组织运行所需要完善的法律法规以及相关标准等方面，组织战略的实施都离不开法律法规的支撑作用和相关标准的规范指引作用。数字档案馆生态系统战略管理的实施，同样需要构建相应的制度保障体系，不断强化数字档案馆法律法规建设，完善数字档案馆标准规范体系，为数字档案馆生态系统战略管理提供制度保障，促进数字档案馆在法治轨道中健康有序运行。

1. 强化法律法规建设

现阶段，我国档案法律法规主要以《档案法》与《中华人民共和国档案法实施办法》（以下简称《档案法实施办法》）为主体，档案的其他法律法规均应以此为依据，制订完善适应时代发展的档案法律法规体系，保障国家档案事业的可持续发展。

当前，数字档案资源急剧增长，数字档案馆建设快速推进，数字档案馆个体、种群、群落以及整体正不断壮大，新修订的《档案法》增加了"档案信息化建设"一章，指出"档案馆负责档案数字资源的收集、保存和提供利用。有条件的档案馆应当建设数字档案馆。"[①]《档案法实施办法》还在修订中。总体来说，关于数字档案馆的法律法规还较少，仅有《数字档案馆建设指南》《数字档案室建设指南》《企业数字档案馆（室）建设指南》《电子档案移交与接收办法》《档案信息系统安全等级保护定级工作指南》等专业指导性文件，虽然对数字档案馆（室）建设起着重要指导作用，但相关法律有待进一步深化细化。为此，需要持续强化数字档案馆法律法规建设，及时修订《档案法实施办法》等法律法规，将档案数据、数字档案资源、数字档案馆等内容纳入法律法规，为数字档案馆生态系统战略管理的实施提供法制保障。

2. 完善标准规范体系

"标准规范体系建设是数字档案馆的重要支撑和保障，是数字档案馆资源安全管理、平台构建等工作的基础和条件，是数字档案馆工程建设的

---

① 《中华人民共和国档案法》，《人民日报》2020 年 7 月 16 日。

重要任务之一。"① 数字档案馆建设需要遵循统一的标准规范，包括数字档案的收集、管理、存储、利用等各个方面，保障数字档案馆的科学管理和高效运行。

当前，国际上的数字档案馆标准规范体系初步形成，如在数字档案馆档案资源采集过程中，有国际标准《文件交换业务需求标准》；在档案著录方面，有国际标准《档案职能著录规则》（简称 ISDF）、《国际标准——团体、个人和家族档案规范记录著录规则》〔简称 ISAAR（CPF）〕、《档案编码著录格式》（简称 EAD）等；在数字档案馆质量认证方面，有国际标准《ISO 16363 空间数据与信息传输系统——可信任数字仓储的审计和认证》等。② 我国关于数字档案馆标准规范正在逐步建立和完善过程中，制定了相应的国家标准和行业标准。国家标准主要有《GB/T 17678.1—1999 CAD 电子文件光盘存储、归档与档案管理要求 第一部分：电子文件归档与档案管理》《GB/T 20163—2006 中国档案机读目录格式》《GB/T 26163.1—2010 信息与文献——文件管理——文件元数据 第 1 部分：原则》《GB/T 18894—2016 电子文件归档与电子档案管理规范》等；行业标准主要有《DA/T 32—2005 公务电子邮件归档与管理规则》《DA/T 38—2008 电子文件归档光盘技术要求和应用规范》《DA/T 43—2009 缩微胶片数字化技术规范》《DA/T 44—2009 数字档案信息输出到缩微胶片上的技术规范》《DA/T 46—2009 文书类电子文件元数据方案》《DA/T 47—2009 版式电子文件长期保存格式需求》《DA/T 48—2009 基于 XML 的电子文件封装规范》《DA/T 49—2012 特殊和超大寸纸质档案数字图像输出到缩微胶片上的技术规范》《DA/T 50—2014 数码照片归档与管理规范》《DA/T 52—2014 档案数字化光盘标识规范》《DA/T 53—2014 数字档案 COM 和 COLD 技术规范》《DA/T 54—2014 照片类电子档案元数据方案》《DA/T 56—2014 档案信息系统运行维护规范》《DA/T 57—2014 档案关系型数据库转换为 XML 文件的技术规范》《DA/T 58—2014 电子档案管理基本术语》《DA/T 31—2017 纸质档案数字化规范》《DA/T 62—2017 录音录像档案数字化规范》《DA/T 63—2017 录音录像类电子档案元数据方案》《DA/T 70—2018

---

① 程妍妍、李圆圆：《我国数字档案馆标准规范体系研究》，《档案学通讯》2014 年第 6 期。
② 程妍妍、李圆圆：《我国数字档案馆标准规范体系研究》，《档案学通讯》2014 年第 6 期。

文书类电子档案检测一般要求》《DA/T 71—2018 纸质档案缩微数字一体化技术规范》等标准。总体上说，尽管国家出台了相应的标准规范，但是覆盖面不够广，缺乏系统性，没有涵盖数字档案馆建设的各个方面，完整的、全面的数字档案馆标准规范体系有待完善。"从宏观上来说，全国的数字档案馆建设缺乏统一规划，国家层面上的指导性文件和标准规范出台相对滞后，建设标准体系不够健全。"① 为此，需要加强数字档案馆标准规范体系建设，推动数字档案馆业务流程规范、系统设备兼容、数据格式统一，确保数字档案馆生态系统协调运行与融合共享，为数字档案馆生态系统战略管理的实施提供保障。

（三）机制推动

机制，通常是指一个工作系统的组织或部分之间相互作用的过程和方式。由于战略管理是一种过程管理，具有全局性、长远性、科学性和动态性，在数字档案馆生态系统战略管理的实施中，内外部环境复杂多变，如果没有有效的运行机制，战略规划的目标将难以实现。良好的运行机制有利于推动数字档案馆科学应对环境变化，适时调控数字档案馆生态系统战略规划实施方案，确保数字档案馆生态系统战略目标的实现。

1. 组织保障机制

数字档案馆生态系统战略管理必须明确其组织结构，建立相应的组织保障机制，明确战略规划实施主体，推动数字档案馆生态系统战略规划的实施。数字档案馆生态系统是一个动态的人工生态系统，是由各种生态因子相互作用所组成的统一复合体。数字档案馆生态系统组织结构具有复杂性，可分为数字档案馆个体、种群、群落与整体四个层次，各层次的组织结构、组织形态和组织方式差异较大，需要有不同的战略规划及其实施方案。就数字档案馆个体组织结构类型来看，可分为独立型数字档案馆、集团型数字档案馆与联盟型数字档案馆等类型；就数字档案馆种群组织结构来看，可分为国家综合数字档案馆种群、高校数字档案馆种群、企业数字档案馆种群、行业数字档案馆种群等。

---

① 周耀林、朱倩:《大数据时代我国数字档案馆的建设与发展》,《信息资源管理学报》2015年第2期。

数字档案馆生态系统战略规划的实施需要构建有效的组织保障机制，确保数字档案馆战略目标的实现。在数字档案馆生态系统战略规划的实施过程中，需要根据数字档案馆生态系统的组织结构类型，设立相应的战略管理组织保障机构，如数字档案馆建设领导小组、数字档案馆建设办公室、数字档案馆战略管理委员会、档案信息化领导小组等组织机构，统筹规划数字档案馆建设目标，明确数字档案馆建设任务，制订完善数字档案馆标准规范和规章制度，组织协调数字档案馆战略实施，研究解决数字档案馆建设中的重大问题，保障数字档案馆建设有序推进。2014 年 2 月，国家档案局成立数字档案馆（室）建设领导小组，由时任国家档案局局长杨冬权任组长，时任国家档案局副局长李明华任副组长，领导小组成员有档案馆（室）业务指导司、经济科技档案业务指导司、政策法规研究司、技术部、档案整理中心、信息管理中心、档案科学技术研究所等部门负责人。同年 3 月颁布了《国家档案局数字档案馆（室）建设领导小组工作规则》，明确"数字档案馆（室）建设领导小组"的 5 项职责，即"负责全面领导数字档案馆（室）建设，协调、监督局属各部门在开展这项工作上的分工，统筹规划指导数字档案馆（室）建设相关工作；负责贯彻国家有关信息化建设和电子档案管理工作的方针政策，审核数字档案馆（室）建设相关法规、标准、管理办法；负责审定数字档案馆（室）及档案信息化建设发展规划和分段实施方案，并负责监督、检查规划和方案的落实情况；研究解决数字档案馆（室）建设中重大问题和难题；协调中央有关部门在政策、资金上对数字档案馆（室）建设的支持，建立激励机制"。①

2. 协作联动机制

战略管理注重全程管理、全员参与。数字档案馆生态系统战略管理，旨在通过加强顶层设计，从生态系统发展角度制定科学的建设规划，指导数字档案馆建设实践，保持与社会生态系统协同共进，促进国家档案事业可持续发展。为此，在数字档案馆战略规划的实施过程中，需要立足国家档案事业发展要求，围绕数字档案馆建设战略目标，构建相应的协作联动机制，组织动员各方力量共同参与，既要协调数字档案馆内部要素之间的

---

① 宁宇龙：《〈国家档案局数字档案馆（室）建设领导小组工作规则〉出台》，《中国档案报》2014 年 3 月 21 日。

联系，也要加强与其他社会信息机构之间的联系，为数字档案馆生态系统战略规划的实施提供必要的资源和条件，促进数字档案馆战略规划任务的落实，保障数字档案馆战略目标的实现。

协作联动机制是保障数字档案馆生态系统战略规划实施的重要内容。数字档案馆生态系统战略目标的实现，不仅需要得到档案馆内部的相关部门的支持，还要得到档案行政管理部门以及其他社会信息机构的支持与合作。数字档案馆生态系统战略规划协作联动机制主要体现在以下方面：一是通过数字档案馆个体内部要素之间的协调，调动各生态因子的作用，发挥数字档案馆生态因子的协同效应，有序推进数字档案馆建设；二是通过数字档案馆种群内协作，实现数字档案馆种群内个体间的相互合作、相互协调、相互支持，发挥各自数字档案馆的正向作用，拓展数字档案馆生存空间，促进数字档案馆种群的成长与壮大；三是通过数字档案馆生态系统群落内协作，广泛调动区域内数字档案馆间的沟通协作，建立数字档案馆建设联盟，促进数字档案资源共建共享，提升数字档案馆社会生态位；四是强化与其他社会信息机构之间的协调合作，建立行业协作联动机制，"加强与数字图书馆、数字博物馆、传媒机构等信息机构协调合作、互通有无、取长补短，相互借鉴建设经验，集成多方信息资源，实现馆藏数字信息资源的互补与共享，为用户提供优质的、专业化的信息服务"。[①]

3. 监督评价机制

数字档案馆生态系统战略规划的实施，不仅需要健全的组织保障机制与通畅的协作联动机制，而且需要构建相应的监督评价机制，通过对数字档案馆生态系统战略规划实施的有效管控与监督，确保数字档案馆生态系统战略管理沿着既定方向前进，保障数字档案馆战略目标的实现。数字档案馆生态系统战略规划的实施，需要强化监督管理，明确数字档案馆建设主体职责，密切监控数字档案馆建设进程，构建科学有效的评价体系，规避数字档案馆潜在风险，提升数字档案馆建设效益和质量。在数字档案馆生态系统战略规划实施过程中，数字档案馆生态系统内外部环境始终处于动态变化中，当生态因子发生改变时，需要通过调控手段改善数字档案馆战略规划实施环境，维持数字档案馆生态平衡，为数字档案馆生态系统战

---

① 金波、丁华东：《数字档案信息资源的协调与竞争》，《浙江档案》2013年第9期。

略目标的实施保驾护航。

监督评价机制是数字档案馆生态系统战略规划实施的重要保障。对数字档案馆建设实施科学评价，有利于增强数字档案馆生态系统风险意识，提升数字档案馆生态系统风险防控能力。数字档案馆生态系统战略规划的监督评价机制重点是构建科学合理的评价体系，为数字档案馆生态系统战略管理提供有效的评价理论与方法，需要"确定数字档案馆生态系统评价主体，科学设计评价方法，以便总结数字档案馆的建设经验，规范数字档案馆建设，完善数字档案馆生态系统理论体系"[①]，通过对数字档案馆生态系统评价，及时发现数字档案馆建设中存在的问题，检验数字档案馆建设效果与质量，指导数字档案馆建设实践。2014 年 12 月，国家档案局发布《数字档案馆系统测试办法》，旨在加强数字档案馆的科学建设、安全运维和绩效管理，并成立数字档案馆系统测试工作领导小组，负责数字档案馆系统测试工作，"测试采用百分制，测试结果达到 80 分以上认定为'通过国家级数字档案馆测试'，达到 90 分以上认定为'全国示范数字档案馆'"[②]。青岛市数字档案馆（全国首家"示范数字档案馆"，2015 年 6 月）、太仓市数字档案馆（全国市县首家"示范数字档案馆"，2015 年 8 月）、绍兴市数字档案馆（全国地市级首家"示范数字档案馆"，2015 年 11 月）、青岛市市南区档案馆（全国区级首家"示范数字档案馆"，2016 年 5 月）、上海市徐汇区数字档案馆（上海首家"示范数字档案馆"，2016 年 10 月）等，先后建成"全国示范数字档案馆"，为全国数字档案馆建设树立了标杆，具有引领示范作用。

（四）文化培育

文化一词的内涵和外延十分宽泛，既可以指知识、信仰、艺术、思想、价值观，还可以指人类的语言、心理和行为方式，任何组织都有自己的文化。组织文化是数字档案馆战略发展的核心能力与竞争优势的潜在来源，加强数字档案馆组织文化建设，是数字档案馆生态系统战略规划实施

---

① 金波、丁华东、倪代川:《数字档案馆生态系统研究》,学习出版社 2014 年版,第 369 页。

② 宁宇龙:《〈国家档案局数字档案馆(室)建设领导小组工作规则〉出台》,《中国档案报》2014年 3 月 21 日。

取得成功的重要条件，通过组织文化培育，可以调动数字档案馆人员的凝聚力和向心力，形成有活力、有战斗力的组织群体，为数字档案馆生态系统战略管理创造良好的文化氛围。

1. 数字档案馆组织文化与战略的关系

"数字档案馆组织文化是指数字档案馆在其所处环境下长期形成并共同遵守的目标、价值标准、基本信念和行为规范。具体包括数字档案馆的理念形态文化和制度形态文化。"[①] 数字档案馆组织文化是在数字档案馆长期建设过程中形成的，包括数字档案馆建设的宗旨、人员共同遵守的价值观、行为规范和规章制度等，它在很大程度上引导和规范着数字档案馆内部人员的行为和价值取向，为数字档案馆建设提供源源不断的正能量，促进数字档案馆长期建设和健康发展。组织文化与数字档案馆战略紧密相关，是数字档案馆生态系统战略管理实施的价值导向和动力之源。良好的数字档案馆组织文化能够保障战略管理的成功。组织文化有利于凝聚数字档案馆人员共同的价值观念，为数字档案馆生态系统战略管理提供动力。优良的数字档案馆组织文化能够调动档案人员的责任感和使命感，有利于统一数字档案馆人员的意志和目标，激发档案人员的工作热情和积极性，彰显数字档案馆文化特色，拓展数字档案馆文化功能。

在战略管理实施过程中，"新旧文化的协调和更替是战略实施获得成功的关键"。[②] 数字档案馆战略规划制定之后，如果原有的数字档案馆组织文化与制定的战略相一致，战略规划能够顺利实施；但如果二者之间出现冲突，战略规划实施就会十分困难，这时候需要变革数字档案馆组织文化以适应战略规划实施的需求。同时我们也应注意到，"企业文化具有较大的刚性，而且它还有一定的持续性，在企业发展过程中会逐渐得以强化"。[③] 数字档案馆组织文化也有相似性，一旦数字档案馆组织文化形成了，想对其进行变革会有很大难度，原有的管理体制、组织模式、人员观念、团队文化等已经形成，具有惯性，改变困难，需要加大改革力度，强化组织文化管理，增强组织文化内涵，凝聚数字档案馆发展共识，明确数字档

---

① 金波、丁华东、倪代川：《数字档案馆生态系统研究》，学习出版社 2014 年版，第 131 页。

② 胡大立、陈明等：《战略管理》，上海财经大学出版社 2009 年版，第 229 页。

③ 高红岩主编：《战略管理学》，清华大学出版社 2007 年版，第 208 页。

案馆战略愿景与建设目标，使得数字档案馆组织文化与战略规划的实施能够相互适应、相互协调、相互促进。

2. 数字档案馆组织文化的培育

组织文化是组织运行与发展的灵魂，是组织价值观和基本信念的集中体现，指导组织的一切活动和行为，体现以人为中心的管理思想。[①]"文化的作用就在于在组织发展过程中产生的一种特殊的文化倾向，并把组织内全体成员结合在一起。人是事业的中心，以人为本，尊重人与激发人，是组织文化的基本理念。"[②]组织文化是数字档案馆生态系统战略管理的基石，数字档案馆组织文化培育主要体现在以下方面：

一是数字档案馆发展理念培育。数字档案馆生态系统战略规划的有序实施，不仅需要制定科学合理的数字档案馆战略规划，而且需要档案管理者积极参与，聚焦数字档案馆建设与发展，强化档案管理者对数字档案馆建设理念培育，充分认识数字档案馆建设的重要性，明确数字档案馆建设原则、建设要求、建设目标、建设内容与建设步骤，实现档案馆的"数字转型""数字升级"与"数字崛起"，提高档案馆的社会地位与社会价值，提升数字档案馆的社会生态位。

二是数字档案馆战略共识培育。战略管理是数字档案馆生态系统建设与发展的重要手段，对数字档案馆建设模式、管理模式、服务模式等具有直接影响，需要强化数字档案馆战略共识培育，明确数字档案馆建设的时代责任与发展方向，深化数字档案资源价值认识，增强档案社会治理能力，创新档案信息化管理模式，提高档案社会服务意识，广泛汲取社会力量，为数字档案馆建设与发展提供智力支持，构建适应数字档案馆战略管理的组织文化，形成协调一致、共同遵守、彼此认同的数字档案馆发展价值观，确保数字档案馆生态系统战略规划使命、愿景、目标以及其行动方案的科学性与可靠性，推进国家档案事业信息化建设的战略实施。

三是档案文化自觉培育。文化自觉"是一种内在的精神力量，是对文明进步的强烈向往和不懈追求，是推动文化繁荣发展的思想基础和先决条

---

① 李成彦：《组织文化研究综述》，《学术交流》2006年第6期。

② 程亚男：《组织文化与文化塑造——图书馆管理的视角转换》，《中国图书馆学报》2004年第3期。

件"。[①] 档案是人类创造的重要文化财富，对人类社会文化的积累、传播、发展与创新等具有重要影响，"在文化自觉的视野下，档案文化建设不再仅仅是档案工作中的一项具体任务，不再只是档案事业发展中的一个具体方面，它将促使人们对档案、档案工作和档案部门产生新的认识，继而影响档案工作的各个业务环节，甚至档案事业发展的各个方面"。[②] 数字档案馆是传统档案馆的继承与发展，蕴藏着海量的数字档案资源，同样具有保存社会记忆、传承人类文化等重要功能，在数字档案馆生态系统战略管理中，需要从全局上把握，有计划、有步骤地推进档案文化自觉培育，提高档案管理者的文化素养，深刻认识数字档案资源的文化价值，加大档案文化资源产品开发力度，创新档案文化服务方式，拓展档案文化服务功能，充分利用现代信息技术，打造数字档案馆文化空间，切实增强档案管理者的文化意识，形成档案文化自觉。

（五）资源配置

"战略管理本身有时也被称为是'资源配置的过程'。"[③] 数字档案馆生态系统能够利用的资源是有限的，对有限的资源进行合理配置，是战略实施中一个不容忽视的问题。数字档案馆生态系统战略管理的成功实施，需要围绕数字档案馆生态系统战略目标，强化资源配置的支持与协调，确保资源利用的合理性。数字档案馆生态系统资源配置主要包括人力资源、财力资源与技术资源。

1. 人力资源

"人"是数字档案馆生态系统的主体，包括档案形成者、档案管理者与档案利用者，这里所说的人力资源主要指的是档案管理者。在数字档案馆生态系统战略规划实施的过程中，人力资源是全部资源配置中最富活力、最具创造性的资源，人力资源配置是否得当关系着数字档案馆生态系统战略规划实施的成败。数字档案馆生态系统战略管理的人力资源配置主

---

① 云杉：《文化自觉 文化自信 文化自强——对繁荣发展中国特色社会主义文化的思考》（上），《红旗文稿》2010 年第 15 期。

② 郑金月：《文化自觉视野下的档案文化建设》，《档案学研究》2011 年第 6 期。

③ ［美］弗雷德·R. 戴维：《战略管理》（第八版），李克宁译，经济科学出版社 2001 年版，第263 页。

要包括以下内容：

一是合理配置数字档案馆人力资源结构。围绕数字档案馆生态系统战略规划的实施，聚焦数字档案馆建设发展愿景与目标，强化数字档案馆人力资源建设，有效配置人力资源的年龄结构、学历结构、专业结构、知识结构、职称结构等，兼顾人力资源的背景、经验、价值观等方面因素，为数字档案馆生态系统战略规划行动方案的有序推进配备相应的战略管理执行者，既包括数字档案馆建设与发展的决策者、执行者、监督者等管理人员，也包括数字档案馆建设与运维的专业技术人员；既有档案管理专业人员，也有现代信息技术专业人员；同时，又要擅于调动社会其他领域的人力资源，充分汲取社会专家智力资源，为数字档案馆战略规划实施提供人力资源支持。

二是强化数字档案馆人力资源培育。培养和造就一批数字档案馆建设与管理人员是当务之急的头等大事，应引起教育界、档案界及社会各方面的高度重视。档案学专业高等教育是培养国家档案事业管理人才的基地，承担起数字档案馆专业人才培养的历史责任，需要将数字档案馆理论知识、建设实践等列入档案学专业人才培养计划，为数字档案馆建设输送专业人才。培训是我国档案人员培养和提高的一种重要形式，组织各方面技术专家，加强对档案人员进行技术培训，提升档案人员的技术素养和信息技能，为数字档案馆建设提供技术人才支持。加大人才"引智"力度，重点引进掌握计算机技术、云计算技术、移动互联技术、大数据技术、人工智能技术等现代信息技术人才，弥补和优化档案馆技术人才队伍结构。

三是完善数字档案馆人力资源管理制度。完善档案人员职业发展规划，聚焦数字档案馆发展战略，建立学习制度，树立终身学习意识，主动更新知识结构，提高现代管理能力和信息技术能力。推进绩效管理，突出业绩导向，建立考核制度，进一步完善档案人员岗位责任制，形成有利于数字档案馆建设的绩效文化和价值导向。建立激励制度，实施包括精神激励和物质激励在内的激励措施，全面调动档案人员的积极性、主动性和创造性，推动数字档案馆理念创新、管理创新与服务创新。

2.财力资源

战略管理资源配置的另一重要因素为财力资源。实施财力资源配置的目的，一方面是保障战略实施过程中必备的物品与资金所需，另一方面是如何在有限的资源下使用最小的投入获得最大的效益。数字档案馆生态系统在制定战略规划及其实施的过程中，需要加大经费投入，优化资源配置，提高资源使用效率。

档案信息化是一项"烧钱工程"，是档案管理现代化的核心内容。在数字档案馆生态系统战略管理过程中，首先是要加强档案信息化基础设施建设，数字档案馆基础设施主要包括硬件设备、软件系统与网络环境等，需要经费持续投入，创造优良的信息化运行环境。当前，数字档案馆建设应重点聚焦数字档案资源的长期存储与有效利用，一是加强数字档案资源建设，围绕"国家大数据发展战略"，不断完善数字档案资源结构，丰富数字档案资源内容，提升数字档案资源质量，助力"数字中国"建设。二是加大信息存储技术投入，增强数字档案馆信息资源存储能力，拓展数字档案资源存储空间，保障数字档案信息安全，为海量剧增的数字档案资源"安家"。三是强化档案信息服务能力建设，充分利用现代信息技术，加大数字档案资源开发力度，创新数字档案资源服务方式，推进数字档案资源整合集成与开放共享，满足用户日益增长的档案公共服务利用需求。

目前，我国数字档案馆建设资金来源渠道较为单一，主要依赖政府财政支持，难以适应数字档案馆的快速发展。在数字档案馆生态系统战略规划实施过程中，需要聚焦数字档案馆建设实践，多措并举，广开财源，推进数字档案馆生态系统建设。一是拓宽经费来源渠道，广泛利用社会资源，助力数字档案馆建设。如美国档案事业经费来源除了政府投入之外，档案基金会也是重要来源。自 1980 年以来，美国已经建立了 17 个档案基金会；2013 年，美国国家档案馆基金会总资产达 4649121 美元，为档案机构开展各项公共服务活动提供了强有力的资金支持。[①] 二是加强档案部门之间的合作支持。由于区域经济发展不平衡，发达地区档案建设经费较为充足，数字档案馆建设开展较早，投入较大，要加强对不发达地区数字档案馆建设的资源支持，加快不发达地区数字档案馆建设的进程；不发达地区要积极借鉴发达地区数字档案馆建设经验和管理机制，提高数字档案馆建设水平，缩小地区间差距，推进数字档案馆升级换代。三是提高数字档

---

① 楚艳娜、谭必勇:《档案基金会资金筹集与运用策略探析——以美国国家档案馆基金会为例》,《档案学研究》2017 年第 1 期。

案馆建设经费使用效益，根据数字档案馆建设实际，科学制定数字档案馆建设经费预算，合理分配资金使用方向，强化监督控制，提高资金使用效益。如档案数字化工作，根据资金状况，应优先对高龄档案、濒危档案、特种载体档案、高利用率档案等开展数字化，注重实效，确保档案资源的安全保管与有效利用，"建设实用和适用型数字档案馆（室），避免铺张浪费，不搞'面子'工程"。①

3. 技术资源

"在知识经济时代，技术已经成为企业的一项重要战略资源。"② 同样，在数字档案馆生态系统战略管理中，技术资源也是一项不可或缺的重要资源。在战略管理的实施过程中，需要合理配置技术资源，为数字档案馆发展提供运行保障与动力支持。当前，数字档案馆生态系统技术资源配置集中体现在两方面：

一是加大新技术的应用与研发。随着现代信息技术的快速发展，数字档案馆生态系统智能化发展趋势凸显，用户档案利用需求的便捷化、个性化与精准化日趋增强，在数字档案馆战略规划实施过程中需要加大对新技术的应用与研发，整合数字档案馆技术资源，凸显数字档案馆技术资源的优势，提升数据资源的获取、分析与运用能力，确保数字档案馆生态系统战略规划的成功实施，彰显数字档案馆时代特色。目前，需要重点聚焦大数据技术、物联网技术、云计算技术、人工智能技术、"互联网＋"技术、数据关联技术、语义开发技术等新技术的应用与研发，全面推进智慧档案馆建设，不断提升数字档案馆自身的技术力量，增强数字档案馆生态系统技术集聚能力，为数字档案馆生态系统战略管理提供技术支持。

二是加强与信息技术部门之间的协作。"一些与电子文件管理密切相关的技术，包括物理载体、信息安全、加密签署、全流程管理、格式管理等核心技术，绝非文案管理领域自身能够解决的"③，而软件公司、信息技术研发机构等部门技术能力强、技术人才多、技术产品丰富，能够为数字

---

① 杨太阳:《贯彻新发展理念 缩小地区间差距——国家档案局推进全国企业数字档案馆（室）建设》,《中国档案报》2017年11月23日。

② 胡大立、陈明等:《战略管理》,上海财经大学出版社2009年版,第189页。

③ 冯惠玲、刘越男等:《电子文件管理国家战略》,中国人民大学出版社2011年版,第369页。

档案馆建设与发展提供技术支持。数字档案馆生态系统战略管理实施过程中，需要借助信息技术部门力量，充分利用"外脑"资源，推进多方合作，创新合作机制，通过委托开发、联合开发、外包众包等协同合作方式，加快传统档案资源数字化转换，推进数字档案馆技术攻关，提升数字档案馆技术能级，促进数字档案馆生态系统的智能化发展。

第四章　数字档案馆生态系统文化管理

　　档案馆是"集中管理档案的文化事业机构"[①]，肩负着传承民族优秀文化、发展社会先进文化的重要使命。由于受到诸多因素的影响，当前档案馆的文化功能未能充分发挥，文化价值未能充分展示，造成档案馆的社会文化地位不高。数字档案馆生态系统既是文化生态系统也是信息生态系统，在其建设中也需要担当生态文化建设的重任，体现生态理念和人文关怀。"一旦生态文明的理念根植于档案馆各项工作中，将会不断地营造出一种和谐温馨氛围，使档案用户在快乐中获取信息，档案馆员在快乐中工作，建立起一个绵绵不断的需求与供给相对稳定的服务链，档案馆才能稳定、可持续地发展。"[②]数字档案馆要解决文化发展的困境，就必须加强数字档案馆生态系统的文化管理，加快数字档案馆的文化建设，塑造和巩固档案文化意识，创造档案文化价值，培植档案文化核心竞争力，促进数字档案馆生态系统文化发展，提升数字档案馆生态系统的社会生态位。

一、数字档案馆生态系统文化管理概述

　　管理是实现目标的一种有效手段，在现代社会活动中无处不在、无时不在。"管理是社会组织中，为了实现预期的目标，以人为中心进行的协调活动。"[③]"管理是通过计划、组织、领导、控制等职能来协调和整合人

---

　　① 《中华人民共和国档案法》，《人民日报》2020 年 7 月 16 日。

　　② 袁红军：《档案馆生态文明观构建》，《山东档案》2009 年第 1 期。

　　③ 周三多、陈传明、鲁明泓：《管理学——原理与方法》（第四版），复旦大学出版社 2006 年版，第 5 页。

力、物力、财力、信息等组织资源，以期达成组织目标的整个过程。"[①] 管理思想与理论的发展，与时代密不可分。科学管理从形成起就一直是管理学的支柱，促进管理从经验化走向科学化，也是档案馆、图书馆、博物馆等科学文化事业机构管理的理论基础。然而，随着生产力的发展以及竞争环境的复杂化，科学管理的局限性不断显现，"只重视物质技术因素，忽视人及社会因素"，"仅解决了个别具体工作的作业效率问题，而没有解决企业作为一个整体如何经营和管理的问题"。[②] 为了弥补科学管理的不足，管理学界产生了管理科学和行为科学两大流派。其中，管理科学更加注重通过管理手段和管理方法提高管理效果；行为科学更加注重调动人的积极因素，把人作为管理的主体，实现"以人为中心"的管理，20世纪80年代兴起的文化管理理论正是行为科学发展的直接成果。

（一）文化管理内涵

随着社会的发展，管理日趋繁杂，传统管理方式难以适应新的环境变化，发挥管理作用，文化管理随之应运而生。"企业文化管理思想的产生，使企业管理获得一种新的哲学观点，一种新的思维方法，一种新的方法论视野，使工业时代的企业管理思维方式得到根本突破。"[③]

关于文化管理的内涵，从不同的角度有着不同的理解，学界目前尚未形成统一的概念。应焕红在《公司文化管理》中提出，"文化管理就是把企业管理的软要素——文化作为企业管理的中心环节的一种现代企业管理方式"。[④] 高文武等认为，文化管理是"对管理活动认识深化的产物，它依据人的文化属性，把文化当成一种管理资源，旨在强调恰当的组织文化对管理活动具有统领作用"。[⑤] 张德在《企业文化建设》中提出，"文化管理就是以人为中心的管理，强调以人为本，坚持把人作为企业管理和一切工作的中心，在实现组织发展目标的同时把尊重人、关心人、满足人、发展

[①] 汪长江、汪士寒：《现代管理学》，清华大学出版社2015年版，第4页。

[②] 曾国华：《管理学理论、应用和中国案例》，经济管理出版社2015年版，第75页。

[③] 黎永泰：《企业文化管理初探》，《管理世界》2001年第4期。

[④] 应焕红：《公司文化管理》，中国经济出版社2001年版，第34页。

[⑤] 高文武、王虎成：《从管理思想发展趋势看文化管理与战略管理互补》，《长安大学学报》（社会科学版）2011年第9期。

人、完善人作为管理的主要目的"。① 丁宁在《企业文化学》中将文化管理描述为"通过企业内共同的价值观的整合、塑造来凝聚、引导、约束、激励企业员工的思维和行为，使企业形成文化力，进而带动员工的行动，最终实现企业竞争力的提升"。②

从上述对于文化管理的定义可以看出，文化管理是把组织文化建设作为管理的核心，把"人"作为组织管理和一切工作的重心，在实践中有意识地构建组织文化，并使之成为有效的管理手段作用于整个管理活动过程中的一种管理方式。具体而言，文化管理具有以下三个方面的特征：

其一，"文化人"假设是文化管理存在的基础。管理理论和管理方法产生的基础是对人性的探索与认识。弗雷德里克·温斯洛·泰勒（Frederick Winslow Taylor）基于"员工都是追求经济利益最大化的'经济人'"③ 假设之上，提出"科学管理"；乔治·埃尔顿·梅奥（George Elton Mayo）、亚伯拉罕·马斯洛（Abraham Maslow）在认识"生存"不再是劳动的唯一需要后，提出了"社会人""自我实现人"假设，形成人际关系和行为科学管理理论。然而，不论是"经济人""社会人"还是"自我实现人"假设，都没有对人性作出全面性的解读，"人的本质是人的自然属性（包括生存需要和安全需要）、社会属性（包括尊重需要和社交需要）、思维属性（包括自我实现需要和超越自我需要）的辩证统一体"④，因此，人应当是"文化人"。随着"文化人"理论假设的成熟，以人为本、在管理活动中应当关注人的多层次需求的管理理念受到了肯定，文化管理逐渐形成并成为当前主流管理方式。

其二，新矛盾的出现是文化管理形成的内在动力。管理的目的是解决组织内部的各种矛盾以应对外部环境的变化，在管理实施的过程中，根据主要矛盾特征逐渐形成不同的管理思想和管理理论。生产力的发展解决了人的基本生存需求，"劳动"已不再仅仅是谋生的手段，而是"人"寻求自我发展的途径，继而产生了人的全面发展与组织发展之间的矛盾。老板

---

① 张德主编：《企业文化建设》（第 3 版），清华大学出版社 2015 年版，第 346 页。
② 丁宁：《企业文化学》，北京交通大学出版社 2014 年版，第 173 页。
③ 张德主编：《企业文化建设》（第 3 版），清华大学出版社 2015 年版，第 28 页。
④ 张德主编：《企业文化建设》（第 3 版），清华大学出版社 2015 年版，第 147 页。

（雇主）和工人（雇员）之间的矛盾催生了"科学管理"，效率与人性之间的矛盾推动"行为科学管理"的形成与发展，如今人的全面发展和组织发展之间的矛盾则是"文化管理"形成的主要动因。

其三，文化力是文化管理的核心竞争力。文化力是指"企业内部的文化及其组织载体在企业运营中对企业所产生和蕴涵的，能够将企业内部各种资源有效整合成为竞争优势，以人为主体，通过人的活动显化出来的规范或约束的作用力"[①]，是文化管理过程中形成的竞争优势，是应对组织变革、取胜于竞争对手的重要力量。"文化力"具备了核心竞争力的"价值优越性、稀缺性、难模仿性、持久性、整体性和延伸性等特征"[②]，并在实践中取得了大量的成功经验，同经济、政治等一起为组织的核心竞争力。

对于文化管理而言，不论立足于何种角度，不论关注于哪个方面，"只要是把人看作'文化人'，把文化特别是价值观当作一种管理资源或管理环境，用它来引领、规范和激励员工，都是我们所说的文化管理"[③]。因此，数字档案馆生态系统文化管理，需要看到文化管理的本质，并将其有效地融入数字档案馆的建设发展当中。

（二）数字档案馆生态系统文化管理的必要性

文化管理在档案馆领域的应用研究学界已有涉及，但在实际工作中并未得到充分开展，究其原因，主要是对于档案馆文化管理的必要性与价值认识不足。数字档案馆生态系统文化管理，不仅是解决当前数字档案馆建设过程中遇到的困境、应对复杂竞争环境的有效手段，更是建设和谐的、可持续发展的数字档案馆生态系统的必由之路。

1. 文化管理是数字档案馆性质的内在要求

"根据《中华人民共和国档案法》和有关文件的规定，我国档案馆是党和国家的科学文化事业机构，是永久保管档案的基地，是科学研究和各方面利用档案史料的中心。"[④]数字档案馆保存着重要的历史文化遗产和

---

① 聂清凯、赵庆：《企业文化力内涵、生成与功能体系研究综述及其展望》，《外国经济与管理》2008年第11期。

② 张德、吴剑平：《企业文化与CI策划》（第3版），清华大学出版社2008年版，第69页。

③ 郭启贵、潘少云：《文化管理及其对管理本质的凸显》，《求索》2013年第4期。

④ 冯惠玲、张辑哲主编：《档案学概论》（第二版），中国人民大学出版社2006年版，第84页。

精神文化财富，肩负着科学管理档案的重任，承担着为社会提供利用的职责，在传承民族文化、保存社会记忆、推动社会发展和建设中国特色社会主义文化中具有重要的作用。因此，组织文化建设既是数字档案馆生态系统战略发展的基本要求，也是数字档案馆建设与管理的内在需要，需要加强数字档案馆文化管理，充分调动档案人的主观能动性，提升数字档案馆文化实力。

数字档案馆通过提供数字档案和数字档案信息产品来满足利用者的信息需求，是以档案管理者脑力劳动为主的信息管理型、知识生产型组织。然而，脑力劳动往往看不见、摸不着，工作的强度和质量主要取决于档案管理者的自觉性和责任感，意味着数字档案馆的管理手段要从"外部控制"向"自我控制"转变，通过实施文化管理，坚持以人为本，营造积极向上的组织文化氛围，尊重人、关心人、合理用人，以事业留人、待遇留人、感情留人；充分发挥每一位档案管理者的主观能动性，增强创新能力，优化数字档案馆管理流程，保障数字档案馆生态系统"四流"（信息流、物质流、能量流、价值流）的有序流动，提高数字档案馆生态系统的运行效率；管理重点由"物"转向"人"，将组织发展目标、愿景、核心价值观贯穿于整个管理活动过程中，管理战略的制定、管理流程的设计、管理方式的选择需要更多地考虑人的因素，激发档案管理者的敬业精神和创新精神，提升系统整体的战斗力、凝聚力和创造力。

2. 文化管理是数字档案资源建设的需要

"档案是一个民族、一个国家历史的真实记录，内容广泛而丰富，既包括朝政国法、军事经济，也含有风土民情、自然景观，在某种意义上，档案是民族文化的'根'和民族文化心理的情感寄托。"[①] 档案是人类创造的宝贵精神文化财富，是人类历史文化积累、传播、发展与进步的载体，是人类文明发展的产物，与文化紧密相连。

数字档案资源是新时期档案资源的新形态，是数字档案馆建设的物质基础和核心内容，是数字档案馆运行的"货源"保障，关系到数字档案馆建设的成败。数字档案资源"不但具有传统档案信息的真实性、社会性和

---

① 冯惠玲、张辑哲主编:《档案学概论》(第二版)，中国人民大学出版社 2006 年版，第 55 页。

历史性，还具有内容的复杂性、形式的多样性和效用的多元性"。[①] 数字档案馆通过文化管理，增强文化意识，强化数字档案资源建设，"转变重事轻人、重物轻人、重典型人物、轻普通人物的传统观念和认识，重视所有涉及人的档案的价值"[②]，广泛收集民生档案、民俗档案、所属区域的特色档案等社会档案资源，不断优化档案资源结构，构建覆盖范围广、涉及内容多、文化底蕴深厚的档案资源体系，提升数字档案资源文化内涵。

3. 文化管理是提升数字档案馆竞争力的需要

数字档案馆生态系统是一个复杂的人工生态系统，由主体人、客体环境和数字档案资源等生态要素组成。数字档案馆保存着海量数字档案资源，是文化资源的重要集散地，具有独特的文化功能，承载着弘扬民族文化、传承社会记忆、促进文化交流等文化传播使命。

"数字档案馆核心竞争力是指一种能帮助数字档案服务部门适应信息服务市场竞争要求的、有助于扩大其服务范围和影响力的、能为用户创造根本价值的且又难以被其他信息服务对手复制和模仿的技术和能力。"[③] 信息时代，数字档案馆作为社会信息服务系统的重要组成部分，需要面对激烈的市场竞争，打造核心竞争力，增强数字档案馆生态系统社会信息服务能力。为此，数字档案馆生态系统建设，需要充分利用现代信息技术，加强文化管理，传播文化理念，营造文化氛围，优化数字档案馆利用服务环境，促进数字档案资源的开发利用，"在开展常规服务的基础上，加大档案信息开发力度，挖掘档案的信息价值、文化价值和艺术价值，积极开展档案知识服务"[④]，实现档案信息资源管理由实体管理向信息管理、知识管理的转变，拓展数字档案馆生态系统文化功能，提升数字档案馆社会竞争力。

（三）数字档案馆生态系统文化管理内涵

"文化管理"概念来源于企业，目前也广泛应用于其他知识密集型组

---

① 金波、丁华东、倪代川：《数字档案馆生态系统研究》，学习出版社 2014 年版，第 206 页。

② 杨冬权：《贯彻党的十七大精神以科学发展观为指导全面做好 2008 年的档案工作——在全国档案工作暨表彰先进会议上的讲话》，《中国档案》2008 年第 2 期。

③ 吕元智：《数字档案馆核心竞争力研究》，《档案学通讯》2012 年第 3 期。

④ 吕元智：《数字档案馆核心竞争力研究》，《档案学通讯》2012 年第 3 期。

织，如教育机构、文化机构、政府机构等[①]。数字档案馆具有科学文化事业机构的属性，数字档案资源具有重要的文化价值。因此，数字档案馆应立足自身特点与发展目标，借鉴企业文化管理理论与实践经验，开展文化管理。

1. 数字档案馆生态系统文化管理定义

文化管理是"以内部协调带动外部适应"[②]，"通过有意识地建造组织文化改善管理效果"[③]，强调人和组织氛围，注重发挥"文化"功能的管理模式。数字档案馆是"以现代信息技术为基础，利用各种技术手段收集、捕获有价值的数字档案信息资源，并将原有的馆藏档案数字化，通过网络连接，建立分布式、跨地域的有序的信息资源管理系统，为用户提供各种信息服务"。[④]基于数字档案馆生态系统的文化属性及其生态学特征，可以认为，数字档案馆生态系统文化管理是指通过构建数字档案馆组织文化，凝聚共同价值观，发挥组织文化的协调功能、引导功能和激励功能，激发档案工作者的主动性与能动性，推动资源文化、技术文化、服务文化、协同文化和知识文化的形成与传播，提升数字档案馆的信息竞争力与文化影响力。

数字档案馆生态系统文化管理是一个不断创新的过程。数字档案馆生态系统文化管理不是一个固定模式，所形成的价值取向、信念愿景、行为准则，需要不断地调整、变化和创新；围绕共同价值观形成的规章制度、条例办法等，在"对内解决沟通问题，对外解决决策问题"的过程中，也要随着社会、政治、经济、文化、技术的发展不断创新，以保持生态系统组织文化活力和正确发展方向。党的十八届五中全会提出了"创新、协调、绿色、开放、共享"五大发展理念，数字档案馆建设需要主动适应这五大发展理念，要适应新形势、把握新要求、应对新挑战，要不断创新管理方式和组织文化，形成数字档案馆的核心价值观。

数字档案馆生态系统文化管理是一个逐渐渗透的过程。组织文化作为数字档案馆生态系统文化管理的重要手段，需要数字档案馆档案管理者

---

① 张德主编:《企业文化建设》(第 3 版)，清华大学出版社 2015 年版，第 360 页。

② 王虎成:《文化管理与战略管理互补研究》，博士学位论文，华中师范大学，2013 年，第 59 页。

③ 郭启贵、潘少云:《文化管理及其对管理本质的凸显》，《求索》2013 年第 4 期。

④ 金波、丁华东主编:《电子文件管理学》，上海大学出版社 2015 年版，第 336 页。

对于共同价值观的认可与内化，需要广泛协调和持续渗透，将自身的发展目标与数字档案馆的发展目标相统一，并触发行动自觉，成为数字档案馆建设发展的正能量。因此，数字档案馆生态系统文化管理是一个不断强化的过程，不能急于求成，也不能一蹴而就，需要不断投入和持续努力。

数字档案馆生态系统文化管理是一个刚柔并济的过程。文化管理既要关注人的生理及心理需要，通过营造良好的组织氛围和文化环境，形成和谐人际关系，促进共同价值观、共同愿景在数字档案馆人员群体中进行传播和内化，发挥组织文化的柔性管理功能；同时，文化管理也要通过法律法规、规章制度、行政命令等进行监督控制，通过刚性手段，规范并约束数字档案馆工作人员的行为规范，保障共同价值观在实际工作中达到有效的落实和执行。

2.数字档案馆生态系统文化管理的内容

数字档案馆生态系统文化管理，是以数字档案馆组织文化管理为核心，通过共同价值观来引导数字档案馆人员的行为表现，并在实践中形成与之相匹配的工作准则、标准规范等的过程。数字档案馆管理的核心是数字档案资源，由此产生资源文化；数字档案馆的时代特征是信息技术应用，由此产生技术文化；数字档案馆的发展路径是共建共享，由此产生协同文化；数字档案馆的建设目标是满足公众需求，由此产生服务文化；数字档案馆的责任是传承文明、传播知识，由此产生知识文化。因此，在数字档案馆生态系统文化管理中可以认为，组织文化是数字档案馆生态系统的主文化，是"居于核心地位的文化、正宗的文化以及整体的文化"[1]；以组织文化为基础，结合数字档案馆具体工作实践而产生的资源文化、技术文化、协同文化、服务文化、知识文化则是"处于非核心地位、非正统的文化或局部的文化"[2]，属于数字档案馆生态系统的亚文化。对主文化及亚文化的管理共同构成了数字档案馆生态系统文化管理的内容，如图4-1所示。

组织文化管理。组织文化建设是数字档案馆生态系统文化管理的核心

---

[1]　张德主编:《企业文化建设》(第3版),清华大学出版社2015年版,第203页。

[2]　张德主编:《企业文化建设》(第3版),清华大学出版社2015年版,第203页。

内容，恰当的组织文化对管理活动具有统领作用①。数字档案馆的组织文化管理，就是将以人为本、公平共享、协同创新等核心价值取向融入组织文化中，协调数字档案馆工作者在工作、生活、交往等活动中的行为，并结合组织结构调整、规章条例制定、人员发展培养等外在手段，提升档案管理人员的整体素质，调动工作积极性，进而提升数字档案馆社会竞争力，实现组织的发展目标。

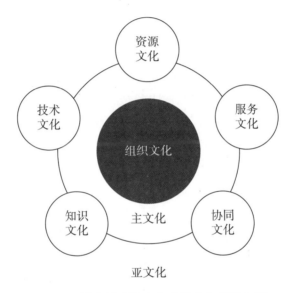

图4-1 数字档案馆生态系统文化管理内容

资源文化管理。数字档案资源是"数字档案馆生态系统形成、演化、运行和发展的基石"。②因此，数字档案资源文化管理是数字档案馆文化管理的重点。数字档案馆资源文化管理，应以社会主义核心价值观为引导，加强数字档案资源建设，丰富数字档案资源数量，优化数字档案资源质量，形成数字档案信息资源库，打造档案文化品牌，更好地发挥档案的"母资源"价值。

---

① 高文武、王虎成：《从管理思想发展趋势看文化管理与战略管理互补》，《长安大学学报》（社会科学版）2011年第9期。

② 金波、丁华东、倪代川：《数字档案馆生态系统研究》，学习出版社2014年版，第130页。

技术文化管理。数字档案馆是信息技术发展应用的产物，技术密集度高，技术依赖性强。数字档案馆技术文化管理，要正确认识传统技术因素和信息技术因素在数字档案馆发展中的地位与作用，建立技术评价体系，推进信息技术与传统技术的融合；强化信息技术素养，坚持技术创新，加快新技术在数字档案馆中的应用。

协同文化管理。独立发展模式已经无法适应现代社会的发展要求。数字档案馆协同文化管理就是秉持共建共享、协同发展的理念，加强数字档案馆个体、种群间，以及与文化事业机构、高等院校、大众媒体等组织间的协同创新、资源共享、优势互补，协同开发利用数字档案资源，深化数字档案资源价值内涵，提高数字档案资源的文化价值和社会效益。

服务文化管理。提供档案利用服务，满足公众信息需求，既是数字档案馆的重要功能，也是数字档案资源价值实现的重要路径。数字档案馆服务文化管理，强调以人为本，树立以用户为中心的服务理念，通过用户利用需求分析、用户利用行为分析等方式挖掘用户利用信息，提高档案信息服务水平，拉近与社会大众之间的距离，增加社会公众认同感，提升数字档案馆社会影响力。

知识文化管理。档案是民族文化的承载体，是人类知识的结晶，是社会进步的阶梯。数字档案馆应当明确时代使命，系统整合档案中蕴含的优秀文化和知识信息，深度挖掘数字档案资源中的隐性知识和"弱信息"（隐性的、随机的、非主流的信息），打造高质量的档案知识文化产品，并通过多种渠道广泛传播；加强爱国主义教育基地建设，用好用活档案文化资源，承担公民"第二课堂"、青少年"人生导师"、社会优秀文化"领航员"等重要责任，唱响主旋律，激发正能量，弘扬社会正气，引领社会新风尚。

3. 数字档案馆生态系统文化管理影响因子

分析研究数字档案馆生态系统文化管理影响因子，有助于在管理过程中抓住核心要素，有效规避管理风险。数字档案馆生态系统文化管理的影响因子，从生物视角可分为生物影响因子和非生物影响因子，从管理视角可分为内部影响因子和外部影响因子。综合起来，可以将其分为内部生物影响因子、外部生物影响因子、内部非生物影响因子、外部非生物影响因子4个方面。数字档案馆生态系统文化管理影响因子，见表4-1。

表 4-1 数字档案馆生态系统文化管理影响因子

生物视角 管理视角	生物影响因子	非生物影响因子
内部影响因子	领导、管理者	档案资源、基础设施、馆舍建设、技术环境、资源投入、规章制度
外部影响因子	社会公众	政治、经济、科技、文化环境

内部生物影响因子。内部生物影响因子包括数字档案馆的领导者及管理者。数字档案馆生态系统文化管理强调人在管理活动中的重要作用，数字档案馆领导及工作者是管理活动的实施者，直接决定管理工作的成效，是数字档案馆生态系统文化管理中的核心影响因子。认同文化管理的价值理念，重视数字档案馆的建设发展，关心人才培养的领导，才能够真正地将数字档案馆文化管理落到实处；而接受并内化组织文化的数字档案馆管理者，是文化管理的践行者，决定着文化管理实施的成效。

外部生物影响因子。外部生物影响因子主要指社会公众。对于数字档案馆而言，公众具有多重身份，既包括档案形成者、档案用户（显性用户和隐性用户），也包括其他文化机构的人员。其中，档案形成者、档案用户决定了数字档案馆存在的价值与意义，保管社会公众形成的档案，保存人类记忆，传承档案文化，满足公众档案利用需求，是数字档案馆生态系统文化管理的重要影响因子；其他文化机构的人员既是数字档案馆文化管理的合作伙伴，也是竞争对手。

内部非生物影响因子。内部非生物影响因子，包括数字档案馆生态系统内部的档案资源、基础设施、馆舍建设、技术环境、资源投入、规章制度等，是数字档案馆文化管理实施的基础条件。如果没有资源、设备、馆舍、技术、资金等的支撑，数字档案馆的核心价值观就无法落实到实际工作中，文化管理就只能是"纸上谈兵"。

外部非生物影响因子。外部非生物影响因子，主要指数字档案馆生态系统存在的政治、经济、科技、文化等社会环境。数字档案馆生态系统文化管理，通过内部协调作用于外部变化，外部刺激也反作用于系统的运行与发展，数字档案馆组织文化应与社会、政治、经济、科技、文化发展同步，需要根据社会环境变化不断进行更新和调整。数字档案馆是科学文化事业机构，运行与发展需要政府在资金、人才、法规等方面提供支持与保障；数字图书馆、数字博物馆、文化传媒等文化机构与数字档案馆存在竞合关系，其发展必将影响数字档案馆的发展。

在数字档案馆生态系统文化管理影响因子中，内部生物影响因子是核心，决定着文化管理能否有效开展；内部非生物影响因子是基础，决定着文化管理价值理念能否落到实处；外部生物影响因子是动力，决定着文化管理实施的意义与价值；外部非生物影响因子是保障，决定着文化管理能否顺利实施。数字档案馆生态系统文化管理实施过程中，需要主动协调各影响因子之间的关系，寻找制约文化管理发展的主要影响因子，并采取措施，有针对性地加以解决。

二、数字档案馆生态系统组织文化管理

"21世纪不仅是知识经济、网络经济时代、3G时代，也是文化经济时代，文化已逐渐成为推动生产力发展的一支强劲动力。随着社会经济环境的变化，组织文化功能也在不断地延伸，一种新功能逐渐显现出来，并且越来越突出，这就是组织文化管理。"[①] 露丝·本尼迪克特认为"真正把人们维系在一起的是他们的文化，即他们共同具有的观念和准则"[②]，换句话说，组织内部文化一旦形成，就会对内部个体产生无形的约束，从而起到管理的作用。因此，"通过有意识地建造组织文化改善管理效果的模式是真正意义上的文化管理"。[③] 组织文化建设是数字档案馆生态系统文化管理的核心，是数字档案馆生态系统的主文化，对数字档案馆发展具有统领作用。数字档案馆组织文化管理，以社会主义核心价值体系为标准，牢固树立共同价值观，提升管理者思想道德素质，通过把管理者个人自我超越和实现组织发展目标有机地结合起来，促进组织内部协调，进而应对外部环境变化。

---

① 谭昆智:《组织文化管理》,北京大学出版社2008年版,内容提要。
② ［美］露丝·本尼迪克特:《文化模式》,王炜译,社会科学文献出版社2009年版,第14页。
③ 郭启贵、潘少云:《文化管理及其对管理本质的凸显》,《求索》2013年第4期。

（一）数字档案馆生态系统组织文化内涵

1. 数字档案馆生态系统组织文化的界定

"文化是组织的灵魂，是组织最重要的无形资产，是推动组织持续发展、快速成长的强大精神力量。同时，组织文化还是一种'形散而神不散'的动态文化，它是一个组织在长期的管理建设中沉淀出来的精神财富，是一种新型的管理方式，它代表了组织管理发展的一种新趋势。"[①] 组织依赖于组织文化来管理内部的各种力量，将其统一于共同的指导思想和经营哲学之下。目前，国外比较有代表性和影响力的组织文化定义主要有：威廉·大内认为组织文化是"传统和气氛构成了一个公司的文化。同时，文化意味着一个公司的价值观，诸如进取、守成或是灵活——这些价值观构成职工活动、意见和行为规范"。[②] 埃德加·H.沙因认为，"组织文化是由一些基本假设所构成的模式。这些假设是由某个团体在探索解决对外部环境的适应和内部统合问题这一过程中所发现、创造和形成的"。[③]

我国学者关于组织文化的定义基本上是借鉴国外学者的观点，认为组织文化是组织的价值观、行为方式、精神现象等。此外，对组织文化的认识也有所不同，有的认为组织文化就是企业文化，有的认为组织文化就是指狭义的行政组织文化，有的认为组织文化就是指所有社会组织中的文化，在表述过程中，虽然用词不同，但其实质都是对"组织文化"开展研究。如管益忻、郭廷建认为，"企业文化是处于一定经济社会文化背景下的企业，在长期生产经营过程中逐步生成和发育起来的日趋稳定的独特的企业价值观、企业精神以及以此为核心而生成的行为规范、道德准则、生活信念、企业风俗、习惯传统等，还有在此基础上生成的企业经营意识、经营指导思想、经营战略等"[④]。陈春花认为，"企业文化就是企业自己的产品或服务，以及员工的所为和管理规范反映出来的经长期形成的经营观念或价值观体系。它由企业环境、价值观、英雄人物、典礼仪式和文化网络

---

① 谭昆智：《组织文化管理》，北京大学出版社2008年版，内容提要。

② ［美］威廉·大内：《Z理论——美国企业界怎样迎接日本的挑战》，孙耀君译，中国社会科学出版社1984年版，第146页。

③ 李成彦：《组织文化研究综述》，《学术交流》2006年第6期。

④ 管益忻、郭廷建：《企业文化概论》，人民出版社1990年版，第42页。

五大要素组成"。[1] 谭昆智认为,"组织文化是组织在长期的生产经营和管理实践中,由组织管理者倡导,并为广大员工逐渐接受和认同形成的以组织价值观为核心的精神文化和行为规范以及与其相适应的文化表现形式。从组织文化的内容和结构看,它是组织的物质文化、行为文化、制度文化和精神文化的总和"。[2]

虽然对"组织文化"不同的学者有着不同的认识,但综合起来均含有以下三点:一是组织文化的核心是价值观,涉及信念、信仰、目标和行为准则等;二是人是组织文化的重要载体,包括组织中领导、工作人员;三是组织文化的产生是一个逐渐积累、相互作用的过程,"组织文化并非凭空产生,它是一个构建、维系和变革的过程"。[3] 由此,根据组织文化的内涵和数字档案馆生态系统的特点,我们认为,数字档案馆生态系统组织文化是指数字档案馆在建设和发展过程中逐渐形成的,数字档案馆管理者共同认可并遵循的价值取向、思想观念、道德标准、行为规范以及制度安排等的集合。

2. 数字档案馆生态系统组织文化的功能

组织文化作为一种先进的管理理念,是组织的灵魂和精神支柱,在组织管理中具有独特的功能。"组织文化的功能,是指组织文化发生作用的能力,也就是组织在组织文化的导向下对生产、经营、管理所起的作用。"[4] 具体表现为导向功能、约束功能、凝聚功能、激励功能等方面。

导向功能。组织文化的导向功能"是指组织文化能对组织整体和组织中每个成员的价值取向及行为取向起引导作用,使之符合组织所确定的目标"。[5] 组织文化反映了组织整体的共同利益、共同追求和共同价值观,对数字档案馆生态系统建设具有导向作用。数字档案馆将组织的共同价值观不断向每个员工渗透和内化,引导档案管理者自觉地将个人目标纳入数字

---

[1] 陈春花:《企业文化管理》,华南理工大学出版社 2002 年版,第 58 页。

[2] 谭昆智:《组织文化管理》,北京大学出版社 2008 年版,第 22 页。

[3] 谭昆智:《组织文化管理》,北京大学出版社 2008 年版,第 192 页。

[4] 赵国祥:《管理心理学——理论、实务、案例、实训》,东北财经大学出版社 2016 年版,第 309 页。

[5] 赵国祥:《管理心理学——理论、实务、案例、实训》,东北财经大学出版社 2016 年版,第 309 页。

档案馆建设目标中，形成内部强有力的动力机制，推动数字档案馆建设，实现数字档案馆生态系统发展目标。例如，数字档案馆以满足社会公众的档案信息需求为目标，档案管理者认同并内化这一目标，在工作中能够更多地关注与公众利益相关的数字档案资源建设，有助于更好地提供数字档案资源服务，满足用户档案信息利用需求，提升用户服务满意度。

约束功能。组织文化的约束功能的发挥，是通过"将单个人的思维方式、行为方式等逐渐汇成一种共同遵守的模式，而这种模式由每个个体的思想和行为方式组合而成，而对个体的思想和行为又会产生某种无形的控制力量，引导着个体按照集体的共有的方式来思想和行动"。[①] 数字档案馆组织文化一旦形成，就会逐渐演变成为数字档案馆的价值准则、规章制度和管理模式，具有特殊的强制渗透功能，以其特有的力量发挥约束作用，使个体自觉不自觉地按照共同的观念和准则来维护和行动。

凝聚功能。组织文化的凝聚功能表现为"通过培养组织成员的认同感和归属感，建立起成员与组织之间的相互依存关系，使个人与整体组织有机地统一起来，形成相对稳固的文化氛围，凝聚成一种无形的合力与整体趋势，以此激发出组织成员的主观能动性，为实现组织的共同目标而努力"。[②] 这表明组织文化中蕴含的价值观、信念、愿景一旦被数字档案馆全体人员认可，就会产生强大的向心力和凝聚力，促使每个档案管理者能齐心协力地为数字档案馆组织建设目标而努力。在数字档案馆建设发展面临困难时，凝聚力能够凝聚人心，鼓舞士气，相互配合，形成合力，共同抵御外部威胁，防范风险，保障数字档案馆生态系统良性运行和健康发展。

激励功能。"所谓激励，就是通过外部刺激，使个体产生出一种高昂、奋发进取的力量"[③]，"传统的激励方法，实质是一种外在的强制力量，而组织文化所起的激励作用已不是被动消极地满足人们对自身价值实现的心理需求，而是通过组织文化的塑造，使每个组织成员从内心深处自觉产生为组织拼搏的责任感和使命感。"[④] 组织文化的激励功能，就是形成一种尊

---

① 王虎成：《文化管理与战略管理互补研究》，博士学位论文，华中师范大学，2013年，第25页。

② 何云峰、弓永华：《现代管理学》，中国农业大学出版社2013年版，第214页。

③ 王国元：《组织行为管理》，华夏出版社2016年版，第170页。

④ 汪泉、袁志锋：《管理学教程》，河南科学技术出版社2008年版，第134页。

重人、爱护人、关心人、理解人、成就人的文化氛围，激发、调动主动性和积极性，确保组织实现发展目标的心理引导过程。有效运用数字档案馆组织文化的激励作用，不仅能够增加数字档案馆每个员工的心理满足感，强化意志力；更能够调动档案管理者的责任感、使命感以及工作积极性，为数字档案馆建设提供源源不断的正能量，推动数字档案馆又好又快地发展。

激励和约束功能有利于提高个体的积极性，是组织文化功能发挥的基础；而导向和凝聚功能强调的是把个体汇合成整体，是组织文化功能发挥的合力和驱动力。组织文化能够改善数字档案馆的工作氛围，规范档案管理者工作行为，进而提高整体的工作效能，产生积极作用；也有可能由此形成思维定式，影响数字档案馆的变革与创新，限制组织多样化，产生消极作用。因此，数字档案馆在组织文化建设与发展过程中，不仅要关注组织文化的积极作用，也要关注组织文化本身存在的消极作用，科学、理性地认识组织文化，充分发挥组织文化的促进作用，推动数字档案馆生态系统可持续发展。

（二）数字档案馆生态系统组织文化共同价值观的构建

"组织价值观是指组织中全体人员共同拥有、信奉的价值标准和基本信条，是一个组织评价各项事务、选择各种目标的基本准则。"[①] 价值观是组织文化的核心，是组织文化的理念基石，直接决定着组织文化的特质。只有良好的价值观念，才能够真正地从内部协调工作者的行为，才能够持久地促使组织去追求价值目标。数字档案馆实施文化管理，首先要对共同价值观给予足够的重视，对数字档案馆职能及业务活动进行根本性的再思考，以构建能够引领、协调、激励档案管理者，能够实现数字档案馆发展目标的价值观。

数字档案馆的价值观是在社会核心价值观基础之上，结合数字档案馆特点及文化管理内涵要求，长期积累形成的共同价值观念和价值取向，主要包含以人为本、共享服务、创新发展三大理念。首先，数字档案馆生态系统文化管理以满足档案管理者、社会公众的需求为核心，因此，"以人

---

① 谭昆智：《组织文化管理》，北京大学出版社 2008 年版，第 77—78 页。

为本"是数字档案馆首要价值取向；其次，数字档案馆是档案信息服务的提供者，是档案文化的传播者，保障公民的文化、信息权利是数字档案馆的责任，因此，"共享服务"是数字档案馆秉持的信念；最后，信息时代不断促使数字档案馆变革创新，始终保持竞争优势，因此，"创新发展"是数字档案馆坚持的发展理念。

1. 以人为本

人是数字档案馆文化管理的主体，是文化的建设者、创造者；同时，人也是数字档案馆文化管理的客体，满足人的档案信息需求是数字档案馆生存和发展的目标。因此，"以人为本"是数字档案馆共同价值观中最主要的内容。以人为本，就是要坚持将人作为管理和一切工作的中心，树立人力资源是第一资源的观念，尊重劳动、尊重知识、尊重人才、尊重创造，构建和谐、友善、融洽的工作环境。数字档案馆在实施组织文化管理过程中，就是要充分发挥档案管理者的价值，强调档案管理者在数字档案馆中的主体地位，"实现从档案收集者向数据分析者、从档案保管者向知识管理者、从被动提供者向主动推送者的角色转变，充分发挥档案工作者的管理效用，实现档案工作者的知识价值"。[①] 调动社会各方力量参与数字档案馆建设工作，把尊重人、关心人、满足人、发展人、完善人作为管理的主要目标，充分考虑数字档案馆档案形成者、档案管理者和档案用户的需求，运用各种激励手段和措施调动档案人的积极性和主动性，挖掘人的潜能，全面开发人力资源，从而不断增强数字档案馆生态系统的活力[②]；同时，要主动掌握分析档案用户的利用需求，及时提供档案信息资源，满足档案用户的信息需求，提高社会的档案意识、文化品位和精神追求。

2. 共享服务

资源共享与信息利用，既是数字档案馆建设发展的目标，也是社会公众信息获取权利实现的要求。"共享"要求数字档案馆转变服务理念，促进数字档案信息资源快速流动和社会共享，提升服务意识，推进档案服务的标准化和均等化，使数字档案馆工作成果"更多更公平地惠及全体人

---

①　金波、蔡敏芳：《大数据时代档案学专业高等教育的变革与创新》，《档案学研究》2016年第6期。

②　董信君：《试论档案馆的"人本管理"模式》，《档案学通讯》2005年第6期。

民"①。"国家档案行政管理部门要搭建全国开放档案平台，并与政府公开信息系统对接，实现资源共享，逐步把各级国家综合档案馆已开放的档案以及各级政府的公开信息上传到平台上，真正建立起方便人民群众的档案利用体系，使档案公共服务惠及广大人民群众。"② 档案信息"服务"是数字档案馆核心价值的体现，"档案信息资源开发利用是档案工作最为活跃的生态因子，是输出档案信息、发挥档案价值、产生档案社会影响力的关键"。③ 信息时代，需要充分利用现代信息技术和互联网优势，根据数字档案信息资源特点，创新档案信息利用服务方式，加大档案信息开发力度，用好用活档案文化资源，提供一站式、移动式、精准式信息服务，做到便民利民，强化数字档案馆信息服务功能。"各档案馆（室）要加强对档案信息的分析研究、综合加工、深度开发，提供深层次、高质量档案信息产品，不断挖掘档案的价值，努力把'死档案'变成'活信息'、把'档案库'变成'思想库'，更好为各级党委和政府决策、管理提供参考。"④

3. 创新发展

"创新"已经成为今天这个时代的重要标签。2013 年 5 月 4 日，习近平总书记在同各界优秀青年代表座谈时强调："创新是民族进步的灵魂，是一个国家兴旺发达的不竭源泉，也是中华民族最深沉的民族禀赋，正所谓'苟日新，日日新，又日新'。"⑤ 创新是数字档案馆持续发展的动力来源，也是竞争激烈社会环境下生存的必然选择，需要充分利用信息技术和管理科学知识进行管理创新、服务创新。要针对数字档案馆建设的新情况、新特点和新问题，不断创新管理手段、管理方式和管理内容，主动适应数字时代的档案管理工作；要加强数字档案馆个体间、种群间以及与其他信息机构的协同合作，整合集成信息资源、技术资源、人才资源等要

---

① 李明华:《在全国档案局长馆长会议上的工作报告》,《中国档案报》2017 年 1 月 5 日。

② 《中共中央办公厅国务院办公厅印发〈关于加强和改进新形势下档案工作的意见〉》,《中国档案》2014 年第 5 期。

③ 金波:《两办〈意见〉:新常态下档案工作的总纲领》,《上海档案》2015 年第 2 期。

④ 《中共中央办公厅国务院办公厅印发〈关于加强和改进新形势下档案工作的意见〉》,《中国档案》2014 年第 5 期。

⑤ 刘明福、王忠远:《习近平民族复兴大战略——学习习近平系列讲话的体会》,《决策与信息》2014 年第 7、8 期。

素，发挥整体效应，促进共同发展；要改善档案信息服务方式，充分利用机器学习、语义分析、数据挖掘、人工智能、知识图谱等现代信息技术，从海量、复杂、丰富、多结构的数字档案信息中分析挖掘潜在的、有价值的档案信息资源，利用档案网站、移动通信、广播电视等形式，及时迅速地传播档案信息及其开发研究成果，扩大档案信息资源的利用服务范围，主动服务社会，提高数字档案馆服务意识，创建适应时代发展的数字档案馆组织文化。

数字档案馆的共同价值观不是一成不变的，要根据自身建设发展状况以及经济、政治、社会、文化、科技等环境条件的变化而不断更新，只有"与时俱进"的价值观念才能促进数字档案馆不断激发内在能量，适应外部环境，进而又好又快地发展。

（三）数字档案馆组织文化管理实施路径

数字档案馆组织文化管理是一种"刚柔并济"的管理方式。数字档案馆组织文化管理，关注人的生理及心理需要，通过营造良好的组织氛围，形成和谐人际关系，促进共同价值观、共同愿景在档案工作者群体中的传播与内化，发挥组织文化的柔性管理功能；同时，数字档案馆组织文化需要规章制度、行为规范等进行直接的外部监督，规范并约束档案工作者的行为，辅助共同价值观在实际档案工作中的落实和生效。

1. 加强人才资源建设

人是一切事业的根本，数字档案馆是以人为基础、为人服务的，人在数字档案馆的产生、发展和壮大过程中起着主导作用。因此，数字档案馆组织文化管理要将人才资源建设始终作为重要工作之一。

（1）数字档案馆领导团队建设

数字档案馆领导团队是数字档案馆生态系统文化管理的决策者，在管理活动中承担着确定组织文化及发展目标、制定并落实规章制度、协调内部与外部关系的责任。"卓有成效的管理者正在迅速成为社会的一项关键资源"[①]，领导者的思想意识、知识储备、专业技能决定着数字档案馆组织文化管理的实施效果，以及数字档案馆发展目标的实现。信息化环境下，

---

① ［美］彼得·德鲁克：《卓有成效的管理者》，机械工业出版社 2016 年版，前言。

数字档案馆领导者不仅要掌握档案管理业务知识和现代信息技术知识，而且要具备完善而先进的价值观、高尚的道德品质、创新精神、管理才能、决策水平、人际关系能力等。此外，还要求领导者应重视档案管理者的意见与建议，善于聆听档案人员的心声，构建数字档案馆和谐协作的文化管理环境。"各级档案部门的领导干部承担着推动档案事业发展的主体责任，特别是地方档案局长馆长更是本地区档案事业发展的'主心骨'。领导干部作为'关键少数'，是一个单位、一个地区政治生态的风向标。"①

然而，"我国很多档案馆馆长，可能兼任局长、各种委员、各种小组主任、各种组织理事长以及各种组长等职务，导致事务众多、分身乏术，无法专心致力于档案馆的管理；其次，据调查多数馆长任职是听从组织安排的做法，而非完全出于对档案事业的热爱，再加上档案馆位于权力系统的边缘地带，馆长工作热情以及创新力都受到一定程度的影响"。②同时，在一些领导者心目中，数字档案馆建设是一项"烧钱工程"，信息化程度要求高，涉及领域范围广，加之自身认知能力有限，存在畏难情绪，缺少建设动力。因此，需要加强领导团队建设，要求数字档案馆领导团队必须顺应时代发展潮流和档案事业发展态势，不断学习科学管理知识、业务知识和信息技术知识，提高专业素养、战略思维能力和管理决策水平。"领导者在实践提高战略能力，既要充分发挥自身的能动性和创造性，发挥自身的智慧、才能和力量，又要发挥班子中其他成员以及咨询、决策机构成员的作用，必须十分注意并善于走群众路线，集中群众智慧，拓展思维空间。要集思广益，多谋善断。"③只有如此，才能在宏观上把控数字档案馆建设发展方向，才能在微观上不断创新管理方式，营造人文与技术相结合的组织文化氛围，保障数字档案馆建设的顺利开展。

（2）数字档案馆人才队伍建设

慎重选择人才。数字档案馆人才队伍是组织文化的形成者，打造一支高素质的人才队伍，对数字档案馆组织文化建设与发展具有促进作用。数

---

① 李明华：《在全国档案局长馆长会议上的工作报告》，《中国档案报》2017年1月5日。

② 周林兴、刘星、李莎：《基于管理沟通视角的档案馆组织文化研究》，《浙江档案》2017年第1期。

③ 段培君：《战略思维理论和方法》，中共中央党校出版社2011年版，第188页。

字档案馆在人才选聘时，首先，应关注应聘者的个人素质、价值观念、发展目标是否与数字档案馆建设发展相匹配，是否能够接受并内化数字档案馆构建的共同价值观、发展愿景，进而成为数字档案馆发展的重要力量。其次，数字档案馆是技术密集型组织，技术含量高、专业性强，例如数字档案管理系统、数据库和档案网站建设需要信息技术专业知识，档案编研工作需要历史专业知识，档案展览工作需要工艺美术专业知识。为此，数字档案馆在选聘人才时，除了档案专业人才外，还要关注信息技术、历史、艺术等其他领域人才，尤其要注重具备复合型知识结构人才的引进。

注重提升档案管理人员素养。事业发展关键在人，人才队伍建设事关数字档案馆建设发展全局，需要加强建设培养。一是思想意识的培养。人的内在价值取向、思想观念决定了其外在的行为表现，数字档案馆要充分利用文化传播网络平台，通过演讲、授课、座谈、辩论、微博、微信等形式传播数字档案馆组织文化，致力于全体工作人员在价值观、思想理念、事业发展上达成共识，发挥共同价值观的引导、约束、激励功能，形成数字档案馆发展的内在动力。二是专业素质的培养。信息时代，知识更新速度快，数字档案馆要加大对人力资源的开发培训力度，构建多层次、多渠道的教育培训系统，让每一位成员都有条件成为数字档案馆建设的业务骨干。工作实践是组织文化管理功能实现的方式，是评价数字档案馆文化管理效果的重要标准。通过建立培训、考核和使用相结合的人才管理模式，全面提升数字档案馆人才队伍的专业知识和信息化素养，全面掌握信息化管理知识和技能，适应数字档案馆信息化发展。三是创新能力培养。"档案人才不是靠学历、靠论文、靠评奖堆积出来的，而是从实践中锻炼出来的，特别是一些专门人才，比如档案信息开发研究、鉴定技能、保护修复、少数民族语言翻译等，不仅需要长时间的经验积累，更需要技艺和精神的传承。各级档案部门要牢固树立科学的人才观，遵循档案人才培养规律，提高人才工作的实效性，调动各个方面的积极性，努力打造不拘一格选拔人才、优秀人才脱颖而出的良好环境。"[①] 数字档案馆建设本身就是一项新事物，需要不断创新发展，需要构建创新人才培养的体制机制，培育敢于创新、善于创新的组织文化氛围，积极探索新技术、新方法、新理念

---

　① 李明华：《在全国档案局长馆长会议上的工作报告》，《中国档案报》2017年1月5日。

在数字档案馆建设中的应用与发展。

注重人本思维。中国科学院专家研究发现，在工作重要性的排序中，占据首位的是成就感，之后依次是被赏识、工作本身、责任感、晋升的机会等一些非物质因素，但当前很多领导者依旧坚持"高薪留人"，而忽视了成就感、认同感等。[①]数字档案馆组织文化管理，要注重档案管理者的内心需求，重视精神激励的作用，除了通过待遇留人之外，更要重视事业留人、感情留人。同时，加强档案用户培养，"以用户为中心"，方便档案用户利用需求；加强宣传和用户体验，大力开发档案潜在用户，拓展档案文化的社会影响力。

数字档案馆的人才队伍建设，致力于通过"新"工作人员的引进、"老"工作人员的培养，打造一支"在档案管理、系统开发与维护、计算机技术与网络技术应用、档案数字化加工与数字档案信息管理、标准法规建设与信息安全、多媒体档案编研，以及数字档案馆运行与管理等方面具有可持续发展能力的专业人才队伍"[②]，保障数字档案馆生态系统的有序运行和健康发展。

2. 建立健全规章制度

对于组织文化，有学者认为是包含精神层、制度层、物质层的复杂的系统。其中，制度层是中介层，是联系物质层（表层）与精神层（核心层）的重要纽带，是组织对客观事物和个人进行评价，判定其是否具有价值以及价值大小的总的看法和根本观点，是具有组织文化特色的各种规章制度、道德规范和员工行为准则的总和。由此可以看出，制度层的构建与完善，对于数字档案馆生态系统组织文化管理具有极其重要的作用。数字档案馆组织文化管理应注重领导制度、组织体系、管理规章等一系列组织制度的建设，通过外在约束力规范数字档案馆档案管理者的管理和服务行为，确保共同价值观、发展愿景、发展目标的渗透与内化，保障数字档案馆组织文化管理的有效实施。

数字档案馆需要制定一套能够落实以人为本、开放共享、协同创新理念的规章制度和考核机制，包括工作岗位职责、业务工作细则、安全保

---

① 石建莹:《团队建设管窥》，西安交通大学出版社 2012 年版，第 74 页。

② 金波、丁华东主编:《电子文件管理学》，上海大学出版社 2015 年版，第 254 页。

密制度、借阅利用制度、奖惩制度、职称晋升制度、继续教育制度等，构建全面完善、科学合理、操作性强的制度体系，规范监督约束档案工作者的行为，长此以往，将逐渐形成数字档案馆的组织文化。例如，数字档案馆建立信息化专题教育培训制度，形成一套信息化能力提升计划，在加强信息技术、专业知识、操作技能等专题培训的同时，还注重落实"以人为本"的价值观念，关注档案工作者个人需求及发展目标，开设心理学、管理学等课程，提高档案工作者对数字档案馆建设及档案工作的积极性和主动性，打造一套特有的专题教育培训制度文化。

除此之外，数字档案馆组织文化管理还应关注特殊制度的建设。特殊制度更能够体现理念层要素，是组织文化个性化、特色化的体现[①]。例如，设立民主评议制度，通过访谈、座谈、问卷调查等形式，客观反映档案工作者对领导团队在工作态度、工作能力、工作作风、工作绩效上的看法；设立领导接待制度，通过领导与档案工作者的对话沟通，及时反映问题、交换意见、沟通感情、加强理解、增进信任。不论是民主评议制度还是领导接待制度，都体现了领导对档案工作者的尊重、理解与关怀，有利于强化主体责任，对增强组织凝聚力有着巨大的促进作用。

3. 营造组织文化氛围

营造一种创新、民主、和谐的数字档案馆组织文化氛围，是数字档案馆组织文化管理的重要内容。通过调整组织结构、加强信息沟通、丰富文化生活等手段，建立平等工作关系，加快信息传递效率，提升组织文化内涵，进而增强数字档案馆组织文化氛围。

数字档案馆组织文化管理是通过共同价值观的渗透与内化来约束档案工作者的行为与表现的管理方式，信息传递是影响组织文化管理效果的重要因素。数字档案馆文化管理需要构建有利于信息流通、便于档案工作者与领导之间、档案工作者之间交流与互动的组织结构。数字档案馆是从传统档案馆演变而来的，传统档案馆大多采用"金字塔"形层级制结构，虽然有规章制度的约束管理使组织具有较强的稳定性和较高的集中性，但由于管理层次过多，档案馆内部的信息沟通不畅，并不适用于组织文化管理。因此，数字档案馆应对内部组织结构进行调整或重塑，建立横向的扁

---

① 张德主编:《企业文化建设》(第3版),清华大学出版社2015年版,第114页。

平化组织，减少管理层次，增加管理幅度，通过资源与权力的下放，提高数字档案馆的灵活性、敏捷性以及创造性。例如，按照数字档案馆工作流程，建立档案收集整序工作组、档案保管存储工作组、档案利用展示工作组、协同共建工作组等，简化管理层次，缩短指挥链条；扩大数字档案馆档案管理者的决策权，避免档案用户信息反馈在向上级传达过程中的失真与滞后，提高数字档案馆工作效率。

"信息文化环境下，不同国家之间、同一国家的不同地区之间、不同的社会阶层之间，存在着信息传播与获取过程中的严重的贫富分化现象。产生信息贫富分化现象的深层原因在于信息具有不完备性和不对称性（非均衡性）。"[①]信息沟通是数字档案馆组织文化管理的重要内容，"只有得到全体馆员认同的组织文化才是有价值的组织文化"。[②]数字档案馆组织文化管理，可以利用各种媒介和形式，建立内部的组织文化传播网络，大张旗鼓地宣传组织文化内涵，将共同价值观、愿景、理念、精神等传达到每个档案工作者，渗透到整个数字档案馆内部，使之家喻户晓，人人皆知。通过各种传播渠道，如文化论坛、研讨会、座谈会、网站、刊物、宣传栏等，宣传数字档案馆建设的重要意义、发展目标和实施步骤等，统一思想和认识，使得档案管理者自主参与到数字档案馆建设中；同时，通过广泛的报道宣传，扩大社会民众对数字档案馆建设的认识以及参与，提高数字档案馆组织文化的社会影响力。

丰富数字档案馆档案工作者的文化生活是营造内部文化氛围的有效途径，是数字档案馆组织文化管理的重要内容。通过开展丰富的文化活动，如举办信息化技能比赛、档案网站设计比赛、档案创新科技作品比赛、创意摄影比赛、技术高端论坛等活动，鼓励档案管理者参与，展示广大档案管理者在工作、生活、学习、成长过程中的优秀科技作品，激励档案管理者不断进取，提高信息化技术能力，适应数字档案馆的建设与发展；如举办先进人物评选、先进事迹评选，讴歌档案管理者在工作、生活、奋斗、奉献、成长和收获过程中的优秀人物和典型事迹，展示档案管理者勤勉尽责和爱岗敬业的工作风貌和良好形象，"典型榜样是组织精神和组织文化

---

① 董焱:《信息文化论——数字化生存状态冷思考》，北京图书馆出版社 2003 年版，第 164 页。

② 刘虹:《评图书馆、档案馆组织文化中的价值观》，《北京档案》2011 年第 2 期。

人格化身与形象缩影，能够以其特有的感染力、影响力和号召力为组织成员提供可以效仿的具体榜样，而组织成员也正是从英雄人物和典型榜样的精神风貌、价值追求、工作态度和言行表现之中深刻理解到组织文化的实质和意义"。[①] 传播以人为本、开放共享、协同创新的共同价值观，分享数字档案馆发展愿景，传递数字档案馆文化精神，实现组织文化的渗透与内化。此外，领导如果能够主动参与数字档案馆的文化活动，可体现数字档案馆对档案管理者的人文关怀，有利于形成平等、和谐的内部关系，有利于激发档案管理者的积极性和创造性，营造"家"文化，从而形成数字档案馆建设的强大内在发展动力和文化支撑。

三、数字档案馆生态系统亚文化管理

数字档案馆生态系统亚文化是以组织文化为基础，在数字档案馆建设实践与发展中逐渐形成的一套管理理念、工作方式和业务活动的文化思想体系。数字档案馆亚文化管理主要包括资源文化管理、技术文化管理、协同文化管理、服务文化管理和知识文化管理五个部分。

（一）数字档案馆资源文化管理

数字档案馆生态系统的资源文化管理通过强化对数字档案资源文化属性的认知，营造数字档案资源建设文化氛围，调动档案形成者、档案管理者、档案利用者的积极性与主动性，进而提升数字档案资源建设成效，充分发挥数字档案资源文化功能。

1. 营造档案资源文化氛围

数字档案资源建设文化氛围的塑造，需要从文化的高度认识数字档案资源、数字档案资源建设以及数字档案馆的文化属性，发挥数字档案资源的文化作用，推动数字档案资源建设。

首先，数字档案资源是文化资源。"文化资源，是指可供主体利用和开发，并形成文化实力的各种文化客观对象，包括前人所创造积累的文化

[①] 周三多、陈传明、鲁明泓：《管理学——原理与方法》(第四版)，复旦大学出版社 2006 年版，第 212 页。

遗产库，今人所创造的文化信息和文化形式库，以及作为文化活动、设施与手段的文化载体库等。"① 档案是人类活动的原始记录，被人类社会自觉地、有意识地保存下来，是一个国家和民族的文化与历史的综合体；档案是公众在社会生产、生活中形成并积累保存的新的信息，是当今社会发展的真实记录，是未来赖之以知今的重要信息源；档案中蕴含着中华民族形成和发展过程中的优秀精神文化，是民族文化的"根"。"人类过去及现在所形成和保存的各种门类的档案，是维系和促进人类今后社会历史文明延续和发展的宝贵精神文化财富。"② 因此，"档案是文化的重要'母资源'"③，是文化资源的重要组成部分，在文化资源中具有独特的地位和作用。"中外档案学者的认识表明，档案作为人类文明的一种特殊的存在，是人类社会文化不断发展、延续的纽带，是不同文明时代社会文化建设的基石，是人类文明不断进步的阶梯，是一个民族或国家得以繁荣和昌盛的智慧与经验的宝藏。"④

其次，档案形成者、档案管理者与档案利用者，共同构成了"档案文化链"，是档案资源文化价值形成与传播的重要环节。档案形成者主动积累、移交档案是档案文化功能实现的基础与开端，档案管理者的收集、整理、保管、挖掘是档案文化功能实现的过程，档案利用者的需求、反馈是档案文化功能实现的动力，因此应当正确认识档案形成者、档案管理者、档案利用者在档案资源建设中的地位与价值，积极主动地肩负起自身的文化使命。其中，档案管理者是"档案文化链"的中心环节，通过档案管理连接着档案形成者与档案利用者，将"死档案"转化为"活信息"，发挥档案的文化价值。档案管理者通过收集档案形成者移交的档案，将分散在各处的档案汇集到档案馆来保存，积累社会文化资源；通过鉴定、分类、整理、保管工作，将杂乱、孤立的档案有序化，安全保存具有内在联系的社会文化资源；通过检索、编研、开发、传播等利用工作，挖掘档案资源的潜在价值，满足档案利用者的信息需求，将档案或档案文化产品提供给

---

① 周正刚：《论文化资源的可持续开发》，《求索》2004 年第 11 期。
② 王英玮：《档案文化论》，中国人民大学出版社 1998 年版，第 160 页。
③ 杨冬权：《在全国档案工作暨表彰先进会议上的讲话》，《中国档案》2012 年第 4 期。
④ 王英玮：《档案文化论》，中国人民大学出版社 1998 年版，第 65 页。

档案利用者和社会大众，开发传播社会文化资源。

再次，数字档案馆是文化的集散地。《档案馆工作通则》规定："档案馆是党和国家的科学文化事业机构，是永久保管档案的基地，是科学研究和各方面工作利用档案史料的中心。"[1]《档案法》规定："中央和县级以上地方各级各类档案馆，是集中管理档案的文化事业机构，负责收集、整理、保管和提供利用各自分管范围内的档案。"[2] 数字档案馆是在传统档案馆基础上建立起来的，是对传统档案馆的继承与发展，不仅保管着不同时期的史料，其本身作为人类文化发展的标志，同样也具有浓厚的文化特征。例如数字档案馆中保存着甲骨档案、南京大屠杀档案、新中国成立档案、北京奥运会档案等传统载体的数字化档案，是联结历史、现在与未来的桥梁；数字档案馆的发展也经历了宋代架阁库、明代皇史宬、清代内阁大库与现代传统档案馆等发展演变，不仅是一座历史记忆的储藏库，也是档案馆变迁的历史写照，在建筑、保存、科技等方面具有重要的文化价值；同时，数字档案馆具有信息中介作用，现代信息技术的发展将会使数字档案馆的存储空间、管理水平、服务能力大幅提升，再现社会记忆功能大大增强，"除非我们毁灭地球和随之而灭亡的社会记忆，否则我们不久将获得几乎能保持全部文明记录的能力"[3]，能够广泛集成数字档案信息资源和社会文化信息资源，通过各种媒体向社会大众传播，实现历史和人类现实生存之间的对话，使人们在追忆往昔的同时，对周围的现实产生更深更新的文化体味。"应该说，档案馆真正是一个独特的文化百花园，它使人想起近代英国哲人曼德维尔的《蜜蜂寓言》的文化借喻：一个自由芬芳，充满个性和创造，以蜜蜂勤劳的采集创造蜜流如注的文化与思想的'蜂窝'。"[4] 为此，数字档案馆必须肩负起为社会积累和保存历史文化财富、维护历史的真实面貌、促进社会发展进步、延续人类文明的重要使命。

---

① 《档案馆工作通则》(国档发〔1983〕14 号)。

② 《中华人民共和国档案法》，《人民日报》2020 年 7 月 16 日。

③ 〔美〕阿尔温·托夫勒：《第三次浪潮》，朱志焱译，生活·读书·新知三联书店 1984 年版，第254 页。

④ 任汉中：《中国档案文化概论》，中国档案出版社 2000 年版，第 189 页。

2.巩固档案资源文化基础

馆藏数字档案资源的数量和质量决定了数字档案馆文化价值能否有效实现、数字档案馆资源文化管理能否顺利开展。因此,需要通过丰富完善数字档案资源库,加大数字档案资源开发力度,夯实数字档案馆资源文化内涵,为数字档案馆生态系统文化管理奠定基础。

(1)丰富完善数字档案资源库

计算机技术、互联网技术、多媒体技术的飞速发展,为数字档案馆档案资源的开发与利用、数字档案信息的传播与共享、数字档案馆文化功能的挖掘与实现提供了强有力的技术支持。因此,数字档案馆应通过加快馆藏档案数字化、强化电子档案接收、拓宽档案收集渠道来丰富数字档案资源的数量;通过加强民生档案、特色档案、多媒体档案的收集来优化数字档案资源的质量,为数字档案资源开发利用提供物质基础。

加快馆藏档案数字化。馆藏档案数字化既是现阶段数字档案馆数字档案资源最主要的来源,也是当前数字档案资源建设的主要工作。"要坚持从档案资源入手,抓住关键,精准发力,逐步解决档案数字化率偏低、信息共享度较差等问题。"[1] 馆藏档案数字化是一项耗费时间长,且需要投入大量人力、物力、财力的工作,数字档案馆应科学地开展馆藏档案数字化工作,做好前期的调研与规划,以档案用户实际需要为前提,按照利用率高档案优先、特殊载体档案优先、珍贵档案优先、高危档案优先等原则,分阶段、分步骤地实施馆藏档案数字化工作,促进数字档案资源建设。"加快传统载体档案数字化进程,有利于扩大数字档案信息资源总量,有利于发挥各级综合档案馆综合管理的优势,整合各类档案信息资源,使档案馆建设成为公众获取政府公开信息的便利场所。"[2]《全国档案事业发展"十三五"规划纲要》要求,到 2020 年"全国省级、地市级和县级国家综合档案馆馆藏永久档案数字化的比例,分别达到 30—60%、40—75% 和25—50%"。[3]《"十四五"全国档案事业发展规划》提出,"继续做好'存量数字化',中央和国家机关传统载体档案数字化率达到 80%,中央企业总

---

① 李明华:《在全国档案局长馆长会议上的工作报告》,《中国档案报》2017 年 1 月 5 日。

② 金波、丁华东、倪代川:《数字档案馆生态系统研究》,学习出版社 2014 年版,第 221 页。

③ 国家档案局:《全国档案事业发展"十三五"规划纲要》,《中国档案》2016 年第 5 期。

部传统载体档案数字化率达到 90%，全国县级以上综合档案馆应数字化档案数字化率达到 80%"。①

强化电子档案接收。随着现代信息技术的广泛应用，电子文件大量产生，并成为社会活动记录的重要档案形态，接收电子档案是数字档案馆资源建设的重要任务，"必须延伸到为其提供信息资源的各立档单位的档案室"②。然而，由于数字档案馆理念、设备、人力上的限制，存在电子档案的接收工作进展不顺利，大量电子档案"无处收留"的情况。因此，数字档案馆要强化电子档案的收集、管理工作，"应当根据档案接收范围，建立电子档案接收进馆制度和机制，配备必要的技术手段，从源头上保证数字档案信息的真实、完整、可用"。③

拓宽档案资源收集渠道。数字档案资源建设要树立"大档案观"，在接收立档单位依法移交档案的同时，需要拓展收集渠道，通过社会征集、网络采集等方式，扩大档案资源收集范围。首先，社会征集是数字档案资源建设的重要途径，随着社会的多元化发展，档案形成主体也日趋多样，除依法移交的档案外，还有大量对国家和社会有价值的档案散存于民间，数字档案馆应加大力度向社会征集有价值的档案，不断扩大数字档案资源库；其次，网络采集是信息技术赋予数字档案馆便捷而有效的档案收集方式，"通过网络链接政府信息资源库、各行业专业数据库、社会公共服务网站、个人网站及其他数字档案馆，动态地采集所需的数字档案信息；再次通过网络有针对性地捕获具有区域、地方特色的档案，以及关系公众利益的民生档案等，有利于馆藏特色档案、专题档案的建设。"④多渠道地收集档案信息，不仅能够扩充数字档案资源的数量，而且能够解决档案资源建设中的"四多四少"问题，即"宏观档案多，微观档案少；政务档案多，科技、经济档案少；公务档案多，私人事务档案少；一般档案多，特色档案少"⑤，拓宽数字档案资源的种类。

加强民生档案收集。随着公民信息权利意识的提升，社会大众对与自

---

①　《中办国办印发〈"十四五"全国档案事业发展规划〉》，《中国档案》2021 年第 6 期。

②　王保国：《数字档案馆建设中的若干关系》，《中国档案》2004 年第 11 期。

③　国家档案局办公室：《数字档案馆建设指南》（档办〔2010〕116 号）。

④　金波、丁华东、倪代川：《数字档案馆生态系统研究》，学习出版社 2014 年版，第 232 页。

⑤　张会超：《档案开发利用教程》，辽宁大学出版社 2014 年版，第 96 页。

身利益密切相关的民生信息需求大量增加。有关城市居民利用档案的调查显示，公众对档案内容利用选择率最高的依次是当地人文、地理、风俗、建筑特色、自然景观、历史古迹档案、重要历史人物档案、重大历史事件档案等特色档案以及学籍、户籍、工龄、工资档案和婚姻、拆迁、健康、社保等民生档案[①]。"从利用内容考察，查找政策文件（档案）、工作参考文件、民生档案、学籍与毕业证明、婚姻档案的用户较多，分别占 54.49%、47.40%、42.36%、17.48%、13.54%。"[②] 加强民生档案资源建设，服务民生，是新时期档案部门工作的重要任务，有利于推动建立覆盖人民群众的档案资源体系和方便人民群众的档案利用体系。"要坚持以人为本，转变重事轻人、重物轻人、重典型人物轻普通人物的传统观念和认识，重视所有涉及人的档案的价值，努力建立覆盖人民群众的档案资源体系。"[③]《关于加强和改进新形势下档案工作的意见》提出，"各级国家档案馆要积极接收各类民生档案，把民生档案纳入国家档案资源体系"。[④] 为此，数字档案馆在档案资源建设过程中，应加大力度注重民生档案的收集，如人事档案、户籍档案、学籍档案、知青档案、复退军人档案、劳模档案、婚姻档案、房地产档案、土地承包档案、食品安全档案、医疗卫生档案、居民健康档案、失业登记档案、诉讼档案、公证档案等，满足民众最迫切的档案信息利用需求。

加强特色档案收集。特色化是数字档案馆生存和发展的关键，特色档案是传承和弘扬优秀文化的重要载体，具有品牌效应。"特色档案重点应该是指具有馆藏特色和地方特色的档案馆藏珍本、孤本和具有地方特色的、反映地方两个文明建设成就的、具有印证和参考依据作用的档案。"[⑤]我国各级数字档案馆按行政区划分级设立，收集管理本级分管范围内各

---

① 胡燕:《普通公众档案利用行为对档案馆建设的影响及对策研究》,《档案学通讯》2016 年第 6 期。

② 周耀林、赵跃等:《面向公众需求的档案资源建设与服务研究》,武汉大学出版社 2017 年版,第 38—39 页。

③ 国家档案局:《关于加强民生档案工作的意见》(档发〔2007〕12 号)。

④ 《中共中央办公厅国务院办公厅印发〈关于加强和改进新形势下档案工作的意见〉》,《中国档案》2014 年第 5 期。

⑤ 杨汝鉴:《兰台荟萃——云南省档案学术论文集》,云南科学技术出版社 2006 年版,第 289 页。

历史时期的有关档案。因此，数字档案馆在档案收集过程中，要关注反映本行政区域内发展与变迁的民俗档案、非遗档案、红色档案等特色档案资源。比如当地名胜古迹、风土人情、老字号、名人名家等，建设区别于其他数字档案馆馆藏的特色档案资源库，形成独有的数字档案资源，提升数字档案馆生态系统的竞争力和社会影响力。如上海市档案馆的近代中国金融变迁档案、老字号档案；苏州市档案馆的丝绸档案；安庆市档案馆的黄梅戏档案等。安庆市档案馆主动收集第五届黄梅戏艺术节形成的档案资料，包括文艺活动、经贸活动、日程安排、工作指南、活动指南、艺术节期间演出剧目、艺术节节徽等 368 件档案，为第六届中国（安庆）黄梅戏艺术节成功举办提供了翔实的档案参考。①

加强多媒体档案收集。多媒体档案是多媒体技术发展与普及的产物，是一种新型的数字档案信息资源，不仅能有效地反映现实信息世界，更具有直观、生动的视听效果，在经济建设和精神文明建设中发挥着越来越重要的作用。多媒体技术的不断发展和使用的便捷性、大众化趋势明显，为社会形成多媒体信息和多媒体档案创造了条件。同时，在数字档案资源利用中，多媒体档案受到用户的广泛青睐，人类进入一个多媒体文化崛起和多媒体资源消费的时代。"多媒体档案具有内容的真实性、形式的生动性、传播的便捷性、利用的大众性等特点，有利于优化馆藏档案资源结构，有利于档案信息的广泛传播，有利于推进档案利用的社会化，有利于提高全民的档案意识，多媒体档案数据库将成为数字档案信息资源建设的一大亮点。"② 因此，不论是从数字档案资源的来源来看，还是从数字档案资源的利用来看，都"需要加强多媒体档案信息资源的收集，改善数字档案馆多媒体档案资源的稀缺状态，优化馆藏档案信息资源结构"。③

（2）加大数字档案资源开发力度

数字档案资源开发是数字档案资源价值实现的重要手段，是数字档案资源库建设效果的重要体现，是数字档案馆资源文化功能发挥的重要途

---

① 汪梅霞：《安庆市档案局挖掘档案文化内涵助力文化繁荣》，2013 年 3 月 19 日，见 http://www.aqda.com.cn/control/view.php?aid=78。

② 金波：《论数字档案信息资源建设》，《档案学通讯》2013 年第 5 期。

③ 金波、丁华东、倪代川：《数字档案馆生态系统研究》，学习出版社 2014 年版，第 147 页。

径。因此，数字档案馆应加大数字档案资源开发力度，多角度、多主体、多手段地挖掘档案资源价值，"保证数字档案资源'收得进、管得住、交得出、用得好'"①。

多角度开发。随着社会主义文化事业的发展，人们的物质生活与精神生活得到了极大的充实与提高，公众不仅希望档案信息资源服务更加系统、有效、实用，更希望能够拓展到文化休闲、知识拓展、娱乐消遣、业余鉴赏等多个领域。但是，目前存在档案信息资源开发视角较为单一的情况，大多从档案资源角度进行开发，导致档案编研成果与社会需求相脱节，开发成果往往是"孤芳自赏"，社会效益不高。如在档案编研方面，"档案部门仍普遍局限于史料编纂的思路，对当时当地的政治、经济、文化重要事件及社会广泛关注的热点话题缺乏敏锐而及时的洞察"②，编研出的产品难以满足公众的需求。数字档案资源开发应聚焦政府决策、中心工作、社会热点、民众需求等主题，扩大数字档案信息资源开发视域，为了保证开发成果的真实、生动、丰富，档案选材不局限于馆藏档案资源，"档案不足资料补，馆内不足馆外补"，开发出社会需要的专题档案、特色档案和多媒体档案等文化产品，满足人民群众的文化需求。

多主体开发。有效地开发档案信息资源是实现档案价值的前提条件。由于数字档案馆人力、财力、技术资源有限，档案管理者面对"海量"档案信息的开发往往力不从心，导致大量档案资源的价值得不到发挥。"青岛市档案馆保存着大量的德文档案，但苦于馆内工作者德语水平有限，这部分档案还未得到有效开发。"③多主体开发是档案利用服务工作发展的趋势，《国家档案局中央档案馆关于加强档案信息资源开发利用工作的意见》提出："积极支持社会力量对已公布档案信息内容进行研究和开发，努力提高档案信息资源开发利用的深度。"④数字档案馆档案资源开发主体"既可以是公益性社会机构，如博物馆、图书馆、文化馆等其他类型的公共文化服务机构，以高校和科研院所为代表的教育机构等；也可以是商业性组

---

① 李明华：《在全国档案局长馆长会议上的工作报告》，《中国档案报》2017年1月5日。
② 檀竹茂：《档案信息资源开发的有效途径——协同合作》，《档案学通讯》2014年第2期。
③ 檀竹茂：《档案信息资源开发的有效途径——协同合作》，《档案学通讯》2014年第2期。
④ 国家档案局、中央档案馆：《关于加强档案信息资源开发利用工作的意见》（档发〔2005〕1号）。

织，如以营利为目的的私营企业、专业化市场化的档案服务供应商、互联网运营商等；还可以是个人，如记者、作家等具有特殊背景的专业人员甚至是普通公民等"①，尤其是通过公众开发档案信息资源，可以弥补档案管理人才团队在知识能力和人力资源上的缺陷，这样既能够减少资源不足和开发成本，又能够促进社会公众参与，产生巨大的开发效果。如2013年苏格兰启动最大的历史档案转录项目——苏格兰地名转录项目（Transcribe Scotlands Places），邀请社会公众对档案馆中数字化的1645—1880年间的15万页历史档案进行识别，志愿者可以在网上识读这些档案上的古老手写文字并鉴别其中的地名等内容。②

多手段开发。当前，数字档案资源开发仍以档案编研为主要方式，"十二五"期间全国各级综合档案馆出版的档案编研成果达6080种21亿字，呈现形式大多为"编辑出版档案汇编图书"③。现代信息技术的发展极大地丰富了数字档案馆档案信息资源的开发手段和开发方式，可采用数字技术、多媒体技术、3D技术等对档案信息资源进行全方位开发，制作档案文献汇编、档案展览、档案纪录片、档案多媒体编研片等开发产品，不仅能够将数字档案信息资源通过视频、语音、展览等公众喜闻乐见的形式展示，而且能够克服传统编研传播的滞后性，与新闻媒体、移动互联等传媒机构合作，使得开发产品能够及时地传播到社会大众中。如江苏省档案局整合全省档案资源，联合《扬子晚报》，开辟文化历史专版"档案穿越"，通过亲历者叙说和专家解读形式，以新闻讲述档案，荣获2012年度"江苏省宣传思想文化工作创新奖提名奖"；成都市档案馆和成都市电视台合作，制作《这里是成都》《秘档》等栏目。将档案文化以通俗化、大众化的方式创作，并采用贴近生活的社会化媒体进行传播，不仅能够传播档案文化知识，而且能够让档案真正走进百姓的日常生活中，更加接地气地传播档案文化。

---

① 檀竹茂：《档案信息资源开发的有效途径——协同合作》，《档案学通讯》2014年第2期。

② National Records of Scotland, *Treasured Places: 100 Years of RCAHMS*, 2017年9月3日，见 http://www.treasuredplaces.org.uk/index.php。

③ 李明华：《着力提升服务能力 深化"三个体系"建设 大力推进新形势下档案馆工作——在全国档案馆工作会议上的讲话》，《中国档案》2016年第11期。

3. 加快档案开放利用

"档案价值实现是档案价值的外化或外在表现，是通过利用行为所达成的对档案价值本身的反映。"[1] 换言之，没有开放利用，就没有档案价值实现的途径。《档案法实施办法》第十九条规定，"（一）中华人民共和国成立以前的档案（包括清代和清代以前的档案；民国时期的档案和革命历史档案），自本办法实施之日起向社会开放；（二）中华人民共和国成立以来形成的档案，自形成之日起满 30 年向社会开放；（三）经济、科学、技术、文化等类档案，可以随时向社会开放"。[2] 然而，当前数字档案馆开放的数字档案资源体量较小，有些数字档案馆即使搭建了档案网站开放平台，却没有数字档案信息资源可供查询，数字档案信息资源开放共享亟待加强。

档案信息资源开放共享与保密安全一直是数字档案馆建设中面临的突出问题。信息化、数字化、网络化为数字档案信息资源的开放共享提供了平台，但同时也给数字档案信息资源的安全带来极大挑战。如维基解密网站的"棱镜事件""阿富汗战争事件"等泄密事件，波及多个国家的政府信息、军事信息、公民信息等；中国也存在过泄密事件，给国家的安全和利益造成极大危害。[3]

在数字档案资源管理中，需要正确处理保密与开放的关系。"在信息化条件下，一方面数字化和网络化为档案信息的开放、共享提供了优越的条件。社会的开放也给档案信息的公开提出了客观的要求，成为档案事业发展的必然趋势；另一方面开放的网络平台和数字化手段，也给档案信息的保密带来极大的难度和风险，加强档案信息的保密也是维护国家、民族和人民利益的迫切需要。于是，在档案的利用中，保密和共享经常成为矛盾的对立面，当人们强调保密时往往以牺牲共享为代价；当扩大共享时，也往往存在较大的泄密风险。"[4] 因此，数字档案馆需要采取积极有效的防范措施，"始终抓住档案的安全保密不放松，把安全保密作为第一责任和

---

①　张斌：《档案价值论》，中央文献出版社 2000 年版，第 4 页。

②　《中华人民共和国档案法实施办法》（国家档案局令第 5 号，1997）。

③　《海南席世国窃密案纪实》，2007 年 5 月 29 日，见 http://www.ahbm.gov.cn/fgxc/xcjy/jsal/9031301.html。

④　金波、丁华东、倪代川：《数字档案馆生态系统研究》，学习出版社 2014 年版，第 274—275 页。

基本职责，全面提升安全保障能力，确保档案安全保密万无一失"。[①] 同时，"数字档案馆长期模糊、回避数字档案信息的开放问题，开放鉴定工作思路模糊，数字档案开放鉴定工作严重滞后"[②]，迫切需要在安全保密的前提下，加快数字档案资源开放鉴定步伐，促进数字档案资源的共享利用。如青岛市档案馆将档案开放鉴定向前端延伸，"要求机关档案室负责将新形成的档案通过鉴定标示开放等级，并初步探索由各形成机关负责将已进馆的未满30年档案进行开放鉴定，对其中可公开的档案，使用统一的档案信息利用平台，供机关工作者和其他机关自行查阅利用"。[③]

开放共享既是数字档案馆共同价值观的重要内容，也是数字档案信息资源发挥价值的必由之路。"要在解放思想、开放档案和对外交流等方面下功夫，进一步提高档案干部解放思想的理论和水平，将档案工作自觉融入大局全局之中；进一步依法依规推动档案开放，促进档案资源社会共享；进一步扩大档案对外交流与合作，提高档案工作的软实力。通过加大开放的力度、推进开放的深度、扩大开放的广度，推动档案事业的繁荣发展。"[④] 数字档案馆工作者作为数字档案信息资源的形成者、保管者和传递者，应积极探索数字档案资源开放利用的方法与手段，创新数字档案资源服务方式，加快数字档案文化资源的流动与传播，充分发挥数字档案资源的文化传承、文化交流、文化创新、文化保护等价值，促进数字档案资源信息消费。

（二）数字档案馆技术文化管理

随着科学技术的发展和社会环境的变化，"信息技术"已经成为人们工作、学习、生活不可或缺的一部分，数字档案馆生态系统建设亦是如此。计算机技术和信息存储技术的出现改变了档案信息的记录方式、存储方式和管理方式，扩大了数字档案馆的存储容量；网络技术的出现改变了档案信息的传递方式、利用方式和传播方式，打破了档案利用时间和空间

---

① 杨冬权：《在全国档案局长馆长会议上的讲话》，《中国档案》2011年第1期。

② 张晰：《加强档案馆数字档案开放共享工作的若干思考》，《浙江档案》2016年第10期。

③ 青岛市档案局馆：《不断探索档案开放鉴定的新路径》，2016年11月21日，见 https://www.saac.gov.cn/daj/c100302/201611/23ecbb8570134609bf6c57263166373f.shtml。

④ 李明华：《在全国档案局长馆长会议上的工作报告》，《中国档案报》2017年1月5日。

的限制，提高了档案工作效率。然而，新技术在为数字档案馆建设发展注入新活力的同时，也带来技术应用与信息安全上的挑战。因此，数字档案馆技术文化管理，要求档案工作者正确认识现代技术在数字档案馆建设中的地位与作用，科学、理性地研究和探索新技术的应用，为数字档案馆建设提质增效，形成有效的技术文化环境，推动数字档案馆生态系统健康有序运行。

1.树立正确技术观念

信息技术是数字档案馆最具时代性的特征，也是数字档案馆核心竞争力的来源之一。信息技术不仅能够使得档案馆的日常工作更加快速便捷，提质增效，更能够通过计算机技术、互联网技术、多媒体技术等新技术，为档案用户提供"一站式"、个性化、精准化的档案信息服务，提升数字档案馆服务质量。如"南京市档案馆和上海浦东档案馆实现跨区域馆际共享，跨馆利用档案门类为双方馆藏部分民生档案，暂定为婚姻、独生子女、知青档案等三类"。① "杭州市的'智慧档案'是以全市档案信息资源为基础，通过政务云平台纵向连接各区县（市）综合档案馆，横向连接各市级立档单位和社会公众，提供民生档案跨馆查阅和档案开放等服务，实现了全市档案信息资源的整合和共享利用，社会公众在任何一个服务站点都能获取到自己所需的档案信息"②，打破了"信息孤岛"，实现档案资源的远程利用和共建共享，提高档案信息资源的利用效率，有利于推动档案信息的知识转化。为此，数字档案馆工作者应不断提升自身信息技术水平，时刻关注科学技术发展的动向和技术应用环境的变化，掌握新技术在其他领域的应用状况及应用效果，加强新技术应用研发，并针对相关新技术应用进行调查、分析和评估，将适用的、成熟的新技术应用到数字档案馆实践中，推动数字档案馆技术更新。同时，也应全面、理性地认识到信息技术存在的安全风险隐患，如数字档案长期保存、网络传输安全和利用安全等风险因素，严防一些不成熟、不合理的技术在档案部门应用。

此外，数字档案馆是对传统档案馆的继承与变革。传统档案馆在长

---

① 姚媛媛:《在南京可异地查询上海档案了 目前只限婚姻等三类》,《金陵晚报》2015 年 3 月 10 日。

② 赵芳洲:《杭州"智慧档案"打造"升级版"》,《杭州日报》2014 年 9 月 26 日。

期的实践工作中形成了一整套传统档案技术，包括纸质档案去污技术、纸质档案去酸技术、纸质档案加固技术、纸质档案修裱技术、纸质档案字迹恢复与显示技术、声像档案修复技术等。当前，数字档案馆中的数字档案资源大多来自于传统档案的数字化，利用去污、去酸、修裱等档案修复技术，有利于保障纸质档案的完整、安全与长期保存，也是数字档案馆建设中不可缺少的技术手段。数字档案馆应当承担历史责任，对传统的档案技术必须给予足够的重视，既要保障传统档案技术的传承与延续，又要学习和运用现代科学技术，总结传统档案技术的经验，寻找其合理的内核，对传统档案技术进行科学的装备和改造，创造出适合于档案保护和管理的技术方法。

数字档案馆的技术文化管理，要求数字档案馆工作者继承与创新相结合，在充分认识传统档案技术价值的基础上，有效地保护和传承传统档案技术；同时，也要适应现代信息技术的发展，科学、合理地运用和采用新技术、新方法、新手段，不断创新，推动数字档案馆的现代化、信息化与智能化建设。

2. 规避"技术盲从"

信息技术的发展极大地推动了档案信息化建设，促进了数字档案馆的形成与发展。但也由此产生了"唯技术主义观"，"认为科学技术是解决档案工作一切问题的法宝，档案管理的唯一出路就是实现以计算机为核心的管理现代化，鼓吹技术决定论，对信息技术表现出迷信和狂热"[1]，制约了数字档案馆生态系统的健康发展。传统档案馆为了适应数字化生存、信息化环境，积极应用现代信息技术拓展生存空间和管理领域，经过不断的探索和尝试，形成了数字档案馆。不可否认，数字档案馆是现代信息技术发展的产物，需要大量的技术作支撑，确保其良好运行。但是，数字档案馆建设绝不仅仅只是技术，如数字档案馆建设规划、管理理念、管理模式、人文关怀、数字档案信息共享与安全策略等一系列问题单靠技术是无法解决的。技术不是目的，只是实现预定目标的工具和手段，"三分靠技术，七分靠管理"，只有将技术融入数字档案馆建设中、管理中才能发挥应有

---

[1] 李圭雄、黄力:《科学精神与人文精神在档案工作中的融合与共建》,《湖北档案》2004年第9期。

的效用，才能推动数字档案馆建设和数字档案馆生态系统成长。

数字档案馆建设要准确处理技术与人文的关系。信息技术渗透于数字档案馆的各个角落，涉及档案管理的方方面面，但不管信息技术如何运用，数字档案馆的"核心功能不会变，它的经济效益也不会随之增加，社会效益也不可能呈线型发展，它始终都是一个内涵发展大于外延扩张的人文主义事业"。[①] 能否将信息技术与人文关怀有效地结合起来，将决定着数字档案馆能否良性运行和健康发展。"数字档案馆生态系统是由人、技术、信息资源与生存环境等多种生态因子构成的，在强调技术因子的同时，也要注重人文关怀在数字档案馆生态系统运行的重要意义，以保持各方面的平衡投入和均衡发展，维护生态系统的和谐稳定。"[②] 因此，在数字档案馆建设中，一方面要积极应用新技术、新方法推动技术升级、业务流程改造；另一方面要注重人文关怀，一切新技术的应用都要"以人为本"，尊重人的情感因素，满足档案形成者、档案管理者、档案利用者的合理诉求，"积极探索档案信息化设施和设备的人性化、管理制度的人性化和软件操作的人性化"[③]，构建一个和谐的数字档案馆生态系统。例如，对档案用户的人文关怀，就是以档案用户的需求和发展为中心，利用信息技术优势创新服务模式，通过网络服务打破时间与空间的限制，使得档案用户能方便、快捷地获取档案信息，节省档案用户的时间；通过数据挖掘与信息分析，在复杂、零乱的数据背后寻找档案用户的信息需求，为个性化、精准化档案信息服务提供决策支持。

数字档案馆生态系统技术文化管理要求档案工作者理性认识信息技术在数字档案馆建设中的作用，避免技术盲从，注重技术因素与人文因素的有效融合，通过技术进步打造人性化的管理平台、保管平台与服务平台，创造有利于数字档案馆生态系统发展的人文环境。

3. 理性选择"新技术"

技术是一把"双刃剑"，信息技术在为数字档案馆建设发展增光添彩的同时，也存在一定的技术风险。例如，互联网技术为数字档案信息获

---

① 苏君华：《数字档案馆建设中技术化与人文化的融合研究》，《档案学通讯》2011 年第 6 期。
② 金波、丁华东、倪代川：《数字档案馆生态系统研究》，学习出版社 2014 年版，第 299 页。
③ 金波、丁华东、倪代川：《数字档案馆生态系统研究》，学习出版社 2014 年版，第 302 页。

取与共享提供了快速、便捷的传输渠道，也存在信息保密、安全隐患等问题，特别是新兴技术的开发应用，新设备、新材料的使用，更要认真对待，须在反复实验的基础上才能使用。因此，数字档案馆新技术的应用应秉持理性态度，切不可盲目从事，必须结合数字档案馆工作特点与管理要求广泛试验，综合评估新技术的成熟性、安全性、实用性，确保新技术应用不会对数字档案馆建设造成负面影响。

数字档案馆要选择成熟性的技术，不成熟的技术存在淘汰过快的风险。如信息存储载体早期广泛使用的软盘，在应用不久后就被闪存盘（U盘）、硬盘、光盘等替代。任何技术的应用都需要理性、科学、客观的态度，防止盲目跟风，造成技术与资源的浪费。"各地政府应冷静对待云计算产业发展问题，如果一味盲从，待到云开雾散之日势必会出现重复建设、资源浪费、应用缺乏、标准滞后等不利局面，进而会严重地影响云计算产业在我国的健康快速发展。"① 因此，面对信息技术的快速发展，档案部门应该保持理性、冷静思考、沉着应对，选择成熟度高、稳定性好、应用广泛的技术，结合数字档案馆建设实际，研制开发适合数字档案馆运行与管理的新技术、新方法，并在广泛试点和实践的基础上，及时总结经验，提高技术的成熟度，适时推广应用。

数字档案信息安全不仅是数字档案馆正常运行的前提，而且关系到国家信息安全和文化传承。由于计算机系统、网络环境的脆弱性，以及数字档案信息的易消逝性、易修改性，数字档案馆在新技术应用时必须重点考虑安全要素，确保数字档案信息的真实、完整、可用、安全和可控。据权威部门统计，在外部人员入侵网络系统的案例中，有近25%是来自于系统实施方，特别是实施方为了掌握使用方的信息，将后门留在软件的后台，或者在软件的后台端口植入木马，以便随时监控和调用使用方的数据。② 数字档案馆要确立"安全第一"战略，"始终抓住档案的安全保密不放松，把安全保密作为第一责任和基本职责，全面提升安全保障能力，确保档案安全保密万无一失"。③ 因此，需要全面考察新技术的安全性，尽可能地规

---

① 杜宏：《对政府热衷云计算的冷思考》，《未来与发展》2013 年第 2 期。

② 潘建华：《大数据背景下档案信息共享平台安全性研究》，《山西档案》2016 年第 3 期。

③ 杨冬权：《在全国档案局长馆长会议上的讲话》，《中国档案》2011 年第 1 期。

避由于技术自身问题而带来的安全威胁，提升数字档案馆安全防范能力。

科学技术是数字档案馆生态系统发展的动力，新技术的应用，优化了档案业务工作流程，提升了档案管理效率，扩大了档案信息存储空间，拓展了档案信息传播途径，提高了档案信息服务水平，推动了数字档案馆的形成与发展。只有实用的技术、成熟的技术才能应用到数字档案馆建设中，发挥其应有的功能和作用。再先进的技术，不适合数字档案馆，也不能盲目使用；只有经过实践检验，切实满足数字档案馆工作需求的新技术，才能发挥技术的能量。例如，青岛市档案馆运用信息采集技术，"对青岛市的一些重要门户网站信息、广播电视信息，搭建了专门的技术平台每天进行自动采集"①，破解网络信息采集工作量大、范围广的难题，提升网络档案信息收集效率。

（三）数字档案馆协同文化管理

"协同理论起源于 20 世纪 70 年代，是在多学科的研究基础上产生并逐渐发展的一门新兴学科，也是系统科学的重要分支理论。协同理论最早是由德国斯图加特大学的赫尔曼·哈肯（Hermann Haken）教授创立的。"②"协同理论主要研究各种完全不同的系统在远离平衡时通过子系统之间的协同合作，从无序态转变为有序态的共同规律。"③

"协同合作是美国建筑学家巴克敏斯特·富勒（Richard Buckminster Fuller）提出的一个概念，用来形容团队联盟建立起来之后，以共同的信念和目标来鞭策集体的行动。"④协同合作的目的在于通过双方或多方的协调与合作共同推动目标的实现，并使协同合作的参与者共同受益。随着社会的发展，通过协同合作扩大自身实力已经成为推动各行各业发展的重要举措，数字档案馆建设也不例外。数字档案馆建设是一项成本高、技术

---

① 青岛新闻网:《市档案局副局长杨来青网谈实录评价》,2015 年 4 月 7 日, 见 http://minsheng. qingdaonews.com/content/2015-04/07/content_10999589.htm。

② 熊励、向郑涛、韩昌玲:《泛在网络的协同服务传递理论与方法——以车联网为例》,清华大学出版社 2013 年版,第 34 页。

③ [德]H.Haken:《高等协同学》,郭治安译,科学出版社 1989 年版,第 20 页。

④ [美]D.C.科多瓦、[美]卡罗尔·戴萨特、林伟贤:《创业者的赚钱系统》,北京大学出版社 2009 年版,第 118 页。

性强、涉及领域范围广的系统工程，个体独自发展往往无法实现预期的目标；同时，随着公众对信息需求的有效性、综合性、便捷性的提升，数字档案馆仅依靠个体自身拥有的档案信息资源难以满足社会公众档案信息利用需求。因此，需要数字档案馆加强馆际以及与其他机构间的协同合作，集成多方资源优势，合作攻关，共同应对，提质增效，推动数字档案馆生态系统建设。

数字档案馆生态系统协同文化管理，旨在通过协调各方发展目标、强化协同合作意识来减少合作进展过程中的碰撞、摩擦、冲突，提升凝聚力，营造良好的协同环境，规避合作过程中可能遇到的问题与阻碍，推动数字档案馆协同合作的有效开展，促进数字档案馆生态系统的健康发展。

1. 增强协同合作意识

发展理念与目标的统一，是决定协同合作能够顺利展开的最核心要素。多样化的协同主体，由于管理模式、工作方式、组织文化的不同，协同合作过程中容易产生矛盾与冲突。相比于通过强制性外力调控，通过协同文化管理，统一协调各方对价值理念、发展目标的认识与追求，有助于更好地化解矛盾，避免冲突产生，推动协同主体加强协同合作。

协同合作是社会文化发展的有效方式。社会文化建设是一个共建共享的过程，数字档案馆与数字图书馆、数字博物馆、传媒机构等部门协同合作，有利于集成各方文化资源，丰富文化资源库，扩大文化服务范围；有利于集成各方优势力量，提升知识传递、文化传播、文明传承的效果，共同推动社会文化的繁荣发展。如中国国际广播电台的《档案揭秘》栏目、北京电视台的《档案》栏目、《扬子晚报》的《档案穿越》专栏，成功地将档案历史文化转变成为社会公众文化，成为社会文化发展的重要推动力量，是数字档案馆与社会媒体之间协同合作的成功案例。

协同合作能够实现多方共赢。网络信息化环境下，公众的信息需求日趋多元化、多样化，"拥有"已经不再是信息机构发展的目标，取而代之的是对于信息的"存取"能力。"存取"要求在提供信息服务时，不一定必须拥有档案用户所需要的信息，可以通过网络和搜索引擎技术查找利用其他信息机构拥有的信息资源，来满足档案用户的信息需求。为此，协同合作能够集成多方资源、技术、经验，提升数字档案馆的"存取"能力，不仅降低建设成本，减少重复建设的消耗，更有利于提高资源利用效率，实现"共赢"和"多赢"。如数字档案馆馆际合作或种群合作，共同开发系统软件、集中采购硬件设备、联合攻克技术难关、合作开展课题研究，不仅分担了数字档案馆建设中的成本及风险，而且解决了档案馆建设中的技术难题和信息共享，达到互利共赢、共同发展的目的。

2. 营造协同合作环境

高效的协同文化管理需要有良好的协同合作环境作支撑和保障。数字档案馆生态系统协同合作环境主要包括制度、人力、物力、财力等方面。

管理离不开制度，组织的正常运行需要制度作保障，协同合作亦是如此。合理的、规范的制度既是对各协同主体的约束，也是有效管理、实施控制的重要手段。法国现代思想家皮埃尔·卡蓝默指出，"如果行动者之间的关系没有清晰的游戏规则，就不存在合作关系"。①因此，数字档案馆生态系统在协同合作开始之前，必须建立一套各主体都认可的、科学的、有效的管理制度，明确协同内容、协同范围和协调机制，规范各协同主体的行为，包括权利与义务、技术平台应用、信息采集整理、信息共享交换、安全保密与知识产权保护等各个方面，强化信息资源共享法规标准建设，确保数字档案信息协同共享和数字档案馆协调建设有章可循，保障数字档案馆生态系统各协同主体的权利和责任，减少协同合作过程中的阻力和障碍。

数字档案馆生态系统协同文化管理需要档案行政管理部门的大力支持和帮助。协同合作是一项涉及资源建设、技术研发、人员培训、科学研究等多领域的，跨越文化机构、行政机关、企事业单位、大众媒体、技术机构等多行业的，需要有充足的资金、人力、技术作为支撑的，复杂的、长期的工作，在协同过程中极易产生信息沟通障碍、利益分配不均、机会主义行为等问题，长此以往会导致协同合作失败。因此，协同合作不仅需要规章制度进行保障和约束，而且还需要档案行政管理部门进行协调和支持，营造协同合作生态，培养协同合作精神，推动协同关系建立，监督、指导各协同主体有序开展协同工作。档案行政管理部门的协调支持，主要

① ［法］皮埃尔·卡蓝默:《破碎的民主:试论治理的革命》，高凌瀚译，生活·读书·新知三联书店 2005 年版，第 170 页。

包含资金支持、人才队伍支持、技术力量支持等。资金支持是协同合作顺利开展的最基本要素，"数字档案馆技术要求高，更新速度快，涉及范围广，建设费用主要涵盖基础设施、数字档案信息资源存储、电子文件管理系统、多媒体档案管理系统、数字档案管理系统、档案网站、人力资源等方面，相对于传统档案馆，投入十分巨大"。[①]为此，需要政府部门加大财政支持力度，设立数字档案馆协同创新培育资金，鼓励联合开发、合作研制和协同攻关，为数字档案馆生态系统建设营造良好的协同环境。人才队伍是协同合作能够顺利开展的决定性因素，数字档案馆协同合作涉及多个行业、领域，需要一支专业知识和信息技术兼备的高素质人才队伍，有效应对并解决数字档案馆建设过程中出现的各种问题和技术难题。为此，需要档案行政管理部门加强人才队伍建设，特别是专业技术人才队伍建设，建立一支适应信息化发展和数字档案馆建设的人才团队；同时，还要加强对各数字档案馆管理人员进行协同理论、专业知识与信息技能的培训，提高协同意识、业务能力和技术能力，保障数字档案馆共建共享和协同合作的顺利开展。技术力量支持是数字档案馆协同合作顺利开展的重要保证，由于数字档案馆建设是一项专业性、技术性很强的工程，需要大力开展技术应用研究、管理系统研发、应用平台研制等技术工作，仅靠数字档案馆个体的技术力量是难以开展的。因此，档案行政管理部门的技术协调与支持显得尤为重要，一方面，加强数字档案馆间的协同合作，聚集技术力量和技术资源，联合开发研制数字档案馆信息管理系统和应用平台；另一方面，加强数字档案馆与信息化管理机构或计算机软件公司等技术部门之间的合作，利用信息技术部门的技术优势，合作开展数字档案馆应用系统的设计、研制和运维等工作。

3. 拓展协同合作范围

"传统载体时代，信息流动速度慢，协作难度大，档案馆、图书馆、博物馆、大众媒体职能不同，彼此之间较少联系，交流合作少。数字时代，信息流动速度加快，信息交流便捷，信息传播方便，数字信息以其'积极'、'动态'、'便捷'的特性，改变着长期以来信息的传播、利用和管理方式，给利用者带来前所未有的轻松和便利，有利于建立数字信息资

---

① 　金波、丁华东、倪代川：《数字档案馆生态系统研究》，学习出版社 2014 年版，第 277 页。

源共建共享体系，推动整个社会信息化进程的加快。"[①] 数字档案馆生态系统协同合作包括内部协同合作与外部协同合作。数字档案馆除了做好内部协同外，还要加强外部协同，通过协同文化管理，搭建合作平台，建立沟通渠道，促进信息交流与共享。数字档案馆外部协同，主要包括数字档案馆馆际协同、数字档案馆与文化事业机构、社会媒体、高等院校等机构之间的协同。

数字档案馆馆际协同。当前，我国数字档案馆建设大多是依据档案馆自身工作要求，并结合本地经济发展实际状况而开展的。缺乏统一规划，缺少协同合作，易造成数字档案馆建设各自为政，存在技术系统异构、数据结构异构、业务流程异构、服务平台异构等问题，数字档案信息资源彼此孤立，难以实现集成共享和有效利用，无法满足公众日益增长的档案信息利用需求，如跨馆查档利用、档案信息知识挖掘等。因此，要加强数字档案馆馆际协同合作，分析把握数字档案馆生态系统建设环境，确立数字档案馆建设目标、建设原则、建设内容、建设框架、建设路径和建设策略，引领指导数字档案馆建设，保持数字档案馆建设与社会生态系统协同共进，加快数字档案馆建设步伐。数字档案馆馆际的合作可以是多方面、多途径的，可以从横向与纵向两个角度开展。纵向层面的合作是国家、省、市、县数字档案馆之间的合作；横向层面的合作是综合数字档案馆与专业数字档案馆、部门数字档案馆、数字档案室等之间的合作，不仅可以获取存放于专业数字档案馆的信息资源，还可以及时利用未进馆的档案信息，大幅度提升数字档案资源的利用效率，减少档案信息利用成本。如天津市档案馆联合全市 20 家国家综合档案馆签订了《民生档案信息馆际"一站式"服务公约》和《民生档案信息馆际"一站式"服务责任书》，形成"一站式"民生档案信息协同服务[②]；2017 年 1 月 12 日，浙江省档案馆与美国犹他家谱学会签署《FAMILY SEARCH 国际档案馆合作协议》，美国犹他家谱学会将在浙江省档案馆新馆三楼查阅大厅开设犹他家谱学会查

---

① 金波、丁华东：《数字档案信息资源的协调与竞争》，《浙江档案》2013 年第 9 期。
② 李敏：《"互联网 +"背景下的档案馆馆际一体化建设研究》，《浙江档案》2016 年第 9 期。

阅利用中心，免费为社会各界提供家谱查询及寻根服务。[①]

数字档案馆与文化机构之间协同。图书馆、档案馆、博物馆（Library，Archives，Museum，简称 LAM）是公共文化服务体系中最重要的文化机构，肩负着保存文化遗产、提供文化信息、开展文化服务的重要使命。随着信息技术和网络技术的发展应用，人们对精神文化的消费要求越来越高，信息需求越来越多样化，需要图书馆、博物馆、档案馆三方协同合作，集成档案、文献、文物等信息资源，汇聚"精品文化"，实现资源共享，向社会大众提供丰富多彩的文化信息资源，引领社会文化发展。如"加拿大将该国的国家图书馆和国家档案馆两者整合为国家图书档案馆（Library and Archives Canada，简称 LAC），集合了原国家图书馆和档案馆的资源、服务、人员，不仅为加拿大当代民众和后代保存历史文献遗产，而且成为加拿大人民获取图书档案资源与服务的平台。英国专门设立了博物馆、图书馆和档案馆理事会（Museums，Library and Archives Council，简称 MLA），统筹管理三馆的资源和经费运用，让三馆为越来越多的英国公民提供高质量的实践活动，丰富公民的生活"。[②] 我国图书馆、档案馆、博物馆之间合作的研究始于 20 世纪 90 年代，经过各方努力，实践中开展了一些合作项目，如全国性的"全国文化信息资源共享工程"、区域性的"国家科技图书文献中心"等。"2002 年，文化部、财政部联合启动了'全国文化信息资源共享工程'。该工程将全国图书馆、博物馆、美术馆、艺术院团、研究机构拥有的各种类型的文化信息资源精华，通过充分利用现代信息技术手段，进行数字化加工处理与融合，建成互联网上的中华文化信息中心，并通过覆盖全国的文化信息资源网络传输系统，实现优秀文化信息在全国范围内的共享，这是我国 LAM 数字资源整合的标志性工程。"[③] 我国数字档案馆与文化机构之间的协同合作目前处于探索阶段，虽然开展了一些合作项目，但在实际工作中仍存在许多问题亟待解决与完善，如

---

① 浙江省档案局档案文化处：《浙江省档案馆与美国犹他家谱学会签订合作协议》，《浙江档案》2017 年第 1 期。

② 郑燃、李晶：《我国图书馆、档案馆与博物馆数字资源整合研究进展》，《情报资料工作》2012 年第 3 期。

③ 郑燃、李晶：《我国图书馆、档案馆与博物馆数字资源整合研究进展》，《情报资料工作》2012 年第 3 期。

"'中国数字图书馆工程'覆盖范围以图书馆和情报机构为主，并未包括档案馆和博物馆的文献资料；'全国文化信息资源共享工程'主要由全国图书馆、博物馆、美术馆、艺术院团、情报研究机构的共同参与，但未包括档案馆，而且博物馆、美术馆、艺术院团、研究机构所占资源比例很低"。[①]我国一些企业将档案馆、图书馆、情报中心整合在一起，如宝钢集团中央研究院情报中心、中国商飞上海飞机设计研究院档案中心等，实现企业档案信息、文献信息、情报信息的资源集成与共享利用。

数字档案馆与大众媒体之间协同。数字时代，信息流动速度加快，交流传播方式多元，报纸、广播、电视、网络、移动通信等大众媒体的信息来源广泛，时效性强，更新速度快，在信息化社会中的作用日益提升[②]。数字档案馆与大众媒体之间协同合作，不仅能够拓展数字档案信息资源的传播渠道，而且能够为社会大众提供优质的、专业化的档案信息利用服务，提升数字档案馆的社会文化地位。如青岛市档案馆与半岛都市报社签订战略合作协议，一方面，半岛都市报社将记者拍摄的全部新闻照片及所刊登的照片及时向青岛市档案馆移交，由青岛市档案馆进行著录、编目，对照片进行安全备份和存储，确保其完整安全和长久保存，同时将电子目录和著录照片返还半岛都市报社一套，供其查考利用；另一方面，青岛市档案馆与半岛都市报社将共同对馆藏历史档案资料进行研究与开发，推动馆藏档案资源文化的传播与交流[③]。"为纪念毛泽东同志诞辰120周年，中央档案馆举办了毛泽东手书诗词展览；与国家博物馆联合举办了毛泽东书法与当代名家雕塑绘画展；编辑出版毛泽东手迹系列丛书；制作了专题网络视频《档案天天看——毛泽东档案系列》365集，在国家档案局网站和人民网每天推出1集，社会反响热烈。为庆祝中国共产党建党95周年，中央档案馆国家档案局与新华社合作推出珍贵历史档案背后的党史故事系列稿件，通过新华社、新华视点客户端和微信公众号同步向公众传播展示。"[④]

---

① 陈京莲：《我国图书馆、档案馆、博物馆馆际合作项目分析》，《情报探索》2016年第7期。

② 金波、丁华东：《数字档案信息资源的协调与竞争》，《浙江档案》2013年第9期。

③ 李正香：《聚合社会影像 留存城市记忆——青岛市档案馆与半岛都市报社开展战略合作》，《中国档案》2013年第9期。

④ 韩海蛟：《唱响主旋律 传播正能量——党的十八大以来档案宣传工作服务党和国家工作大局作用显著》，《中国档案报》2017年9月21日。

　　数字档案馆与高等院校之间协同。数字档案馆与高等院校之间的协同合作，重点在人才队伍的合作培养。数字档案馆借助高校的师资力量，对数字档案馆工作者的业务能力、知识素养进行培养与提升；同时，高校可将数字档案馆作为实践基地和教学科研考察点，为档案学专业学生提供实习机会，了解实践工作经验，将理论与实践相结合，全面塑造档案学专业人才。数字档案馆与高等院校之间协同合作，对于数字档案馆而言，是壮大师资力量，提升当前工作力量，培养数字档案管理干部队伍；对于高等院校而言，是提供实践基地和产学研平台，提升未来工作力量，培养档案管理专业人才。目前，高校档案学专业大多与档案实践部门形成协同关系，共同开展产学研合作，培养专业人才。如中国人民大学档案馆、信息资源管理学院和湖州市南浔区档案馆签订友好合作协议，成立中国人民大学信息资源管理学院·南浔区档案馆教学科研实践基地[①]。

　　随着科技、经济、文化的快速发展和社会转型的加速，数字档案馆建设面临的风险因素愈加复杂，协同合作关系的建立能够帮助数字档案馆有效应对外部环境的快速变化，保持良好的发展态势。因此，数字档案馆应积极构建并拓展对外协同合作，强化协同文化管理，在巩固与文化机构、社会媒体、高等院校之间协同合作的同时，积极探索与企事业单位、信息技术机构等主体之间协同合作，不断扩大信息、技术、人才、文化资源库，为数字档案馆的健康发展提供源源不断的动力。

（四）数字档案馆服务文化管理

　　"服务是档案工作的生命线，也是档案工作的出发点和落脚点。"[②]数字档案馆需要强化服务意识，树立"用户第一、用户至上"的服务理念，以用户利用需求为牵引，不断创新档案利用服务方式，深化档案利用服务内涵，增强档案服务的主动性、针对性、实效性和时代性，促进档案信息资源的广泛传播和有效利用，形成档案服务文化。数字档案馆服务文化管理就是通过明确档案服务工作目标，优化档案服务手段，创新档案服务模

---

　　① 湖州市南浔区档案局：《中国人民大学馆院与湖州市南浔区档案馆建立友好合作关系》，《浙江档案》2015年第12期。

　　② 李明华：《在全国档案局长馆长会议上的工作报告》，《中国档案报》2017年1月5日。

式，拓展档案服务领域，不断提高数字档案馆的服务能力和服务水平，提升档案用户服务满意度。

1. 明确数字档案馆服务目标

随着社会的进步和档案事业的发展，以及档案信息化建设的深入，数字档案馆服务工作的理念、方式也在不断地创新与变化。档案服务理念由"以馆藏为中心"转变为"以用户为中心"，由"被动服务"转变为"主动服务"，由"单一服务"转变为"全方位服务"；档案服务手段在计算机技术、互联网技术、多媒体技术的推动下更加丰富、多样、便捷、高效，实现数字档案信息的集成化服务、个性化服务和智能化服务；档案服务工作目的不再局限于被动地满足档案用户利用需求，而是充分利用资源优势、技术优势和人才优势，致力于提升数字档案馆服务能级，倡导数字档案馆服务文化，提高档案利用者的满意度。

提供数字档案信息利用是数字档案馆服务工作的基本要求。数字档案馆的用户，包括政府机关、企事业单位、社会组织和个人；利用需求既包括传统的档案利用需求，例如档案凭证需求、档案借阅需求、档案休闲需求、档案编纂需求等，也包括新型的档案服务需求，例如档案咨询服务需求、档案整理服务需求、档案培训服务需求、档案鉴定服务需求等。[①] 数字档案馆服务文化管理，要求数字档案馆改变长期以来的"官本位"思想，重视社会公众的档案信息利用需求，尤其是文化需求，充分发挥数字档案资源传递快捷、利用便捷的优势，尽可能地满足不同角色的档案用户的利用要求；同时，积极了解、掌握档案用户需求的变化，加快数字档案信息资源开发力度，提供综合化、多元化、个性化的数字档案信息服务。"档案作为一种社会记忆的原始记录，将分散杂乱的档案信息进行重新组合，以及对档案信息的二、三次加工，其本身就是一项文化建设和文化创造，反映出档案工作的文化功能，形成的各种成果，就是再创造的文化产品。"[②]

提升档案用户服务满意度是数字档案馆服务工作的发展目标。档案用户服务满意度，是指档案利用者对数字档案馆服务过程中提供的档案信

---

① 王运彬:《近十年来档案用户需求研究综述》,《档案学通讯》2011 年第 1 期。

② 王英玮、陈智为、刘越男主编:《档案管理学》,中国人民大学出版社 2015 年版,第 174 页。

息、产品、展示的服务形象等方面的实际感知水平与预期水平相比较后得出的综合性的评价，是档案利用者对数字档案馆服务的认知度和信誉度全面的反映。社会文化事业的进步，信息技术的发展，提升了档案用户对于数字档案馆服务质量的要求。数字档案馆要转变档案服务意识，根据用户的服务需求和服务反馈，积极主动地丰富服务内容、完善服务手段、简化服务流程、创新服务方式，不断提升服务质量，提升档案用户的满意度，提升用户服务体验，提高数字档案馆的服务能力和服务效果。数字档案馆应注重"将服务资源用于数字档案馆的证据服务、档案信息服务和档案文化服务等核心服务能力建设上，而不是放在一般的信息服务能力和文化服务能力建设上"。[①]

2. 挖掘档案用户利用需求

档案用户是数字档案馆的服务对象，用户档案信息利用需求是数字档案馆服务文化管理的驱动力。研究档案用户利用需求，掌握档案用户利用规律，才能够制定合理的服务方式和服务策略，才能够提升数字档案馆服务水平。随着社会环境、网络环境、市场环境的发展变化，档案用户信息需求的多样化趋势日益明显，不再仅局限于查考和编史修志，而是涉及社会的各个领域和生活的方方面面，"学术利用需求、实际利用需求、普遍利用需求和休闲利用需求表现的越来越明显"[②]，对记录人民群众就业、教育、医疗、住房等民生档案的利用需求越来越多，对反映公众精神文化需求的历史档案、地方档案、名人档案等特色档案的利用需求越来越强烈。

数字档案馆可以通过直接和间接两个渠道掌握档案用户的利用需求。直接了解档案用户利用需求，可以通过开座谈会、印发调查问卷（尤其是开展网络调查）等方式，直接收集用户信息，掌握用户利用需求的"第一手资料"。间接了解档案用户需求，可以通过对实体档案借阅、调阅、利用的信息登记，定期统计，总结利用工作，掌握当前档案用户利用需求；或借助大数据技术，对档案用户身份信息、借阅记录等结构化数据及存储行为、搜索方式、活动轨迹乃至 SNS 上的言行记录等半结构化数据进行分析，挖掘发现档案用户的利用需求和隐性诉求，主动提供信息服务，从而

---

① 吕元智：《我国数字档案馆服务能力结构及其优化》，《情报科学》2015 年第 1 期。

② 王运彬：《近十年来档案用户需求研究综述》，《档案学通讯》2011 年第 1 期。

提升数字档案馆的服务水平。如美国 NARA 通过分析用户对馆藏目录的点击率，选取点击率高的档案进行数字化，进而开展深层次的信息服务，取得了很好的效果[①]。此外，数字档案馆还可以根据政治、社会、经济、文化发展态势，以及当前国家工作重心和档案事业发展方向，对档案用户需求做出科学预测，进而有效地把握档案用户利用需求[②]。"加强与有关方面合作，充分发挥档案的历史凭证作用，深度挖掘档案，主动发出声音，揭穿谎言、澄清真相、弘扬主旋律、传播正能量。"[③]

3. 完善档案服务反馈机制

档案服务信息反馈是指数字档案馆定期对档案用户的反馈信息进行收集、汇总、分析和加工，及时发现数字档案馆信息服务工作中的缺陷或不足，了解并掌握社会档案利用需求，调整和优化档案信息服务的内容、方式和途径，满足社会档案信息利用需求，提升数字档案馆信息服务质量和服务能力。档案服务信息反馈是检验和提高档案管理工作的重要手段，由于档案服务信息反馈工作开展的时间较短，相关理论研究较为零散，实际工作中存在诸多不足。如"只注重利用者的反馈信息，而忽略档案部门内部的反馈信息，在利用者的反馈信息中，又仅仅注重档案利用所取得的效益方面的反馈信息，而对于利用者提出的档案工作中存在的问题、改进的建议等却没有引起足够的重视"。[④]

档案服务反馈机制是数字档案馆服务文化管理的重要手段，构建并完善档案信息服务反馈机制不仅能使数字档案馆获取大量的反馈信息和建议，而且能够对数字档案馆信息服务工作乃至整个档案工作起到监督和检查作用。为此，数字档案馆应结合实际工作，制定一套完整的、科学的档案利用信息反馈机制，确保档案利用工作的顺利开展，具体包括档案借阅登记制度、利用统计制度、交流互动制度、问卷调查制度、用户访谈制度、服务满意度测评制度、用户反馈激励制度等，全面获取用户服务反馈信息，掌握数字档案馆利用服务质量，为数字档案馆提高利用服务水平提

---

① 周枫：《资源·技术·思维——大数据时代档案馆的三维诠释》，《档案学研究》2013 年第 6 期。

② 吕元智：《基于价值创新的公共档案馆信息服务模式研究》，《图书情报知识》2010 年第 3 期。

③ 李明华：《在全国档案局长馆长会议上的工作报告》，《中国档案报》2017 年 1 月 5 日。

④ 史江、李金峰：《档案利用信息反馈工作的问题与对策探讨》，《档案学通讯》2007 年第 3 期。

供决策依据。数字档案馆通过对档案利用反馈信息的收集、筛选、整理、分析和加工，全面了解档案用户利用需求和数字档案馆服务状况，及时吸收用户反馈意见和建议，听取社会民众的心声，快速响应用户利用需求，"最大限度地满足广大利用者的档案信息需求，想方设法挖掘出馆（室）藏中有价值的档案信息，激发利用者的现实和潜在的档案利用需求，全面、及时、准确、有效地为档案利用者服务，尽最大努力满足广大利用者的档案信息需求"。①

数字档案馆服务文化管理需要通过服务理念和服务目标的构建与渗透，强化服务意识，树立文化自觉，形成"以用户为本"的服务文化氛围；通过档案用户需求分析、服务策略制定以及利用信息反馈，系统评价档案利用服务工作，完善数字档案馆信息服务方式、服务手段和服务策略，提升数字档案馆服务水平，提高档案用户利用服务满意度，扩大档案工作社会影响力。

（五）数字档案馆知识文化管理

数字档案馆知识文化管理就是通过设立知识文化管理目标，内化并作用于档案工作者团队，引导、约束档案工作行为，加强"对知识本身的管理和对知识基本过程以及对与知识有关的各种要素的管理，充分挖掘知识的内在潜力"②，尤其是挖掘传播档案知识文化，将知识管理与文化管理相融合，充分发挥档案知识文化功能。

1. 明确数字档案馆知识文化管理目标

数字档案馆知识文化管理，就是要充分发挥数字档案信息的知识功能与文化功能，将数字档案馆打造成为国家知识传承的"宝库"、民族文化传承的"纽带"、资政决策的"智库"、爱国主义教育的"课堂"。

（1）传承经验智慧

档案是人们在社会实践活动中直接形成的原始性信息记录，反映着人类社会实践活动的过程、内容和结果，记载着人类在各项社会实践中所获得的知识。从古至今，档案记载和反映了人类社会的变迁、"经济的

---

① 王英玮、陈智为、刘越男主编：《档案管理学》，中国人民大学出版社 2015 年版，第 243 页。

② 蔡娜、姚乐野：《知识管理在数字档案馆中的应用研究》，《档案学通讯》2008 年第 3 期。

发展与进步、各行各业的生产经营和管理活动，不仅具有凭证价值和情报价值，而且具有较强的知识性和较大的信息量，是生产建设的重要依据"[①]。任遵圣在《档案与社会》一书中提到，"档案是知识贮存的一种载体，是代表知识内容的物质符号，是用压缩的形式表现人类知识财富的手段。""它不仅反映了社会、政治和智力的各方面发展的状况和过程，而且从档案本身来说又是智力产品，属于精神生产的范畴。档案的社会功能之一就是人类积累知识的一种有效手段。它翔实地记载着人们社会实践活动中大量有知识价值的事实数据、理论方法、思维方式、科学构想和假设，记录着无数成功的经验和失败的教训。这些知识材料是从个人、单位到整个国家，经过长期的积累荟萃起来的。档案是历史和知识的宝库"[②]。"数字档案馆就是运用现代信息技术对数字档案信息进行采集、加工、存储、管理"[③]，为公众提供信息服务，传递经验知识的档案信息集成管理系统。数字档案馆具有信息存储功能，能够运用现代信息技术将档案信息存储起来，积累人类社会经验知识，成为国家和社会一个大型的"知识宝库"。

"档案以知识原载体的形式，凝结了生产实践、政治斗争和科学实验等各种活动的状况和创造成果以及经验教训，可为人们今后处理社会与自然界之间的关系，处理社会内部人与人之间的关系，以及与此相联的探索性和准备性活动等各方面提供借鉴。"[④]特别是科技档案记录了人类社会在生产、经营等科技活动中形成的经验教训，具有丰富的科技信息和知识信息，能为科技创造、产品升级、企业转型提供经验智慧和决策依据。如"中国第一历史档案馆所藏的明清时期水文档案为建设长江水利枢纽工程，治理黄河、海河提供了重要的依据和参考。1994 年上海、天津档案部门统计，通过开发利用科技档案创造的直接和间接经济效益就分别达 4.3 亿和 6.2 亿元"[⑤]。

（2）弘扬民族优秀文化

档案是人类文化（明）发展的原始记录，记载了一个群体、一个社

---

① 王英玮、陈智为、刘越男主编:《档案管理学》,中国人民大学出版社 2015 年版,第 169 页。

② 任遵圣:《档案与社会》,中国档案出版社 1999 年版,第 217—219 页。

③ 郑晨阳:《数字档案馆知识管理与知识服务研究》,《档案与建设》2012 年第 7 期。

④ 黄世喆:《档案管理学》,高等教育出版社 2016 年版,第 9 页。

⑤ 吴建华、颜祥林:《科技档案管理学》,南京大学出版社 2002 年版,第 32 页。

会、一个国家文化（明）的发展变迁，是群体文化发展的见证，这也就决定了档案具有文化凭证价值。我国的甲骨档案、金石档案、简牍档案、缣帛档案等正是中华民族几千年璀璨文化的凭证。数字档案馆是对传统档案馆的继承与发展，珍藏着国家与民族的历史，反映了人类科学文化发展的历程，保存着大量的历史文化遗产和民族文化信息，是社会文化的宝库与集聚地。数字档案馆必须肩负起民族优秀文化传承的责任，提高档案文化管理水平，弘扬民族优秀文化，保存民族文化记忆。

"民族精神是中华民族千百年来对自己的祖国所具有的深厚感情、政治义务和道德责任的思想意识，其主要内容是爱国主义。档案馆开展爱国主义教育因其可提供丰富而生动的馆藏而有着得天独厚的优势。"[1] 如 "2016年，新疆维吾尔自治区在全区范围内开展了'民族团结一家亲'活动，为配合此次活动，充分发挥档案维护稳定和民族团结的作用，新疆维吾尔自治区档案局馆利用馆藏档案，积极筹办了'天山作证——新疆民族团结历史档案文献展'。展览由10个板块组成，展出许多馆藏珍品，如记录抗战时期新疆民众捐献'新疆号'战斗机、维吾尔族艾莎'捐献'儿子的档案等，充分展示了新疆各族人民由来已久的爱国爱疆历史和共同团结奋斗的光荣传统"。[2] "2015年7月，中央档案馆馆长、国家档案局局长李明华在国务院新闻办召开的新闻发布会上向中外记者介绍了公布日本战犯笔供档案的有关情况，在国内外引发强烈反响。事实不容否认，历史不容篡改，日本侵华战犯笔供档案的公布，有力打击了日本右翼势力否认侵略历史、掩盖侵略罪行的企图。"[3] 2014年3月，国家档案局以世界记忆工程中国国家委员会的名义，正式向联合国教科文组织世界记忆工程秘书处递交了《南京大屠杀档案》提名表，申报世界记忆名录。此次由中央档案馆、中国第二历史档案馆、辽宁省档案馆、吉林省档案馆、上海市档案馆、南京市档案馆和侵华日军南京大屠杀遇难同胞纪念馆联合申报。[4] 2015年10月9日，"世界记忆"遗产名录评选结果出炉，《南京大屠杀档案》被列入

---

① 何振：《档案馆学新探》，中国档案出版社2003年版，第75页。

② 孙辉：《档案作证全区民族团结历史》，《中国档案报》2017年4月10日。

③ 韩海蛟：《唱响主旋律 传播正能量——党的十八大以来档案宣传工作服务党和国家工作大局作用显著》，《中国档案报》2017年9月21日。

④ 《〈南京大屠杀档案〉入选〈世界记忆名录〉》，《中国档案报》2015年10月12日。

"世界记忆"名录。

（3）提供决策支持

"知识管理的目标是将最恰当的知识在最恰当的时间传递给最恰当的人，以使他们做出最好的决策及实施。"[①]数字档案馆知识文化管理就是要充分发挥档案资源的凭证价值和参考作用，为组织机构、社会公众在决策过程中提供有价值的信息支持。

为组织机构提供决策支持。数字档案馆保存着大量政府在经济、政治、文化发展中的重大决策和实践活动形成的档案，通过挖掘分析馆藏档案中蕴含的知识信息，能够为政府、企业、科研院所、高等院校等决策机构提供最精准、最系统和最有效的知识信息服务，有利于提高决策准确性和决策水平。如政府掌管着大量行政管理工作和社会事务，数字档案馆应成为辅助政府决策的"智库"，主动提供档案信息咨询服务和知识服务。我国许多省市档案部门积极利用馆藏档案并结合社会各方面信息资料，编印《信息简报》《决策参考》等，主动为当地党政领导和有关部门的决策服务。

为公众提供决策参考。网络化环境下，档案用户对于服务的要求不只是获取档案信息，更要求获得解决问题的知识。数字档案馆根据档案用户或社会的需求，通过数字档案资源知识挖掘、重组、再造，形成用户所需要的知识解决方案或知识产品，帮助社会公众解决凭借自身知识储备和能力无法解决的问题或满足对某种知识产品的普遍性要求。如英国国家档案馆官网开设的"学术研究合作（Our research & academic collaboration）""信息管理（Information management）"板块[②]，分别为科研人员、社会公众提供个性化资讯服务，满足不同民众的知识需求。目前，国内数字档案馆大多致力于提供档案解读、史料研究、产品编研等利用方式，还应对用户知识多元化和精细化的需求给予足够重视，满足档案用户知识需求。

（4）推动爱国主义教育

数字档案馆具有社会教育功能，是精神文明建设的重要阵地，不仅能

---

① 马费成、赖茂生主编：《信息资源管理》，高等教育出版社 2006 年版，第 289 页。

② *The National Archives*，见 http://www.nationalarchives.gov.uk/。

够提升公众文化素养，提高公众文化水平，更能够丰富公众文化生活。

提升公众文化素养。数字档案馆承担着历史文化的熏陶、精神世界的交流以及进行爱国主义教育的重任，在对公民思想道德的塑造以及社会精神文明的建设，特别是在开展爱国主义教育方面，有着突出的功效，具有"文化化人、文化励志、文化开智、文化养心"[①] 的作用。当今世界，各种文化相互交融，意识形态领域的渗透和斗争更趋激烈。一方面，一些西方国家利用发达的文化传播载体和渠道，大量输出其政治价值观和文化价值观；另一方面，国内思想文化领域的噪声杂音时有出现，一些错误思想、精神垃圾将会污染社会文化空间。数字档案馆馆藏档案中蕴含着大量优秀的民族文化、正确的价值观念，应当加大档案文化的传播力度与优秀民族文化的展示力度，正面回击社会时弊，倡导正确的价值取向，为公众提供思想性、艺术性、观赏性相统一的文化产品和服务，成为引领社会文化健康发展、提升公民文化素养的重要力量。

提高公众文化水平。数字档案资源"是一种重要的教育资源，它以第一手原始材料见长，翔实地记录了人们创造历史的曲折历程和奋斗足迹，形象生动地反映了社会生活的方方面面，其真实性不容置疑，因而具有不可抗拒的说服力和感染力"。[②] 数字档案资源的真实性、知识性、文化性决定其具有强大的教育功能，是开展公众教育、青少年素质教育的重要素材。数字档案馆的公众教育，主要以数字档案馆馆藏档案资源为基础，利用各种方式和渠道，开展主题讲座、专题展览、课程教学等各类普及性、公益性、针对性教育活动，发挥档案资源文化教育功能。如辽宁省档案馆新馆启用后，举办"清代皇室档案珍品展""辽宁记忆展"等活动[③]，通过档案展览让公众了解历史文化。数字档案馆的青少年素质教育，则是将数字档案馆作为全面素质教育的学习课堂和实践基地，《中华人民共和国公共文化服务保障法》第十条强调，"国家鼓励和支持公共文化服务与学校教育相结合，充分发挥公共文化服务的社会教育功能，提高

---

① 苏君华：《基于公民文化权益实现的公共档案馆发展研究》，《档案学研究》2013 年第 5 期。

② 冯惠玲、张辑哲主编：《档案学概论》（第二版），中国人民大学出版社 2006 年版，第 58 页。

③ 李明华：《着力提升服务能力 深化"三个体系"建设 大力推进新形势下档案馆工作——在全国档案馆工作会议上的讲话》，《中国档案》2016 年第 11 期。

青少年思想道德和科学文化素质"。2006年3月，上海市档案局（馆）与民乐学校签订"民族精神"教育基地的合作协议；2012年4月，上海市嘉定区档案馆为纪念淞沪抗战75周年，在迎园中学开展了"铭记历史、珍爱和平"为主题的展览。英国国家档案馆在其官网专门为学生和教师设置"教育专栏（Education）"，将馆藏教育资源进行全方位的整合，以"课程（Lesson）""工作坊（Workshop）""游戏（Game）"等形式，提供历史教育服务①。因此，数字档案馆要着眼于馆藏档案中能够体现人类文明、中华文脉的正能量主题内容，挖掘档案史料中的知识价值及文化价值，结合当下各年龄层所能接受的形式与方式，开展各种形式的教育活动，"寓史于档、寓教于档、寓情于档"②，充分发挥数字档案资源的教育功能，提升社会公众的文化水平，陶冶情操。

丰富公众精神文化生活。档案横贯自然和社会两大领域，内容涵盖政治、军事、科技、文化、交通、天文、地质等各个方面，蕴含着古今人类社会活动的各种信息和丰富的历史文化知识，透过档案，人们可以领略人类光辉灿烂的古代文明、近代文明和当代文明；透过档案，人们可以探寻人类文明发展的轨迹，继承传统文化精华。档案馆拥有丰厚的文化产品，与图书馆、博物馆、文化馆同样，是绝佳的文化休闲场所，社会民众可以查阅档案史料，陶冶情志、增长知识；可以观看老照片、老影片，追忆逝去的岁月；可以购买书法、绘画等档案文化产品，满足收藏兴趣。如英国国家档案馆与英国及爱尔兰档案与文件协会ARA创办的"探索你的档案（Explore Your Archive）"栏目③，通过每天在官网上更新各种类型的活动，来提高人们的档案意识，丰富大众娱乐生活；美国国家档案馆利用DocsTeach工具包，为公众提供数以万计的涉及整个美国历史进程的原始资料，包括书信、照片、演讲、海报、地图、视频等。因此，数字档案馆要充分发挥知识文化功能，展开各种形式的文化活动，增加文化活动频次，丰富公众精神文化生活。如通过开放历史档案库房、档案修裱室、特

---

① *The National Archives*, 见 http://www.nationalarchives.gov.uk/。

② 陈祖芬：《档案部门运用社交媒体开展文化传承的微观对策研究》,《浙江档案》2016年第3期。

③ *Explore Your Archive*, 见 http://www.exploreyourarchive.org/。

色档案陈列室等，为公众提供认识档案、档案管理、档案保护的机会；通过举办档案展览、播放馆藏老电影等，让公众感受档案馆的文化底蕴；通过网站开展档案查阅、新媒体互动等，让公众接受档案知识的文化熏陶。

2.建立数字档案馆知识管理组织

数字档案馆知识文化管理是一项复杂的、长期的、艰巨的工作，要在明确管理目标、工作目的之后，通过规章制度、工作条例、培训学习等手段使其渗透并内化到数字档案馆建设中。为此，数字档案馆有必要成立知识管理组织，如设立知识管理委员会、知识主管、知识管理专家等，专门负责数字档案的知识文化管理工作，"对知识进行有效的收集、分类，建立面向知识的技术基础，监督知识的流向和使用，提高知识的利用效率"[①]；挖掘档案的知识文化内涵，形成档案知识文化产品，打造档案文化精品，充分发挥档案的知识文化价值。

"知识管理的目标是将最恰当的知识在最恰当的时间传递给最恰当的人，以使他们做出最好的决策及实施。"[②]数字档案馆知识管理组织是一个利用知识管理技术对数字档案资源进行知识开发，设计知识文化产品，提供知识服务的专业团队，旨在为档案用户提供自身最需要的知识信息。数字档案馆知识管理组织，不仅要制定相关制度标准建设数字档案资源，对数字档案信息中的知识进行加工、挖掘、组织、传播，设计知识文化产品，提供知识服务；还要注重开发档案工作者和档案用户的智力资源，开展知识创造和知识分享，将隐性知识显性化，形成良性互动的知识社区。数字档案馆知识管理组织的主要任务有以下三个方面。

（1）建设数字档案馆信息资源体系

一方面，数字档案馆知识管理组织需要制定数字档案馆知识管理标准规范，推进存量档案数字化、增量档案电子化，加大档案资源建设收集力度，做到应归尽归、应收尽收，建立覆盖人民群众的数字档案资源体系，为数字档案馆知识管理提供信息资源保障。另一方面，根据馆藏数字档案信息资源的内容和种类，促进数字档案资源有序化，合理构建数字档案信息资源库，为数字档案知识价值的发挥奠定基础。

---

① 牛继舜：《提升组织学习能力的策略与方法研究》，经济日报出版社 2014 年版，第 87 页。

② 马费成、赖茂生主编：《信息资源管理》，高等教育出版社 2006 年版，第 289 页。

（2）提供档案知识服务

一是提供档案利用。在知识管理环境下，数字档案馆知识管理组织应当重点关注数字档案资源文化价值的发挥，根据档案用户需求，针对性地挖掘、组织、传播档案资源，直接提供档案知识服务；二是设计知识产品。根据馆藏档案资源特色，开发数字档案知识产品，主动提供档案知识服务。如英国档案馆利用馆藏设计出多款与本国历史相关的小游戏，使学生用户在娱乐中收获知识[①]；三是推送知识服务。数字档案馆知识管理组织通过获取档案用户的利用信息和反馈信息，运用大数据、知识图谱等技术分析档案用户信息需求，主动挖掘数字档案资源，实施智能推送服务；四是提供思维训练。数字档案馆知识管理功能的发挥，并不是简单将馆藏档案资源输出给用户，而是采用启发式思维，提高社会公众的档案意识和档案利用能力。如香港历史档案馆网站设有"教学资源库"板块，"提供了工作纸、专题指引、数码藏品以及其他资源以助研习或教学"[②]，辅助用户检索和内容分析，训练用户创新思维，提高用户的信息素养和档案素养。

（3）形成知识社区

数字档案馆知识管理组织不仅要对馆藏档案信息客体进行知识挖掘与开发，而且要对数字档案馆涉及的各个参与主体进行知识管理，加强人际交流互动和知识共享，使隐性知识显性化，从而形成数字档案馆的知识社区。一方面，建立数字档案馆外部交流平台。用户与用户之间、用户与档案工作者之间，通过线上线下研讨交流，挖掘用户的隐性需求，促进数字档案馆提供个性化、精准化的知识产品；另一方面，建立数字档案馆内部交流平台。数字档案馆知识管理组织通过线上知识交流，线下知识创造，挖掘档案工作者的智力资源，形成知识共同体，充分发挥档案人、档案资源的知识价值。

3.传播档案知识文化

档案价值的实现是建立在知识利用的基础上，档案知识文化的交流与

---

① *The National Archives. Education sessions and resources*，见 http://www.nationalarchives.gov.uk/education/sessions-and-resources/?resource-type=games。

② 香港历史档案馆：《教育资源库》，见 http://www.grs.gov.hk/tc/educational_resource_portal.html。

传播是档案价值实现的重要方式。"一切文化都是在传播的过程中得以生存和发展的。文化是传播的文化，传播是文化的传播。"[①]因此，档案知识文化的交流与传播是数字档案馆知识文化管理的重要内容。

数字档案资源的传播，从时空角度可以分为纵向传播与横向传播两种。纵向传播是指数字档案馆借助档案的史料作用，把前人积累的文化知识与人类记忆进行线性传递，使数字档案馆成为不同时期历史文化的扩散地，成为连接历史与现实的桥梁。横向传播则是指同时代的文化进行不同空间，不同地区、行业甚至不同国家之间的文化传播。我国档案文化的传播与交流已经取得了显著的效果，在"十二五"期间，与10多个国家签署了双边档案合作文件，积极参加或举办、承办各类国际或地区档案会议，派遣中青年档案人员赴国（境）外培训；与有关国家档案部门合作，相继举办"中苏关系档案展""中土关系档案展""中苏联合抗击法西斯胜利70周年档案展"等多个展览；上海、福建等地档案馆多次在境外举办档案展览，传播中华优秀历史文化；吉林省档案馆《铁证如山》系列丛书翻译成英、日、俄、韩4种文字发行到海外。[②]

从传播手段则可以分为静态传播和动态传播两种方式。静态传播主要指传统档案馆直接提供档案的原件、复制件和编研成果进行知识文化传播；动态传播则更多是指数字档案馆，利用计算机技术、多媒体技术、网络技术等将数字档案信息通过报刊、广播、电视等传统媒体，以及门户网站、微博、网络广播、微信、数字电视等新媒体进行交流与传播。新媒体是现代科技发展的产物，具有快捷性、交互性、平等性、及时性、共享性等特点优势，突破了传统媒体传播的障碍和壁垒，已经渗透到社会生活的各个方面。数字档案馆利用新媒体能够广泛地、有针对性地传播档案知识文化，扩大档案知识文化的传播范围，提升档案知识文化的传播效果。如"成都市档案馆于2013年6月14日正式开通了腾讯官方微博。开通过后的'@成都档案'官方微博结合地方人文特色，利用馆藏档案，以图文并茂的形式说古喻今，迅速赢得了网友们和地方各种媒体的关注"。"清华大

---

① 郭红解：《论档案馆文化的构成、特性及空间拓展》，《档案学通讯》2004年第5期。

② 李明华：《着力提升服务能力 深化"三个体系"建设 大力推进新形势下档案馆工作——在全国档案馆工作会议上的讲话》，《中国档案》2016年第11期。

学校史馆于 2014 年 7 月 8 日开通官方微信公众平台，公众号：清华校史馆，微信号：qhdxxsg，已陆续发布了清华大学的第一个校门、第一个体育馆、第一批外籍教师的珍贵的图片、文件等档案资料。"[①]

数字档案馆知识文化管理要充分利用现代信息技术传播优势，广泛开发档案知识文化产品，积极开展档案知识文化的传播与交流，将民族优秀文化和知识传播到世界各地，充分发挥档案知识文化在社会文化发展与建设中的作用，这不仅是数字档案馆提升自身价值与社会地位的有效方式，更是增强国家文化软实力的有效途径。

数字档案馆生态系统文化管理是一个长期的过程，"虽然受制于既定的文化传统，但更注重在管理活动中进行文化创新，它批判继承已有的管理文化，强调针对新情况、新问题，创新组织文化"。[②] 随着经济、政治、社会、文化的发展变化，数字档案馆生态系统组织文化管理也需要不断地创新变革，以适应社会环境中出现的新情况、新问题，推动数字档案馆生态系统的成长与发展。

---

① 张小兰：《新媒体环境下档案文化传播策略及途径探析》，《山东档案》2015 年第 1 期。

② 高文武、王虎成：《从管理思想发展趋势看文化管理与战略管理互补》，《长安大学学报》（社会科学版）2011 年第 9 期。

第五章 数字档案馆生态系统协同管理

协同理论起源于 20 世纪 70 年代，最早由联邦德国斯图加特大学著名物理学家赫尔曼·哈肯（Hermann Haken）教授创立，随着协同理论的演化和广泛应用，协同理论逐步被引入到物理学、化学、生态学、经济学、管理学、社会学等相关学科领域，旨在探索物质、生态、组织、经济、管理、社会等方面的协同运行机制。数字档案馆生态系统具有整体性、复杂性、驱动性、动态性、开放性和异质性等特点，满足协同管理充分必要条件。此外，现代信息技术的发展为数字档案馆生态系统协同管理提供硬件基础和技术支持。可见，数字档案馆生态系统协同管理具有理论基础与实践依据。

一、协同与协同管理

协同（Synergy）是一个存在于系统演化过程中的普遍原理。协同理论是一种研究不同学科中共同存在的以本质特征为目的的系统理论，具有普适性和广泛的应用性。随着协同理论在科技管理、组织管理、企业管理、社会管理、公共管理中的运用，协同管理被广泛应用于各种系统管理中。

（一）协同的基本概念

1. 协同与协同理论

"协同"概念"最早是由联邦德国斯图加特大学教授、著名物理学家哈肯（Haken）于 1971 年提出的"。[①] 1971 年，哈肯与他的同事格拉哈姆（R.Graham）发表了《协同学：一门协作的科学》文章，对协同及协同理论进行了探索和研究[②]；1977 年，哈肯出版了《协同学导论》（*Synergetic—An Introduction*）；1983 年，出版了《高等协同学》，至此协同学的理论框架初步形成[③]。

协同一词来自古希腊语。协同强调合作、协调与和谐，不同的场域、学科对其有着不同认识和理解。《现代汉语大辞典》中对"协同"的解释是："协助、会同"[④]。《辞海》对"协同"的解释有四种："第一，谐调一致，和合共同；第二，团结统一；第三，协助、会同；第四，互相配合。"[⑤] 协同是指"协调两个或者两个以上的不同资源或者个体，使它们一致地完成某一目标的过程或能力。……（协调）不仅包括人与人之间的协作，也包括不同应用系统之间、不同数据资源之间、不同终端设备之间、不同应用情景之间、人与机器之间、科技与传统之间等全方位的协同"。[⑥]

协同理论是在多学科研究基础上产生并逐步演化发展起来的。协同理论是指"吸取了平衡相变理论的序参量概念和绝热消去的原理，采用概率论、随机理论建立起序参量演化的主方程，以信息论、控制论为基础解决了驱使有序结构形成的自组织理论的问题"。[⑦] "协同理论最初研究的是与外界有物质能量交换的环境下，非平衡的开放系统如何能够通过自身内部的协调作用，自发地形成时间、空间和功能上的有序结构。"[⑧] 随着协同理论研究的深化和发展，协同理论被逐步应用到物理学、化学、生态学、经济学、管理学、社会学、人类学等相关学科领域，探索物质、生态、组织、经济、管理、社会等各个方面的协同运行机制。

"协同理论主要研究各种完全不同的系统在远离平衡时通过子系统之

---

① 马岩、徐文哲、郑建明：《我国数字图书馆协同管理研究进展》，《图书馆研究》2014 年 12 期。

② ［德］H.Haken：《我是怎样创立协同学的》，杨炳奕整理，《上海机械学院学报》1987 年第 1 期。

③ ［德］H.Haken：《高等协同学》，郭治安译，科学出版社 1989 年版，第 20 页。

④ 阮智富、郭忠新：《现代汉语大辞典》，汉语大辞典出版社 2000 年版，第 184 页。

⑤ 路丽梅、王群会：《辞海》，光明日报出版社 2012 年版，第 3226 页。

⑥ 杜栋：《协同、协同管理与协同管理系统》，《现代管理科学》2008 年第 2 期。

⑦ 孙玲：《协同学理论方法及应用研究》，硕士学位论文，哈尔滨工程大学，2009 年，第 12 页。

⑧ 熊励、向郑涛、韩昌玲：《泛在网络的协同服务传递理论与方法——以车联网为例》，清华大学出版社 2013 年版，第 34 页。

间的协同合作，从无序态转变为有序态的共同规律。协同就是指协调两个或者两个以上的不同资源或者个体，使它们一致地完成某一目标的过程或能力。协同的对象由大量的子系统所组成。当某一条件改变时，系统便能发展为宏观规模上的各种新型模式。"[①] 按照协同理论，协同强调系统内部各要素的协调，通过各要素、各部分的相互作用，达到整体大于部分简单相加的效果，即从"质"和"量"两个方面放大系统的整体效用和功能。

2. 协同理论中涉及的关键要素

根据哈肯在《协同学导论》一书中阐释的影响协同效果的关键要素，可以看出协同理论的关键要素主要是：

（1）相变

相变是一种很普遍的物理现象，如物质的固态、液态、气态三种状态的转化过程就是相变。"在远离平衡状态的系统中，子系统总是存在着自发的无规则独立运动，同时又受到其它子系统对它的共同作用。在临界点前，子系统之间的关联弱到不能束缚子系统独立运动的程度，因此子系统本身无规则的独立运动起着主导作用，系统呈现无序状态。随着控制参量的不断变化，当系统靠近临界点时，子系统之间所形成的关联便逐渐增强，同时子系统无规则的独立运动在相对变弱，当控制参量达到'阈值'时，子系统之间的关联和独立运动从均势转变到关联起主导地位的作用"[②]，这个过程即是相变。简而言之，在系统中，当某一要素发生变化或相关要素相互作用时，引发系统发生大的改变，这一变化过程即为相变。

（2）序参量

系统的相变是一种临界现象，是突然发生的，标志相变出现的参数就是"序参量"。"序参量是协同论的核心概念，是标志相变出现的参量，是指在系统演化过程中影响着系统各要素由一种相变状态转化为另一种相变状态的集体协同行为，并能指示出新结构形成的参量。"[③] "序参量来源于子系统间的协同合作，同时，序参量又起着支配子系统行为的作用。"[④] 序

---

①　[德] H.Haken：《高等协同学》，郭治安译，科学出版社 1989 年版，第 20 页。

②　孙玲：《协同学理论方法及应用研究》，硕士学位论文，哈尔滨工程大学，2009 年，第 12 页。

③　唐虹：《图书馆联盟协同管理模式研究》，《图书馆学研究》2012 年第 16 期。

④　孙玲：《协同学理论方法及应用研究》，硕士学位论文，哈尔滨工程大学，2009 年，第 13 页。

参量是影响系统发生相变的关键因素，是子系统对系统协同运行贡献的总和，也是子系统介入系统协同运行的集中体现，系统的突变演化受序参量的控制，演化的最终结构和有序程度取决于序参量，序参量决定着整个系统的发展方向、发展速度和发展效果。

（3）自组织

"自组织是自然界、生态系统和人类社会运动演化的一个普遍现象。"[①]哈肯认为，"如果一个体系在获得空间的、时间的或功能的结构过程中，没有外界的特定干涉，我们便说该体系是自组织的。这里'特定'一词是指，那种结构或功能并非外界强加给体系的，而且外界是以非特定的方式作用于体系的。"[②]康德从哲学角度认为，自组织事物的各部分既是由其他部分的作用而存在，又是为了其他部分和整体而存在由各部分的交互作用联结而产生了整体。[③]"康德通晓自组织所带来的自然演化过程的趋向目的性。他特别指出，一个系统内部的各个部分的相互依存性，通过相互作用而存亡、成长，又通过相互作用而联结为一个整体。"[④]自组织是系统的建构及演化现象，是系统内部的自我调适与整合，是系统从无序向有序演化、从一种质态向另一种质态转变的有效方式，同时也是系统自我更新、自我完善和自我发展的有效途径。

综上所述，相变是事物系统发生突变的过程，自组织是事物系统发生相变的动力，序参量是影响事物系统相变和自组织的关键要素。

（二）协同概念辨析

1. 协同与共享

《现代汉语词典》将"共享"解释为"共享即分享，将一件物品或者信息的使用权或知情权与其他人共同拥有"。[⑤]从定义中可以看出，协同与共享都包含了一个物品或信息从被一个个体享有到被多个个体享有的过程，实现个体、群体之间的合作交流与共同享用。

---

① 金波、丁华东、倪代川：《数字档案馆生态系统研究》，学习出版社 2014 年版，第 191 页。

② 邹慧霞：《供应链协同管理理论与方法》，北京大学出版社 2007 年版，第 42 页。

③ ［德］康德：《判断力批判》，邓晓芒译，人民出版社 2004 年版，第 223 页。

④ 吴彤：《多维融贯——系统分析与哲学思维方法》，云南人民出版社 2005 年版，第 71 页。

⑤ 吕叔湘、丁声树：《现代汉语词典》，商务印书馆 2008 年版，第 112 页。

但二者也存在区别，协同强调过程，共享强调结果；同时，也表现为实现目标的不同。"共享"主要是指通过共享者之间的交流，来实现知识的共知和资源的共用，强调的是资源的共同享有，其目标相对较为单一。而"协同"目标相对复杂，是协调两个或两个以上的不同资源或者个体，建立"竞争—合作—协调"的平衡机制，把系统中的相关要素结合起来，共同完成统一的目标，实现系统利益最大化的过程。可见，实现系统利益最大化是协同的最终目标，这一目标既包括实现人员协助、知识共知、资源共用，也包括成本降低、效率提高、服务质量提升等。

2. 协同与整合

《当代汉语新词词典》将"整合"释义为"把同类或异类事物进行整理、合并"①。整合主要是对资源的配置、组织、使用方法等进行集聚和调整。协同与整合都包含组织与整理的过程，都是对已有的、分散的元素，通过某些方法或工具进行综合或重构。

但二者仍然有区别，主要表现在以下两个方面：

第一，途径不同。在理论探讨和实践应用中，整合多出现于信息和资源的整合，即对分散的、独立的、无序的信息及资源进行聚合、重组，使其重新组织成新的有机整体。从途径上看，整合主要是通过集中和整理来实现资源的优化配置。而协同管理虽然也包含集中和整理这一过程；同时，也强调"自组织"功能，系统内部各子系统之间通过竞争和协调，激活每个要素的作用，协调每个要素之间的有机联系，促使系统自我进化、有序运行。

第二，效果不同。整合的目标是实现整合对象的有序化，其最终效果是实现对资源结构及其管理要素的优化配置，减少重复浪费，使资源能更科学地存储，更高效地利用。整合的过程中有可能产生创新，但也可能仅使整合对象更加条理清晰，以备更加高效地获取和使用，其过程并不一定产生创新。而协同管理的效果是实现各要素之间的优化组合，达到整体大于部分之和的效果，这个过程中一定会产生创新和价值增值。

---

① 曲伟、韩明安：《当代汉语新词词典》，中国大百科全书出版社 2004 年版，第 1068 页。

3.协同与集成

《现代汉语大辞典》将"集成"解释为"聚合而成"[①]。集成是指"两个或两个以上要素合在一起并组成一个有机系统的动作或者过程。这种要素之间的集成并不是简单的叠加或合并，而是一种符合一定规则的科学的构造和组合，其集成的目的在于提高这个由多要素组合而成的系统的整体功能"。[②]协同与集成都强调并非要素的简单相加，而是调动要素之间的有机联系，以达到提高整个系统功能的目的，这个过程中都能够产生增值。

但二者之间仍存在区别，主要表现在应用范围的不同。集成的应用范围相对局限，主要应用于计算机科学、信息科学领域，其对象包括技术、系统、信息资源的集成等。协同的应用范围更加广泛，既可以应用于自然科学，也可以应用在社会科学中，其对象既可以是技术、系统、资源等的协同，也可以是服务、过程、环境等一系列要素的协同。

协同与共享、整合和集成的区别，如表5-1所示。

表5-1　协同与共享、整合、集成的区别

概念	实现目标	实现途径	是否产生创新	应用范围
协同	提高系统整体功能	建立"竞争—合作—协调"的平衡机制	是	广泛
共享	资源共同享用	交流、合作	否	广泛
整合	整合对象的有序化	聚合、重组	不一定	广泛
集成	提高系统部分功能	局部调动要素之间的有机联系	是	局限

（三）协同理论在相关领域的应用

1.协同理论与自然科学

协同理论最早应用于激光领域，1977年哈肯在《协同学导论》一书中运用协同思想研究激光中的合作效应：自组织与相变。随后协同理论逐渐将自然界中的各种结构作为其研究对象。在物理学中，协同理论被应用于

[①] 阮智富、郭忠新：《现代汉语大辞典》，汉语大辞典出版社2000年版，第184页。

[②] 陈健：《基于集成理论的新能源建设项目群管理方法及应用研究》，博士学位论文，华北电力大学，2013年，第21页。

研究固体物理学、流体动力学、云图、激光与非线性光学等；在化学中，协同理论被应用于研究化学钟的震荡、化学波的形成、分子自催化等；在生物学领域，协同理论主要用于研究群体动力学、物种进化、物种行为模式转换等；在计算机科学中，协同理论早期用于研究计算机网络的构建，如哈肯所说："制造一些相互连接的小型计算机，来取代大型计算机"[①]，在"互联网+"环境下，协同着重强调互联互通、数据共享、产业融合、智慧管理等。

2. 协同理论与管理协同

随着社会经济与管理科学发展，协同理论被广泛运用到企业管理、组织管理和公共管理中。2006年，潘开灵、白烈湖出版《管理协同理论及其应用》一书，阐述管理协同的概念、原理与实际应用，创造性地提出管理协同的形成机制、实现机制和约束机制，认为"管理协同是运用协同论的基本思想和方法，研究管理对象的协同规律并实施管理的一种理论体系。其目的是更加有效地实现系统的整体功能效应。对于企业组织而言，企业管理协同就是指用协同的基本理论和方法来指导企业的管理实践活动而形成的一系列管理思想、理论和方法的总称"[②]。"管理中协同的主要特征就在于：利用相连的要素和环境条件，造就系统的整体趋势从而形成系统性质的飞跃变化。在探讨协同要素之间关系时，更多的是研究要素构成的整体效应，而对单个要素分析较少。"[③]

系统是否能够进行协同，需要具备协同管理的必要和充分条件。"管理协同的必要条件是指组织系统各子系统或要素通过协同而实现管理目标的必备条件，它包括开放性条件、非线性相干性条件、随机涨落性条件。"[④]"管理协同的充分条件是指组织系统内部各子系统或要素进行协同后，能否实现组织系统的功能倍增和管理协同的价值条件。"[⑤]管理协同的充分必要条件说明了组织系统通过管理协同，是能够提供组织系统的运行

---

① ［德］H.Haken：《协同学——大自然构成的奥秘》，凌复华译，上海译文出版社2001年版，第181页。

② 潘开灵、白烈湖：《管理协同理论及其应用》，经济管理出版社2006年版，第63页。

③ 潘开灵、白烈湖：《管理协同理论及其应用》，经济管理出版社2006年版，第11页。

④ 潘开灵、白烈湖：《管理协同理论及其应用》，经济管理出版社2006年版，第110页。

⑤ 潘开灵、白烈湖：《管理协同理论及其应用》，经济管理出版社2006年版，第112页。

效率和管理效能的。

3. 协同理论与信息资源管理

20 世纪 90 年代，如何管理、开发各种信息资源成为各国关注的焦点，学术界开始探讨协同理论在信息资源管理中的应用，形成基于协同理论的信息资源管理新理念。该理念以管理科学、项目管理等学科为基础，着重内外资源协同和系统功能模块协同，实现信息资源高度共享、业务流程规范，在政府、高校、企业等领域得到广泛应用[①]。协同不仅能够实现信息交流，还能够实现团队协作和数据、信息、知识的重组。

随着协同管理与知识管理理论的应用发展，知识协同（knowledge collaboration，KC）的概念被提出。知识协同是指企业组织通过实践社区、学习社区、兴趣社区、目的社区等进行知识的协同和交互。"知识协同是组织的一种能力，它能将恰当的信息在恰当的时间传递给恰当的人。"[②]

新世纪以来，图书馆联盟受到学界的高度重视，实践领域也开始尝试，成为图书馆运用协同理论的一种新实践模式。国内外对图书馆联盟有不同的解释，较为有代表性的定义是："图书馆联盟是指图书馆之间通过合作协议建立起的联合体。应具备以下必要因素：第一，图书馆联盟成员一般包括两个或两个以上图书馆；第二，图书馆联盟需要通过某种特定的组织结构进行管理和运行；第三，图书馆联盟的建立需要基于统一和明确的技术标准规范；第四，图书馆联盟组成立后，须建立公认的协议并共同遵守。"[③] 图书馆联盟是以协同理论为指导，"以联盟整体优化为目标，以现代信息技术为依托，综合运用现代管理理论和方法对整个联盟进行规范、组织、协调、控制，有效地整合联盟各种资源、环节之间的协作关系，进而产生支配整个联盟系统协同发展的序参量，使联盟实现自组织而从一种序状态走向另一种新的序状态，并使系统产生整体作用大于各要素作用力之和的系统管理方法"。[④] 图书馆联盟是信息资源协同管理的重要内容和重要实践。

---

① 王怀诗、李慧佳：《图书馆协同管理模型构建研究》，《图书与情报》2010 年第 4 期。

② 佟泽华：《知识协同及其与相关概念的关系探讨》，《图书情报工作》2012 年第 8 期。

③ 唐虹：《图书馆联盟协同管理研究》，湖南大学出版社 2012 年版，第 18—19 页。

④ 唐虹：《图书馆联盟协同管理模式研究》，《图书馆学研究》2012 年第 16 期。

（四）协同管理内涵

协同不同于协调、协作。协调指"协调一致；配合得当"[1]，即各部分在处理某一事务过程中相互配合，只是处理问题的一种方法，成员间仅限于在处理某一事务的过程中达成共识，却不一定拥有共同目标和追求。协作是"互相配合，共同完成某项任务"[2]，即多个独立的成员，由于某种工作关系，共同参与、共同执行的过程。协同的级别更高、内涵更丰富，协同的各个部分之间是相互依存不可替代的，它要求协作方彼此同心协力、相互依存、相互配合、共同作业、共同发展，最终完成共同任务，实现整体目标。

随着协同理论在科技管理、组织管理、企业管理、社会管理、公共管理中的广泛运用，人们开始对协同管理的内涵进行探索。杜栋在《协同、协同管理与协同管理系统》一文中提出，协同管理是指"运用协同学自组织原理，通过建立'竞争—合作—协调'的协同运行机制，把系统中价值链形成过程的各要素组成一个紧密的'自组织'体系，共同实现统一的目标，使系统利益最大化的管理体系"。[3]王君华在《基于系统协同管理的概念模型》一文中提出，协同管理是指"基于所面临的复合系统的结构功能特征，运用协同学原理，根据实现可持续发展的期望目标对系统实现有效管理，以实现系统协调并产生协同效应。它是对由于兼并双方企业原来是两个独立的系统，在长期发展中，各自形成了不同的企业文化、经营战略、组织结构与作业方式等等方面"。[4]协同管理是协同理论、管理科学、市场经济、社会需求、文化环境发展到一定阶段的产物，同时将管理的理论和实践提高到一个新的历史阶段。

协同管理是利用协同理论解决复杂系统中存在的管理问题，使系统整体功能增强。从系统科学的角度来看，系统具有整体性和子系统相关性的特点，各子系统之间存在着物质、能量、信息、价值的输入输出等相互作

---

[1] 吕叔湘、丁声树：《现代汉语词典》，商务印书馆 2008 年版，第 2334 页。

[2] 吕叔湘、丁声树：《现代汉语词典》，商务印书馆 2008 年版，第 2334 页。

[3] 杜栋：《协同、协同管理与协同管理系统》，《现代管理科学》2008 年第 2 期。

[4] 王君华：《基于系统协同管理的概念模型》，《经济师》2006 年第 9 期。

用，这种相互作用往往错综复杂且是非线性的，不是各子系统功能之间的简单叠加，而是各功能之间相互作用、协调配合，耦合成为全新的整体效应，发挥系统的整体性作用，即产生"1+1>2"效果。我们认为，协同管理是指整个系统通过组织结构的重构，促使各子系统、各要素之间功能耦合、相互作用，建立"竞争—合作—协调"的协同运行机制，促使各子系统组成一个紧密的自组织体系，利用序参量支配系统朝着统一的目标方向发展，实现系统整体利益最大化的管理体系。

二、数字档案馆生态系统协同管理内涵分析

运用协同学理论分析研究数字档案馆生态系统，首先要明确数字档案馆生态系统协同管理的内涵，分析探讨数字档案馆生态系统协同管理的必要性和可行性，将协同管理理论同数字档案馆生态系统结合起来，拓展数字档案馆生态系统乃至档案学研究视域。

（一）数字档案馆生态系统协同管理的内涵

探讨数字档案馆生态系统协同管理内涵，需要依据协同理论原理，从数字档案馆生态系统视角来分析相关概念。

1.数字档案馆生态系统"相变"

在协同理论中，相变是系统中某一要素发生变化或相关要素相互作用时，引发系统发生大的改变，使系统从一种相对稳定状态向另一种相对稳定状态跃迁的过程。在数字档案馆生态系统中，"渐变与突变规律"[①] 正是相变在生态系统演化过程中的具体表现。"数字档案馆生态演化的渐变与突变规律，同数字档案馆生态系统运行中的平衡与不平衡性直接相关。数字档案馆的运行是一种动态的平衡，当某一个生态因子达到一个新的能量级，就会打破原有的平衡性，进入一个新的动态平衡状态。在动态平衡状态，数字档案馆处于渐变阶段，而当处于打破平衡状态的时候，数字档案馆发展即处于突变期。""在数字档案馆生态个体或整个生态系统中，信息人、信息和环境分别处于不同的生态位，当某一生态因子发生质的变化，

---

① 金波、丁华东、倪代川：《数字档案馆生态系统研究》，学习出版社 2014 年版，第 196 页。

跃居新的生态位，从而引起整个系统向更高层次的推进时，生态系统就发生了演化的突变。"① 渐变过程与突变过程构成了数字档案馆生态系统的相变，如现代信息技术和管理科学的发展与应用，推动档案管理从实体管理向信息管理、知识管理、智能管理转变；档案服务从传统查阅利用的被动式服务模式向网络化、个性化、精准化等主动式服务模式转变；档案资源从纸质档案资源向电子档案、数字档案资源转变……这些打破数字档案馆运行动态平衡的变化都可以视为数字档案馆生态系统协同管理的"相变"，促使档案馆从传统档案馆向数字档案馆、智慧档案馆转型升级。

2. 数字档案馆生态系统"序参量"

在协同理论中，序参量是能够决定整个系统发展方向、发展速度、发展效果的关键要素，系统的演化突变受序参量的控制。在数字档案馆生态系统中，不同的生态因子居于不同的生态位，在整个生态系统运行和演化中发挥着不同的作用。有些生态因子的变化会给数字档案馆生态系统带来量上的改变，而有些生态因子的变化会影响整个生态系统的前进方向。因此，影响整个生态系统演化方向和演化速度的关键生态因子即为数字档案馆生态系统协同管理的序参量。如数字档案资源是数字档案馆生态系统建设的核心内容，是数字档案馆生态系统形成、演化、运行和发展的基石，在数字档案馆生态系统建设中居于首要地位。数字档案资源的数量、质量及其开发利用程度，决定了数字档案馆建设的成败，因此，数字档案资源是推动数字档案馆生态系统发生质的改变的关键要素。"数字档案馆如果没有优质的、丰富的、独特的数字档案信息资源，就会成为空洞的技术堆砌，就会成为'无本之木、无源之水'，失去建设的意义。"② 又如，"信息技术革命引发并带动了人类社会的管理革命和记录革命，使电子文件这一新生事物以其无可争议的生命力成为社会记录、传达、留存信息的重要工具和未来社会文件的主导形态"。③ 信息技术的发展与应用，使档案管理对象由纸质档案向电子档案、数字档案转变，促使档案资源数字化、档案传输网络化、档案存储高密度化、档案服务实时化、档案传播多样化、档案

---

① 金波、丁华东、倪代川：《数字档案馆生态系统研究》，学习出版社 2014 年版，第 197 页。

② 金波、丁华东、倪代川：《数字档案馆生态系统研究》，学习出版社 2014 年版，第 202 页。

③ 金波、丁华东主编：《电子文件管理学》，上海大学出版社 2015 年版，第 1 页。

管理现代化，推动着档案工作向数字化、信息化、智能化方向转变。由此可见，数字档案资源和信息技术的改变，都能够引起数字档案馆生态系统向更高层次推进，跃居新的生态位。因此，可以将数字档案资源和信息技术视为数字档案馆生态系统协同管理的序参量。

3. 数字档案馆生态系统"自组织"

"自组织"是由系统内部各要素自发地组织起来，并通过自我控制和自我强化来巩固系统结构的过程，是系统实现自我完善和自我发展的有效途径。数字档案馆生态系统本身就是一个功能相对完备的组织体系，具有"集聚功能、整合功能、优化功能、抵抗功能以及竞争功能"等自我进化功能，具有自组织的特质，能够实现数字档案馆生态系统组织结构的自我调整、自我维护和自我完善，促进数字档案馆主体、客体与数字档案资源的整体发展，从而推进数字档案馆个体、种群、群落、整体"序"化程度的提高和服务功能的提升。"在数字档案馆生态系统演化中，自组织规律具体表现为在未受到外力的作用下，生态系统的自我进化。如生态系统中管理主体通过学习研究，创新和提高数字档案馆功能，而推进数字档案馆个体或群体'序'化程度和服务能力的提升；再如，通过某一个数字档案馆的示范作用，从而在数字档案馆种群中产生引导效应，推动数字档案馆整体的发展和社会适应能力的增强等。数字档案馆生态系统自组织演化的具体表现还可再深入思考，但自组织规律的存在值得肯定。"[1] 数字档案馆生态系统主动适应社会发展和外部条件的变化，推动数字档案馆生态系统成长、壮大的演化过程，实际上就是数字档案馆生态系统"自组织"的表现。

4. 数字档案馆生态系统协同管理

数字档案馆生态系统协同管理强调以协同学理论为指导，以优化数字档案馆生态系统功能为目标，运用计算机技术、网络技术、大数据技术、人工智能技术等现代信息技术，强化数字档案馆生态系统内部各生态要素之间的组织、协调和配合，促进各生态要素之间密切协作、互动交流，建立"竞争—合作—协调"的协同运行机制，使数字档案馆生态系统形成一个紧密的自组织体系，以不同的序参量为工作重点，促使数字档案馆生态

---

① 金波、丁华东、倪代川：《数字档案馆生态系统研究》，学习出版社 2014 年版，第 193 页。

系统从一种相变状态向另一种更高级的相变状态转化，拓展数字档案馆生存发展空间，提升数字档案馆社会生态位。简而言之，"数字档案馆生态系统协同管理是指通过协调数字档案馆生态系统各生态因子之间的关系，建立协同运行机制，实现数字档案馆生态系统的健康协调运行和持续发展"。[①]

数字档案馆生态系统协同管理的内涵主要表现为：第一，促进数字档案馆生态系统主体间的协同，即强化档案形成者、档案管理者、档案利用者之间的联系，打破由档案管理者"单主体"从事档案工作的被动局面，形成"多主体"管理档案的协同合作机制；第二，促进数字档案馆生态系统内部各生态因子之间的协同，即以优化数字档案馆生态系统整体功能为目标，打破各生态因子之间的壁垒和界限，充分调动各生态因子的主观能动性，充分发挥各生态因子的功能，将数字档案馆生态系统各生态因子组织成关系密切、相互配合、协调运行的有机整体和自组织体系；第三，促进数字档案馆生态系统与环境的协同，即推动数字档案馆与图书馆、博物馆、文化馆、政府部门等相关机构建立协同关系；推动数字档案馆生态系统时刻关注经济环境、社会环境、文化环境的发展与变化，主动从外部环境中汲取营养、获取能量，不断进行自我调适，推动数字档案馆生态系统的演进。

（二）数字档案馆生态系统协同管理的必要性

1. 新技术广泛应用

20 世纪 60 年代，计算机技术开始在档案管理中应用，主要用于档案的收集、编目、检索等方面，如法国国家档案馆的枫丹白露现代档案城，安装了与文化部的电子计算机链接的终端设备和快速印刷装置，利用计算机直接接收档案[②]。20 世纪 90 年代，随着信息技术的发展和互联网的广泛应用，档案工作和档案管理方式也发生了变化，广泛利用计算机辅助管理档案，实现馆藏档案目录数字化，档案查找检索更加便捷，世界各国档案部门逐步在互联网上建立起自己的档案网站。

---

① 金波、丁华东、倪代川：《数字档案馆生态系统研究》，学习出版社 2014 年版，第 405—406 页。
② ［法］埃尔韦·于利埃：《法国枫丹白露现代档案城》，友梅译，《档案工作》1982 年第 4 期。

进入新世纪，计算机技术、网络技术、数字化技术迅猛发展，并广泛应用于人们的工作、生活和学习等各个方面，信息的生产、存储和传递发生了革命性的变化，数字信息资源大量产生，电子文件也大量形成。"在信息技术的牵引下，信息基础设施建设正在飞速发展，如网络技术增强了信息传播的能力；多媒体技术丰富了信息的种类；嵌入技术扩展了信息技术渗透的领域；云技术扩大了信息的存储范围；大数据技术改变了信息的处理能力和服务方式。"[①]信息技术的应用催生了档案管理方式和管理手段的变化，使得档案载体更加多样、信息传递更加便捷、档案远程在线检索利用变成现实、数字档案馆生态系统逐步形成，使得不同行业、不同地区的档案馆联系更加紧密，档案工作的领域更加开阔。

目前，大数据、云计算、物联网、人工智能等新技术的应用和"互联网+"新型互联思维不断深化，对数字资源建设与管理提出了更高的要求，许多信息服务部门都通过网络实现馆藏资源交流，形成网络上的虚拟联盟，如"中国数字图书馆工程""国家数字图书馆工程"等。数字档案馆需要加强数字档案资源集成管理和协同整合，深度开发数字档案资源，在更大范围、更高层次上提供数字档案信息资源利用，增加档案用户体验效果，提高数字档案资源管理效率。

"大数据时代，数据作为重要战略资源的特质逐步突显，被看作是一种科学的度量和知识的源头。"[②]大数据技术是信息化发展的新阶段，习近平总书记强调："要以推行电子政务、建设智慧城市等为抓手，以数据集中和共享为途径，推动技术融合、业务融合、数据融合，打通信息壁垒，形成覆盖全国、统筹利用、统一接入的数据共享大平台，构建全国信息资源共享体系，实现跨层级、跨地域、跨系统、跨部门、跨业务的协同管理和服务。"[③]大数据时代，面对海量的数字档案资源和新技术的应用，需要强化协同管理，集聚技术力量，共同开展技术合作和新技术应用研发，打造无缝链接的数字档案馆生态系统技术平台、业务平台和服务平台，实现

---

① 金波、丁华东主编：《电子文件管理学》，上海大学出版社 2015 年版，第 1 页。

② 金波、蔡敏芳：《大数据时代档案学专业高等教育的变革与创新》，《档案学研究》2016 年第 6 期。

③ 习近平：《审时度势精心谋划超前布局力争主动 实施国家大数据战略加快建设数字中国》，《人民日报》2017 年 12 月 10 日。

数字档案资源的集成管理和共享利用。

2. 数字档案资源大量产生

信息技术在改变人们工作方式、学习方式、生活方式的同时，也带来了新的"伴生物"——数字信息，是数字档案资源的重要来源。数字档案资源作为信息技术应用于人类社会活动的产物，随着科学技术、社会环境的变化，其生成环境越来越广，数量越来越大，形式种类越来越多，呈现出来源的广泛性、形式的多样性、结构的复杂性、系统的异构性、管理的分散性等特点。数字档案资源的信息存在形式包括文本文件、数据文件、图形文件、图像文件、影像文件、声音文件等，广泛生成于国家机关、社会组织和个人等各类社会活动，是数字时代重要的社会记忆，成为当代档案资源的重要构成和典型形式。

由于信息系统设计的独立性和技术设备配置的多样性，数字档案资源自产生以来，在其生成和管理上就一直存在技术系统异构、数据结构异构、业务流程异构、服务平台异构等问题，各系统、各单位、各部门的数字档案资源管理条块分割、各自为政、彼此孤立，形成一个个"信息孤岛""信息烟囱"，难以实现其集成共享和有效利用。数字档案馆生态系统数字档案资源同样存在管理系统异构、数据格式异构、服务平台异构、海量数据长期保存、共建共享困难、信息安全等问题，需要加强协同管理，破解数字档案资源管理难题，保障数字档案馆生态系统数字档案资源的互联互通和有效共享，才能最大限度地实现数字档案资源的信息功能和资源价值。

3. 社会利用需求广泛多样

随着公民权利意识不断增强，一个更加开放、更加民主、更加公平、更加法治的社会正在建立。随着社会经济发展，各领域都在全面深化改革，驱动政府职能转变，提高政府工作的透明度。《政府信息公开条例》的实施，强调政府信息"以公开为原则，以不公开为例外"，保障了公民的信息权利。同时，档案用户需求更加复杂、多元，"社会成员拥有自由平等地获取、利用和传递档案信息的权利"[①]，要求档案馆提供的档案信息内容要更加多元、广泛，利用方式要更加便捷、高效，编研成果要更加丰

---

① 张林华:《论我国公民档案信息权意识的嬗变》,《档案学通讯》2014 年第 6 期。

富、多样，档案工作要朝着由档案管理者这一"单主体"走向"多主体"，由"分工"走向"协同"的新态势发展。档案用户需求的变化促使数字档案馆转变管理方式和服务模式，聚焦现代服务理念，协同各种社会力量，探索构建数字档案馆生态系统服务体系，创新数字档案馆生态系统服务模式，提供一站式、精准式、集成式信息服务，实现数字档案馆生态系统服务的社会化、个性化和智能化，把"档案库"变成"信息库""思想库"和"智库"，促进数字档案资源的有效利用和社会共享，提升数字档案馆的生态位和社会竞争力。

4. 档案学、生态学、协同学学科发展的需要

科学发展是"综合—分化—再综合"的过程。学科的交叉点往往是科学新的生长点、新的突破口，是最有可能促使科学发生革命性变革和产生重大科研成果的增长点。无论是科技发展，还是社会进步，都需要学科之间进行交叉渗透和相互融合。"16 世纪法学方法帮助人们从法律凭证角度认识了档案的功能；18 世纪古文书学方法帮助人们从纪实角度认识了档案的功能；19 世纪历史学方法帮助人们从原始记忆史料角度认识了档案的功能；20 世纪社会学方法帮助人们从人类记忆角度认识了档案的功能；信息学的方法又帮助人们从信息资源角度认识了档案的功能。"[①] 随着信息技术的广泛应用，电子档案的大量产生，档案管理的业务流程、技术方法、服务方式越来越复杂，需要寻求现实支持和发展动力，综合运用不同学科的理论和方法对档案、档案管理进行重新思考和审视，探索新的管理思想、管理方法和管理模式，拓宽档案学研究领域。

档案学与生态学、协同学等学科交叉融合，运用生态位、生态系统、生态平衡、生态管理、协同管理等对数字档案馆建设实践进行理论阐释和思想发凡，不仅是解决数字档案馆建设中的管理问题，更是推动档案学、生态学、协同学，以及自然科学和社会科学多门类学科交叉发展的重要举措。

---

① 冯惠玲、安小米：《第十四届国际档案大会的学术特点及主要议题》,《档案学通讯》2000 年第 6 期。

（三）数字档案馆生态系统协同管理的可行性

1. 理论可行性

根据协同管理理论，运用协同管理的系统需要满足协同管理的必要条件和充分条件。"协同管理的必要条件包括开放性条件，非线性相干性条件，随机涨落性条件；协同管理的充分条件包括功能倍增条件，协同价值性条件。"[①] 数字档案馆生态系统具有"整体性、复杂性、驱动性、动态性、开放性、异质性等特征"[②]，能够满足协同管理的必要条件和充分条件。

（1）数字档案馆生态系统具有"开放性"，满足协同管理"开放性条件"

开放性条件指"组织系统与环境之间，组织内部各子系统之间存在着密切的物质、能量、信息的交流。在交流过程中，组织系统从外部环境获得新的物质、能量和信息，从而明确和调整自身的管理目标"。[③] 数字档案馆生态系统具有明显的开放性特征，其物质循环、能量流动、信息传递、价值转化都离不开与外部环境的交流。主要表现在：一是数字档案馆生态系统的关键要素——数字档案资源，其来源具备开放性。数字档案资源除电子档案收集和纸质档案数字化之外，还包括社会征集、网络采集、网站平台收集以及与其他保管机构合作交流等方式获取。二是数字档案馆生态系统的服务对象——档案利用者，并非仅停留在来源机构和政府机关，而是面向整个社会和广大民众。三是数字档案馆生态系统建设需要得到政府和社会的广泛支持，不断获取发展资源和能量补充，提升数字档案馆生态能级。[④] 因此，数字档案馆生态系统不仅需要同外部环境交流，借鉴吸收其他组织机构的优长，还需要从环境中获取促进自身演化发展的物质、能量、信息和价值，并不断进行自我调整和优化，保持旺盛生命力。

（2）数字档案馆生态系统具有"复杂性"和"异质性"，满足协同管

---

① 潘开灵、白烈湖：《管理协同理论及其应用》，经济管理出版社 2006 年版，第 110 页。

② 金波、丁华东、倪代川：《数字档案馆生态系统研究》，学习出版社 2014 年版，第 136 页。

③ 潘开灵、白烈湖：《管理协同理论及其应用》，经济管理出版社 2006 年版，第 110 页。

④ 金波、丁华东、倪代川：《数字档案馆生态系统研究》，学习出版社 2014 年版，第 141 页。

理"非线性相干性条件"

非线性相干性是指"组织系统各要素之间的相互联系和作用是复杂的，具有丰富的层次性和交叉因果性"。[1] 即系统之间具有多维的联系和相互作用，而不是一个个孤立的系统。数字档案馆生态系统的异质性表现为数字档案馆建设的不平衡性和数字档案馆生态系统主客体之间的差异性。数字档案馆生态系统的复杂性表现为：一方面，数字档案馆生态系统结构可以划分为不同的层级，各层级之间相互联系、相互作用、相互制约，往往牵一发而动全身；另一方面，数字档案馆生态系统中生态因子多样，具有不同的特点和功能，彼此之间相互交织、相互作用、相互影响。[2] 数字档案馆生态系统层级的多维性和生态因子的多样性，以及数字档案馆生态系统的异质性满足协同管理的非线性相干性条件。

（3）数字档案馆生态系统具有"驱动性"和"动态性"，满足协同管理"随机涨落性条件"

随机涨落性是指"由于组织系统的开放性和各要素之间的相互联系，使系统受环境能量信息和内部要素的影响而经常处于不平衡和波动起伏状态，正是这一状态造成要素自身内部和要素之间的对立统一，通过彼此的消长、扬抑、竞争和合作、调节和催化，系统才获得了协同发展的动力，其自组织性才能形成和发育"。[3] 数字档案馆生态系统具有驱动性和动态性，驱动性是指数字档案馆生态系统在外部刺激因子的推动下，不断地形成、繁育、壮大和成熟。[4] 信息技术的快速发展，大数据、云计算、物联网等新技术的应用，国家信息化政策的颁布等，这些都会促进数字档案馆生态系统中各生态因子进行调整、适应和催化，推动数字档案馆生态系统的协同演化和发展壮大。数字档案馆生态系统的动态性表现在：数字档案资源不断地丰富和壮大，存储载体不断地变化，存储技术不断地更新换代，服务手段不断地提升，用户需求越来越广泛多元……使得数字档案馆生态系统始终处于动态变化之中，促使数字档案馆生态系统"从混沌到有序，再

---

[1] 潘开灵、白烈湖:《管理协同理论及其应用》,经济管理出版社 2006 年版,第 111 页。

[2] 金波、丁华东、倪代川:《数字档案馆生态系统研究》,学习出版社 2014 年版,第 137 页。

[3] 潘开灵、白烈湖:《管理协同理论及其应用》,经济管理出版社 2006 年版,第 111—112 页。

[4] 金波、丁华东、倪代川:《数字档案馆生态系统研究》,学习出版社 2014 年版,第 138 页。

从新的混沌到新的有序"，推动数字档案馆生态系统动态演进和持续发展。

（4）数字档案馆生态系统具有"整体性"，满足协同管理"功能倍增条件"和"协同价值性条件"

功能倍增是指"组织系统内部各子系统或要素经过管理协同而实现系统整体功能大于各子系统或要素功能的简单加和，即实现'2+2>4'的协同效应"[①]。"数字档案馆生态系统不是一个生物分类学的单元，而是一个不可分割的功能单元，具有整体性的特征。"[②] 数字档案馆生态系统是一个有机整体，虽然可以分解成独立存在的各种生态因子，各生态因子一旦分解出去便不再具有其在系统中的整体性功能。如数字档案存储设备，一旦脱离数字档案馆生态系统，就只能是一种存储载体，无法完成数字档案信息的保护、备份和资源交换，无法实现数字档案信息的数据库管理和开发利用。数字档案馆生态系统整体性特征有利于协调各种资源，激发各生态因子的积极性、主动性，产生协同效应，增强数字档案馆生态系统的功能，推动数字档案馆生态系统演化变迁。

协同价值性是指"尽管组织系统各子系统或要素经过协同实现管理协同效应，并且能产生各个子系统或要素不具有的新功能，但同时也可能出现管理协同成本的大幅度增加（因为不论是同质要素间的协同，还是相关要素间的协同，都会产生成本问题）。从企业的经济角度看，如果管理协同的成本太高，管理协同度就较低，这主要牵扯到企业组织本身的利益问题，即通过管理协同后的获利能力如何。因此，作为经济组织的企业必然将协同管理的成本作为衡量是否进行管理协同的重要条件"[③]。数字档案馆生态系统同样具有协同价值性，如果协同成本低将有利于数字档案馆生态系统协同管理；相反，如果协同要求过多、难度过大、成本过高，协同管理往往难以实现。如 LAM（图书馆、档案馆、博物馆）数字资源整合工作，由于三者隶属部门不同，馆藏资源不一致，操作系统和数字资源格式异构，服务原则和服务模式差距较大等原因，三者完全协同管理成本较高。因此，LAM 数字信息资源整合工作尚处于理论研究阶段，是否能够

---

①　潘开灵、白烈湖：《管理协同理论及其应用》，经济管理出版社 2006 年版，第 112 页。

②　金波、丁华东、倪代川：《数字档案馆生态系统研究》，学习出版社 2014 年版，第 136 页。

③　潘开灵、白烈湖：《管理协同理论及其应用》，经济管理出版社 2006 年版，第 112—113 页。

在实践领域全面展开还需要进一步探索研究。

从协同管理的条件和数字档案馆生态系统的特征来看，数字档案馆生态系统具备协同管理的理论可行性。

2. 技术可行性

（1）信息技术广泛应用

无论是数字档案信息资源的形成、收集、传递，还是整理、存储、开发都离不开信息技术，数字档案馆建设具有很强的技术依赖性。技术先进与否，直接关系到数字档案资源能否被协同管理，能否被安全存储，能否被高效利用。"如今时机成熟，我国的档案信息化建设进入了系统阶段，各级各类档案馆计算机得到普及，全国综合档案馆网站建设的比例接近60%，档案网站体系已初见规模。随着社会信息化程度越来越高，许多关键技术问题已经解决，为档案信息资源共享整合提供了强大的技术支持。"[①] 现代信息技术为数字档案馆建设提供了强大的技术支撑，如系统集成技术能将异构的系统无缝衔接，实现数字档案资源整合；信息存储技术、云计算技术能够以最低的成本完成数字档案资源的集成存储；防火墙技术、加密技术、认证技术以及监控技术等，能够有效地保障档案信息安全；数据挖掘技术、知识图谱技术等能够充分发掘档案信息价值；物联网、云计算、3D技术等新兴技术能够对多元化的档案数据资源进行整合、感知、挖掘，并基于移动互联网和移动终端建立档案信息服务平台，实现档案信息服务手段智能化。信息技术在档案管理中的广泛应用，为数字档案馆生态系统协同管理提供技术动力支持。

（2）数字档案馆管理系统日臻完善

传统档案管理主要依靠档案工作者的管理经验实行手工管理，计算机的出现代替了传统的手工劳动，网络技术的发展促使档案管理信息化，促使档案管理从弱到强，从低端到高端，从分散到整合。20世纪80年代，档案信息化处于探索、起步、打基础阶段，应用的重点主要是在计算机单机上模拟传统的档案管理方式，辅助传统档案立卷、著录、编目、统计、检索等。20世纪90年代，档案信息化处于研制应用阶段，以需求导向、以项目带动，研制出一大批各具特色的档案信息系统，从对档案实体管理

---

① 潘虹：《信息化背景下档案馆联盟建设研究》，硕士学位论文，安徽大学，2014年，第14页。

转向对档案信息管理。新世纪以来，档案信息化进入全面推进阶段，向纵深发展，档案馆（室）藏档案数字化、电子文件归档管理、电子文件移交进馆、档案目录中心建设、馆藏档案数字化、档案公共网站建设，以及数字档案馆、数字档案室建设等蓬勃开展。[①] 现代信息技术的快速发展与应用，使得数字档案馆管理系统日臻完善，有利于推进数字档案馆生态系统协同管理，实现集约化、集成化。

（3）数字档案馆管理人才队伍不断壮大

数字档案馆建设属于技术密集和知识密集型专业，需要大量的专业技术人才队伍。首先，档案工作后备人才队伍逐渐壮大。目前，全国各高校培养了一批档案专业的本科生、硕士研究生和博士研究生，改变了以往档案工作者学历不高、专业素养不够的局面。据统计，截至2022年9月，我国有"41所高校开设档案学专业，其中本科点34个、硕士点30个、博士点10个"[②]。课程设置除开设档案学基础理论课程外，还开设大量的计算机等信息技术类课程，为社会储备和输送了一批具有档案管理知识和计算机技术的专业人才。其次，档案部门还引进了一批专业技术人才，填补了专业技术人才的空缺，提升了数字档案馆技术管理能力。再次，档案部门定期对档案工作人员进行培训，提高档案工作人员的专业理论、技术知识、实务操作能力，培育档案工作者的创新精神和信息素养，全面提升档案工作者信息技术能力。档案管理人员信息素养和技术能力的提升，有利于促进数字档案馆生态系统协同管理的开展和深化，为数字档案馆生态系统协同管理提供智力支持。

3. 实践可行性

（1）数字档案馆建设持续推进

在信息技术渗透日深、社会信息化发展不断加快的现代社会，建设数字档案馆是时代必然，不可逆转，只会强力推进，不会后退停滞。2010年12月，国家档案局原局长杨冬权在全国档案局馆长会议上提出，"要把

---

① 上海市档案局：《档案信息化建设》，上海教育出版社2016年版，第16—18页。

② 金波、杨鹏：《七秩春秋，踵事增华：档案学专业高等教育新征程》，《档案学通讯》2023年第1期。徐拥军：《深化教育教学改革 助力档案事业创新——党的十八大以来我国档案高等教育发展成就喜人》，《中国档案报》2017年9月11日。

数字档案馆建设作为档案信息化建设的重要任务，有计划、有步骤地向前推进，实现档案工作与信息社会的同步发展"；"各级国家档案馆要争取在'十二五'期间把馆藏重要档案基本数字化，建立数字档案馆"。[①] 2013年10月，在江苏太仓召开了"全国数字档案馆（室）建设推进会"，强调"在全国档案系统形成'数字导向'，推动建成更多的数字档案馆（室），让我国档案事业实现适应时代的、跨越式的'数字崛起'，成为真正的档案强国"。[②] 2015年12月，时任国家档案局局长李明华在全国档案工作暨表彰先进会议上，总结"十二五"时期全国档案事业发展情况时指出，"按照'存量数字化、增量电子化'的要求，推动各级档案馆（室）实现由传统管理向现代管理转型升级。"[③]《全国档案事业发展"十三五"规划纲要》提出，"持续推进数字档案馆建设。积极响应数字中国建设，加快推进信息技术与档案工作深度融合。到2020年，全国地市级以上国家综合档案馆要全部建设成具有接收立档单位电子档案、覆盖馆藏重要档案数字复制件等功能完善的数字档案馆"[④]；《"十四五"全国档案事业发展规划》提出，"深入开展企业数字档案馆（室）建设，完成50家企业集团数字档案馆（室）建设试点。各级国家档案馆全面建成档案信息管理系统，大力推进数字档案馆建设，建设中央档案馆数字档案馆，新增150家高水平的数字档案馆"[⑤]，推动数字档案馆建设在全国广泛开展，为数字档案馆生态系统协同管理奠定了实践基础。

（2）数字档案资源协同利用初步显现

目前，数字档案信息资源不仅在总量上大幅增加，而且在结构上趋于优化，配置上日益合理，为数字档案资源协同利用提供了条件，一些城市和地区的综合档案馆在数字档案资源共享利用方面开展了有益尝试。如广东省档案馆率先开通跨馆查档服务，市民可通过此系统，查阅佛山、广州、深圳、珠海等珠三角九所城市以及云浮市的开放档案和政务公开文

① 杨冬权:《在全国档案局长馆长会议上的讲话》,《中国档案》2011年第1期。
② 杨冬权:《在全国数字档案馆（室）建设推进会上的讲话》,《中国档案》2013年第11期。
③ 李明华:《在全国档案工作暨表彰先进会议上的讲话》,《中国档案报》2016年1月11日。
④ 国家档案局:《全国档案事业发展"十三五"规划纲要》,《中国档案》2016年第5期。
⑤ 《中办国办印发〈"十四五"全国档案事业发展规划〉》,《中国档案》2021年第6期。

件。[①] 又如，青岛市档案馆协同周边市县的综合档案馆，实现开放档案信息资源的社会共享和在线利用。"网站的数字档案馆，提供了全市 13 个综合档案馆网页及开放档案的在线查询，构筑了开放档案资源社会共享的服务体系，用户可以查阅各个综合档案馆的有关情况，也可进行查档咨询、查档预约。"[②] 再如，上海市档案部门不断创新档案资源协同利用服务新模式，实现上海市区各国家综合档案馆民生档案资源的远程利用服务。"2012 年年底，上海正式开通了覆盖全市 208 个社区事务受理中心、惠及 2400 多万市民的上海民生档案工作远程服务系统，使婚姻登记、计划生育、知青上山下乡、知青返城和知青子女回沪等 5 类档案实现了'就地查询、跨馆出证、馆社联动、全市通办'。远程服务系统开通以来，利用'全市通办'平台进行档案查询出证的群众达到了 3 万多人次。"[③] 数字档案资源协同管理实现了档案信息资源在档案馆与档案馆之间、档案馆与政府部门及企事业单位之间、档案馆与社会之间的信息共享和知识共享。

（3）集成式数字档案室成功实践

随着 2004 年第十五届国际档案大会的召开，"集成"一词进入档案工作者的视野，目录集成、信息集成、数据库集成、系统集成等成为数字档案馆建设的目标。近年来，我国基层档案工作规范化、现代化、信息化全面开展，数字档案室建设也在持续推进。数字档案室是数字档案馆的基础，只有建成全面的数字档案室，才有真正意义上的数字档案馆（智慧档案馆）。2014 年 7 月，国家档案局发布《数字档案室建设指南》（档发〔2014〕4 号），为数字档案室建设提供了规范标准，有利于推动数字档案室建设的开展。在建设数字档案室的同时，集成数字档案室也在部分地区开展尝试。如浙江省杭州市萧山区数字档案室率先进行试点，首批纳入试点的有 34 个单位的数字档案室，34 个数字档案室进行集成管理和集成服务，共建档案信息库、共同编研档案成果、共建档案网站。第二批数字档

---

①　张泽伟：《锐意创新　服务大众——记"广东（粤穗深）跨馆档案查阅利用系统"正式开通，向公众推出"就地查询，跨馆出证"的服务方式》，《广东档案》2012 年第 2 期。

②　聂惠哲：《青岛档案信息网访问量突破 3000 万》，《中国档案报》2011 年 1 月 10 日。

③　张晶晶：《创新服务无止境——上海市民生档案远程服务工作新突破》，《中国档案》2016 年第 6 期。

案室建设工程又纳入 55 个单位的数字档案室。[①] 上海市金山区档案馆 2010 年开始在区级机关和行政村建设集成式数字档案室，以平台的方式，进行区域内数字档案室的集成建设，将区域内数字档案室通过平台统一管理、共建共享、分级利用。"2011 年，全区 124 个行政村档案室全部升级达标；2012 年，区内所有村（居）档案室全面应用集成式档案管理系统；2013 年，金山区开发建设了区涉农档案信息共享平台，成为上海首个面向村一级的档案便民服务平台，初步形成了档案信息贴近农民、服务农村的共享服务模式；2013 年 12 月，金山区成功创建为上海市首家全国社会主义新农村建设档案工作示范区。"[②] 集成式数字档案室是协同管理理论在数字档案馆建设中的有益实践，为数字档案馆生态系统协同管理提供基础条件。

三、数字档案馆生态系统协同管理序参量选择

"序参量来源于子系统间的协同合作，同时，序参量又起着支配子系统行为的作用"[③]，在竞争与协调中促使系统达到了更高一级的协同，序参量是主宰系统最终功能和运行效果的关键因素。在数字档案馆生态系统协同管理过程中，对数字档案馆发展方向、发展速度、发展效果产生重要影响的生态因子称为数字档案馆生态系统协同管理的序参量。

正确选择序参量是数字档案馆生态系统协同管理的关键。在数字档案馆生态系统协同管理过程中，目标是一切工作的出发点，能够指引个人、部门或整个组织的发展方向，因此，目标协同是数字档案馆生态系统协同管理的前提；数字档案资源是数字档案馆生态系统形成和发展的基石，数字档案资源的丰富程度、结构质量、特色与否，决定着数字档案馆生态系统协同管理的效果，因此，资源协同是数字档案馆生态系统协同管理的核心；机制是指数字档案馆生态系统协调运行的规则、制度和程序，决定着数字档案馆生态系统能否有效运行，因此，机制协同是数字档案馆生态系统协同管理的保障；数字档案馆是信息技术发展的产物，没有技术支撑就

① 王萍：《论数字档案室及其发展趋势》，载《上海市第五届"3+1"档案论坛论文集》，2011 年，第 50—55 页。
② 程鹏：《立足实际 科学谋划 深入推进金山档案事业发展》，《中国档案报》2015 年 11 月 30 日。
③ 孙玲：《协同学理论方法及应用研究》，硕士学位论文，哈尔滨工程大学，2009 年，第 13 页。

没有数字档案馆，因此，技术协同是数字档案馆协同管理的基础；人是档案信息资源的开发者、是高新技术的使用者、是新事物的缔造者，没有人才，任何资源与技术都无法被充分利用，因此，人才协同是数字档案馆生态系统协同管理的动力；档案资源提供利用是实现档案资源价值的根本途径，是档案工作的中心任务，因此，服务协同是数字档案馆生态系统协同管理的目的。综上所述，目标、资源、机制、技术、人才、服务六个要素在数字档案馆生态系统协同管理中发挥着不可替代的作用。因此，我们认为数字档案馆生态系统协同管理的序参量主要是目标协同、资源协同、机制协同、技术协同、人才协同、服务协同六个方面。各序参量在数字档案馆生态系统协同管理中发挥的作用可能有差异（见图5–1），但它们之间相互融合、相互配合、相互作用，共同推动数字档案馆生态系统良性运行与发展演进。

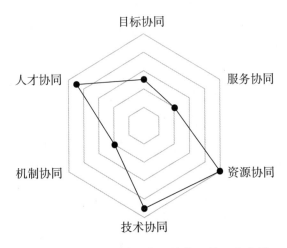

图5–1 数字档案馆生态系统协同管理序参量

（一）目标协同

目标是指"想要达到的境地或标准"。[①] 目标是个人、部门或整个组织所期望实现的结果，是一切社会活动的出发点，能够指引个人、部门或整

---

① 吕叔湘、丁声树：《现代汉语词典》，商务印书馆2008年版，第1214页。

个组织的发展方向，具有引领性。"管理的主要职能之一是计划，计划包括决定最终所要达到的目标以及决定实现既定目标的全部管理活动。如果对所要取得的最终结果没有一个确切的了解，那就不可能制订任何有效的计划。"[①] 目标是管理的切入口，是管理的前提。1954 年美国管理学大师彼得·德鲁克（Peter F.Drucker）提出了目标管理。"目标管理就是一套以目标为中心、以资源为基础，有理论、重实践的管理系统。"[②] 合理的目标有利于促使各子系统在相互作用中构成一个完整的整体，有利于促使系统良性运行，提高系统的运行效率。数字档案馆生态系统的目标引领着整个生态系统的发展方向，是协调生态系统内部各生态因子发展形成自组织的重要序参量。因此，目标协同是协同管理的前提条件。

目标协同要求各子系统将整个生态系统目标放在第一位，把整个生态系统利益放在各子系统利益之上，通过相互协调和合作分工，并结合各子系统工作实际，合理制定各子系统的工作目标。目标协同既包括致力于完成特定任务的短期目标，也包括由短期目标衍生出的长期目标，如统一的思维方式、道德准则、行为规范、评价标准等，这是生态系统目标协同的高级形式。短期目标能够调动系统中各子系统的积极性和能动性，长期目标能够对系统中各子系统进行导向、约束和凝聚，产生内部驱动力和向心力，长期目标也是形成自组织的必要条件。

数字档案馆生态系统目标协同即协调生态系统中各子系统的个体目标，利用各子系统（如数字档案馆种群中的个体，或数字档案馆个体中的各生态因子）目标的差异性和多元性，找到整个数字档案馆生态系统最大利益点，坚持整体利益最大化、少数服从多数、个体目标服从整体目标的原则，调动各子系统高效运转，同时形成整个数字档案馆生态系统共同的价值观和行为特征，保障数字档案馆生态系统整体目标的实现。数字档案馆生态系统目标协同既包括数字档案馆业务工作目标制定的合理性，也包括档案工作者精神层面目标协同的培养，为数字档案馆生态系统协同管理奠定基础。目标协同能够引导数字档案馆生态系统中各子系统形成共同愿望，统一努力方向，在整体目标实现过程中促进各数字档案馆个体目标的

---

① 董海利:《档案工作的目标管理与实施》,《成都大学学报》2006 年第 6 期。
② 霍胜男:《企业目标管理的基本问题研究》,《企业经济》2013 年第 3 期。

实现。

（二）资源协同

这里的资源特指数字档案资源。数字档案资源是"数字档案馆生态系统形成、演化、运行和发展的基石，是数字档案馆生态系统建设的核心，也是数字档案馆生态系统最重要的生态因子"。"数字档案信息资源的数量与质量也决定着数字档案馆信息资源开发的广度和深度，以及数字档案馆的服务水平和服务能力。"[1] 由此可见，数字档案资源是数字档案馆建设的核心内容，是信息生态系统最重要的组成部分，数字档案资源是否丰富，是否优质，是否独具特色，决定了数字档案馆建设的成效。因此，数字档案资源协同是数字档案馆生态系统协同管理的核心。

数字档案馆生态系统资源协同管理是指以协同论为指导，将数字档案馆生态系统中各子系统的信息资源看作一个有机整体，采用现代信息技术对数字档案资源进行整合、控制和重组，使得整个生态系统的数字档案资源能够共建共享，最大限度发挥档案资源价值。

数字档案资源协同的前提是数字档案资源已经经过了一定程度的加工整序和组织，而不是完全没有经过有序化处理、没有任何控制的数字档案资源。如果仅仅是将完全无序化的数字档案实现有序化转换，这仅是一般意义上的档案信息资源组织，还不能称之为资源协同。数字档案馆个体首先要完成本档案馆内部数字档案资源的组织，只有在这一目标实现之后，才能进行数字档案馆种群、群落、整体的数字档案资源协同，实现数字档案资源的融合重组以及整体数字档案资源体系的共建共享。通过资源协同管理能够促进数字档案馆生态系统数字档案资源实现"量"和"质"两个方面的转变。[2] "加强数字档案馆个体资源库建设，有利于数字档案馆种群档案信息资源的集成与利用，有利于数字档案信息资源的共建共享。"[3] 由此可见，数字档案馆生态系统资源协同是数字档案馆档案资源组织发展到

---

[1]　金波、丁华东、倪代川：《数字档案馆生态系统研究》，学习出版社 2014 年版，第 130 页。

[2]　参阅孙丽婷：《数字档案馆信息资源组织研究》，硕士学位论文，上海大学，2009 年，第 15—17 页。

[3]　金波：《论数字档案信息资源建设》，《档案学通讯》2013 年第 5 期。

一定阶段的产物，也是数字档案馆生态系统发展到一定阶段的必然要求。资源协同主要包括资源共享和资源创新两个方面。

资源共享是资源协同的目标。"档案信息资源共享是通过对档案信息资源的组织、整合，并通过统一的档案信息资源共享平台，使用户迅速方便地利用档案信息资源的一种策略。档案信息共享是最大程度上利用档案信息资源的一种理想状态，是促进档案信息资源开发利用的自身需要。"[①]数字档案馆生态系统协同管理中资源共享表现为数字档案资源在各数字档案馆个体之间流动，即"量"上的改变，由单个子系统享有资源变成多个子系统享有资源。"通过网络技术，对一定区域内的数字档案馆个体数字档案信息资源库进行链接，形成一个跨平台、跨数据库、跨系统、跨内容、可共享的档案信息资源体系。"[②]资源共享可以解决各数字档案馆之间的信息孤岛问题，打破子系统资源之间交流障碍。各子系统通过共享各自拥有的数字档案资源，可以弥补馆藏档案资源的短缺，丰富馆藏数量，优化馆藏结构，实现数字档案馆之间互联互通，使数字档案资源利用效率达到最大化。

资源创新是在资源共享基础上，对现有资源进行集成，再通过数据分析、数据挖掘和资源整合，开发出新的档案资源。这既包括通过对馆藏档案资源整理和重组而产生出的新信息、新线索，以及档案收集的新方向等；也包括资源共享过程中研制开发的新方法，挖掘出更高效的资源共享新途径等。信息资源创新是一种高层次的资源协同，能够实现数字档案馆生态系统信息资源"质"的改变，通过数字档案资源从无序到有序，再从有序到新的有序之间的变化，推动数字档案馆生态系统资源结构优化和价值密度提升，实现档案资源的知识服务和智慧服务，促使数字档案馆生态系统不断向更高层级演进。

资源共享和资源创新是密切相关的，是资源协同管理的重要内容。资源共享是资源创新的基础，资源创新可以实现资源优化和功能增强，提升数字档案馆生态系统社会服务能力，提高数字档案馆的生态位，促进数字

---

① 张林华、张小娟：《政府信息公开环境下的档案信息资源共享——基于"开放存取"理念的思考》，《档案学研究》2009 年第 4 期。

② 金波：《论数字档案信息资源建设》，《档案学通讯》2013 年第 5 期。

档案馆向智慧档案馆转型。数字档案资源协同管理解析图如图 5-2 所示。

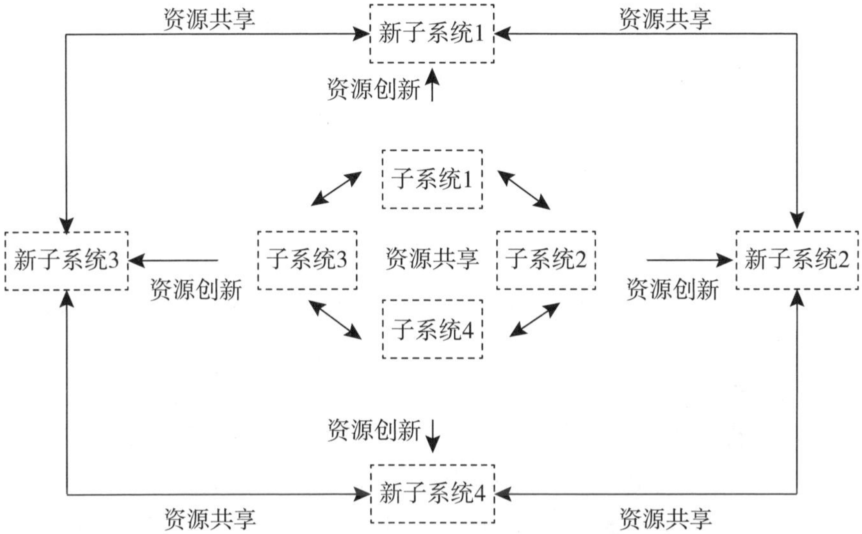

图 5-2　数字档案馆生态系统资源协同过程解析图

（三）机制协同

"机制一词的本义是机器的自我运转技能和关联，始于机械工程学。它伴随着系统科学的发展而衍生，借以类比系统的构造、功能和相互关系，现在多被广泛应用于各类学科之中。在后来的应用过程中机制被引申为两种含义：第一种是指系统结构的构造部件和结合方式；第二种是指系统运行的必然规律（即系统内部的内在本质和功能）。"[①] 数字档案馆生态系统运行机制是保证数字档案馆有效运行的规则、制度和程序，数字档案馆生态系统各生态因子必须在合理的机制下才能正常运行。

"数字档案馆生态系统运行机制是指在一定社会条件下，数字档案馆运行过程中各构成部分之间相互关系、相互制约及相互协调的原理与运作方式。它决定了数字档案馆生态系统的工作效率以及采取何种组织结构和

[①]　唐虹:《图书馆联盟协同管理研究》，湖南大学出版社 2012 年版，第 59 页。

运作方式组织档案信息资源，提供信息服务。"[①] 数字档案馆生态系统机制协同是指为了避免数字档案馆建设中重复执行、冲突执行、无人执行的情况，数字档案馆个体间、种群间在平等互利的基础上，共同制定科学合理的信任机制、合作机制、监管机制和激励机制，规范协同行为、提高协同效率、优化协同效果。数字档案馆生态系统机制协同具有主动性和预防性，是数字档案馆个体之间在进行"竞争—合作—协调"过程中如何进行决策、风险分担和利益分配的制度保障。机制协同有利于各生态因子间的协调与配合，有利于保障数字档案馆生态系统中物质流、能量流、信息流、价值流的运动与交流，有利于避免重复建设和资源浪费，提高数字档案馆生态系统运行效能。因此，机制协同是数字档案馆生态系统协同管理的制度保障。

数字档案馆生态系统机制协同包括以下内容：

第一，信任机制。信任机制是维护数字档案馆生态系统良性运行的前提，数字档案馆生态系统是否能够进行协同，依赖于参与协同的各子系统之间是否能够建立信任关系，具有保障各子系统建立信任关系的制度和规范，将有利于数字档案馆生态系统协同管理。数字档案馆根据自身的数字档案资源状况、管理方式、服务能力、用户评价、合作历史、文化背景等指标来选择协同对象，建立个体间的互信和合作，进而建立协同关系，并通过信任机制加以巩固、规范和维护，保障数字档案馆生态系统协同管理的有效开展。

第二，合作机制。在建立信任基础上，数字档案馆生态系统需要通过合作机制持续深化协同程度。首先，形成合作愿景。数字档案馆生态系统机制协同需要各子系统在自愿平等的条件下，主动参与、协调配合、相互作用，共同推进数字档案馆生态系统运行与发展；各数字档案馆个体需要正确认识和处理彼此差异，培养换位思考、理性让步精神，形成合作愿景，为数字档案馆生态系统机制协同提供方向。其次，建立良好的沟通反馈机制。简化档案资源共享程序，确保档案资源传递高效、共享便捷；搭建沟通平台，建立开放论坛、网站、数据库，确保参与协同的子系统之间信息透明、信息对称，并及时收集协同过程中存在的问题，建立沟通协调

---

① 金波、丁华东、倪代川：《数字档案馆生态系统研究》，学习出版社 2014 年版，第 130—131 页。

机制，推动参与协同的数字档案馆个体形成共同的思想意识、价值观念和行为方式。

第三，监管机制。监管机制既包括建立彼此对等的监督机制、合作准则、群体决策制度、冲突化解制度等；又包括建立道德自律机制，即引导各数字档案馆个体进行自我约束、自我激励，积极、自觉、主动地约束自己的行为。健全的监管机制可以促进信任的建立和维护，促进各数字档案馆在相互理解和尊重的基础上，了解自己的权利和义务，加深数字档案馆之间的协同意愿和相互依赖程度。

第四，激励机制。激励机制是指"在组织系统中，激励主体通过激励因素与激励对象（或称激励客体）之间相互作用的方式。或简单地说，在组织中用于调动其成员积极性的所有制度的总和"。[①]通过揭示数字档案馆生态系统的激励要素，建立能够充分调动档案工作人员、数字档案馆个体积极性和创造性的激励机制和约束机制，引导数字档案馆个体的价值观念和行为方式，在保障数字档案馆生态系统整体利益最优的前提下实现数字档案馆个体利益目标。如对于投入较多贡献大的数字档案馆给予各种形式的支持和鼓励，对于不作为的数字档案馆给予适当约束和惩罚，促使各数字档案馆信守承诺，巩固和发展彼此之间的协同合作关系。

（四）技术协同

数字档案馆建设具有很强的技术依赖性，可以说"数字档案馆完全是高新技术、电子设备和计算机网络技术支撑起来的产物，离开了高新技术的支撑，就没有了数字档案馆"。[②]目前，计算机技术、网络技术、通信技术、多媒体技术、数据库技术、信息存储技术、云计算技术、大数据技术、物联网技术、人工智能技术等广泛应用于数字档案馆建设中，使不同地域、不同时间的档案工作者能够协调一致地共同完成某项任务变为可能。

"数字档案馆建设的目的是要使地区档案馆、全国档案馆乃至全世界

[①]　刘正周：《管理激励与激励机制》，《管理世界》1996 年第 5 期。
[②]　刘东斌：《数字档案馆建设面临的难题》，《档案管理》2003 年第 8 期。

的档案馆连成一个整体，以实现档案信息资源共享。"[①] 数字档案馆生态系统建设就是将一个个相对独立的数字档案馆个体连成一个整体，发挥其协同功能，以提供最丰富的档案资源和最优质的档案服务。但目前数字档案馆建设过程中还存在数字档案资源描述不一致、不同数字档案馆技术标准不相同、档案管理系统不兼容、不同系统间档案远程利用实现困难等一系列难题，需要强化技术协同，建立兼容的硬件环境，统一的文件格式、数据描述标准、元数据标准、全文数据库标准，协调一致的业务流程和服务方式，能够跨越系统设备异构、业务流程异构、数据结构异构障碍的系统运行平台，确保数字档案馆生态系统协同管理有效实施。

技术协同是数字档案馆生态系统协同管理的基础，数字档案馆生态系统技术协同主要内容如下：

第一，系统设备协同。数字档案馆生态系统首先需要采用国内外公认的、广泛应用的信息技术标准规范，采用统一的网络架构、软件架构、硬件架构等技术基础架构，统一各数字档案馆档案管理系统的数据接口，确保档案资源与任务精确匹配，确保档案资源安全传输与通信，确保系统与系统、人与系统、人与人之间的顺利交互。此外，新技术的出现必然会同计算机技术和网络技术一样，推动档案工作发生翻天覆地的变化和档案信息化升级换代，因此，数字档案馆生态系统设备需保持动态性和可扩展性，确保系统设备具有增强处理功能的能力、增加工作站点的空间，保障数字档案馆生态系统能够适应时代发展，满足社会信息化发展需要。

第二，业务流程协同。在数字档案馆生态系统技术协同管理中，业务流程协同要求对档案管理业务流程进行重组，实现数字档案馆内部业务流程协同、数字档案馆与数字档案室间业务流程协同、数字档案馆个体间的业务流程协同。同时，根据文件连续体理论对数字档案管理业务流程进行再造，模糊生态因子之间的职能边界与部门边界，将各阶段、各层次相关联的数字档案资源和内容协调组织起来，统一规划和统一规范电子文件形成到归档的整个过程，实现电子文件形成、分类、归档、整理、保管、利用等所有过程的一体化管理，有效控制电子文件形成到馆藏数字档案的全过程，保证信息流和业务流的不间断运行，降低管理成本，提升管理质

---

① 潘世红：《浅谈数字档案馆建设中应注意的几个问题》，《档案学研究》2013 年第 7 期。

量，提高管理效率，真正做到数字档案资源管理业务流程一体化。

第三，数据结构协同。在数字档案馆生态系统技术协同管理中，数据结构协同即通过遵循统一、规范的数据标准，实现不同资源类型数据结构的统一。"标准规范的缺乏，使得档案馆在数字档案信息资源建设上带有一定的自发性，往往会根据自身情况和特点确定数据类型和数据格式，采用不同的技术平台，从而导致数字档案信息资源异构现象严重。"① 因此，需要加强档案数据结构标准规范建设，促进数字档案资源的互联互通和信息交流。目前，我国已经颁布《GB/T 17678.2—1999 CAD 电子文件光盘存储、归档与档案管理要求》《GB/T 26163.1—2010 信息与文献——文件管理——文件元数据 第 1 部分：原则》《GB/T 18894—2016 电子文件归档与电子档案管理规范》《DA/T 48—2009 基于 XML 的电子文件封装规范》《DA/T 54—2014 照片类电子档案元数据方案》《DA/T 31—2017 纸质档案数字化规范》《DA/T 62—2017 录音录像档案数字化规范》等标准，建立了一套符合数字档案馆生态系统建设的、统一的数据标准，解决了不同结构、不同类别数据之间的交换和互操作问题，有利于数字档案馆个体间其他序参量的协同管理。

（五）人才协同

2010 年 4 月 1 日，中共中央、国务院印发了《国家中长期人才发展规划纲要（2010—2020 年）》，进一步明确我国高技能人才队伍的发展目标，即"适应走新型工业化道路和产业结构优化升级的要求，以提升职业素质和职业技能为核心，以技师和高级技师为重点，形成一支门类齐全、技艺精湛的高技能人才队伍"。② 信息时代，档案工作的内容、职能以及工作重点受信息技术的影响而发生巨大变化，档案管理者的职能也发生了改变，即由单纯的"档案保管者"向"知识管理者"转变③。数字时代，传统的档案收集、整理、检索等工作都可由机器代替，档案管理者的任务除了掌握网络技术、计算机技术等现代化管理手段之外，更要具备机器所不能替代

---

① 金波：《论数字档案信息资源建设》，《档案学通讯》2013 年第 5 期。

② 中共中央、国务院：《国家中长期人才发展规划纲要（2010—2020 年）》（中发〔2010〕6 号）。

③ 张斌：《知识管理者：档案工作者角色的重新定位》，《档案学通讯》2009 年第 5 期。

的能力。如档案信息资源的深度开发，需要结合档案产生的时代背景、地域特征等因素对档案资源进行深入研究，挖掘档案中的隐含信息和潜在信息，并进行分析、加工、处理，转换成直观信息，这就需要一支拥有广阔知识面和高技能的档案管理人才队伍。而数字档案馆个体不可能拥有覆盖所有知识领域的档案工作者，需要整个数字档案馆生态系统中相互配合，进行人才协同，完成数字档案馆个体间人才上的优势互补，为数字档案馆生态系统能级提升提供动力支持。

人才协同是数字档案馆生态系统协同的动力，数字档案馆生态系统人才协同主要内容如下：

第一，组建具有各领域知识背景的专家队伍。数字档案馆生态系统建设不仅需要系统设计、系统维护、信息管理的专家，还需要涉及社会、经济、文化、艺术、历史等不同知识领域的专家。由于受各方面的限制，一个档案馆难以拥有全部知识领域的人才。因此，人才协同首先需要培养一支知识结构合理、业务素质过硬的高素质档案管理队伍，打破数字档案馆个体、种群、群落的界限，在整个生态系统中进行人才协同。同时，人才协同不仅只是档案部门间档案管理者、技术人员的协同，也包括档案工作领域之外的人才协同，如不同专业的高校学者、科研院所专家等。当数字档案馆生态系统建设遇到难题时，可以组织数字档案馆生态系统的专家队伍联合攻关、协同解决，真正实现数字档案资源共同管理、共同开发、共同享用。

第二，建立知识共享平台。"组织中的知识大多依附于员工个体而存在，个体如果对知识不加以利用，知识本身无法为组织创造价值。""个体间的知识共享是增进知识效用最为关键的途径。"[1] 知识共享不仅包括人才队伍中成员之间显性知识储备交流共享，专业技能支持，共同完成数字档案资源收集、开发、系统维护等工作；也包含人才队伍之间工作经验、工作心得、工作情感、工作创新理念等隐性知识的共享，通过隐性知识共享形成积极向上的共享文化，利用共享文化引导共享行为，促进档案管理者之间互相尊重、相互学习，减少纠纷与冲突，提升管理能力。

第三，充分调动每一位档案工作者积极性。数字档案馆生态系统人才

---

[1] 金辉：《内、外生激励因素与员工知识共享：挤出与挤入效应》，《管理科学》2013年第3期。

队伍建设并不是要求每一位档案工作的人员都具备深厚的文化底蕴、丰富的历史知识、精通的现代化信息技能，而是要坚持以人为本，充分调动每个人的工作积极性和主动性，根据每个人的特长分配相应的工作，使每位人才都能够充分发挥自身的一技之长，在适合的工作岗位上将特长向纵深方向延伸。

（六）服务协同

档案信息服务是数字档案馆核心价值的体现，也是数字档案管理的根本目的所在。数字档案馆生态系统服务协同是指在数字档案资源信息服务过程中消除影响服务效率的各种障碍，消除服务过程中的冗余步骤，确保数字档案馆服务之间紧密衔接，使数字档案资源利用更便捷、档案服务内容更丰富、面向的用户人群更广泛、提供服务的手段更先进，为社会提供最方便、最高效的档案信息服务，满足用户的现实需求。

服务协同是数字档案馆生态系统协同管理的目的，数字档案馆生态系统服务协同主要内容如下：

第一，构建统一的数字档案资源服务平台。数字档案馆生态系统服务协同需要将参与协同的主体、资源、技术和服务有效集成在统一的系统中，各数字档案馆个体借助统一的信息服务平台，将多头分散管理的档案资源进行集中管理，为档案利用者提供一站式服务。《全国档案事业发展"十二五"规划》提出，"实施公共档案信息资源共享服务工程项目，打造'一站式'档案信息资源共享和服务平台，为社会提供全方位的档案信息服务"。[①]数字档案馆生态系统需要建立统一的用户信息数据库，进行统一用户身份认证、统一用户管理，档案用户只需进行一次身份信息输入，即可安全登录数字档案馆生态系统中所有档案信息利用平台，查询检索所需的数字档案资源。

第二，推进档案资源服务体系转型。我国以系统、部门为主体的档案工作模式在信息时代应逐步向社会化方向发展，服务协同同样需要顺应时代发展，聚焦现代服务创新理念，从以档案馆为主体的服务模式向多元化服务主体转变，构建以数字档案馆为主导的开放化、社会化、个性化、精

---

① 国家档案局、中央档案馆:《全国档案事业发展"十二五"规划》(档发〔2011〕1号)。

准化、智能化的档案信息服务体系，明确数字档案馆以外的其他主体在数字档案管理、数字档案资源建设中的作用，构筑社会共同参与、多主体信息资源共享的档案资源"大利用"服务观。

第三，致力于提供基于档案信息内容的知识服务。"步入知识经济时代，知识已成为重要的战略资源，甚至被认为是'唯一有意义的资源'。"①数字档案馆生态系统服务协同不仅是跨部门、跨系统、跨区域的工作模式，更是将档案服务从档案实体服务向档案信息服务、档案知识服务转变的综合性工程，所提供给用户的不仅是档案信息资料，更应当是能够解决用户问题的知识和答案。为此，数字档案馆生态系统服务协同要形成以数字档案信息资源为基础，以用户为中心，以需求为导向的，能够提供包括科技、经济、文化、教育等领域知识服务的知识数据库，能够成为政府部门和组织机构运行、管理、决策的"思想库"和"智库"。

四、数字档案馆生态系统协同管理模式

数字档案馆生态系统协同管理是一项系统工程，其整体协同效应的产生是系统各生态因子在受到内外部因素影响时，以某种方式协同演化的结果。数字档案馆生态系统协同模式的选择应当与协同生态因子其自身特点及其协同目标紧密相关，根据数字档案馆的类型特点、技术条件、目标要求等实际情况，考虑协同成本与协同效益，数字档案馆生态系统协同管理模式以不同的序参量为工作重点可分为：资源整合模式、系统集成模式、服务创新模式与社会参与模式，每种模式都需要目标和机制两个序参量进行引导、规范、协调和保障。数字档案馆生态系统协同管理模式如图 5-3 所示。

---

① 杨琛:《知识管理背景下档案知识共享的思考》,《档案管理》2015 年第 6 期。

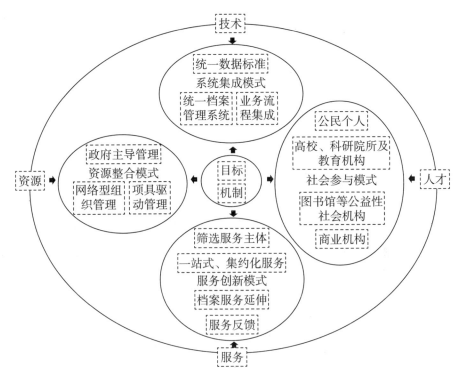

图 5-3 数字档案馆生态系统协同管理模式

（一）资源整合模式

1.资源整合模式的内涵

资源整合模式就是围绕数字档案资源序参量开展的协同管理工作，将异构的、分散的数字档案资源进行集中、归类、整理，通过重组，使之结构合理、配置优化、利用便捷，消除数字档案馆生态系统中的信息壁垒和信息孤岛，为用户提供更全面、更完整、更丰富的信息资源，满足用户多元化、个性化的信息需求。资源整合模式是档案信息资源由分散到集中、由无序到有序，实现档案信息资源增值的协同过程。

资源整合模式以档案资源为协同序参量，"由于数字档案资源具有凭证、记忆、身份认同、社区构建等多重价值，其整合与可持续安全利用和增值再用应该是一个数字连续性的过程"①。因此，资源整合协同模式对所整合的数字档案资源性质一致性和内容相关性要求较高，对数字档案馆性质、地域范围的一致性要求较低。如"在南京大屠杀死难者国家公祭日即将到来之际，国家档案局组织收藏有关于南京大屠杀档案的中央档案馆、中国第二历史档案馆、辽宁省档案馆、吉林省档案馆、上海市档案馆、南京市档案馆和侵华日军南京大屠杀遇难同胞纪念馆，选择部分档案制作 7 集网络视频《南京大屠杀档案选萃》，祭奠南京大屠杀死难同胞，揭露日军反人类、反人道的残暴罪行，回击日本右翼势力否认南京大屠杀的无耻谰言"。②可见资源整合模式既适用于同一种群的数字档案馆，又适用于同一群落的数字档案馆，也适用于数字档案馆生态系统整体，同时还适用于数字档案馆生态系统与其他信息生态系统的协同。

数字档案资源建设是数字档案馆建设的基础与核心，是数字档案生态系统协同管理中最重要的序参量。数字档案馆生态系统资源整合模式，可将不同区域、不同层级、不同组织中的数字信息资源，通过数据集成、信息整合、资源集聚，力争将原本离散、多元、异构、分布的数字信息资源组织成一个有机整体，建立数字档案资源信息库和知识库，实现数字档案资源的科学存储和共享服务，最大限度地实现数字档案资源的信息功能和资源价值。

2. 资源整合模式的实现路径

由于数字档案馆的性质、馆藏特点以及建设目标的不同，资源整合模式可采用不同的路径，主要有政府主导整合、联盟型组织整合和项目驱动整合。三种资源整合模式的参与主体、协同时间、协同方式、协同目的均有差异，其实现路径如表 5–2 所示。

---

① 安小米、孙舒扬等：《21 世纪的数字档案资源整合与服务：国外研究及借鉴》，《档案学通讯》2014 年第 2 期。

② 储信艳：《国家档案局播南京大屠杀视频 揭露日军残暴罪行》，2014 年 12 月 7 日，见 https://www.bjnews.com.cn/news/2014/12/07/344767.html。

表 5-2　三种资源整合模式的实现路径

资源整合路径	参与范围	协同时间	协同方式	协同目的
政府主导	数字档案馆个体、种群、数字档案馆群落、其他公共文化事业机构	长期	政府在协同管理过程中发挥主导作用	维护整个数字档案馆生态系统中的信息资源长期互联互通和共享利用
联盟型组织	同一种群或同一群落内的数字档案馆	长期	打破等级关系，实行扁平化协同管理	保障同一种群或群落的数字档案资源长期共享和有效利用
项目驱动	数字档案馆个体、种群、数字档案馆群落、其他公共文化事业机构	不定期	基于特定项目开展的资源整合	建立特色档案数据库和专题档案数据库

（1）政府主导

数字档案资源日渐成为档案信息资源的主要形态，不仅是数字时代社会记忆的重要构成，也是国家信息资产的重要组成部分；作为数字档案馆生态系统的核心生态因子，直接关系到数字档案馆生态系统的形成、演化、运行和发展。数字档案资源在国家和社会经济发展中潜在价值巨大，但目前数字档案资源面临着来源分散、管理滞后、整合有限、互联互通不足等问题，缺乏有效的利用服务机制，严重制约数字档案馆生态系统的服务能力，难以满足日趋多元的社会档案信息利用需求，海量数字档案资源的整体效益与价值难以实现，数字档案馆生态系统的社会功能难以有效发挥和拓展，建立跨个体、跨种群、跨群落、跨系统的资源协同模式势在必行。由于数字档案馆个体、种群、群落，以及数字档案馆与数字图书馆、数字博物馆等其他生态系统的社会生态位基本相同，需要社会生态位较高的最具公信力的政府组织进行协同，在数字档案资源整合中起主导作用，推动数字档案资源整合利用。

第一，建立科学管理机制。尽管数字档案馆生态系统各子系统在协同管理中目标一致，但由于各子系统存在诸多差异，难免会出现责任不清、沟通效率低下、协同效果不佳等问题。为此，政府组织需要厘清数字档案资源整合的目标方向和现实途径，探究数字档案资源的物理整合与逻辑整合、馆内整合与馆外整合、种群整合与群落整合等整合策略，建立一套科学管理机制，实现数字档案资源的集成管理与共享服务，保障数字档案馆生态系统档案信息资源的有效管理和互联互通。

第二，提供法律政策保障。法律具有规范性、强制性特点，能够最大限度保障人民权益。档案资源通过互联网传递与共享，为数字档案资源协同管理带来便利的同时，也伴生诸多问题，如档案信息安全问题、知识产权保护问题、个人隐私被侵犯问题等，需要政府完善信息安全相关法律法规，有效保护档案资源的协同整合和安全利用。同时，政府应该加强顶层设计和政策引导，明确国家档案行政管理部门在数字档案资源整合中的主体和主导地位，制定数字档案资源整合策略和相关整合标准，为数字档案资源整合协同保驾护航。

第三，给予经费支持。资金是进行一切活动最基本的保证，是实现数字档案资源共享的物质条件。跨个体、跨种群、跨群落、跨系统的资源整合需要现代化的技术平台支撑，建立数字档案资源整合技术系统，建设统一的网络平台和数字档案资源共享空间，需要大量的资金做后盾，需要政府大力推动，提供足够的经费支持。

（2）联盟型组织

"联盟是集合在一起的组织的统称。档案馆联盟是为实现资源共享、利益互惠的目的而组织起来的，以若干档案馆为主体，通过网站结盟或组织机构联盟的方式，受共同认可的协议和合同制约，形成持续而正式关系的联合体。""根据不同的划分标准，档案馆联盟可以划分为不同的类型。按地理位置划分，有国际档案馆联盟和全国性档案馆联盟、地区性档案馆联盟；按地域划分，有同一区域档案馆联盟和不同区域档案馆联盟；按层级划分有国家档案馆联盟、省（部）级档案馆联盟和市级档案馆联盟；按行业划分有同一行业档案馆联盟和跨行业档案馆联盟；按档案馆性质划分，有综合性档案馆联盟、专门性档案馆联盟、混合性档案馆联盟；按组织形式划分有虚拟档案馆联盟和实体档案馆联盟；按运行模式划分有松散型档案馆联盟和紧密型档案馆联盟；按维度划分有纵向档案馆联盟和横向档案馆联盟。"① "档案馆联盟应该是由我国各级国家综合档案馆基于共同利

① 何锋：《关于建立档案馆联盟的设想》，《四川档案》2017年第3期。

益组建起来的开放式合作组织，各档案馆尊重并认可联盟理念，承担相应的权责，遵守联盟规范，通力合作，联合开展档案工作，更好地发挥档案馆的职能。"[①] "联盟制的特点是以集中型资源为主体，以分布式特色资源为补充，在数字档案资源整合中以点带面，采取联合编目、统一检索、统一标准、统一管理等措施，权责利相结合，实现数字档案资源整合。"[②] 档案馆联盟是馆际之间合作，自主进行互补性资源交流，实现优势互补、共建共享的档案服务性联合体。

数字档案馆联盟是一定区域内的数字档案馆种群或群落为实现资源共享、利益互补而建立起来的合作组织形式，制定有共同遵守的联盟规范和制度章程，实施权责对等、风险共担。数字档案馆联盟重点任务是整合数字档案资源，优化档案资源配置，实现馆际数字档案资源的互联互通和共建共享，扩大数字档案资源的传播速度和广度，打破档案资源"信息孤岛"局面，拉近数字档案馆个体间的关系，推动数字档案馆生态系统快速成长。

（3）项目驱动

项目驱动整合是指基于特定的档案资源建设项目，如城市记忆工程、抗日战争档案、南京大屠杀档案等，整合相关数字档案馆的档案资源，建立特色档案数据库和专题档案数据库。项目驱动整合模式是由数字档案馆生态系统中某一生态因子发起，其他子系统积极参与、共同配合，协同完成，这种模式一般是完成专业性较强的、短期的突击性任务。项目发起单位类型没有限制，既可以是政府部门，也可以是档案馆、图书馆、博物馆、文化机构等，还可以是数据开发商、软件开发商等商业机构，但必须具备足够的号召力、影响力和领导力，能够围绕既定主题整合相应的数字档案资源。项目发起单位应负责项目的运行，协调各方参与数字档案馆工作，明确分工，合作开展档案资源建设。

《南京大屠杀档案》申报世界记忆遗产过程中，全国有 7 家档案馆共

---

① 佘建新、李静、季雪岗：《互联网时代下档案馆间联盟机制与实践探索》，《档案学通讯》2016年第1期。

② 周耀林、赵跃等：《面向公众需求的档案资源建设与服务研究》，武汉大学出版社2017年版，第309页。

同参与，搜集整合有关档案资源。"2009年1月，侵华日军南京大屠杀遇难同胞纪念馆馆长朱成山研究员与9位南京市人大代表，在南京市人代会上提出申遗议案；同年4月，《南京大屠杀档案（五组）》以中国第二历史档案馆、南京市档案馆、侵华日军南京大屠杀遇难同胞纪念馆等三馆名义联合向联合国教科文组织申报。2010年2月，成功入选《中国档案文献遗产名录》。2012年7月，南京市成立了申遗领导小组，下拨了专门经费，迈开了申遗的第一步。2014年3月，由国家档案局牵头，在'南京三馆'外，又增加了中央档案馆、辽宁省档案馆、吉林省档案馆、上海市档案馆，申报的内容也由5组增加到11组，以中国记忆遗产委员会的名义，正式向联合国教科文组织提出申报。"[①]

3. 资源整合模式实践

资源整合协同的三种模式在国内外均有初步尝试。

（1）欧洲数字资源整合系统——"Europeana"

欧洲数字资源整合系统"Europeana"是政府主导模式的典型案例。2005年，法国、德国、西班牙、意大利、波兰和匈牙利等国元首向欧盟委员会主席若泽·曼努埃尔·巴罗佐（José Manuel Durão Barroso）提议：建立数据库以保存和向公众提供利用欧洲文化遗产。2008年，欧盟委员会正式创建欧洲数字资源整合系统——"Europeana"，这是包括档案馆、图书馆、文化馆、博物馆、美术馆等组织机构的跨欧洲各国的数字资源整合系统，旨在为用户提供真实可靠的欧洲历史文化资源，内容包括美术作品、地图、照片、文物、书籍、报纸、信函、日记、音频、视频等。建成之初，该系统访问量达到450万人次，服务器无法应对巨大的负荷一度崩溃；后经欧盟和各国政府支持不断进行技术升级，保障了系统的正常运行。项目资金来源于欧洲委员会以及各成员国政府文化和教育部门的资助。[②]

欧洲数字资源整合系统可以看作以数字资源为序参量的数字档案馆与其他信息机构之间的协同。政府在协同过程中的主导地位主要体现在以下

[①] 李斌：《南京大屠杀档案申遗成功》，《文汇报》2015年10月11日。

[②] Europeana Collections, *Development Updates and Roadmap*，见 http://www.microsofttranslator.com/bv.aspx?from=en&to=zh-CHS&a=http%3A%2F%2Fwww.europeana.eu%2Fportal%2Fen%2Froadmap.html。

三个方面：第一，建立协同关系。欧盟委员会在听取各国首脑意见之后，整合相关信息组织的信息资源，协调各生态系统的利益关系，正式创建欧洲数字资源整合系统。第二，建立科学有效的协同目标与机制。由欧盟制定《Europeana 公共域宪章》(*Europeana Public Domain Charter*)，包括系统加入条款、数据提供条款、数据使用条款、数据交换条款、隐私政策等。① 可见，各国在协同运行过程中须遵循欧盟制定的协同目标和协同机制。第三，提供资金和技术支持。欧盟委员会通过一系列项目为欧洲数字资源整合系统提供资金支持，同时各成员国政府每年也向该系统拨款，如法国政府每年为该项目提供 1500 万欧元。必要的资金和技术支持是整个生态系统协同管理的基础和保障。

（2）广东省跨馆档案查阅利用系统

"广东省跨馆档案查阅利用系统"是联盟型组织模式的典型案例。为扩大档案信息远程服务能力，向人民群众提供更为高效的服务体系，广东省档案馆、广州市档案馆、深圳市档案馆三馆联合，整合开放档案目录和政务公开信息目录向公众开放，建立开放档案和政府公开信息文件的跨馆查阅利用系统，整合后的开放档案目录数据达 80 余万条、政府公开信息目录数据达 2.6 万余条。该系统 2012 年 3 月 1 日上线，是我国首个跨馆查询系统，实现了成员馆之间的开放档案以及政府公开信息的整合、互通、共享，可在广东省档案馆、广州市档案馆、深圳市档案馆三馆以及广州市政务服务中心利用此系统跨馆查阅利用。② 2013 年 6 月，该系统又增加了一批新的成员，东莞市档案馆、惠州市档案馆、珠海市档案馆、佛山市档案馆等 9 家档案馆加盟。③ 目前，该系统在进一步扩大，逐步向珠江三角洲各市以至广东省各级档案馆延伸，最终目标是建立"省—市—县"三级

---

① Europeana Collections,*Terms&Policies*, 见 http://www.microsofttranslator.com/bv.aspx? from= en&to= zh-CHS&a= http% 3A% 2F% 2Fwww.europeana.eu%2Fportal%2Fen%2Frights.html。

② 张泽伟:《锐意创新 服务大众——记"广东(粤穗深)跨馆档案查阅利用系统"正式开通,向公众推出"就地查询,跨馆出证"的服务方式》,《广东档案》2012 年第 2 期。

③ 吕晓敢:《东莞市档案馆正式纳入广东跨馆查阅利用系统》,2013 年 6 月 13 日, 见 .http://dg.people.com.cn/n/2013/0613/c102744-21823153.html。

数字档案馆资源整合体系，覆盖广东省 142 个国家综合档案馆。[①]

"广东省跨馆档案查阅利用系统"可以看作以数字资源为序参量的同种群数字档案馆的协同。广东省档案馆、广州市档案馆、深圳市档案馆同属国家综合档案馆，三馆充分运用信息和网络技术打破信息资源之间的壁垒和区域的界限，着力强化档案资源的集成整合，发挥数字档案资源的叠加效应，为人民群众提供及时、便捷、高效的档案信息服务，真正实现数字档案资源的共建共享。同时，利用数字档案馆生态系统联盟形成倒逼机制，使未被纳入"广东省跨馆档案查阅利用系统"的国家综合档案馆积极主动加盟，扭转国家综合档案馆利用服务方式，全面推进广东省数字档案馆建设水平的整体提升。

（3）我国"城市记忆工程"和欧洲数字图书馆的"Athena Plus"项目

"城市记忆工程"是以项目驱动进行资源整合协同管理的典型案例。"城市记忆工程"由国家各级综合档案馆、高校档案馆等不同种群的数字档案馆参加，以某一城市或某一地区的档案资源序参量进行协同，实现跨数字档案馆种群的协同。"城市记忆工程"所整合的档案资源是涉及某一城市或某一地区的地形地貌、文物古迹、标志性建筑、重要历史事件、重要历史人物、民风民俗、饮食、方言、传统工艺等特色档案信息，旨在构建能够完整反映某一地区城市发展轨迹的特色档案数据库。

我国"城市记忆工程"于 2002 年由青岛市率先启动，青岛市档案馆利用照相、摄像等方式全面记录新千年之初青岛市的市容市貌，普通市民的日常生活，经济发展的现状规模，文化习俗的发展变迁等。随后，武汉、大连、上海等城市也陆续开展"城市记忆工程"项目。截至 2007 年，"城市记忆工程"建设已覆盖四大直辖市，广州、福州、长沙、沈阳等城市也相继开展。目前，我国"城市记忆工程"项目正不断向地级市、县级市推广开来。

欧洲数字图书馆"Athena Plus"项目于 2013 年 3 月启动，2015 年 8 月结束。该项目由来自欧洲 21 个成员国的 40 个合作伙伴共同完成，包括政府机构、图书馆、档案馆、研究中心、中小企业等，目标是广泛收集和

---

① 张泽伟：《锐意创新 服务大众——记"广东（粤穗深）跨馆档案查阅利用系统"正式开通，向公众推出"就地查询，跨馆出证"的服务方式》，《广东档案》2012 年第 2 期。

开发数字文化遗产。两年多时间共搜集 360 万余条元数据记录，内容涉及教育、研究、旅游等方面信息。公众可以通过"Athena Plus"项目的检索入口和多语言服务系统，获取参与"Athena Plus"项目的博物馆、档案馆、图书馆和其他文化机构中的数字资源及其编研成果。[1]"Athena Plus"项目以满足社会公众对人类文化和信息资源的需求为目标，充分运用现代信息技术手段，探索档案馆、图书馆、博物馆、文化馆等数字资源的整合与融合，实现数字档案馆与其他信息组织的资源协同管理。

（二）系统集成模式

1. 系统集成模式的内涵

系统集成模式是为了简化和规范数字档案的收集、整理、存储、利用等管理程序，提高数字档案馆生态系统工作效率，以技术为协同序参量，以集成为手段，以实现数字档案全过程管理为目标的协同管理模式。系统集成模式可以使无序的业务流程变有序，不一致的信息技术变统一，不兼容信息系统变通用，最终形成工作有序、沟通无阻、共享便捷的数字档案管理体系。数字档案馆系统集成模式主要体现为：数字档案的数据标准、管理系统、管理手段的集成化，数字档案生成、管理、存储、利用等业务流程的集成化，以及档案管理技术人才的集成化。

系统集成协同模式重点是对数字档案的收集、管理、存储、利用等业务流程进行集成。"国家档案资源整合与共享工程必须充分利用现有的通讯主干网络，通过在各级中心运行的档案管理系统及相关软件，构筑一个统一的技术平台，从而为资源的整合与共享提供基础条件。"[2]系统集成协同模式对档案资源特性、档案管理业务环节、档案工作方法的一致性要求较高。数字档案馆生态系统种群即"同类型数字档案馆组成的数字档案馆群体，根据数字档案馆自身的属性，可以分为高校数字档案馆种群、国家综合数字档案馆种群、行业数字档案馆种群、企业数字档案馆种群等"[3]，其档案资源特点、业务管理流程、档案工作方式方法、主要服务对象等都

① *Athena Plus*，见 http://www.athenaplus.eu/index.php?en/1/home。
② 何振、蒋冠：《国家档案资源整合与共享工程建设构想》，《档案学研究》2005 年第 4 期。
③ 金波、丁华东、倪代川：《数字档案馆生态系统研究》，学习出版社 2014 年版，第 95 页。

有相似之处，同一种群的数字档案馆工作模式基本相同、管理方法能够相互借鉴、管理技术能够相互通用。为此，系统集成模式多用于同一种群的数字档案馆生态系统。

2. 系统集成模式的实现路径

系统集成协同模式的建立与运行依赖于数字档案馆硬件设备、软件设施和网络平台的集成。

（1）硬件设备集成

在数字档案馆生态系统协同管理中，无论是数字资源形成、管理、存储和利用，还是档案管理技术的整合、优化和综合运用，都离不开硬件设施。实现数字档案馆生态系统信息管理系统和硬件设备的集成，能够改变数字档案馆各自为政、分散孤立、设备和系统异构的现象，为数字档案信息资源的集成管理与共建共享奠定基础。

数字档案馆生态系统建设硬件设备包括：数字档案信息采集设备，如扫描仪、照相录像设备、光盘刻录仪等；数字档案信息存储设备，如光盘存储系统、磁盘存储系统、服务器等；档案管理设备，如计算机、传真机、交换机、网络服务器等。硬件设备集成着重于建立统一的硬件技术规范，采用国内外公认的、开放的、应用广泛的、可扩展的硬件设备标准，确保各应用系统间的数据接口统一、服务器能升级、数据容量可扩展等。

（2）软件系统集成

"我国档案信息化起步以来，档案部门研制了大量的档案管理应用软件，由于各自分头建设，缺乏统一的规范，造成各应用系统的功能结构、数据结构、性能结构各异，影响档案信息资源互联共享，增加了系统使用和维护的成本，迫切需要在统一规划、统一规范的指导下，进行系统整合，使档案管理信息系统建设走上集约化、集成化发展的轨道。"[1] 数字档案馆运行与管理需要借助先进的、实用的档案信息管理系统，即档案管理软件系统。"档案管理信息系统建设是按照档案事业发展的规划、标准和档案工作的实际需求，应用计算机基础设施，开发和使用档案管理应用软件系统的过程。"[2] 而目前数字档案馆软件系统建设，缺少系统开发与应用

---

① 上海市档案局:《档案信息化建设》,上海教育出版社 2016 年版, 第 92 页。
② 上海市档案局:《档案信息化建设》,上海教育出版社 2016 年版, 第 92 页。

技术标准、元数据标准、元数据注册系统标准、元数据存储和利用协议标准等，一直存在技术系统异构、数据结构异构、业务流程异构、服务平台异构等问题，导致数字档案资源数据库无序凌乱、类型各异，难以实现集成共享和有效利用。

实现数字档案馆生态系统管理软件协同集成：一是要建立统一的数据标准，制定一套符合数字档案资源管理的档案数据标准，并在该标准的基础上完成档案管理软件系统建设、数据库系统建设等。二是要对关键的系统软件平台和设备进行统一设计和开发，确保参与协同开发的数字档案馆通过统一的软件平台和设备能够建立良好的群内关系。三是加强数字档案馆业务流程集成，实现对档案管理业务流程的重组，包括形成、积累、鉴定、归档、整序、存储与利用等过程集成，根据文件连续体理论对电子文件从形成到馆藏数字档案全流程进行有效监控。

（3）网络平台集成

网络平台对数字档案馆协同管理起着重要支撑作用，数字档案管理、信息资源传递、档案资源开发利用等都离不开网络平台。平台异构不仅导致数字档案馆生态系统间协同难以开展，而且增加了用户通过网络服务平台利用档案的难度。

数字档案馆生态系统网络平台集成分内外两个方面。对内加强数字档案馆个体内部网络平台的集成，建立内部局域网和公务网，用于数字档案资源的接收和传递，确保数字档案资源的安全和有效管理。对外加强数字档案馆生态系统（特别是国家综合数字档案馆种群）服务网络平台的集成，建立基于公众网的面向社会大众的公共服务平台（档案网站），为社会大众提供广泛的、丰富的跨馆档案信息资源的查询、浏览、获取、开发等利用系统，实现档案信息资源"一站式"集成服务。

3. 系统集成模式实践

青岛市数字档案馆是我国数字档案馆建设的典型，2015 年通过国家档案局组织的数字档案馆系统测试，成为首家"全国示范数字档案馆"。青岛市数字档案馆建设工作从 2000 年立项；到 2003 年开通运行，建立了以"三网四库"为基础的数字档案管理体系和服务平台；到 2009 年底历时 10年，基本竣工。逐步实现馆藏档案数字化、机关文书档案在线移交及全文数字化、电子公文和档案信息网络共享三个阶段性目标。[①]

青岛市数字档案馆的档案数字化和数据库建设采取统一标准。"机关档案室纸质档案允许采用扫描和拍摄方式进行数字化；扫描一般使用黑白二值模式，字迹模糊不清的使用'灰度'模式；扫描精度定为200DPI，拍摄精度定为300万像素；限制OA系统上网文件的尺寸，一般要求小于4M/件；在线利用的文档采用DJVU压缩格式等。"[②]

青岛市数字档案馆实现从现行文件到数字档案馆在线归档流程集成，完成了业务流程集成管理。青岛市数字档案馆研制一套带有集成性质的数字档案信息管理系统，将数字档案管理系统嵌入青岛电子政务管理系统"金宏办公系统"，在文档一体化管理的基础上实现档案信息资源的远程利用。政府人员可以利用自己的用户名和密码登录"金宏办公系统"，根据其权限完成机关电子文件的归档，以及在青岛市数字档案馆的查档、阅览、利用等工作。[③]青岛市数字档案馆完成了档案信息管理系统的集成，实现数据格式标准化、管理系统统一化、管理流程一体化、管理人员集约化，实现档案信息资源在档案馆与档案馆之间、档案馆与档案室之间、档案室与档案室之间、档案馆与社会之间的共享，实现档案管理与办公自动化系统的无缝对接，提高了档案信息的管理效率和服务能力。

（三）服务创新模式

1.服务创新模式的内涵

利用服务是数字档案馆生态系统建设中最活跃的生态因子，是输出档案信息、提供档案信息服务、发挥档案信息价值、产生社会影响力的关键。2014年，中共中央办公厅、国务院办公厅印发《关于加强和改进新形势下档案工作的意见》提出"建立健全方便人民群众的档案利用体系"，为数字档案馆生态系统服务创新指明了方向。当前，数字档案资源快速增

[①] 孙立徽、何畏、郭懿峰：《青岛市档案局数字档案馆建设情况考察报告》，《云南档案》2010年第4期。

[②] 孙立徽、何畏、郭懿峰：《青岛市档案局数字档案馆建设情况考察报告》，《云南档案》2010年第4期。

[③] 孙立徽、何畏、郭懿峰：《青岛市档案局数字档案馆建设情况考察报告》，《云南档案》2010年第4期。

长，数字档案馆个体、种群快速发展，但数字档案资源利用服务与日益增长的社会利用需求之间仍存在较大差距，突出表现在两个方面：一是数字档案资源服务能力与社会需求之间的矛盾。数字档案资源广泛产生于社会各个领域，数字档案资源增长迅速，但服务理念、服务方式、服务手段仍相对滞后，难以实现数字档案资源的社会共享，与日益增长的社会档案信息需求相距甚远。二是数字档案馆巨大资源量与价值实现之间的矛盾。数字档案是重要的信息资源，在国家和社会经济建设发展中作用巨大，随着社会发展，其价值潜能日益增强，但目前社会还未对数字档案资源实现有效利用，其价值还未得到充分发挥。

服务创新模式是以系统集成和资源整合为基础，以服务为序参量，以简化利用方式、优化服务效果为目标的协同模式。数字档案馆生态系统通过资源整合和系统集成，建立互联的服务平台、使用相同的检索工具、形成统一的服务环境，实现数字档案资源的集成整合和协同利用服务。

服务创新模式是通过服务方式与服务过程的协同，为档案用户提供方便快捷的利用途径和统一的服务环境。其目的是为档案利用者开启档案资源利用的"绿色通道"，提供档案利用一站式服务，实现"让数据多跑路，让民众少跑腿"的目标。由于不同种群数字档案馆的馆藏性质、档案资源、开放程度、被利用程度以及利用主体等存在差异，如国家综合数字档案馆种群与企业数字档案馆种群的馆藏性质之间存在较大差异，实现协同服务创新势必困难重重，导致协同成本过高，违背协同管理功能倍增条件。因此，服务创新模式主要用于同一种群的数字档案馆，重点是国家综合数字档案馆的协调服务创新。此外，服务创新模式应以公共服务为主要方向，工作对象是公开的、被检索度和被利用度较高的数字档案资源，如与人民群众生活息息相关的民生档案、名人档案、特色档案等。

服务创新模式借助现代信息技术，集成利用数字档案馆生态系统中的档案资源，以一站式服务为目标，实现档案资源的集中查询和远程利用。一方面，对利用者而言，档案用户只需一次登录，便可以在数字档案馆系统中获取所需的数字档案资源（包括参与协同服务的其他数字档案馆的数字档案资源），用户花费较少的时间和资源，可享受到高效、便捷的档案信息服务；另一方面，对于数字档案馆而言，协同创新服务也提高了服务效能，转变传统档案馆遥不可及的神秘公众形象，主动让档案走向社会、走向大众，提高社会档案意识，提升数字档案馆生态系统的社会生态位。

2. 服务创新模式的实现路径

根据数字档案资源的特点与用户档案利用需求，服务创新模式实现路径包括以下几个方面（见图 5–4）。

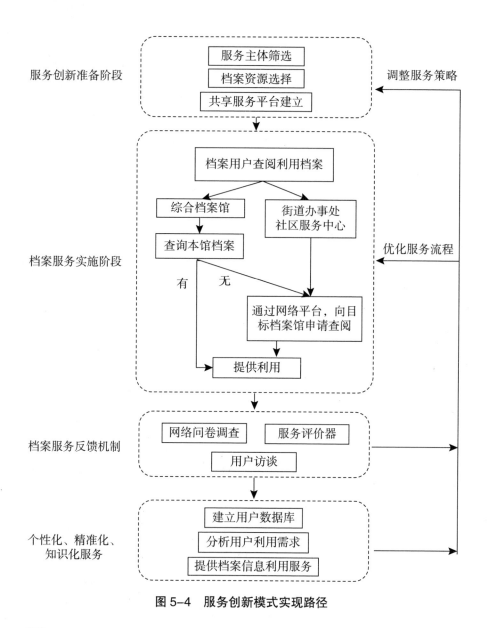

图 5–4　服务创新模式实现路径

（1）确立服务创新范围

档案资源具有独特性，每个数字档案馆的档案资源都不相同，档案资源内容纷繁多样，建立一个覆盖同一种群的所有数字档案馆的协同服务体系难度大，成本高；同时，也并非所有数字档案资源都适合于协同远程提供利用。因此，数字档案馆生态系统协同服务应遵循协同管理功能倍增条件，在服务创新模式建立前，首先要对服务主体以及数字档案资源进行筛选，明确协同服务的范围。服务主体选择应当考虑主体间地理位置、信息系统基础设施建设、主体间原有合作关系等一系列因素；数字档案资源应选择与人民群众关系密切、利用度高的档案资源优先整合集成，纳入服务系统中。"推进档案服务升级，关键就是要抓好供给侧结构性改革，减少无效和低端供给，扩大有效和高效供给，增强供给体系对需求变化的适应性和灵活性。"[①]

（2）强化数字档案馆联盟

数字档案馆联盟是指一定区域内的数字档案馆种群或群落为实现资源共享、利益互补而建立起来的合作组织形式，制定有共同遵守的联盟规范和制度章程，实施权责对等、风险共担。数字档案馆联盟馆际之间合作的有效形式，有利于协同服务创新模式的实施，将分散管理的数字档案资源集成管理、有效整合、统一服务。档案利用者查询档案信息时，借助系统集成服务平台，只要在最近的档案馆，就可以查到联盟内所有档案馆的档案信息，且能够跨馆获得所需的档案证明资料。《全国档案事业发展"十三五"规划纲要》指出，"创新服务方式，多渠道开发档案资源，不断向社会推出精品力作和举办受公众欢迎的活动；利用现代化技术手段，简化利用方式，推动辖区档案资源跨馆利用、跨馆出证工作"。[②]《"十四五"全国档案事业发展规划》提出，"各省（自治区、直辖市）综合档案馆加强本区域档案信息资源共享平台建设，实现本区域各级综合档案馆互联互通，推动共享平台向机关等单位延伸，促进档案信息资源馆际、馆室共建互通，推进档案信息资源跨层级跨部门共享利用"。[③]此外，还可以调动相

---

① 李明华：《在全国档案局长馆长会议上的工作报告》，《中国档案报》2018年1月22日。

② 国家档案局：《全国档案事业发展"十三五"规划纲要》，《中国档案》2016年第5期。

③ 《中办国办印发〈"十四五"全国档案事业发展规划〉》，《中国档案》2021年第6期。

关生态因子的积极性，寻求社会系统的支持，如在街道办事处、社区事务中心、政府涉民部门等机构设立档案服务查阅点，将档案服务延伸出档案馆，扩大档案服务覆盖面，使档案工作融入社会各领域中，公民可到就近的社区事务中心或街道办事处等处查阅档案资料，将档案服务推送到档案利用者身边。

（3）建立档案利用反馈机制

传统档案馆"在档案信息服务过程中基本依靠经验判断，采取的是'拥有什么资源，就提供什么资源'的服务策略，不注重档案用户的运营，不注重档案利用信息反馈，服务方式显得极为粗放"[①]。数字档案馆生态系统服务创新需要建立用户反馈机制，采用网络问卷调查、服务平台设置评价器、微信公众号建立意见箱、用户访谈等方式收集档案用户利用信息，及时掌握档案用户的利用需求和利用动态，及时调整档案服务策略，主动对接档案用户利用需求，不断扩大数字档案资源的范围和服务内容，提高数字档案馆协同服务质量。

（4）实现个性化、精准化、知识化服务

数字档案馆应对档案用户的利用需求、利用方式、利用行为等数据进行调查分析研究，强化用户数据管理，以便提供更为主动、更为全面、更为贴合的档案利用服务，全方位满足档案用户多样化、差异化的档案信息需求。"信息技术的发展加深了人们对世界的认识，促进了人们个性化的表达，大规模的个性化需求也随之产生。在当前的网络环境下，信息共享、交流互动已经不再是最迫切的需求，数据的分析和整合才是最大的挑战。目前面对的是海量、模糊、复杂关联和动态发展的知识，'信息过载'与'信息缺乏'并存，急需探索新的服务手段和服务方法为用户提供精准化的信息服务，实现从 Pull 信息到 Push 信息的转变。"[②] 信息时代，人们的思维方式更加多元，信息需求更加多样，不同用户有其不同的档案信息需求，这种不同的、独特的档案信息需求即档案用户信息需求的个性化特征。档案用户"希望档案机构能够提供个性化服务，包括服务时空个性

---

① 金波、晏秦：《数据管理与档案信息服务创新》，《档案学研究》2017 年第 6 期。

② 张斌、马费成：《大数据环境下数字信息资源服务创新》，《情报理论与实践》2014 年第 6 期。

化、服务方式个性化和服务内容个性化"。[①] 精准化服务是以档案用户个性化利用需求为基础,是一种以档案用户为中心的服务模式。数字档案馆应建立档案用户数据库,收集档案用户的基本信息,"如档案用户个人信息、访问日志数据(如网页采用的关键字、检索词、检索时间和频率、路径、相关链接等)、借阅数据、下载数据、馆内行为视频数据等,通过对这些数据进行有效挖掘和全面分析,在复杂、零乱的数据背后寻找出档案用户的兴趣、偏好、利用方式和行为习惯,分门别类,构建'收集用户数据—洞察用户需求—优化服务方案—提供信息服务'的新模式,预测档案用户的信息需求及发展趋势,为精准式的信息服务提供决策支持"。[②] 当前,"我们淹没在信息的海洋中,却有着知识饥饿感",为档案用户提供知识化服务成为创新服务的当务之急。知识服务是"以信息知识的搜寻、组织、分析、重组的知识和能力为基础,根据用户的问题和环境,融入用户解决问题的过程之中,提供能够有效支持知识应用和知识创新的服务"。[③] 数字档案馆创新档案知识服务模式,"通过对档案用户行为数据的分析,掌握档案用户知识需求,将档案知识服务嵌入需求中,以实现知识与需求的绑定,保证知识服务的质量;运用大数据处理技术对馆藏档案数据资源进行分析、集成和可视化,挖掘档案数据中隐性知识和'弱'信息,形成知识元,通过更加灵活、多样的方式对档案知识元进行连接、组合,建立档案知识库,构建知识地图,并通过云计算技术建立档案知识共享平台,为社会公众提供增值型知识产品"。[④] 如中央档案馆开发了知识库管理系统,具有数据库管理、档案检索、分类统计和信息挖掘等功能,通过对档案数据的统计分析和知识挖掘,从大量档案数据中寻找有用的信息,根据用户需求向其提供个性化的、深层次的档案知识服务。[⑤]

① 周耀林、赵跃等:《面向公众需求的档案资源建设与服务研究》,武汉大学出版社 2017 年版,第 420 页。

② 金波、晏秦:《数据管理与档案信息服务创新》,《档案学研究》2017 年第 6 期。

③ 张晓林:《走向知识服务:寻找新世纪图书情报工作的生长点》,《中国图书馆学报》2000 年第 5 期。

④ 金波、晏秦:《数据管理与档案信息服务创新》,《档案学研究》2017 年第 6 期。

⑤ 张斌、郝琦、魏扣:《基于档案知识库的档案知识服务研究》,《档案学通讯》2016 年第 3 期。

3.服务创新模式实践

上海市民生档案"一站式"服务是服务创新模式的最佳实践和典型案例。"2010年9月，为贯彻落实国家档案局民生档案建设要求，促进市和区县国家综合档案馆民生档案信息共享，方便市民利用民生档案，更好地为民服务。上海市档案局在市和区县国家综合档案馆推动并开展'就地查询，跨馆出证'远程协同服务机制，上海市档案馆等部分区县国家综合档案馆参加该远程协同服务机制。"[①] 上海市民生档案"一站式"服务共联通18个市、区县综合档案馆，覆盖全市208个（街道、镇）事务受理中心，惠及全市两千余万市民。借助"上海市档案信息远程公共服务平台"，形成以社区事务中心为服务前台，档案馆为档案信息支持后台，远程协同提供档案服务的模式。广大市民无须长途奔波，在社区和街道就可以轻松查档获证，享受创新服务带来的便利。上海市综合档案馆一站式服务电子地图如图5-5所示。

图5-5 上海市综合档案馆一站式服务电子地图

---

① 倪红、吴梦玥:《民生档案远程利用服务的实践与思考》，2018年8月18日，见 http://www.dawindow.com/tech/201808/665.html。

"2013 年 12 月，杭州市档案馆率先与上海市浦东新区档案馆、宁波市档案馆签订了《民生档案跨馆异地利用服务工作协议书》。为更好地服务百姓，方便外地群众查阅婚姻知青等民生类档案，实现全国民生档案异地查档，在深入调研的基础上，今年以来，市档案馆向全国各直辖市、省会城市国家综合档案馆发出民生档案'异地查档、跨馆服务'的倡议，得到了部分城市档案馆的积极响应。"[1] 档案部门应当从档案用户需求出发，解决百姓查档出证奔波之苦，实现民生档案跨馆利用服务，提高档案利用服务的效率和效果。

除此之外，上海市多个区档案馆还与政府涉民部门协同，提供档案一站式服务。如上海市普陀区档案馆自 2011 年 6 月开通民生档案远程利用系统，居民可以就近在街镇社区事务受理服务中心和相关涉民部门的受理"窗口"申请结婚登记、独生子女证明、知青上山下乡和知青子女回沪四类民生档案的查档获证。[2]

（四）社会参与模式

1. 社会参与模式的内涵

2013 年 11 月，党的十八届三中全会通过《中共中央关于全面深化改革若干重大问题的决定》，指出"全面深化改革的总目标是完善和发展中国特色社会主义制度，推进国家治理体系和治理能力现代化"。"构建现代公共文化服务体系。推动公共图书馆、博物馆、文化馆、科技馆等组建理事会，吸纳有关方面代表、专业人士、各界群众参与管理。引入竞争机制，推动公共文化服务社会化发展。鼓励社会力量、社会资本参与公共文化服务体系建设，培育文化非营利组织。"[3]《全国档案事业发展"十三五"规划纲要》提出，"加快完善档案治理体系、提升档案治理能力"[4]。《"十四五"全国档案事业发展规划》提出，"全面推进档案治理体系建设，提升

---

[1]　张国华：《杭州与十三家档案馆实现异地查档》，《中国档案报》2015 年 10 月 12 日。

[2]　王建斌：《普陀区档案馆民生档案远程利用成效显著》，2012 年 5 月 15 日，见 http://www.archives.sh.cn/zxsd/201205/t20120515_35091.html。

[3]　《中共中央关于全面深化改革若干重大问题的决定》，《人民日报》2013 年 11 月 16 日。

[4]　国家档案局：《全国档案事业发展"十三五"规划纲要》，《中国档案》2016 年第 5 期。

档案治理效能"[①]。长期以来，公众都被视为档案服务的被动享用者，其参与档案事务的主体性价值往往被忽略，无论是在档案事务管理决策上，还是在档案资源建设和档案利用服务的提供上，都很少看到公众的身影。但是，档案工作不应仅是档案部门"一枝独秀"，俗话说"一枝独秀不是春，百花齐放春满园"，仅靠档案部门是难以做好档案工作的。为此，需要尊重社会公众在档案工作中的主体地位，鼓励和引导公众、社会组织积极参与档案事务管理，形成社会各方共同参与、共同管理、共同建设的档案事业发展良好局面，推动档案管理向档案治理转变。

数字档案馆生态系统协同管理社会参与模式旨在借助社会力量，调动档案工作者以外的个人和组织机构对档案信息资源管理和开发的积极性，包括党政机关、企事业单位、民间组织、公民个人等各类组织或人员，参与到档案管理工作中，弥补档案工作中人员数量有限、专业知识不全、技术力量短缺、档案资源不足、档案信息资源开发利用水平低等缺陷，提高档案管理和利用效率。社会参与协同模式中档案工作者应放下专家的身份，不再独自对档案资源进行开发和管理，应当扮演"辅导员型的档案工作者"[②]，引导社会组织、公众都能成为他自己的或某个领域的，甚至是整个社会的档案工作者，实现数字档案馆生态系统档案资源的共建共享，从而建立健全档案治理体系。

社会参与协同模式能够扩大档案管理和开发的主体范围，使档案工作者由"专人"变成"大众"，使原有的工作方式由"保密"变为"公开"，从而实现档案资源的社会治理和个性化开发，其工作主体不仅是档案工作者，还包括档案利用者和社会民众。社会参与协同模式能够促进馆藏档案资源建设，"我国国家档案信息资源浩如烟海，由于传统观念的局限和档案收集工作手段的落后，致使馆藏档案信息资源结构不合理，制约着档案馆功能的发挥"。[③]社会参与模式有利于整合社会力量，加大馆藏档案资源收集力度，丰富馆藏内容，优化馆藏结构，特别是特色档案资源建设。社

---

① 《中办国办印发〈"十四五"全国档案事业发展规划〉》，《中国档案》2021 年第 6 期。

② ［加］特里·库克：《四个范式：欧洲档案学的观念和战略的变化——1840 年以来西方档案观念与战略的变化》，李音译，《档案学研究》2011 年第 3 期。

③ 金波、丁华东、倪代川：《数字档案馆生态系统研究》，学习出版社 2014 年版，第 237 页。

会参与协同模式能够建立起跨行业、跨系统的资源协同管理体系，促进档案信息资源流动体系的建立，有利于馆际档案资源之间、档案资源与其他信息资源之间的有机整合和集成化服务。社会参与协同模式能够使普通公民在参与档案信息资源管理、建设过程中认识到档案工作的重要性，并获得社会的广泛支持，进而提升社会档案意识和数字档案馆生态位。

2. 社会参与模式的实现路径

档案治理有效运作的基础是相互依赖的治理主体通过集体行为的互动，形成一套有效的治理机制。社会参与模式重点在于参与主体的选择，不同主体的参与有利于数字档案馆生态系统构建一支专业性强、知识覆盖面广的人才队伍。

（1）公民参与

善治代表的是国家和社会之间、政府与公民之间形成的良好的协商合作的运行机制，因此，善治不能脱离政府，但更不能脱离公民。[①]公民作为数字档案馆生态系统的"消费者"，应当参与到数字档案馆建设中，从"消费者"变为"开发者"和"生产者"。参与数字档案馆生态系统协同管理的公民主要有三类：一是热爱档案事业的公民。参与者可以不具备专业知识和技能，但热衷于档案事业，有责任心，经过专业培训后可以参与到档案工作中来。二是具备专业特长的公民。档案馆中有许多专业档案、特殊档案，如外文档案、少数民族档案、气象档案等，需要档案管理者具备相应的专业知识和技能才能进行有效的管理和开发。而档案管理者并非无所不能，有时难以完成专业性强的档案资源的管理和开发任务。因此，应邀请具有相关专业特长的公民参与到档案管理中来，·提高档案资源的管理和开发效率。三是拥有档案的公民。鼓励档案所有者主动提供其所拥有档案的原件或扫描件，并邀请档案所有者对其提供的档案进行著录和开发，这样既能够丰富馆藏档案资源，又能深度挖掘档案背后的故事，最大限度发挥档案资源的潜能。

（2）教育、研究机构协同

教育、研究机构主要包括高等学校和科研院所，它们拥有一批高水平的知名专家和高素质的专业教师。数字档案馆与教育、研究机构协同，借

---

① 俞可平：《治理和善治引论》，《马克思主义与现实》1999 年第 5 期。

助高等学校和科研院所的智力资源，组建专家团队和专业化人才队伍，充分利用专家学者的专业特长和知识积淀，对数字档案资源进行专业开发和深度利用，形成高质量的编研成果和高品质的开发产品，揭开档案信息资源的神秘面纱，为社会大众提供利用，进一步提高档案信息资源开发的深度和广度，扩大档案文化宣传的影响面。山东省威海市档案馆为挖掘档案文化资源，提升城市形象，2006年10月举办"晚清时期英国在华租借地历史文化国际学术研讨会"，邀请北京大学、上海社科院、世界文化遗产评审委员会、香港历史博物馆、皇家亚洲学会香港分会、英国纽卡斯尔大学等学术机构的专家学者，围绕晚清时期英国在华租借地的历史、社会、文化与法制等问题，从不同角度进行了解读，分析了相关研究的学术思想，让人茅塞顿开。[①] 2014年7月3日，"七七事变"纪念日前夕，"吉林省档案馆藏日本侵华档案学术研讨会"在京举办，北京大学、上海师范大学、中国社科院以及档案部门近20位国内知名专家学者，就吉林省档案馆馆藏日本侵华档案的史料价值、学术价值和现实政治意义，以及慰安妇、经济侵略和战俘劳工等问题，进行剖析和解读，用档案史料揭露日本侵华暴行。[②]

（3）图书馆、博物馆等文化单位协同

档案馆与图书馆、博物馆、文化馆等单位性质相近，管理内容、管理方式、服务手段相似。数字档案馆与数字图书馆、数字博物馆、大众传媒等单位协同，有利于集成多方信息资源，发挥各自专业特长，实现信息资源的优势互补和共同开发，实现馆藏数字信息资源的共享利用和集成化服务。"数字档案馆馆藏资源主体是数字档案，其本质属性是历史活动的真实记录，具有凭证价值和参考价值。数字图书馆保存的是图书、期刊、资料，是一种知识类信息，具有知识参考价值。数字博物馆具有收藏、记录、研究、交流和宣传等基本功能，保存的是自然世界和人类社会文化遗产的实物，其所记录的历史事实的内容信息往往是不清晰的、不确定的。大众媒体（如报纸、广播、电视、网络、移动通信等）的信息来源广泛，时效性强，更新速度快，大多是新闻类信息。由此可见，数字档案馆同其

---

① 赵敏:《威海市档案馆举办英租历史文化国际学术研讨会》,《中国档案报》2006年12月21日。
② 李晋荣:《吉林省档案馆藏日本侵华档案学术研讨会举行》,《光明日报》2014年7月4日。

他信息机构功能不同，保存的信息资源特点不同，各有所长，互补性强。因此，数字档案馆同其他信息机构表现为一种协作性和共生性，彼此需要加强交流与合作，互惠互利，产生双赢或多赢的效果。"[①]

（4）软件开发商协同

数字档案馆生态系统建设和运行离不开数字档案管理系统、数据库管理系统、数字档案服务平台、档案网站等数字档案馆应用系统，由于档案部门技术力量有限，数字档案馆应用系统往往需要软件公司来研制开发。这就要求数字档案馆与软件开发商紧密协同，研制出结构合理、功能齐全、界面友好、保障有力、管理高效、技术实用的数字档案馆应用系统。档案行政管理部门要统筹规划，强化对数字档案馆应用系统的功能设计与技术质量要求，统一开发或购置成熟的数字档案馆管理系统软件，减少重复开发、各自建设，降低开发应用成本。此外，数据库开发商不仅拥有充足资金，而且时刻关注政治经济和社会环境的变化，随时分析掌握市场需求和客户需求。数字档案馆与数据库开发商紧密协同，由数据库开发商根据社会需求，对馆藏公开档案进行编研和创意产品设计开发，满足社会对档案文化利用需要。这样既能够充分挖掘档案资源的价值，又能够让数据库开发商获得相应的经济利益，实现双赢或多赢。

3. 国外社会参与模式实践

（1）公民参与项目

美国"档案工作者"项目（Citizen Archivist）。对美国政治、历史和档案工作有浓厚兴趣的公民，可以担任美国国家档案馆网上志愿者，如为档案加标签，翻译档案内容，档案条目编辑，帮助馆藏数字化，参加竞赛，以及在网络论坛上表达见解等。[②]

苏格兰档案馆的"档案转录"项目。让公民主动参与到档案转录过程中，公民首先登录苏格兰档案馆网站，阅读17—19世纪的手写古文献以及转录古代文献档案的方法，掌握方法后，公民可参与到转录古代档案的人名、地名中，并挖掘档案形成的社会背景。转录档案的进度在网站上公

①　金波、丁华东：《数字档案信息资源的协调与竞争》，《浙江档案》2013年第9期。

②　闫静：《档案事业公众参与特点及新趋势探析——基于英国"档案志愿者"和美国"公民档案工作者"的思考》，《档案学研究》2014年第3期。

开，为后续参与转录的公民提供参考。[1]

英国国家档案馆每月开办一期"Writer of the Month"栏目。由英国国家档案馆邀请作家依据馆藏档案资源进行文学创作，分享他们的发现与感悟。此外，英国国家档案馆在其网站上开设"Share your expertise"栏目，列出馆藏待开发档案的主题，拥有相关知识储备的公民可以通过邮件报名参与到档案资源的开发中。[2]

南亚裔美国人数字档案馆（South Asian American Digital Archive，简称SAADA）。SAADA 于 2008 年由美国加州大学主导建立，专门收集南亚裔美国人档案，是非营利性质的数字档案馆。该数字档案馆共有 36 个与南亚裔美国人生活息息相关的主题，包括艺术、商业、饮食、公民活动等，每个主题有 5 到 200 个条目，每个条目内都有数份与主题相关的档案，馆藏档案资料和资金基本来源于公民捐赠，全面记录南亚裔美国人这个族群的政治、经济、社会活动，以及日常生活和历史文化。[3]

上述四个案例是数字档案馆生态系统协同管理公民参与模式的国外典型案例。公民作为数字档案馆生态系统中的生态因子，应当成为数字档案馆建设的一分子。公民参与协同模式，一方面，减轻数字档案馆档案管理人员不足的压力，有利于数字档案馆建设的社会共治和档案资源的社会开发，有利于促进数字档案馆生态系统的建设和运行；另一方面，公民在参与数字档案馆项目建设时，也能获取新的知识、新的发现和专业技能，他们既是知识服务的提供者，也是知识服务的享用者。

（2）"E179Database"项目和"康德拉·楚泽数字档案馆"

"E179Database"项目是英国国家档案馆协同剑桥大学、威尔士大学、约克大学共同开发的，主要收集封建宗教集团账目、税收制度等信息，资料来源于英国国家档案馆馆藏档案和上述三所大学资料室所藏资料，三所大学历史、地理学院的专家学者并对相关档案、资料进行研究，用户登录 E179 数据库便可获取资料和专家解析。[4]

---

[1] *Citizen Archivist Dashboard*, 见 https://www.archives.gov/citizen-archivist。

[2] The National Archives, *Share Your Expertise*, 见 https://www.nationalarchives.gov.uk/archives-sector/。

[3] South Asian American Digital Archive, *About SAADA*, 见 https://www.saada.org/about。

[4] The National Archives, *E179 Database*, 见 http://www.nationalarchives.gov.uk/e179/about.asp。

"康德拉·楚泽数字档案馆"是由柏林自由大学教授劳尔·罗哈斯（Raúl Rojas）教授，在德意志博物馆档案馆的帮助下和德国研究基金会的支持下建立起来的。康拉德·楚泽（Konrad Zuse）是一位德国计算机工程师，为了将楚泽教授的毕生经验与研究成果为更多人所知所用，罗哈斯教授将自己和学校所有用的有关楚泽教授的档案信息数字化，包括开发的图纸、各种模型的照片、相关资料文件，以及楚泽教授在研究过程中留下的草稿、速记等，建立起"康德拉·楚泽数字档案馆"，公民可以直接登录该数字档案馆查阅、获取相关研究资料。[①]

"E179Database"项目与"康德拉·楚泽数字档案馆"是档案馆与教育机构协同的典型案例。与教育机构协同，既可以由档案馆邀请专家学者对馆藏档案资源进行开发，也可以由教育机构、专家学者提供档案信息资源，档案工作者与专家学者共同开发。教育机构拥有一批高素质专业人才和高质量信息资源，教育机构既可以作为数字档案馆生态系统培育的人才储备，又可以作为数字档案馆生态系统建设的资源库。

（3）美国数字公共图书馆（DPLA）数据库

美国国家档案馆与国家和区域图书馆、史密森尼博物馆等文化机构协同，建立DPLA（Digital public library of American）平台，共同收集整理和开发美国历史档案。馆藏档案资料包括书籍、地图、新闻、口述历史、私人信件、博物馆展品、艺术品、政府文件等，所有档案资料均以数字化形式提供给各类用户和其他公共文化机构，旨在展现美国文化的丰富性和多样性。[②]

美国"DPLA"数据库是档案馆与图书馆、博物馆等公共文化机构协同的典型案例。档案馆与图书馆、博物馆等在组织性质、管理模式、服务手段等方面相近，进行协同管理不仅能够从不同的视角对档案信息资源内容进行挖掘，还可以基于不同的专业背景提供开发、管理档案信息资源的创新途径。

---

① Konrad Zuse Internet Archive, *The Konrad Zuse Internet Archive Project*，见 http://zuse.zib.de/project。

② Digital Public Library of America, *About Us*，见 https://dp.la/about。

（4）美国国家档案馆与亚马逊公司合作项目

美国国家档案馆与亚马逊公司于 2007 年签署协议，获准亚马逊公司获取、开发历史档案，并销售其编研成果。美国国家档案馆向亚马逊公司提供历史影像资料，包括 1929—1967 年间的新闻纪录片资料，内容涉及政治事件、时尚娱乐风潮、运动及科学技术等相关信息。亚马逊公司旗下子公司 Custom Flix 实验室在网络平台公开内容目录，公民可以在亚马逊网站上申请购买所需信息；接到订单后，亚马逊公司将会根据客户需求进行个性化刻录，并且将光盘邮寄到消费者家中。[①] 此外，美国著名的数据库开发商 ProQuest 公司与档案部门合作，开发了许多代表性的档案数据库，如美国档案（Archives USA），国家数字化安全防卫档案（Digital National Security Archive），在线遗产探寻——图书、档案及其他信息综合数据库（Heritage Quest Online）等。[②]

美国国家档案馆与亚马逊公司合作项目是数字档案馆与数据库开发商协同的典型案例。以营利为目的的开发机构对经济发展、市场变化和用户需求把握更全面，与其协同合作，有助于数字档案馆为用户提供更加个性化、精准化、智能化的档案信息服务。

---

① The U.S.National Archives and Records Administration,*Thousands of National Archives Films to Be Made Available Through Custom Flix Labs*, 2007 年 7 月 30 日，见 http://www.archives.gov/press/press-releases/2007/nr07-122.html。

② 章燕华、徐浩宇:《国外档案信息资源开发现状及特点分析》,《浙江档案》2006 年第 2 期。

第六章　数字档案馆生态系统风险管理

案例一：据报道，2016 年 8 月，美国国家安全局前承包商哈罗德·马丁因偷走达 50TB 容量的政府数据文件被捕。该承包商为美国政府多个部门工作 20 年，其中包括美国国家安全局。其所偷走的文件需要花费数月时间整理，大部分文件都是涉及美国国防信息的密级文件。[①] 这给档案部门在当前数字档案管理和档案数字化过程中的外包业务风险敲响了警钟。

案例二：2016 年，上海市徐汇区档案馆通过"全国示范数字档案馆"专家测试，成为上海市第一家，也是全国直辖市中第一家通过测试的"全国示范数字档案馆"。在数字档案馆建设中，徐汇区档案馆发现原有机房存在缺陷，进行了新一轮机房改造，并于"2016 年 8 月的一个周六，徐汇区档案馆再度经历一轮软硬件换血。经过安装调试，设备重新启动、运行无误，然而就在当天晚上，系统重装的两三小时后，却突然发生了网络瘫痪、整体断网的情况"。[②] 不立刻进行抢修，就不能确保数据的及时恢复，这表明档案管理系统运行安全风险无处不在。

"风险已经成为我们这个时代的标志性特征和理解真实世界的背景，它不仅改变着社会，且改变着人类的思维和行为方式，甚至从制度和文化上改变了传统社会的运行逻辑。"[③] 数字档案馆潜在安全风险因素始终存在且量大面广，不利于数字档案资源的长期永久保存，对数字档案信息的真

---

① Former Contractor Stole More Than 50TBs of Government Data, *Information Management*, No.1, 2017, p.13.

② 耿洁玉：《厚积薄发 砥砺前行——徐汇区建设"全国示范数字档案馆"纪实》，《上海档案》2016 年第 10 期。

③ 张成福、谢一帆：《风险社会及其有效治理的战略》，《中国人民大学学报》2009 年第 5 期。

实性、完整性、长期可读性带来了严峻挑战。树立风险意识，加强风险管理，提高风险治理水平，已经成为数字档案馆风险管理的重要内容。数字档案馆生态系统风险管理是一种指挥或控制组织的协调活动，是在风险识别、风险分析与风险评估等基础上，积极采用相应的风险应对策略，规避和化解数字档案馆生态系统建设发展中的各类风险，保障数字档案馆生态系统健康运行。当前，数字档案馆面临的内外部环境日趋复杂，事故诱因复杂多样，危及数字档案资源安全的传统风险与非传统风险因素日益增多，数字档案馆需要强化安全保密意识，科学构建数字档案馆风险管理体系与应对策略，防范数字档案信息失真、失效、失读、泄密、丢失等风险，保障数字档案资源的长期安全保存与有效利用，提高数字档案馆风险管理能力。李明华在"全国档案安全工作会议"上指出，应"密切关注影响档案安全的各种风险因素，积极构建人防、物防、技防相结合的安全防控体系，综合运用法律、行政、技术等手段强化安全管理"①，做到思想上重视、行动上自觉、措施上到位，着力提高化解风险、防范事故的能力，筑牢数字档案馆生态系统安全防控体系。

一、数字档案馆生态系统风险管理研究进展

当今人类社会正处于由信息社会向知识社会迈进的关键阶段，数字信息将发挥越来越重要的作用。数字档案是数字信息的重要类型，是数字记忆遗产的重要组成部分，在国家经济建设和社会发展中具有重要作用。数字档案馆承担着保管数字档案的重要责任，是数字档案的主要承载机构，是档案信息化建设的重中之重。如何对数字档案进行科学管理和安全保护，保证数字档案的真实性、完整性、可靠性和可用性，从而发挥数字档案的凭证作用是数字档案馆建设面临的重要内容。信息技术的发展是把双刃剑，云计算、物联网、大数据、移动互联、人工智能等新兴技术应用，给数字档案馆带来管理效率的提升和利用便捷的同时，也给档案信息长期保存、安全保密等带来威胁和挑战，给数字档案馆生态系统带来许多未知的安全风险。如果数字档案馆建设忽略或没有足够重视风险管理，那么数

---

① 李明华：《在全国档案安全工作会议上的讲话》，《中国档案》2017 年第 7 期。

字档案馆的建设将犹如空中楼阁，缺少可靠的安全支撑。数字档案馆生态系统作为一个相对成熟的人工系统，其管理体系架构是相对完善的，涉及战略管理、文化管理、协同管理、风险管理、生态管理等方面，一个成熟完善的管理系统离不开风险管理，对数字档案馆生态系统进行风险管理，有助于保障数字档案馆高效安全运行，确保数字档案馆功能实现。在这样的背景下，对数字档案馆生态系统进行风险管理，明确其可能面临的不确定性，可能带来的安全风险，并建立科学完善的风险应对策略，形成高质量的风险管理体系，是亟待开展研究的重大课题。

（一）国外研究进展

2003 年，联合国教科文组织第 32 届大会通过了《保存数字遗产宪章》，指出任何形式遗产的消失都是全人类遗产的损失。数字化遗产是共同遗产，它包括以数字方式生成的，或从现有的模拟资源转换成数字形式的有关文化、教育、科学、行政管理及有关技术、法律、医学等相关领域的信息，数字资源形式多种多样，且日益增多，包括文字、数据库、静止的或动态的图像、声音和图表、软件和网页等，它们存在的时间一般不长，需要有意识地制作、维护和管理才能保存下来。如果不着手解决目前所面临的有关威胁，数字遗产将会迅速丢失，而且不可避免。会员国应鼓励采用法律、经济和技术手段来保护这种遗产。[①] 由此可见，数字档案资源保护受到全球关注，对数字信息和数字档案安全危险开展研究，制定相关法规标准和实践指南，促进数字档案馆生态系统风险管理的开展。

1. 国际标准

（1）通用领域风险管理国际标准

国际标准化组织（International Organization for Standardization，简称 ISO）和国际电工委员会（International Electrotechnical Commission，简称 IEC）历时五年，在广泛收集各个国家和地区发布风险管理相关标准的基础上，发布了适用于各种风险管理的系列国际标准，目前共有四个正式标准，分别为 ISO Guide 73:2009《风险管理术语》(*Risk*

---

① 联合国教科文组织:《保存数字遗产宪章》,《中国档案》2004 年第 2 期。

Management Vocabulary），ISO 31000:2009《风险管理—原则与指南》（*Risk Management-Principles and Guidelines*），ISO/IEC 31010:2009《风险管理—风险评估技术》（*Risk Management-Risk Assessment Techniques*）以及 ISO 31004:2013《风险管理—ISO 31000 实施指南》（*Risk Management-Guidance for the Implementation of ISO 31000*），这些标准共同构成了完整的风险管理体系，为各个国家和地区组织机构的风险管理提供了通用的方法、原则和技术。

《风险管理术语》将风险管理过程中涉及的专业术语进行了定义和解释。该标准共分为三个部分，第一部分为风险相关术语，第二部分为风险管理相关术语，第三部分为风险管理过程相关术语，对风险管理相关术语进行了界定，使风险管理相关概念更为专业、规范。[1]

《风险管理—原则与指南》是风险管理系列标准的核心部分。该标准采标于澳大利亚风险管理标准 AS/NZS 4360:2004，在此基础上进行了修订，最终形成国际标准。该标准由风险管理原则、风险管理框架和风险管理流程三个部分组成。[2]

《风险管理—风险评估技术》侧重于技术层面，对风险评估过程中各环节的操作要点进行了阐释，明确了风险评估的过程，主要包括风险识别、风险分析和风险评价三个子过程，并为组织机构开展风险评估工作提供了 31 种方法和技术。[3]

《风险管理—ISO 31000 实施指南》对 ISO 31000 进行了深层次的解读，对风险管理框架进行了指导，为组织机构提供了结构化的方法来实施风险管理[4]，由风险管理的战略、发展风险管理文化、创建风险管理能力、应对和管理已识别的风险、风险治理、提升组织的风险管理绩效、最大化组织的机会，最小化其损失等内容构成。[5]

在国际标准化组织风险管理系列标准发布前，各国和地区关于风险管理制定了各自的标准，但是不同的管理方法、流程使得各国和组织机构无

---

① ISO Guide 73:2009 *Risk Management Vocabulary*.

② ISO 31000:2009 *Risk Management- Principles and Guidelines*.

③ ISO/IEC 31010:2009 *Risk Management-Risk Assessment Techniques*.

④ ISO 31004:2013 *Risk Management-Guidance for the Implementation of ISO 31000*.

⑤ 李素鹏:《ISO 风险管理标准全解》,人民邮电出版社 2012 年版,第 84 页。

法获得统一的认识和操作规范。该系列标准的发布为各国和地区提供了统一遵循的标准规范，保障了风险管理的科学性。

（2）文件档案领域风险管理国际标准

国际标准化组织于2014年发布了《ISO/TR 18128:2014信息与文献—文件流程及系统风险评估》（*Information and Documentation-Risk Assessment for Records Processes and Systems*）。该标准是文件档案领域第一份关于文件流程及系统风险评估的国际标准，其制定也是基于ISO 31000风险管理系列国际标准，旨在帮助组织机构评估文件管理过程及系统中的风险，使组织机构文件管理可以持续满足业务需求。该标准提供了文件过程和系统相关风险的识别方法，提供了文件过程和系统中负面事件潜在影响的分析方法，提供了组织机构指导风险评估指南以及记录文件在准备移交过程中存在的风险。该标准主要是针对创建和保管文件的组织机构识别和管理风险而制定的，包括风险识别、分析及评估三个部分。[①]文件流程和系统中的风险管理应该与组织机构总体风险管理框架相结合，这样组织机构才能对业务过程中的文件进行有效控制，保障文件的有序运行和信息安全，为数字档案馆风险管理奠定基础。

2. 各国研究进展

（1）美国电子文件档案馆风险管理

美国国家档案与文件署（National Archives and Records Administration，简称NARA）于1998年启动电子文件档案馆（Electronic Records Archives，简称ERA）建设，这是国际上影响最大的数字档案馆建设项目。NARA积极应对档案信息化挑战，为了更有效地保证电子文件的真实性、可靠性和凭证性，从1998年起开始论证、试验电子文件档案馆项目，在经过大量的前期研究之后，终于在2005年8月，美国国会同意投入3.08亿美元建设ERA系统，建设周期为6年，其目标是永久保证联邦政府电子文件的真实，在保护隐私和敏感信息的同时保证公众的利用。ERA建立在六个核心项目上，具体是"OAIS开放档案信息系统，InterPARES永久保护真实的电子文件国际研究计划，DOCT分布式目标计算平台，NPACI

---

① ISO/TR 18128:2014 *Information and Documentation-Risk Assessment for Records Processes and Systems*.

全国合作的高级计算机基础设施建设，PERPOS 总统电子文件操作系统，Archivist's Workbench Project 档案工作平台"[1]，主要功能是永久保存联邦政府的电子文件，保证电子文件的真实性、凭证性、完整性，保障电子文件的安全，方便用户利用。2010 年 12 月，ERA 已经建成了数据中心（Data Center）和系统操作中心（System Operation Center），并建成联邦记录实例、总统行政办公室实例、国会记录实例、联机公共检索系统（OPA）、档案数据库检索系统（AAD）等。2011 年，建立全面的电子文件档案馆；2014 年，所有电子文件对用户开放。

2003 年，NARA 发布了《电子文件档案馆生命周期》（ERA Lifecycle），详细阐述了电子文件档案馆系统风险管理流程的目的和目标。建立风险管理流程的目的是减轻不确定性事件可能对管理质量、管理成本、管理计划或技术特征等造成的后果，提高电子文件档案馆运行效率。风险管理的目标主要是对风险进行识别和分类，对风险发生的可能性及结果进行量化，对每种风险明确应对策略，使风险状态可见可控，对不可接受的风险进行应对。为了实现风险管理的目标，应该建立风险识别、评估和应对机制，通过建立风险清单来确定风险发生的可能性，评估风险发生的结果，将风险按其可能性及结果进行优先排序，制定风险应对策略，确定每项识别的风险可接受的临界值，明确当风险超出临界值时需要采取的应对策略，并在电子文件档案馆系统生命周期内维护风险登记。[2]

电子文件移交进馆后，NARA 于 2010 年制定了《电子文件档案馆风险管理方案》（Electronic Records Archives Risk Management Plan），用于指导电子文件进馆后的风险管理。NARA 对电子文件档案馆风险管理进行测试和评估，测试评估的结果和后续评估认识到在电子文件接收时伴随着风险，电子文件档案馆接收文件的独特属性使其风险暴露很高，这种高风险的暴露使风险管理成为 ERA 管理中的关键部分。NARA 在《电子文件档案馆风险管理方案》中制定了风险管理政策，风险管理流程，风险管理

---

① 江涛：《美国电子文件档案馆（ERA）对我国电子文件保存的借鉴意义》，《浙江档案》2006 年第 5 期。

② National Archives and Records Administration（US），*Electronic Records Archives ERA Life Cycle*, 2003.

责任，风险管理机构，风险管理培训，风险管理识别、评估、分析、应对等。[①]

为了更好地实现数字档案馆风险管理的目标，自 2009 年起，美国联邦机构每年都要求对组织机构的文件管理进行强制性的自评估，且将评估结果提交至 NARA，每年 NARA 将定期发布自评估报告，即电子文件管理自评估项目（Records Management Self-Assessment，简称 RMSA）。自评估通常由四个部分组成，分别为文件管理项目—行为、文件管理项目—审查和遵循、文件管理项目—文件处置、文件管理项目—电子文件，共计100 分，低风险对应 90-100 分，中等风险对应 60-89 分，高风险对应 0-59分，自评估的目标在于确定联邦机构是否遵循法规性的文件管理需求。在2013 年财年计划中，266 个机构接受了自评估，255 个给予了反馈，包括所有的内阁机构和总统执行办公室下的机构。在 2013 年自评估报告中，突出了联邦机构改善文件管理的积极趋势，52% 的机构对文件管理项目做了改进并提高了自评估的分值，第一次出现低风险的机构数量超过了高风险机构的数量。当然，大部分联邦机构对文件管理完整性、真实性、可靠性仍处于中度风险级别。2015 年风险自评估报告中，共涉及 260 个机构的自评估，结果显示 36% 的机构评分为低风险，47% 评分为中等风险，17%评分为高风险，有 76% 的机构通过自评估来提高文件管理效率，改善文件管理水平。[②]

美国非常重视电子文件档案馆的风险管理工作，从文件创建之初就将其纳入风险管理中，贯穿于文件的整个生命周期，直至进入电子文件档案馆。可以说风险管理对美国电子文件档案馆至关重要，是电子文件档案馆项目管理的重要组成部分，是美国长期安全保管电子文件档案的战略举措。

（2）澳大利亚国家档案馆风险管理

2010 年，澳大利亚政府发布了《云计算相关的文件管理风险管理

---

① National Archives and Records Administration（US），*Electronic Records Archives Risk Management Plan*，2010，见 https://www.archives.gov/files/era/recompete/risk-management-plan.pdf。

② National Archives and Records Administration（US），*Records Management Self-Assessment 2015*，见 https://www.archives.gov/files/records-mgmt/resources/self-assessment-2015.pdf。

建 议 》(*Advice on managing the recordkeeping risks associated with cloud computing*)，指出"澳大利亚政府不允许联邦文件在缺乏适当的控制及保护措施的情况下采用云服务，机构应制定基于风险的决策，将涉及的相关利益，包括文件管理相关的风险纳入考虑范围，同时制定的控制及保护措施应与文件的价值相符"。[①]

澳大利亚国家档案馆于 2011 年发布了《管理数字连续体》(*Managing Digital Continuity*)指南，明确了在管理数字连续体过程中必须进行风险的评估和管理，建立了风险管理的机构，并对数字连续体的风险管理职责进行分配。[②]澳大利亚国家档案馆为确保数字档案资源的安全，采用两套完全独立的系统保存数字档案资源。[③]

（3）英国国家档案馆风险管理

英国数字档案馆项目（UK Digital Repository）始于 2003 年，英国国家档案馆的馆藏包括大量高知名度的公众调查部门网页和国会文件以及皇室文件，电子文件可以各种形式存在，包括办公文件、应用、数据库、虚拟 - 真实模型以及声像材料。

2011 年，英国国家档案馆为数字连续性获取项目制定了专门的《风险评估手册》(*Risk Assessment Handbook*)，以确保数字保管机构可以尽可能长久地保存信息并提供利用，提出数字信息在管理过程中，任何变化都会导致风险。《风险评估手册》主要用于指导组织机构完成风险评估流程。首先，创建风险管理框架，定义风险管理的流程和益处，明确组织机构的角色、职责、目标、范围；其次，进行风险评估，创建风险管理的行动计划，根据风险的可能性、影响、时间段及是否属于风险范围排列优先顺序，为风险控制确定方案、成本及实施策略和行动。还为组织机构风险管理提供了自评估工具，帮助组织机构理解数字连续性获取项目的角色和职

---

① Australasian Digital Recordkeeping Initiative（ADRI），*Advice on Managing the Recordkeeping Risks Associated with Cloudcomputing*, 2010, 见 http://www.adri.gov.au/resources/documents/cloud-computing.pdf。

② National Archives of Australia，*Managing Digital Continuity*, 2011, 见 http://www.nationalarchives.gov.uk/information-management/manage-information/policy-process/digital-continuity/。

③ Michael Carden, *Digital Archiving at the National Archives of Australia: Putting Principles into Practice*, The 17th ICA Congress, Brisbane, Australia, 2012, 见 http://ica2012.ica.org/files/pdf/Full%20papers%20upload/carden_m.pdf。

责、信息需求及技术依靠以及管理，并提供了测试清单。①《风险评估手册》的发布，为数字档案馆风险评估提供了框架，明确了数字档案馆管理过程中不同人员在风险管理中的职责，有利于管理人员在数字档案风险管理中做出正确的决策。

2001年，英国大英图书馆出版了《数字材料的保存管理：手册》（*Preservation Management of Digital Materials:a Handbook*）。英国国家档案馆作为牵头资助机构，由档案和文件协会、大英图书馆和苏格兰国家档案馆等组成英国数字保护联盟（Digital Preservation Coalition，简称DPC），2014年开始对《数字材料的保存管理：手册》进行全面修订，重新发布了《数字保护手册》（*Digital Preservation Handbook*），指出数字信息面临着数据保存环境、保持数据性质、维护数据可信、保持数据背景、组织机构、内包或外包、角色和职责及法规遵循等方面存在的威胁，并提供了风险管理相关的案例供借鉴。②

（4）欧洲数字档案馆风险管理

欧洲数字连续体中心和欧盟数字保存项目联合制定了《基于风险评估的数字馆藏审计方法》（*Digital Repository Audit Method Based on Risk Assessment*，简称*DRAMBORA*）。DRAMBORA是一种自评估的方法，鼓励组织评估和管理其组织机构内隐含的风险。在DRAMBORA中，数字连续体管理被认为是风险管理的一种举措，数字连续体管理者的工作是将维护数字对象的真实性、可理解性过程中的不确定性和威胁转换为可管理的风险。该自评估过程中包含六个阶段，分别为：第一阶段，识别组织机构背景；第二阶段，记录政策和法规框架；第三阶段，识别组织机构的业务、资产和拥有者；第四阶段，识别风险；第五阶段，评估风险；第六阶段，管理风险。DRAMBORA提供了一个可量化洞察数字档案馆风险严重性，以及报告风险的有效方法。使用DRAMBORA进行审计有助于组织机构对数字馆藏的管理放心，可以加强用户和员工的信任，通过重点关注和完善业务政策来提高效率。DRAMBORA提供了一个系列的工具包，其

---

① The National Archives（UK），*Risk Assessment Handbook*，2017.

② Digital Preservation Coalition，*Digital Preservation Handbook*，2014，见 https://www.dpconline.org/handbook/introduction/acknowledgements。

目的是可以定义数字馆藏库的功能的任务和范围；识别馆藏库的活动和资产；确定与任务、活动和资产相关的风险和脆弱性；评估和计算风险；定义风险管理措施；形成自我审计的报告。①

综上来看，当前世界各国和地区在专注数字档案馆建设的同时，对于数字档案馆风险管理也非常重视，不仅认识到数字馆藏风险管理的必要性，而且认识到数字档案馆应重点关注风险管理的科学性、规范性及一致性。

（二）国内研究进展

2016年，《国家信息化发展战略纲要》提出，"树立正确的网络安全观，坚持积极防御、有效应对，增强网络安全防御能力和威慑能力，切实维护国家网络空间主权、安全、发展利益"。②

2016年，国家档案局印发《全国档案事业发展"十三五"规划纲要》，提出要继续实施"以人为本、服务为先、安全第一"的战略，坚持安全第一、守牢底线的原则，并将档案安全高效化作为发展目标之一，指出"档案安全的基本条件和应急、灾备机制更加完善，人防、物防、技防'三位一体'的安全防范体系更加健全，档案网络和信息系统风险管理能力全面提升"。③

2017年7月，时任国家档案局局长李明华在全国档案安全工作会议上指出："各级档案部门要认真学习贯彻党中央、国务院的重要指示精神，牢固树立风险隐患就是安全事故的观念，把构建风险分级管控和隐患排查治理双重预防机制作为进一步做好档案安全工作的重要抓手，筑牢档案安全防控体系，严防因风险发酵演变、隐患累积叠加而导致档案安全事故。"④

2021年，《"十四五"全国档案事业发展规划》提出，"坚持安全底线。贯彻总体国家安全观，统筹发展和安全，坚持底线思维，强化风险防控，

---

① The Digital Curation Center, The Digital Preservation Europe, DRAMBORA,*Digital Repository Audit Method Based on Risk Assessment*, 2009.

② 中共中央办公厅、国务院办公厅：《国家信息化发展战略纲要》，《人民日报》2016年7月28日。

③ 国家档案局：《全国档案事业发展"十三五"规划纲要》，《中国档案》2016年第5期。

④ 李明华：《在全国档案安全工作会议上的讲话》，《中国档案》2017年第7期。

加强应急管理，压实安全责任，确保档案安全"。[①]

国家高度重视信息化建设中的风险管理问题，提出应切实防范、控制和化解信息化过程中可能产生的风险，加快构建关键信息基础设施安全保障体系等。数字档案馆作为档案信息化建设的重要内容，同时也需要加强对数字档案馆生态系统风险管理，研究数字档案馆生态系统风险管理理论与实践，实现数字档案馆生态系统风险可控可防。

本书对我国数字档案馆风险管理研究的中文文献进行了调研，范围主要是：国家标准、行业标准、国家社科基金网站数据库、学术期刊数据库、学位论文数据库、重要会议数据库以及重要报纸数据库。为更全面地反映研究现状，所选定的检索式紧扣数字档案馆与风险管理，检索结果如表6–1所示。其中，从题名中直接与数字档案馆风险管理相关的文献为128篇。

表6–1　相关中文文献检索结果列表

检索式	来源数据库						合计（篇）
	CNKI期刊库	CNKI优秀博士论文库	CNKI优秀硕士论文库	CNKI重要报纸数据库	CNKI重要会议论文库	国家社科基金数据库	
数字档案馆＋安全	398	0	50	9	22		479
数字档案馆＋风险管理	113	1	14	0	0		128
电子文件＋风险管理	76	0	11	0	3		90
数字档案馆＋风险＋云计算	15	0	1	0	0	1	17
检索时间跨度	2004—2017			检索截至日期		2017.4.3	

1. 数字档案馆风险管理相关标准和研究项目

（1）相关标准

2009 年，我国发布了国家标准《GB/T 24353—2009 风险管理原则与

---

① 《中办国办印发〈"十四五" 全国档案事业发展规划〉》，《中国档案》2021 年第 6 期。

实施指南》，提出了统一的风险管理原则和实施指南，具有指导性。2010年，国家档案局发布了《数字档案馆建设指南》，用以指导我国数字档案馆建设，从本质上来说，该指南是一份指导数字档案馆建设总体需求的规范性文件，为我国数字档案馆提供依据，提出了数字档案馆建设的工作原则、基本要求、重点目标、建设内容和建设步骤。指南包括总体要求、管理系统功能要求、应用系统开发和服务平台构建、数字档案资源建设和保障体系建设五个部分，其中"保障体系建设"提出："安全保障体系建设是数字档案馆建设的基础工作，数字档案馆的安全包括数字档案数据的安全和信息系统及其网络平台的安全。数据安全就是要保证数字档案信息的可靠、可用、不泄密、不被非法更改等。系统及其网络平台安全就是要保持系统软硬件的稳定性、可靠性、可控性。"遵循有关信息安全规范：《GB 17859—1999 信息安全技术计算机信息系统安全保护等级划分准则》《GB/T 24363—2009 信息安全技术信息安全应急响应计划规范》《GB/Z 24364—2009 信息安全技术信息安全风险管理指南》《GA/T 671—2006 终端计算机系统安全等级技术要求》。① 2017 年，国家档案局办公室印发《企业数字档案馆（室）建设指南》，对安全保密体系建设提出了同样的建设要求。虽然《数字档案馆建设指南》涉及风险管理的内容，但只是原则性要求，与数字档案馆风险管理的复杂性要求仍存在差距，需要有专门的法规标准进行指导。

2018 年，国家档案局正式发布《档案馆安全风险评估指标体系》，提高档案安全风险防范和保障能力，确保档案馆库、档案实体和档案信息安全。由此可见，我国数字档案馆风险管理法规标准的制定已经开始，需要强化顶层设计，结合我国数字档案馆建设实践，制定出更加完善更为具体的适合我国数字档案馆建设的风险管理法规标准。

（2）研究课题

从国家社科基金研究项目来看，2003 年，中国人民大学冯惠玲教授主持了国家社科基金重点项目《电子政务系统中文件管理风险分析与对策研究》，对电子文件风险管理原理、规划与监控，以及电子文件风险识别、评估与应对进行了探索研究，并于 2008 年出版了《电子文件风险管

---

① 国家档案局办公室：《数字档案馆建设指南》（档办〔2010〕116 号）。

理》①，标志着我国电子文件风险管理研究进入了新阶段。2013 年，国家档案局立项课题《数字档案馆项目的风险分析与对策研究》，标志着我国开始关注数字档案馆风险管理研究，推动数字档案馆信息安全和风险防范研究的开展。

2. 数字档案馆风险管理理论研究

通过文献调研，关于数字档案馆风险管理方面的研究文章共有 128 篇，研究内容主要有以下三类。

第一类主要探讨数字档案馆风险管理理论。章康馨的硕士论文《我国电子文件中心的风险管理策略研究》，从环境实体切入探讨了电子文件中心面临的风险及应对措施。② 王欢、颜祥林的《数字档案馆项目风险成因的理论探析》对数字档案馆项目风险分析进行了界定，认为"数字档案馆项目风险就是指在数字档案馆项目建设这个一次性活动中存在的不确定性，也就是可能面临的损失和可能带来的机会"。并对数字档案馆项目风险中的信息技术实体内生的风险成因、信息技术制度建构中的风险成因、信息技术文化伦理的风险成因进行了探究。③ 颜祥林的《数字档案馆项目风险管理：背景分析与框架构建》对数字档案馆项目风险的成因以及风险管理的动因进行了分析，运用了"理论基础—管理应用—保障体系"的逻辑思路，提出了一个由基础层、核心层和保障层共同构成的数字档案馆项目风险管理的整体框架。④ 沈双洁的硕士论文《数字档案馆项目风险识别和分析研究》，重点对数字档案馆项目风险识别与风险分析进行了探索，对数字档案馆项目风险因素进行了分析汇总。⑤ 吴沅微的硕士论文《高校数字档案馆项目风险管理框架研究》，根据高校数字档案馆的工作特点构建了相应的风险管理框架，形成了一个由支撑层、核心层、保障层的完整

① 冯惠玲等：《电子文件风险管理》，中国人民大学出版社 2008 年版。

② 章康馨：《我国电子文件中心的风险管理策略研究》，硕士学位论文，安徽大学，2016 年，第 16—32 页。

③ 王欢、颜祥林：《数字档案馆项目风险成因的理论探析》，《档案与建设》2015 年第 2 期。

④ 颜祥林：《数字档案馆项目风险管理：背景分析与框架构建》，《档案学通讯》2013 年第 5 期。

⑤ 沈双洁：《数字档案馆项目风险识别和分析研究》，硕士学位论文，南京大学，2013 年，第 17—36 页。

管理框架。① 倪代川、金波的《论数字档案馆生态系统管理》，提出数字档案馆生态系统的风险管理要强化"安全第一"战略，突出档案安全意识，认为风险管理的对象包括实体安全和信息安全。实体安全体现在档案载体安全和档案库房安全；信息安全涉及档案信息内容安全和档案信息系统安全。②

第二类主要探讨数字档案馆管理过程中各个环节涉及的风险及应对措施，主要包括数字档案馆的外包风险、安全风险、知识产权风险、信息安全风险以及法律风险等。肖文建、胡敏捷的《数字档案馆建设中信息技术外包的潜在风险及防范》从档案部门本身、中介机构、外包项目三个方面分析了数字档案馆建设中信息技术外包的潜在风险，并提出应对防范措施。③ 赵宁燕、钱万里的《数字档案馆信息安全风险自评估软件设计研究》运用风险管理理论，借鉴风险分析方法，研究设计符合数字档案馆信息安全特点的安全风险自评估软件，包括自评估软件的设计标准、流程及设计思路等。④ 雷晓蓉的《"安全岛"理论与数字档案馆信息风险管理研究》将"安全岛"理论运用到数字档案馆信息风险管理中，并对数字档案馆"安全岛"风险策略的部署模式进行了探析。⑤ 姜亚超的硕士论文《数字档案信息安全评估研究》，对数字档案信息安全面临的威胁和脆弱性因素进行分析。⑥ 谭大方的硕士论文《数字档案资源安全保障体系构建研究》，从数字档案资源的管理环节和管理环境上分析了各种风险因素，并从技术、管理、法制三个维度建构了数字档案资源安全保障体系。⑦

第三类是聚焦不同技术环境下数字档案馆的风险管理，重点是探索云

① 吴沅微：《高校数字档案馆项目风险管理框架研究》，硕士学位论文，南京大学，2015年，第16—43页。

② 倪代川、金波：《论数字档案馆生态系统管理》，《档案管理》2013年第2期。

③ 肖文建、胡敏捷：《数字档案馆建设中的信息技术外包的潜在风险及防范》，《档案学通讯》2010年第6期。

④ 赵宁燕、钱万里：《数字档案馆信息安全风险自评估软件设计研究》，《档案与建设》2014年第2期。

⑤ 雷晓蓉：《"安全岛"理论与数字档案馆信息风险管理研究》，《档案学研究》2015年第5期。

⑥ 姜亚超：《数字档案信息安全评估研究》，硕士学位论文，郑州大学，2012年，第23—24页。

⑦ 谭大方：《数字档案资源安全保障体系构建研究》，硕士学位论文，天津师范大学，2016年，第21—49页。

计算环境下数字档案馆的安全风险。刘越男的《云中的机遇与风险：云计算环境下国外文件（档案）管理指南研究》从全球出发，对美国国家档案与文件署、澳大利亚国家档案馆、澳大拉西亚数字文件保管动议、英国和爱尔兰档案与文件协会、国际文件管理协会在2010年以来颁布的云计算环境下的文件（档案）管理指南进行了系统研究，认为不管文件存储在哪里，文件托管单位始终负有主要责任，强调应完善云计算环境下文件（档案）管理制度，防范文件（档案）管理风险，明确云服务提供商在服务中相关职责。① 苟俊杰的《云计算环境下数字档案馆建设的安全风险》对云计算环境下数字档案馆的信息安全风险、长期保存风险、云计算平台运行风险、服务商经营风险、法律风险进行了分析，并提出相应的安全策略措施。② 徐华、薛四新的《云数字档案馆安全风险分析及防范策略》对云数字档案馆服务功能的三个层级风险要素进行了分析，认为档案云安全主要分为数据安全、应用安全、网络安全、物理安全、虚拟化安全和安全管理六大部分，并提出管制类和操作类的安全措施。③ 徐华、薛四新的《云数字档案馆风险评估研究框架》分析云数字档案馆信息系统所处的生态环境和面临的风险要素，提出云数字档案馆风险评估的研究框架和核心内容，为构建云数字档案馆的风险评估体系奠定基础。④ 王玉龙的《云环境下数字档案馆安全风险及其应对策略》对数字档案馆面临着异于传统环境下的安全风险进行了分析，只有基于云环境下数字档案馆的安全特点，采取科学合理的安全措施，才能规避云环境中的各种风险。⑤

3. 数字档案馆风险管理实践探索

从我国数字档案馆建设实践来看，2000年，国家档案局把我国第一个数字档案馆研究与开发项目"数字档案馆工程研究与开发"，作为当年重点档案科技攻关计划下达给深圳市档案局与国家档案局科研所共同承担。2000年底，青岛市档案局提出数字档案馆建设设想，并列入《青岛市国民

① 刘越男:《云中的机遇与风险：云计算环境下国外文件（档案）管理指南研究》，载刘越男、马林青主编:《2010—2015年电子文件管理发展与前沿报告》，电子工业出版社2016年版，第90—108页。

② 苟俊杰:《云计算环境下数字档案馆建设的安全风险》，《科技风》2012年第10期。

③ 徐华、薛四新:《云数字档案馆安全风险分析及防范策略》，《北京档案》2013年第4期。

④ 徐华、薛四新:《云数字档案馆风险评估研究框架》，《档案学研究》2016年第5期。

⑤ 王玉龙:《云环境下数字档案馆安全风险及其应对策略》，《档案》2012年第5期。

经济和社会发展第十个五年计划纲要》和《青岛市信息化建设和信息产业发展"十五"规划》。2001年，辽宁省档案馆开始启动数字档案馆建设项目。2003年8月20日，青岛市数字档案馆举行开通仪式，成为我国第一个正式投入运行的数字档案馆。现今，我国数字档案馆建设已进入了关键阶段，国家综合数字档案馆、高校数字档案馆、企业数字档案馆、行业数字档案馆建设全面开启。2014年，上海市档案局下发《关于推进本市数字档案馆（室）建设的意见》，对全面建设数字档案馆（室）做出了具体部署。2016年9月，上海市徐汇区、奉贤区档案馆分别通过了"全国示范数字档案馆"和"国家级数字档案馆"系统测试。上海市徐汇区数字档案馆建设过程中，充分考虑到数字档案馆建设的风险安全问题，除了传统档案馆需要的防控安全设施设备外，还配备了双路供配电和UPS不间断电源电力保障系统、防雷接地、等电位地排和信号防雷系统、精密空调和常规空调互备系统、门禁、视频监控系统等必要设施设备。同时，在基础网络平台建设中注重安全适用可扩展，区档案馆在政务网与局域网之间、局域网与因特网之间实施物理隔离，政务网与因特网之间实施逻辑隔离，实现馆藏数据的安全保存、妥善管理和有效利用。在安全审计系统里，为了确保敏感、涉密档案的安全性，通过智能化系统予以监控，为数字档案馆构筑了安全防护平台。[①]

我国数字档案馆建设从2000年开始，数字档案馆生态系统从个体到种群、群落、整体系统不断壮大，成为国家档案事业建设的重要内容。随着数字档案馆建设发展的深入，数字档案馆面临的不确定安全风险因素增多，需要及时总结建设经验，探索建立数字档案馆生态系统风险防控体系，破解数字档案馆运行障碍和现实风险，推进数字档案馆生态系统良性运行和健康发展。

数字档案馆风险管理受到学界和业界的关注，并对此开展相应的理论研究和实践探索，但尚未形成系统完善的数字档案馆风险管理理论体系。为此，应紧跟科技发展和数字档案馆建设实践，与时俱进，全面开展不同技术环境下的风险管理研究，建立集风险管理流程、框架、方法、原则等

---

① 耿洁玉:《厚积薄发 砥砺前行——徐汇区建设"全国示范数字档案馆"纪实》,《上海档案》2016年第10期。

于一体的数字档案馆生态系统风险管理理论框架，不断丰富和完善数字档案馆风险管理理论。

二、数字档案馆生态系统风险管理理论

数字档案馆生态系统风险管理，必须要有理论指导，只有在科学的理论指导下，风险管理才具有全面性、系统性和科学性。否则，风险管理会是无组织的、低质量的，就无法保障数字档案馆生态系统建设。所谓理论基础就是对风险管理各组成部分及相互关系的总体架构，是在对风险、风险管理概念、目标的基础上所建立起来的风险管理原则、风险管理方法、风险管理流程等理论体系，是风险管理的顶层设计。

（一）数字档案馆生态系统风险管理相关概念

要研究数字档案馆生态系统风险管理，首先，必须明确数字档案馆生态系统风险管理的基本概念。因为，概念可以反映研究对象的特有属性或本质属性，从而明确研究对象的本质，使研究内容更明确、更科学。

定义是对概念的语言描述，指出某一概念在概念体系中的确切位置，并将该概念同相关概念区分开来。在层级体系中，除了最高层概念外，都可以采用科学定义模式，即：定义＝上位概念＋用于区分所定义概念同其他并列概念的区别特征。[1] 简而言之，被定义概念＝属概念＋种差，即先概括后限制。因此，要定义数字档案馆生态系统风险管理这一概念。首先，必须明确其上位概念，即风险管理的概念；其次，必须明确什么是数字档案馆生态系统；最后，才能得出数字档案馆生态系统风险管理的概念。

一直以来，关于数字档案馆的概念从不同的角度有不同的定义。国家档案行业标准《DA/T 58—2014 电子档案管理基本术语》中将数字档案馆定义为："运用现代信息技术对电子档案及其他数字资源进行采集、存储、管理，并通过各种网络平台提供利用的档案信息集成管理体系。"[2]《数字档

---

① 国家质量技术监督局:《GB/T 10112—1999 术语工作 原则与方法》。

② 国家档案局:《DA/T 58—2014 电子档案管理基本术语》。

案馆生态系统研究》将数字档案馆定义为："数字档案馆是以现代信息技术为基础，利用各种技术手段收集、捕获有价值的数字档案信息资源，并将原有的馆藏档案信息数字化，通过网络相连接，建立分布式、跨地域的有序的信息资源管理系统，为用户提供各种信息服务。"[①]

1. 风险与风险管理

风险一词在《韦氏词典》中被定义为：遭受损失、伤害的可能性。[②]在文件和档案领域，我们可以通过相关标准或权威出版物中关于风险的定义来理解风险的基本概念。澳大利亚风险管理标准网站指出：风险本质上是对没有发生但有可能发生的事件的描述。该定义认为风险是关于一个事件发生的可能性，表明风险可能会发生，这是关于风险的一个重要认识。[③]美国国家档案与文件署制定的《电子文件档案馆风险管理方案》将风险定义为：遭受损失的可能性。风险是未来可能发生的不确定事件，可能对项目产生不利的影响。美国电子文件档案馆风险管理就是从"可能出错的地方"及其对项目目标的潜在影响（即成本、进度、技术等）来审视风险的。

国际标准化组织《ISO Guide 73:2009 风险管理术语》将风险定义为：风险就是不确定性对目标的影响。该定义除了表明不确定性外，还给出了风险的目标性和影响后果的二重性，该二重性包括威胁或机遇。[④] 这个定义是最权威，也是最全面的。因此，本节采用该定义来理解风险。

从以上有关风险的概念，结合数字档案馆生态系统的概念，我们可以看出数字档案馆生态系统风险就是指在数字档案馆生态系统中存在的不确定性对数字档案馆生态系统的影响。这种影响既可能是正面的，也可能是负面的。

风险管理的概念在不同的国家或地区其定义也不同。国际标准《ISO Guide 73:2009 风险管理术语》将风险管理定义为：针对风险采取的指挥或

---

① 金波、丁华东、倪代川：《数字档案馆生态系统研究》，学习出版社 2014 年版，第 34 页。

② Merriam Webster：《韦氏词典》，世界图书出版公司 2001 年版，第 634 页。

③ Victoria L, Lemieux, *Managing Risks for Records and Information*, Lenexa, Kansas:ARMA International, 2004, p.9.

④ 李素鹏：《ISO 风险管理标准全解》，人民邮电出版社 2012 年版，第 27 页。

控制组织的协调活动，将有益影响发挥至最大或将负面影响最小化。① 该定义将风险管理看作为一项协调活动。美国国家档案与文件署制定的《电子文件档案馆风险管理方案》将风险管理定义为：系统识别、评估、减轻和控制项目风险的过程。其侧重点在于将风险管理定义为一个过程。美国学者威廉斯和汉斯在《风险管理与保险》(*Risk Management and Insurance*，1964）中指出的：风险管理是通过对风险的识别、衡量和控制而以最小的成本使风险所致损失降到最低程度的管理方法。② 可以看出，风险管理既是一项管理活动，也是一项管理过程、管理技术和管理方法，又是一门管理科学。

2. 数字档案馆生态系统风险管理的概念

数字档案馆生态系统是一个人工生态系统，是指"数字档案馆空间范围内的人与其生存环境相互作用而形成的统一复合体"。③ 它既可以研究微观上的数字档案馆个体，也可以研究宏观上的数字档案馆群体。数字档案馆生态系统涉及个体、种群、群落以及整体系统四个层次，对数字档案馆生态系统风险管理研究需要明确其研究对象，本节着重于对数字档案馆个体进行分析研究。

结合数字档案馆风险管理中所涉及的属概念和种差，根据数字档案馆生态系统和风险管理的定义，我们将数字档案馆生态系统风险管理定义为：对数字档案馆生态系统中存在的风险进行系统识别、分析、评估、应对的控制过程。这一定义表明：数字档案馆生态系统风险管理是一个控制过程，包括对数字档案馆存在的风险进行识别、分析、评估和应对，化解数字档案馆风险因素，提高数字档案馆生态系统风险防范和控制能力。

3. 数字档案馆生态系统风险管理的特点

复杂程度高。数字档案馆生态系统风险管理涉及数字档案馆生态系统整个运行过程，包括文件管理风险、档案管理风险、计算机系统风险、网络传输风险、元数据管理风险、法规风险等，风险后果难以预测和控制，因此，管理过程具有高度的复杂性。

---

① ISO Guide 73:2009 *Risk Management Vocabulary*.

② 冯惠玲等:《电子文件风险管理》，中国人民大学出版社 2008 年版，第 43 页。

③ 金波、丁华东、倪代川:《数字档案馆生态系统研究》，学习出版社 2014 年版，第 121 页。

涉及面广。数字档案馆生态系统层级结构复杂，如国家级的数字档案馆、省级的数字档案馆、地市级的数字档案馆、县级的数字档案馆；种群类型多样，如国家综合数字档案馆种群、高校数字档案馆种群、行业数字档案馆种群、企业数字档案馆种群等；不同地区群落差距较大，风险因素多元多样，复杂的生态系统可能会引发数字档案馆生态系统各种风险，涉及不同层级、不同类型和不同领域，包括技术、制度、档案业务、资金、观念、人员素质等多个方面，任何一个方面不健全、不完备都可能导致数字档案馆生态系统风险的形成，其造成的损失危害涉及面广，除了经济损失外，更多地表现为政治、军事、文化、社会稳定等诸多方面。

影响力大。档案作为社会活动的历史记录，涉及大量国家机密、个人隐私、知识产权等敏感信息，安全保密要求高。"从国家层面看，档案作为党和国家各项工作的真实记录，其中包含了大量的国家秘密和重要敏感信息，涉及政治、军事、外交、司法、经济、科技等各个方面，前述11个领域无不形成档案，且这些档案具有极高的情报价值，直接关系到党和国家的核心利益，一旦丢失、损毁、被盗、泄密等事故，必然会对国家安全和利益造成严重损害，甚至危及国家的政权和主权。"①数字档案馆生态系统风险管理质量的高低对档案安全保密工作的影响极大，关系到国家安全、经济发展和社会稳定。

（二）数字档案馆生态系统风险管理的原则

在国际标准 ISO 31000 风险管理系列标准中，专门制定了风险管理原则标准，由此可见对风险管理原则的重视。在国际标准《ISO 31000:2009 风险管理原则与指南》中提出了共 11 项原则：原则 1，风险管理创造并保护价值；原则 2，风险管理是组织所有过程中一个不可分割的部分；原则 3，风险管理是决策的一部分；原则 4，风险管理明确地阐述不确定性；原则 5，风险管理是系统的、结构化的和适时的；原则 6，风险管理基于最可利用的信息；原则 7，风险管理是定制的；原则 8，风险管理关注人文因素；原则 9，风险管理是透明的和包容的；原则 10，风险管理对变化是

---

① 李明华：《在全国档案安全工作会议上的讲话》，《中国档案》2017 年第 7 期。

动态的、往复的和敏感的；原则 11，风险管理促进组织的持续改进。[①] 根据风险管理的 11 项原则，结合数字档案馆生态系统风险因素，为更好地实现风险管理效用，数字档案馆生态系统风险管理应遵循以下原则：

系统性原则。数字档案馆作为一种人工生态系统或社会生态系统，需要将数字档案馆生态系统风险管理纳入整个社会生态系统中考虑，从整体上识别、分析、评估数字档案馆生态系统风险，采取有效的技术方法和管理措施加以防范和控制。数字档案馆生态系统是由各个生态因子构成的，应该从数字档案馆主体人、客体生存环境和数字档案资源三个方面系统分析揭示数字档案馆生态系统风险，采取有效应对措施，使数字档案馆生态系统风险降到最低。

客观性原则。根据风险管理原理，风险管理具有不确定性，需要在风险管理中分析预测可能出现的风险源和危害源。数字档案馆生态系统风险管理需要对数字档案馆生态系统运行过程中的各种风险因素进行客观分析和评估，既要考虑当前所面临的风险，又要考虑未来可能出现的风险，任何不确定风险都应考虑在内，客观地反映数字档案馆生态系统风险管理的现实需要与长远需要，避免主观判断，确保风险管理的准确性。

动态性原则。从系统科学的一般原理来看，生态系统是不断变化运动的，数字档案馆生态系统同样具有动态性特征。随着大数据、云计算、物联网、移动互联、人工智能等新技术的应用，数字档案馆的管理技术、管理手段和管理方法将不断地更新换代，一些生态因子的功能会拓展强化，一些生态因子的功能会削弱消亡，甚至会产生新的生态因子，需要及时把握新技术发展给数字档案馆生态系统带来的新变化，跟踪外部环境变化带来的风险因素，不断修订风险控制行为和决策依据。

（三）数字档案馆生态系统风险管理的框架

风险管理的成功取决于管理框架的有效性。风险管理框架是指为实施、执行、监测、审计和持续改进组织机构内风险管理而建立的一套体系。风险管理框架包括授权与承诺、管理风险的框架设计、实施风险管

---

① ISO 31000:2009 *Risk Management- Principles and Guidelines.*

理、框架的监测与评审、框架的持续改进。①风险管理框架不是一个孤立的框架，应该是嵌入到组织机构的管理活动和实践中。《ISO 31000:2009 风险管理原则与指南》指出，组织正是通过建立"风险管理框架"而将组织的管理风险过程融入组织的各项活动，最终实现对组织各项过程或活动的风险管理，如图 6-1 所示。②

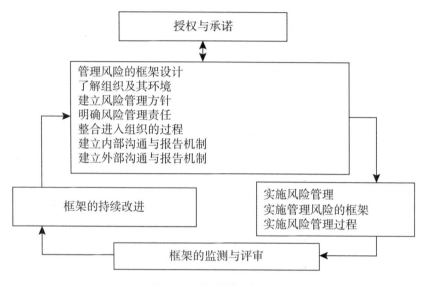

图 6-1　风险管理框架

　　数字档案馆生态系统风险管理框架应嵌入到数字档案馆生态系统环境和不同层次中，做到科学防范、有效应对。数字档案馆生态系统风险管理框架主要包括：一是风险管理框架设计，根据数字档案馆生态系统的特点及其生存环境，建立数字档案馆生态系统风险管理策略和内容，明确数字档案馆生态系统组织机构和人员的责任；二是风险管理实施，确立实施数字档案馆生态系统风险管理框架的时机和策略，将设计的风险管理框架应用到数字档案馆生态系统风险管理过程中；三是框架的修订与完善，建立数字档案馆生态系统风险管理指标评价体系，对设计的风险管理框架进行

①　ISO 31000:2009 *Risk Management- Principles and Guidelines.*

②　李素鹏：《ISO 风险管理标准全解》，人民邮电出版社 2012 年版，第 8 页。

监测和评审，并根据评审结果，修订完善数字档案馆生态系统风险管理框架，为数字档案馆风险管理提供战略依据。

对于数字档案馆生态系统而言，风险管理框架的构建有其特有的作用和需求。数字档案馆生态系统管理包括战略管理、文化管理、协同管理、风险管理、生态管理等方面，其中，风险管理是数字档案馆生态系统管理的重要内容，是增强数字档案馆生态系统风险抵御防范能力的重要举措。加强数字档案馆生态系统风险管理框架设计，有助于提高化解风险、防范事故的能力，有助于组织机构安全保密决策的制定，防止档案安全事故发生。

（四）数字档案馆生态系统风险管理的流程

国际标准《ISO 31000:2009 风险管理原则与指南》中将风险管理过程分为五个部分，分别是：沟通与咨询、建立环境、风险评估、风险应对、监测与评审，如图 6-2 所示。

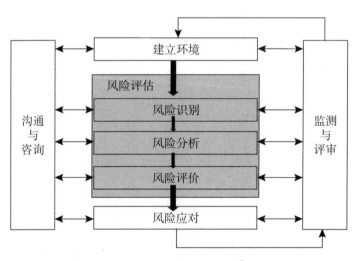

图 6-2　风险管理流程 ①

由图 6-2 可以看出，风险管理是一个循环往复的过程。主循环的起点

①　ISO 31000:2009 *Risk Management- Principles and Guidelines.*

就是建立环境，为风险管理方针设定范围，确定风险准则；风险评估由风险识别、风险分析和风险评价三个子过程构成，是风险管理过程中的核心部分；在风险评估基础上实施风险应对，实现风险管理的目标；终点是监测与评审，确保风险管理有效，监测与评审的结果决定是否开始下一轮循环。沟通与咨询是指组织在开展风险管理过程中的所有阶段都应和内外部各个利益相关方进行沟通和咨询，确保风险管理环境的建立，同时有助于确保风险得到充分识别和应对，贯穿于整个风险管理过程。[①]

　　根据风险管理流程，将数字档案馆生态系统风险管理流程分为三个阶段，分别是：数字档案馆生态系统风险管理环境建立；数字档案馆生态系统风险评估；数字档案馆生态系统风险应对体系构建。如图 6-3 所示。

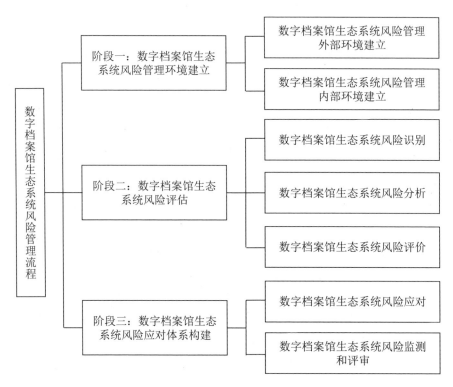

图 6-3　数字档案馆生态系统风险管理流程

---

①　李素鹏：《ISO 风险管理标准全解》，人民邮电出版社 2012 年版，第 7 页。

　　第一阶段为建立数字档案馆生态系统风险管理环境，包括建立数字档案馆生态系统风险管理内部环境和外部环境两个部分。其中，外部环境由数字档案馆生态系统所处的自然环境、社会环境、法律法规和政策标准环境、技术环境等组成；内部环境由数字档案馆的组织机构环境、人员环境、数字档案馆系统设计与维护环境、保障体系环境及数字档案馆业务环境等组成，是可能影响管理风险的环境。

　　第二阶段为数字档案馆生态系统风险评估，包括三个步骤，即风险识别、风险分析、风险评价。其中，风险识别主要是识别和描述与数字档案馆生态系统相关的风险；风险分析就是在识别和描述的风险的基础上，对数字档案馆生态系统风险进行层次划分、后果及可能性分析，便于后续制定应对策略；风险评价就是对数字档案馆生态系统中风险的高低进行排序，这样可以根据风险等级来制定相应的对策措施。

　　第三阶段为在前两个阶段基础上构建风险管理应对体系，对数字档案馆生态系统进行风险应对、审计和监控。该阶段的目的是确保应对策略的实施，审计和监控风险应对是否有效。

三、数字档案馆生态系统风险管理环境建立

　　数字档案馆生态系统环境是数字档案馆赖以生存的基础，对数字档案馆发展起着至关重要的作用。数字档案馆生态系统风险管理环境建立是指数字档案馆生态系统风险管理的外部环境建立和内部环境建立两个方面。数字档案馆生态系统环境是风险管理时需要考虑的内、外部参数，为风险评估和风险应对提供分析研究的范围。

（一）数字档案馆生态系统风险管理外部环境建立

　　数字档案馆生态系统风险管理外部环境主要包括数字档案馆生态系统所处的自然环境、社会环境、法律法规和政策标准环境、技术环境及合作机构环境等。

　　1. 自然环境

　　自然环境是重要的宏观环境，是给数字档案馆生态系统建设与发展带来机会或造成威胁的主要力量，对数字档案馆生态系统风险管理具有重

要影响。大规模的自然灾害或人为的灾难会对数字档案馆生态系统造成破坏，可能会直接导致数字档案资源的损毁和破坏，也可能间接导致数字档案资源的保管和利用。本节重点对数字档案馆所在区域的自然物理环境、人为造成灾难和保管场所条件等自然环境进行讨论。

自然物理环境。数字档案馆是处于一定的自然物理环境中的，如果数字档案馆所在区域发生毁灭性的或破坏性的自然灾害，如地震、台风、海啸、洪灾、火灾等，都会给数字档案馆带来严重的灾难。自然物理环境的影响往往是持久的、长期的、不可抗拒的、灾难性的，不同地区的数字档案馆应根据本地区的地理环境，做好针对性的风险防范工作。

人为灾难。数字档案馆所在区域或场所如果遭受人为灾难，如战争、恐怖袭击等破坏，也会对数字档案资源带来严重的灾难和损害，甚至是毁灭性的，给数字档案馆造成难以弥补的损失。人为灾难一旦发生，后果十分严重，风险巨大。

保管场所。数字档案馆建筑是数字档案资源的保管场所，对数字档案资源永久保存具有长期影响，如建筑物的设计规划是否适合数字档案的保管，场所内的温湿度、洁净度、光线、磁场等是否符合数字档案的保管要求，如果不符合要求，会对数字档案长期造成破坏，甚至很小的灰尘也会导致数字档案馆机房内元器件受损，无法正常工作，产生灾难和风险。

2. 社会环境

数字档案馆生态系统是在社会环境中运行的，因此，社会环境的变化会给数字档案馆生态系统带来重要影响。数字档案馆生态系统社会环境主要包括政治环境、经济环境、文化环境和政策环境四个方面。

政治环境主要是指数字档案馆所在国家或地区在当前一段时期内的政治背景，主要是指那些影响和制约数字档案馆建设发展的政治因素，这些政治因素对数字档案馆的影响最终体现在政府行政管理和政策导向上。数字档案馆生态系统政治环境主要包括国家信息化发展策略、信息法律规范的制定与实施、国家档案事业管理体系、档案事业发展战略规划等。[①] 如果数字档案馆的建设缺乏顶层设计、战略规划和统筹安排等，将会使数字档案馆建设缺乏战略保障，无法保障数字档案资源的长期保存和信息安

---

① 金波、丁华东、倪代川:《数字档案馆生态系统研究》,学习出版社 2014 年版,第 127 页。

全，危害国家的核心利益和政治稳定。

经济环境主要是指"影响数字档案馆生存和发展的各种经济因素。具体包括社会经济发展水平、经济结构、消费结构等经济行为变化，给数字档案馆建设带来的资金来源、供求状况、技术设备和管理模式等的变化"。① 如数字档案馆缺少财政支持，会影响数字档案馆的建设规模、建设速度和建设能力，无法配备高质量的软硬件基础设施、无法建造高质量的信息系统、无法创造高质量的保管条件、无法改善数字档案利用环境，易造成数字档案的接收困难、保管条件跟不上、安全利用不到位等，使数字档案存在失控、失管、失效、失读、失真等安全风险。

文化环境是指"一个国家和地区的社会结构、文化传统、生活方式、风俗习惯、教育水平、宗教信仰、民族特征、价值观等因素的形成与变动对数字档案馆生态系统构成、运行和建设的影响，而且也表现为对档案信息资源文化价值的开发水平，以及社会对数字档案信息资源文化价值的认识和利用的行为取向"。② 如果数字档案馆生态系统文化环境缺失，会导致对数字档案资源文化价值认识不足，会影响数字档案信息资源的管理手段、供给方式和利用效率，也会影响数字档案馆生态系统功能的正常发挥，不利于维护国家文化安全，不利于中华优秀传统文化的继承和弘扬。

政策环境主要体现在档案行政管理部门对数字档案馆建设与发展规划和指导上，档案行政管理部门应立足于档案事业发展，全面规划数字档案馆建设，并从政策、资金、制度等方面大力支持，推进数字档案馆生态系统健康发展。如果档案行政管理部门规划不科学、政策落实不到位、资金无法保障、职责不清，容易造成数字档案馆建设无所适从，会给数字档案馆建设带来风险。

3.法规标准环境

法规标准环境是指社会组织与外部发生关系时需要遵循的各种法律、法规、规章和标准等。数字档案馆生态系统的法规标准环境通常包括国家和行政机关制定的法律法规、法令条文、政策标准等，从法规标准角度对数字档案馆建设和数字档案资源收管存用等活动进行规范和约束。

---

① 金波、丁华东、倪代川：《数字档案馆生态系统研究》，学习出版社 2014 年版，第 127 页。
② 金波、丁华东、倪代川：《数字档案馆生态系统研究》，学习出版社 2014 年版，第 127 页。

法律法规、法令条文是数字档案馆建设的法律保障，数字档案的法律有效性、数字档案的知识产权保护、数字档案的保密开放、外包业务法律责任等法律法规的制定是保障数字档案馆健康运行的基础，如果法律法规不健全、不完善，会给数字档案馆安全保管带来严重危害，甚至危及档案信息安全和国家安全。

标准是实现数字档案馆各项功能的必要前提，数字档案馆建设要严格遵守国家及行业相关规章制度和技术标准，如档案服务平台建设应遵循《GB 50174—2008 电子信息系统机房设计规范》和《GB/Z 24294—2009 信息安全技术基于互联网电子政务信息安全实施指南》；档案数字化工作应遵循《DA/T 31—2005 纸质档案数字化技术规范》和《DA/T 43—2009 缩微胶片数字化技术规范》，如果标准不健全、不配套或更新不及时等都会影响数字档案馆建设质量，产生风险。

4. 技术环境

数字档案馆建设与技术环境密切相关，数字档案馆是以现代信息技术为基础的高科技集合体，其本身就是信息技术发展推动的产物。数字档案馆生态系统技术环境主要是指信息技术环境和基础设施环境。

信息技术环境就是数字档案馆所处的技术背景，信息技术的发展会直接影响数字档案馆的建设，云计算、物联网、大数据、移动互联、人工智能等新兴技术应用，在给数字档案馆带来管理效率提升和利用便捷的同时，也给数字档案信息长期保存、安全保密等带来威胁和挑战，给数字档案馆生态系统带来许多未知因素和安全风险。如云计算等新技术和系统的应用，给数字档案资源集成管理和共享利用带来改善机遇的同时，也会带来一些负面影响，主要体现在：技术变化可能会影响数字档案馆系统间的互操作；现有标准政策无法覆盖新的技术；数字档案云存储信息安全无法保障等，这些都是新技术应用带来的风险，必须认真面对。

基础设施环境是数字档案馆生态系统运行的基础，主要包括网络环境建设、系统软件选型、硬件设备配置、档案网站建设、库房智能监控与安全保障系统等。数字档案馆系统软件一般包括操作系统、数据库系统、应用系统和工具软件等方面；硬件设备配置主要包括服务器、终端、网络、存储及其他配套设备。"按照数字档案馆基础网络架构、主要技术路线与软硬件配置基本要求，集成建设适应馆藏档案基础数据和今后一定时期内数字档案增长规模的数据管理、满足数字档案馆各项管理与服务需求的基础设施。"① 如果基础设施老化陈旧、配置不到位，一方面无法满足数字档案馆的管理需求和业务需求，影响业务活动开展和工作效率；另一方面会给档案信息安全带来危害，如网络基础设施缺失或配备不全，易造成黑客攻击、信息非法利用，无法保障数字档案信息安全，会给数字档案资源安全带来危害。

5. 合作机构环境

数字档案馆作为一种信息组织，是社会信息系统的重要组成部分，与其他信息生态种群存在竞争合作、协调互动关系。数字档案馆合作机构主要涉及同类档案机构、信息系统软件提供商、咨询部门、高等学校、科研机构和外包机构等。数字档案馆生态系统"一方面可以克服数字档案馆的单方面建设，充分考虑与其他信息组织的建设合作和资源共享，避免数字档案馆成为'信息孤岛'，在和谐的环境中实现档案信息的社会价值；另一方面也更加明确数字档案馆在社会信息生态系统中的责任和要求，保持与社会的同步发展，并努力成为社会信息生态系统的建设者和推动者"。② 数字档案馆建设过程中需要加强与相关机构的合作，吸收其他机构的技术优势、科研优势和行业优势，共同推动数字档案馆建设与发展。其中，信息系统软件提供商和数字化外包机构是数字档案馆建设过程中的重要合作伙伴，如果数字档案馆对系统软件提供商依赖度过高，或者系统软件提供商自身业务能力差或破产，数字化外包机构缺乏保密资质等，都会直接对数字档案馆系统运行和信息安全产生风险，造成难以估量的损失。数字档案馆生态系统与社会环境紧密相连，"同类机构的先进做法为电子文件的科学管理提供了示范，而一些不规范的短期管理行为如果传播开来，则可能产生较为恶劣的影响。"③

（二）数字档案馆生态系统风险管理内部环境建立

内部环境是保障数字档案馆生态系统演化、运行和发展的内部条件和

---

① 国家档案局办公室：《数字档案馆建设指南》（档办〔2010〕116号）。

② 金波、丁华东、倪代川：《数字档案馆生态系统研究》，学习出版社2014年版，第18页。

③ 冯惠玲等：《电子文件风险管理》，中国人民大学出版社2008年版，第36页。

内部氛围的总和。数字档案馆生态系统风险管理内部环境主要包括数字档案馆的组织机构环境、人员环境、系统设计与维护环境、保障体系环境及业务环境等。

1. 组织机构环境

数字档案馆组织机构设立是数字档案馆建设的根本，数字档案馆组织机构的职责、管理制度和管理战略等都属于数字档案馆重要的内部环境，是影响数字档案馆发展的关键因素。如果组织职责不清，将会造成数字档案馆管理职责的混乱、业务活动重叠、部门相互扯皮，影响数字档案馆功能的正常发挥；管理制度缺失，将会造成数字档案馆无章可循，影响数字档案馆规范运行，降低数字档案馆管理的质量；管理战略缺少，将会造成数字档案馆重复建设、盲目建设和低水平建设，影响到数字档案馆的长远发展和目标实现。

2. 人员环境

人是数字档案馆建设的主体，在数字档案馆管理中起着决定性的作用。数字档案馆人员涉及档案形成者、档案管理者和档案利用者三个方面，其中档案管理者是数字档案馆建设中最重要的人员。档案管理者主要包括机构决策人员、管理领导人员、业务管理人员、信息技术人员等。如果机构决策人员观念陈旧、思想保守、缺乏战略眼光，将会影响数字档案馆的战略规划和发展前景；管理领导人员意识淡薄、能力有限，将会影响数字档案馆的事业发展和管理效率；业务人员专业素养不足、业务能力不高，将会影响数字档案馆业务活动的开展和数字档案的基本管理；信息技术人员不足、人员不稳定、档案专业知识缺乏，将会影响数字档案馆系统开发、运行和维护；档案人员业务培训和在职教育缺失，将会造成综合素养低下、技术能力欠缺、专业知识不足，直接影响数字档案馆管理功能的发挥和管理效率的提升，甚至会危害档案信息安全和国家信息安全。

3. 系统设计与维护环境

数字档案馆系统主要包括数字档案管理系统、数字档案利用服务系统和数字档案馆办公系统等。数字档案管理系统"所管理的档案记录了过去和现在的国家政权的历史真实面貌，对国家历史、现在与未来具有不可或缺的重要作用，社会影响极大。这些系统受到破坏，可能直接造成国家档案的损失，对国家安全造成一般损害或严重损害，对社会秩序和公共利益造成特别严重损害"。数字档案利用服务系统"包含有国家较高级别的敏感信息，具有很大的社会影响力。这些系统受到破坏，可能导致敏感档案信息或政务信息的泄露或损失，档案管理和服务能力下降，对国家安全造成一般损害，对社会秩序和公共利益造成一般损害或严重损害，对公民、法人和其他组织的合法权益造成严重损害"。数字档案馆办公系统"受到破坏，不直接影响档案管理业务，但可能造成公布信息的篡改、办公效率的下降，给信息系统所属单位造成一定的财产损失、经济纠纷、法律纠纷等，对单位权益或社会秩序造成一般损害或严重损害"。[①]

数字档案馆系统设计和维护是数字档案馆运行和管理的技术保障。如果数字档案馆系统设计功能不完善、需求分析不充分等，将会导致数字档案信息的收集、管理、存储、利用、发布、展示等工作无法正常运行，影响到数字档案馆系统功能目标的实现；数字档案馆系统维护主要指数字档案馆技术平台和系统支持方面的维护，系统维护过程中业务和操作系统变化将会影响数字档案馆系统的正常运行，甚至造成系统瘫痪，各类维护日志或文档记录不充分也会造成数字档案馆管理漏洞和安全隐患。

4. 保障体系环境

数字档案馆生态系统保障体系环境主要涉及数字档案馆安全防范技术、管理方法、人员素质等多个方面，是一项复杂的系统工程，建立数字档案馆生态系统保障体系环境有利于提升数字档案馆管理水平和运行效率。本节重点探讨数字档案馆生态系统制度保障体系和资金保障体系。

制度保障体系包括机房管理制度、设备管理制度、安全管理制度、人员管理制度、数字资源管理制度和数字化工作制度。如果机房管理制度、设备管理制度、安全管理制度缺失，将会影响库房安全、系统稳定、温湿度控制、设备使用等安全，对数字档案馆的系统运行和整体安全造成危害，甚至会导致国有资产流失；数字资源管理制度缺失或不健全，将会出现数字档案数据篡改、泄露、丢失、窃听等隐患，影响数字档案数据的安全；数字化工作制度缺失，将会影响档案的数字化质量，甚至造成档案信息的泄密、丢失，对档案信息安全造成危害。

---

① 国家档案局：《档案信息系统安全等级保护定级工作指南》（档办发〔2013〕5 号）。

数字档案馆建设是一项复杂的系统工程，也是一项"烧钱"工程，涉及大量的技术、基础设施和人员，没有充足的资金保障是无法支撑其建设的。"数字档案馆技术要求高，更新速度快，涉及范围广，建设费用主要涵盖基础设施、数字档案信息资源存储、电子文件管理系统、多媒体档案管理系统、数字档案管理系统、档案网站、人力资源等方面，相对于传统档案馆，投入十分巨大。"① 如果数字档案馆缺少财政支持，建设经费得不到保障，建设经费使用不当，管控措施缺失，数字档案馆建设只能是纸上谈兵，建设效率低下，甚至变成烂尾工程，对数字档案馆建设将会造成严重危害。

5. 业务管理环境

数字档案馆业务管理环境主要集中在数字档案资源接收移交至系统中，进行处置管理、长期保存、检索与利用及元数据和文档管理等业务工作。数字档案接收移交环节应保证接收过程责权明确、格式规范、制度完善，做到"应归尽归、应收尽收、应管尽管"，杜绝接收移交过程中的安全隐患，从源头上保证数字档案资源的真实、完整、可读、可用。数字档案处置管理主要涉及数字档案鉴定、著录、标引、销毁等，要确保数字档案处置科学合理，遵循相关法规和标准，保障数字档案信息管理系统、控制有序；数字档案是一种新型的档案记录形式，具有可变性、系统依赖性、非人工直读性，易丢失、易损毁；数字档案载体耐久性差，寿命短，不利于数字档案信息的长期永久保存，对数字档案信息的真实性、完整性、长期可读性带来了严峻挑战，数字档案载体的脆弱性和内容信息的不安全性使人类的社会记忆存在着失真、失效、失读、泄密、丢失的可能，安全风险高。长期保存主要包括长期保存策略和计划的制定是否完善、准确以及长期保存过程中格式、载体等是否存在相应会产生风险的问题；检索与利用是输出档案信息、提供档案信息服务、发挥档案资源价值、产生社会影响力的关键，数字档案馆用户检索利用档案过程中是否具有完善的利用管理制度、检索功能是否齐全、是否对用户利用档案的过程进行控制等都是产生风险的重要因素；元数据和文档管理是数字档案业务管理环境中不可忽略的部分，元数据或文档管理的缺失会影响数字档案的真实性、

---

① 金波、丁华东、倪代川：《数字档案馆生态系统研究》，学习出版社 2014 年版，第 277 页。

完整性和可用性，甚至造成数字档案失读、失效。

为此，需要对威胁数字档案馆生态系统内外部环境安全的风险因素进行归纳分析，全面总结影响数字档案馆生态系统健康运行、长期保存与信息安全的风险因素，探索建立数字档案馆生态系统风险管理技术性方案，构建数字档案馆生态系统风险管理策略，破解数字档案馆生态系统建设发展过程中的各种风险，防范风险事故发生，筑牢数字档案馆生态系统安全防范体系。

四、数字档案馆生态系统风险评估

数字档案馆生态系统风险评估由三个步骤构成，分别是数字档案馆生态系统风险识别、数字档案馆生态系统风险分析以及数字档案馆生态系统风险评价。

（一）数字档案馆生态系统风险识别

风险识别是发现、承认和描述风险的过程。[①] 风险识别是风险评估第一个步骤，对风险的识别可以基于对历史数据、理论分析、专家意见以及利益相关方的需求等进行。按照数字档案馆生态系统风险管理的流程，在建立数字档案馆生态系统环境基础上，对基于该环境中的风险进行识别。首先，风险发现，明确数字档案馆生态系统风险识别的思路，确定风险识别采用的工具和方法，对风险进行分类；其次，需要对识别出的风险进行描述。数字档案馆生态系统风险识别的流程如图6-4所示。

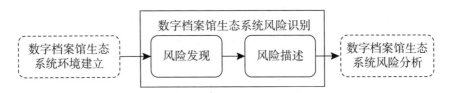

图6-4　数字档案馆生态系统风险识别流程

---

① ISO Guide 73:2009 *Risk Management-Vocabulary*.

1. 数字档案馆生态系统风险识别方法

数字档案馆生态系统风险可以通过一系列方法来识别。应用较多的方法主要有以下几种。

SWOT 分析法。"SWOT 分析法是通过具体的情景分析，将与研究项目密切关联的各种主要的内部优势因素、劣势因素和外部机会因素、威胁因素分别识别和评估出来，依据矩阵的形态进行科学的排列组合，然后运用系统分析的研究方法将各种主要因素相互匹配进行分析，最后提出相应对策的方法。"① 运用 SWOT 分析法对数字档案馆生态系统运行过程中的优势因素、劣势因素、机会因素和威胁因素进行分析，寻找数字档案馆生态系统建设中的风险。

政治、经济、社会文化和技术（PEST）分析法。PEST 分析法是"对宏观环境因素作分析，不同行业和企业根据自身特点和经营需要，分析的具体内容会有差异，但一般都应对政治（Political）、经济（Economic）、社会（Social）和技术（Technological）这四大类影响企业的主要外部环境因素进行分析"。② 数字档案馆生态系统运用 PEST 分析法对数字档案馆宏观环境进行分析，识别宏观环境背景中存在的风险因素。

头脑风暴法。头脑风暴法是指"以共同目标为中心，营造一个无批评的自由的会议环境，使与会者畅所欲言、充分交流、互相启迪，产生出大量创造性意见的方法"。③ 数字档案馆生态系统运用头脑风暴法，通过会议组织相关专家共同研讨，分析识别数字档案馆生态系统管理中面临的风险。

问卷调查法。针对数字档案馆生态系统运行和管理中存在的风险制定调查问卷，通过网站、手机、电子邮件、信函等各种方式发放给相关人员进行问卷调查，汇总分析相关数据，识别数字档案馆生态系统中存在的风险。

访谈分析法。针对数字档案馆生态系统运行和管理中存在的风险设计

① 金丽丽、黄琦、田兵权：《SWOT 分析法在项目风险管理中的应用》，《科技与经济》2007 年第 1 期。

② 幸岭、蒋素梅：《基于 PEST 分析法的云南旅游产业发展驱动力研究》，《学术探索》2014 年第 5 期。

③ 冯惠玲等：《电子文件风险管理》，中国人民大学出版社 2008 年版，第 104 页。

访谈提纲，组织人员对与数字档案馆建设相关的业务人员、管理人员、技术人员、用户、专家等进行访谈，识别分析数字档案馆生态系统中存在的风险。

《文件和信息风险管理》一书从事件和需求两个方面对文件和信息运行中可能的风险进行识别。对触发事件风险识别进行了阐释，分析事件可能产生的风险，并提出风险应对策略，见表6-2。[①]

表6-2 基于事件的风险识别

触发事件	风险	风险应对策略	风险降低策略责任者
灾难——自然或人为原因（例如，火灾、洪灾、地震）	数字档案资源丢失或损坏	灾难预防和备份程序	业务连续体计划部门或档案管理部门
由于系统或人为原因引起的主要系统中断或损毁	数字档案资源丢失或损坏	系统备份和恢复	业务连续体计划部门和IT部门
计算机欺诈	资金损失	IT安全战略	IT安全部门
数字档案被盗	重要档案信息丢失，潜在的引起可能的资金损失或声誉受损	IT安全	IT安全部门
计算机系统资源被盗（例如：组织机构计算机系统用于其他非办公用途）	资金丢失或声誉受损	IT安全	IT安全部门
恶意攻击和恶意代码（例如：病毒攻击、黑客）	重要档案资源丢失或财产丢失	IT安全	IT安全部门
未经授权的信息泄露	机密档案丢失，引起潜在的资金损失或声誉受损	IT安全	IT安全部门
文献错误和省略	关键业务信息缺失，导致无法执行合同和/或第三方责任，并可能导致资金损失和/或声誉受损	文献程序	法规和业务部门

---

① Victoria L, Lemieux, *Managing Risks for Records and Information*, Lenexa, Kensas: ARMA International, 2004, p.45.

续表

触发事件	风险	风险应对策略	风险降低策略责任者
文件和信息不足保管期限	档案和信息不可用，导致不遵守法律法规和／或无法执行合同或支持诉讼，并可能导致资金损失和／或声誉受损	处置计划	法规和档案管理部门

基于需求分析的风险识别，即对文件和信息运行过程中的各类需求进行分析，当这些需求无法满足的时候可能会出现相应的风险。需求可以来源于组织机构的法律法规或业务要求，组织机构需要对文件和信息制定相关的质量要求，如准确性、完整性、可理解性、可靠性、可用性和可读性等。[①] 以美国电子文件档案馆（ERA）为例，在风险识别中应以《电子文件档案馆需求文件》（*ERA Requirements Document*）为基础，分析识别无法满足需求时可能产生的风险。

上述两种风险识别各有其优缺点。基于事件的风险识别，优点是便于制定减轻风险的战略，需要的时间和资源相对较少，而且对已知的威胁造成的风险制定预防策略更有效；缺点是可能会忽视更多的风险来源。基于需求分析的风险识别，优点是可以提供更具有创意的风险管理方法，缺点是可能需要花更多的时间和资源去执行风险应对。[②]

基于事件和需求的风险识别也可以在数字档案馆生态系统中运用，系统梳理数字档案馆生态系统运行中可能引起风险发生的触发事件，进行分析识别；对数字档案馆生态系统运行的法规标准、业务要求、系统需求提出要求，分析识别无法满足要求时可能产生的风险。综合运用这两种方法，充分发挥各自优势，对数字档案馆生态系统进行风险识别。

在数字档案馆生态系统风险管理过程中，应根据需要选择具体的识别方法，可以是单一的方法，也可以综合运用各种方法进行风险识别。

[①] Victoria L, Lemieux, *Managing Risks for Records and Information*, Lenexa, Kensas: ARMA *International*, 2004, p.9.

[②] Victoria L, Lemieux, *Managing Risks for Records and Information*, Lenexa, Kensas: ARMA International, 2004, pp.47-48.

2. 数字档案馆生态系统风险分类

风险分类是指建立数字档案馆生态系统风险类目，并以结构化的形式呈现出来。风险分类是开展风险评估重要的步骤，要进行风险分类，首先是要建立一个最适合数字档案馆生态系统管理目标和业务运行的风险分类体系，高质量的风险分类体系可以确保数字档案馆生态系统能够辨析各种风险因素和风险事故，并在正确的层级应对风险，提高风险管理水平。风险分类的方法通常有两种，一是根据风险的来源进行分类，例如可以根据财务引发的风险、战略引发的风险、环境引发的风险等来进行分类；二是根据业务职能或特定活动（可理解为按照数字档案馆的功能模块）进行风险分类，也可以按照管理阶段进行风险分类。

数字档案馆生态系统风险分类按照风险的来源和业务职能进行综合设计，根据数字档案馆生态系统环境的建立，聚焦数字档案馆个体，将风险分类体系划分为三个层级。第一层级为宏观层级的风险，即数字档案馆管理层面的风险。侧重于政策法规和组织机构层面，具体包括数字档案馆的自然环境风险、社会环境风险、组织机构风险、法律法规风险、政策标准风险、财务风险、管理人员风险、合作机构风险等。第二层级为中观层级的风险，即数字档案馆技术层面的风险。侧重于数字档案馆技术应用、系统设计和技术实现，具体包括数字档案馆的基础设施风险、系统设计与维护风险、保障体系风险等。第三层级为微观层级的风险，即数字档案馆业务层面的风险。侧重于数字档案馆运行各个功能模块，具体包括数字档案接收移交风险、数字档案处置管理风险、数字档案长期保存风险、数字档案检索利用风险、数字档案元数据和文档管理风险等。数字档案馆生态系统风险分类体系的建立有利于后续风险的分析和评估，使风险分析和评估更直观、更系统、更体系化，数字档案馆生态系统风险分类体系如图6-5所示。

3. 数字档案馆生态系统风险描述

数字档案馆生态系统风险需要通过结构化的形式显示出来，用规范化的元数据进行登记，便于风险管理的智能化实现。基于元数据的科学规范的风险描述，有利于风险分析和评价，有利于保障风险评估质量，有利于数字档案馆生态系统风险信息共享。在国际标准《ISO Guide 73:2009 风险管理术语》中将风险描述表示为风险登记，被识别的风险记录在风险登记表中，是风险评估的基础。每项风险的登记可以确保风险识别和评估过程的一致性，有助于沟通和审计。风险登记通常以表格形式著录，组织机构可以根据自身特定的需求来设计风险登记的项目。《ISO/TR 18128:2014 信息与文献—文件流程及系统风险评估》中风险登记内容包括：风险标识符——识别风险时被给予的特定的编号；风险名称；风险类型和所属类别；风险所有者；识别风险的人员名称；风险被识别的日期，最后更新日期；风险描述；风险表现；风险实现的成本；可能性；影响；避免战略；应对战略；目标日期；执行者；审计日期；相关风险的参件号；风险状态和风险执行状态；最终评估日期。① 以数字档案馆档案数字化外包为例，通过风险识别，风险登记如表 6–3 所示。

表 6–3　档案数字化外包风险登记表

风险描述	
登记字段	项目录入
风险标识符	4
风险名称	数字档案被外包机构拷贝
风险类型和所属类别	外包风险
风险所有者	数字档案保管者
风险识别日期	07/01/2016
最后更新日期	07/08/2016
描述	数字档案被非法盗用
风险表现	数字档案丢失
风险实现的成本	低
可能性	中等
影响	高
避免战略	消除风险源
应对战略	数字档案馆制定相关政策，禁止将档案带出工作范围，同时确保密级档案的利用安全
目标日期	09/01/2016
执行者	数字档案保管者

---

① ISO/TR 18128:2014 *Information and Documentation-Risk Assessment for Records Processes and Systems.*

风险描述	
审计日期	03/01/2017
相关风险的参见号	3.3.1
风险状态和风险执行状态	开始执行风险应对
最终评估日期	06/01/2017

（二）数字档案馆生态系统风险分析

在数字档案馆生态系统风险识别后，为更好地理解数字档案馆生态系统的风险性质和风险等级，需要进行风险分析，通常通过确定潜在后果和风险发生概率来分析风险，为风险评价和应对提供依据。

1. 风险后果分析

数字档案馆生态系统风险后果分析是基于数字档案馆功能、数字档案馆运行以及数字档案馆社会需求的实际，分析数字档案馆可能存在的对国家、社会、档案产生的危害和影响而制定的风险后果等级标准。风险后果分析首先需要确立风险后果等级，数字档案馆生态系统风险后果可分为五个等级，1级为最极端状况，这样的风险可能会影响数字档案馆的实际运行，影响数字档案馆人员、资源、设备等安全，对国家安全造成特别严重损失，如地震、台风、火灾、主要数字档案丢失和损毁、泄密等；2级为高等级别，这样的风险可能会引起数字档案馆的管理与法律、法规相悖，影响到与数字档案馆合作的相关机构，可能产生经济赔偿和财务损失，影响显著，如档案损毁、系统崩溃、硬件损坏、非法利用、黑客攻击等；3级为中等级别，可能会引起数字档案馆无法遵守相关的规定和要求，如数字化外包公司缺少资质、系统不兼容、日志记录不全等；4级为低等级别，可能会导致数字档案馆重复性的工作，如元数据著录不完整、维护人员缺乏、数据格式不统一等；5级为最低级别，可能会使数字档案馆的工作效率较低，对数字档案馆安全影响极低。风险后果等级见表6-4。

表 6-4　风险后果等级表

级别	排列	风险发生的影响
1	极端／灾难性	数字档案馆的实际运行将受到损害，数字档案馆内部人员生命受到威胁，主要的数字档案资源丢失，会对国家安全造成特别严重损害
2	高等级	引起数字档案馆的管理与法律、法规相悖，可能产生经济损失，会对档案安全造成特别严重损害，影响档案馆的公信力
3	中等级	无法遵守相关的规定和要求，对档案造成损害，影响档案信息的安全
4	低等级	造成重复性工作，对档案安全产生影响
5	最低等级	工作流程效率不高，影响极低

2. 风险概率估计

根据数字档案馆生态系统风险环境的建立，对数字档案馆生态系统存在的风险进行了识别，对产生的风险后果层级进行了分类，还需要确定风险发生的概率。通过分析，寻找出存在的风险因素，这些风险发生的概率是不同的，有的可能时有发生，如断电风险概率极高；有的可能发生概率极低，如上海地区地震风险概率极低，风险概率是风险评价的重要内容，是风险应对的重要依据。风险概率应根据数字档案馆运行实践和风险可能出现的频次来确定。数字档案馆生态系统风险概率依据发生的可能性分为五个等级，从 A 级到 E 级。其中，级别 A 为最高级，表示风险发生的可能性最高，需要主动采取措施，积极应对；级别 E 为最低级，表示风险发生的可能性极低。具体如表 6-5 所示。

表 6-5　数字档案馆生态系统风险概率级别表

级别	可能性	描述
A	几乎一定会发生	该事件预计会发生
B	有可能	该事件有可能会发生
C	偶尔	该事件可能在某一时间内发生
D	不太可能	该事件发生的可能性较低
E	非常小	该事件发生的可能性极低

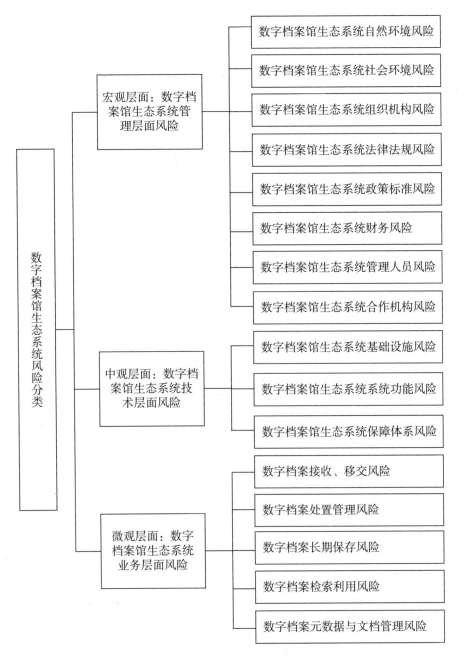

图6-5　数字档案馆生态系统风险分类体系

（三）数字档案馆生态系统风险评价

风险评价是指"确定危害事件发生概率（机率）和模拟事件的危害程度。计算其风险值的大小，对风险可接受性作出评价，提出风险预防和减控措施及应急预案等，为风险管理提供依据和保障"。[①] 数字档案馆生态系统风险评估的第三个步骤是风险评价，这是建立在风险识别和风险分析的基础上，计算风险值大小，确定风险等级，为风险应对提供决策依据。根据风险等级，风险应对决策主要包括是否需要应对风险，风险的应对优先次序，是否应该开展某项应对活动，对选择的应对活动应该采取哪种途径去实施。[②]

根据风险分析阶段建立的风险后果等级与风险发生概率进行映射，从而来评价数字档案馆生态系统风险层级的高低。风险评价是在风险后果分析和风险概率评估基础上，综合评判的结果。风险评价高低是通过风险值大小来确定的，风险值是风险后果等级值与风险概率等级值的积，即风险值＝风险后果等级值 × 风险概率等级值。风险后果等级值见表6-4；风险概率等级见表6-5，风险概率级别与风险概率等级值之间的对应关系为A—1，B—2，C—3，D—4，E—5。经过计算，确定风险值，再根据风险值的大小排序，划分风险层级。风险值越大，表明风险层级越低，即风险越小；风险值越小，表明风险层级越高，即风险越大。经过实践检测，风险值为1—7分，则标记为高风险；风险值为8—15分，则标记为中风险；风险值为16—25分，则标记为低风险。如某风险其后果等级为1级，发生概率为A级，那么其风险值为1分，表明该风险层级为高风险，应作为及时应对的风险，优先排序；同样地，如某风险其后果等级为5级，发生概率为E级，那么其风险值为25分，表明该风险层级为低风险，其风险应对也处于最低等级。数字档案馆生态系统风险后果等级、发生概率与风险值映射关系见表6-6。

---

① 赵东风、李伟东、任建国：《环境风险评价与安全风险评价在评价理论上的相关性问题研究》，《安全与环境工程》2006年第4期。

② 李素鹏：《ISO风险管理标准全解》，人民邮电出版社2012年版，第176页。

表 6-6　数字档案馆生态系统风险评价映射表

后果等级 概率	最低等级 (5)	低等级别 (4)	中等级别 (3)	高等级别 (2)	极端级别 (1)
E（极小）（5）	25	20	15	10	5
D（不太可能）（4）	20	16	12	8	4
C（中等）（3）	15	12	9	6	3
B（可能）（2）	10	8	6	4	2
A（几乎一定会）（1）	5	4	3	2	1

　　数字档案馆生态系统风险评估是在风险环境建立的基础上，通过风险识别，确定风险因素，分析风险后果和发生概率，综合评价风险层级，为风险应对提供依据。根据风险评估流程和内容分析，数字档案馆生态系统风险评估可通过数字档案馆生态系统风险评估表来直观显示。

　　数字档案馆生态系统风险评估表主要包括风险所属类目、具体风险描述、风险编号、风险后果等级、风险发生概率以及风险层级等部分。风险类目根据风险分类分为一级类目和二级类目，便于查找风险的来源；风险编号便于风险的登记和后续风险的系统智能化管理；风险后果等级为风险发生的严重程度；风险概率级别为风险发生的可能性；根据风险后果等级和概率级别得出风险值，确定风险层级，使风险层级的定位更加科学准确，也使风险应对更有针对性。数字档案馆生态系统风险评估表见表 6-7所示。

表 6-7　数字档案馆生态系统风险评估表

一级风险类目	二级风险类目	具体风险	风险编号	风险后果等级	风险概率	风险层级
1 数字档案馆生态系统管理层面风险	1.1 自然环境风险	数字档案馆所在场所发生水灾	1.1.1	1- 极端	E- 非常小	高
		数字档案馆所在场所发生火灾	1.1.2	1- 极端	D- 不太可能	高
		数字档案馆所在场所发生地震	1.1.3	1- 极端	E- 非常小	高
		数字档案馆所在场所遭遇雷电	1.1.4	2- 高等	C- 偶尔	中
		数字档案馆所在场所发生台风灾害	1.1.5	1- 极端	C- 偶尔	高
		数字档案馆所在场所发生战争	1.1.6	1- 极端	E- 非常小	高
		数字档案馆所在场所发生恐怖袭击	1.1.7	1- 极端	E- 非常小	高
		数字档案馆所在场所建筑损坏	1.1.8	1- 极端	E- 非常小	高
		数字档案馆所在场所强磁场导致磁性载体消磁等	1.1.9	3- 中等	E- 非常小	中
		数字档案馆所在场所温湿度不符合要求,温湿度偏高,灰尘进入使元器件的性能变差甚至不能工作	1.1.10	3- 中等	B- 可能	高
		数字档案馆所在场所光线不符合要求	1.1.11	3- 中等	B- 可能	高
		数字档案馆保管场所发生虫灾、鼠害,引起重要服务器线路受损	1.1.12	2- 高等	B- 可能	高
	1.2 社会环境风险	数字档案馆主管部门体制设置不合理	1.2.1	2- 高等	B- 可能	高
		数字档案馆主管部门未履行职能	1.2.2	2- 高等	D- 不太可能	中
		国家宏观政策不利于数字档案馆的发展	1.2.3	2- 高等	E- 非常小	中
		国家数字档案管理新要求和目标引起数字档案馆管理需求的变化	1.2.4	3- 中等	C- 偶尔	中
	1.3 组织机构风险	数字档案馆组织职责划分不清晰	1.3.1	2- 高等	D- 不太可能	中
		数字档案馆管理战略缺乏	1.3.2	2- 高等	D- 不太可能	中
		数字档案馆组织机构的稳定性	1.3.3	3- 中等	C- 偶尔	中
		数字档案馆管理制度不明确	1.3.4	2- 高等	D- 不太可能	中

一级风险类目	二级风险类目	具体风险	风险编号	风险后果等级	风险概率	风险层级
1数字档案馆生态系统管理层面风险	1.4 法律法规风险	数字档案的法律有效性不明确	1.4.1	2- 高等	D- 不太可能	中
		数字档案的知识产权不明确	1.4.2	2- 高等	D- 不太可能	中
		数字档案管理过程中的一系列法律责任不明确	1.4.3	2- 高等	C- 偶尔	高
		数字档案馆与政府部门或档案产生部门之间的数字档案保存法律责任归属不明确	1.4.4	2- 高等	C- 偶尔	高
		数字档案馆与软件制造商、服务承包商之间的法律责任不明确，缺少相应的合同或协议	1.4.5	2- 高等	C- 偶尔	高
		数字档案保密开放规定不明确	1.4.6	2- 高等	C- 偶尔	高
	1.5 政策标准风险	数字档案馆建设相关法规政策不明确	1.5.1	2- 高等	C- 偶尔	高
		数字档案馆建设过程中法规政策不完善、不配套	1.5.2	3- 中等	D- 不太可能	中
		数字档案馆建设缺乏相应标准	1.5.3	3- 中等	C- 偶尔	中
		数字档案馆建设标准更新不及时	1.5.4	4- 低等	C- 偶尔	中
	1.6 财务风险	国家经济发展状况不佳	1.6.1	2- 高等	D- 不太可能	中
		数字档案馆缺少财务规划	1.6.2	2- 高等	D- 不太可能	中
		数字档案馆缺少财政支持和经费投入	1.6.3	2- 高等	D- 不太可能	中
		数字档案馆资金使用效率不高	1.6.4	3- 中等	D- 不太可能	中
	1.7 管理人员风险	数字档案馆管理层人员不稳定，更换频繁	1.7.1	3- 中等	C- 偶尔	中
		设计、维护数字档案馆系统人员数量不充足	1.7.2	3- 中等	C- 偶尔	中
		数字档案馆专业管理人才缺乏	1.7.3	4- 低等	A- 几乎一定会发生	高
		决策者对数字档案馆政策和流程认知不清，决策能力不足	1.7.4	3- 中等	C- 偶尔	中
		数字档案馆人员配置不科学，人员缺少业务培训，业务技能较低	1.7.5	3- 中等	C- 偶尔	中
		数字档案馆业务部门人员素质不高，偷盗、破坏档案	1.7.6	3- 中等	A- 几乎一定会发生	高
		评估数字档案馆管理人员绩效的方法手段不充分	1.7.7	4- 低等	B- 有可能	中

一级风险类目	二级风险类目	具体风险	风险编号	风险后果等级	风险概率	风险层级
1数字档案馆生态系统管理层面风险	1.8合作机构风险	数字档案馆所在地区同类机构建设水平低	1.8.1	3-中等	C-偶尔	中
		信息系统软件提供商业务能力差	1.8.2	2-高等	B-有可能	高
		咨询部门未能提供正确有效的建议	1.8.3	2-高等	D-不太可能	中
		外包机构缺乏资质	1.8.4	2-高等	B-有可能	高
2数字档案馆生态系统技术层面风险	2.1基础设施风险	主机房选址未选择远离强电磁场、强振动源、强噪声源、粉尘、油烟、易燃、易爆等场所和区域	2.1.1	1-极端	E-非常小	高
		主机房供电系统未采用双路供电,并未配备不间断电源	2.1.2	2-高等	B-有可能	高
		主机房消防系统未配置高压细水雾灭火系统、洁净气体灭火系统	2.1.3	3-中等	E-非常小	中
		主机房温湿度未控制在合理范围内	2.1.4	3-中等	B-有可能	高
		数字档案馆布局不合理,无法扩展,局域网、政务网、因特网三网未隔离,无法满足数字档案馆各项功能需要	2.1.5	2-高等	B-有可能	高
		局域网主干线路未采用光纤铺设,核心交换机等关键网络设备未设冗余	2.1.6	2-高等	E-非常小	中
		未配备必要的防火墙、漏洞扫描、入侵检测、安全审计等网络安全设施	2.1.7	2-高等	C-偶尔	高
		未配备满足业务需要的专用服务器	2.1.8	2-高等	E-非常小	中
		未配备在线存储设备	2.1.9	2-高等	E-非常小	中
		备份技术和灾难恢复技术差	2.1.10	2-高等	E-非常小	中
		配备自助查档服务计算机终端设备不足	2.1.11	4-低等	E-非常小	低
		没有单独设置数字化工作用房,数字化扫描、存储设备配备不足	2.1.12	3-中等	B-有可能	高
		未配备音视频等其他硬件设备	2.1.13	3-中等	E-非常小	中

一级风险类目	二级风险类目	具体风险	风险编号	风险后果等级	风险概率	风险层级
2 数字档案馆生态系统技术层面风险	2.1 基础设施风险	未配备操作系统、数据库、备份恢复系统等系统软件，未配备字处理、图像查看、音视频播放、杀病毒等工具软件，软件系统没有足够的容错性、可靠性	2.1.14	3- 中等	B- 有可能	高
		未处理好新旧系统、新旧格式的兼容问题	2.1.15	3- 中等	C- 偶尔	中
		系统存在较大漏洞	2.1.16	2- 高等	C- 偶尔	高
		载体转换系统质量不合格、载体材料不合格	2.1.17	3- 中等	C- 偶尔	中
		数字档案馆计算机服务器崩溃	2.1.18	1- 极端	B- 有可能	高
		数字档案馆运行、保存和利用等场所没有监控功能或功能不全	2.1.19	2- 高等	B- 有可能	高
	2.2 系统设计与维护风险	数字档案馆系统设计需求分析不充分	2.2.1	2- 高等	C- 偶尔	高
		数字档案馆系统与其他业务系统无法有效集成	2.2.2	2- 高等	C- 偶尔	高
		没有考虑到新技术对数字档案馆系统的影响	2.2.3	4- 低等	B- 有可能	中
		数字档案馆系统对软件供应商的依赖较高	2.2.4	3- 中等	C- 偶尔	中
		数字档案馆系统供应商维护和保持系统更新能力不够	2.2.5	3- 中等	B- 有可能	高
		数字档案馆操作维护程序记录不充分	2.2.6	4- 低等	B- 有可能	中
		数字档案馆系统间文件交换或互操作与标准规范不兼容	2.2.7	3- 中等	C- 偶尔	中
		数据库容量不够，没有考虑到未来数据量的要求	2.2.8	3- 中等	A- 几乎一定会发生	高
		系统的开放性与扩展性不够，无法满足系统升级、迁移	2.2.9	3- 中等	C- 偶尔	中
		数据库系统稳定性不够	2.2.10	3- 中等	C- 偶尔	中
		数字档案馆系统功能不全面，缺少数据组织、统计、辅助鉴定、数据编辑与发布等功能	2.2.11	2- 高等	E- 非常小	中

一级风险类目	二级风险类目	具体风险	风险编号	风险后果等级	风险概率	风险层级
2 数字档案馆生态系统技术层面风险	2.3 保障体系风险	数字档案馆机房出入、安全防范、卫生、运行操作等机房管理制度缺乏	2.3.1	3-中等	C-偶尔	中
		数字档案馆系统登记、检查、操作、维修等日常管理维护制度缺乏	2.3.2	3-中等	C-偶尔	中
		数字档案馆账户管理、密钥管理、灾难恢复、应急处置等安全管理制度缺乏	2.3.3	2-高等	C-偶尔	高
		数字档案馆未建立包括系统管理员、软硬件管理员、数据管理员、安全管理员、审计员在内的人员管理制度	2.3.4	3-中等	C-偶尔	中
		未建立数字化工作制度	2.3.5	3-中等	C-偶尔	中
		未建立档案网站和服务平台管理制度	2.3.6	3-中等	C-偶尔	中
3 数字档案馆生态系统业务层面风险	3.1 数字档案接收移交风险	数字档案馆接收移交制度不完整	3.1.1	2-高等	E-非常小	中
		数字档案接收移交未能齐全完整,背景信息不全	3.1.2	2-高等	C-偶尔	高
		对在线和离线接收目录数据、数字档案的准确性、完整性、可用性、安全性无法进行检测	3.1.3	2-高等	E-非常小	中
		数字档案馆系统与应接收范围内的立档单位档案信息系统无法实现对接	3.1.4	2-高等	D-不太可能	中
		无法接收文本、图像、音频、视频、数据库等不同类型数字档案	3.1.5	3-中等	D-不太可能	中
		接收与移交档案的相关数据格式混乱	3.1.6	3-中等	B-有可能	高
		未保存接收与移交过程中的所有文档	3.1.7	3-中等	B-有可能	高
		接收数字档案不符合《电子档案移交接收办法》、档案数字化标准等规定	3.1.8	3-中等	B-有可能	高

一级风险类目	二级风险类目	具体风险	风险编号	风险后果等级	风险概率	风险层级
3数字档案馆生态系统业务层面风险	3.2 数字档案处置管理风险	数字档案鉴定标准不明确，保管期限表可操作性不强	3.2.1	2-高等	B-有可能	高
		未对数字档案资源按照来源、时间、数据类型、开放程度、保管期限等要求进行分类管理	3.2.2	4-低等	C-偶尔	中
		数字档案著录不符合《档案著录规则》要求或相关标准	3.2.3	4-低等	B-有可能	高
		数字档案标引不符合相关要求和规定	3.2.4			
		馆藏档案数字化无法满足利用、保存、抢救等业务需要	3.2.5	4-低等	B-有可能	高
		未建立数字档案资源总库	3.2.6	2-高等	D-不太可能	中
		未建立数字档案目录总库	3.2.7	2-高等	D-不太可能	中
		数字档案销毁制度不完善	3.2.8	2-高等	B-有可能	高
	3.3 数字档案长期保存风险	长久保存计划制定不完善、长期保存策略选择不佳	3.3.1	3-中等	B-有可能	高
		数字档案保存不具备分类存储功能	3.3.2	4-低等	B-有可能	中
		数字档案保存不具备向标准格式转换功能	3.3.3	4-低等	B-有可能	中
		不具备备份数据恢复功能	3.3.4	2-高等	B-有可能	高
		未定期对载体及其软硬件环境进行读取、测试，不能及时发现保存中存在的问题	3.3.5	3-中等	A-几乎一定会发生	高
	3.4 数字档案检索与利用风险	未确立用户档案管理权限	3.4.1	3-中等	B-有可能	高
		检索利用登记不完善	3.4.2	5-最低	B-有可能	中
		数字档案阅览接待管理功能较低	3.4.3	4-低等	B-有可能	中
		不具备目录检索和全文检索功能	3.4.4	3-中等	D-不太可能	中
		没有档案利用审核、审批功能	3.4.5	2-高等	B-有可能	高
		不具备局域网、政务网、因特网内容数据阅览功能	3.4.6	3-中等	E-非常小	中
		非法利用档案缺少控制	3.4.7	2-高等	B-有可能	高
		缺少利用统计和评价	3.4.8	5-最低	D-不太可能	低
		用户利用档案的过程没有监控	3.4.9	2-高等	B-有可能	高
		缺少保密档案利用管理制度	3.4.10	2-高等	B-有可能	高

一级风险类目	二级风险类目	具体风险	风险编号	风险后果等级	风险概率	风险层级
3 数字档案馆生态系统业务层面风险	3.5 数字档案元数据和文档管理风险	未建立数字档案管理过程中的元数据技术规范，未及时保存数字档案管理过程中形成的元数据	3.5.1	2- 高等	B- 有可能	高
		数字档案管理元数据未根据需求进行及时更新	3.5.2	3- 中等	D- 不太可能	中
		数字档案内容数据与元数据未建立有效的联系	3.5.3	4- 低等	B- 有可能	中
		数字档案元数据不可靠、不可用	3.5.4	2- 高等	B- 有可能	高

五、数字档案馆生态系统风险应对体系构建

风险应对"是风险管理过程的一个重要的子过程，是风险评估的目的之一。风险应对包括选择一个或多个改变风险的方式，并实施这些方式。一旦付诸实施，这些方式就会提供或改进控制措施。风险应对的工作内容包括两个方面：其一是选择风险应对方式、其二是实施风险应对方式"。[①] 数字档案馆生态系统风险应对是基于前期数字档案馆生态系统环境建立和风险评估结果而确立的风险防范措施。数字档案馆生态系统风险应对是一项系统工程，需要从风险应对原则、风险应对方式、风险应对措施、风险审计和监控等方面来构建数字档案馆生态系统风险应对体系。

（一）数字档案馆生态系统风险应对原则

数字档案馆生态系统难免会遇到风险，对可能出现的风险应采取防范措施，避免风险发生或降低风险损失；对已经出现的风险应采取应对措施，使风险造成的损失降到最低。数字档案馆生态系统风险应对原则主要如下。

预防为主原则。"科学研究表明，绝大多数安全事故都有诱因和征兆，

---

① 李素鹏：《ISO 风险管理标准全解》，人民邮电出版社 2012 年版，第 133 页。

通过努力都是可以预防和避免的。"[1] 在数字档案馆生态系统风险管理中风险应对首先应树立"预防为主"的观念，不要心存侥幸，寄希望于风险发生后的应对措施。"风险防范主要不是在风险发生后去找原因、追责任、搞分担，而要积极探索网络信息生态链风险发生的规律，主动进行风险预测，采取有效的事前控制措施，预防风险的发生，做到防患于未然。"[2] 风险预防是主动风险应对策略，一是可以避免风险发生，在风险事故出现之前就采取措施化解风险；二是通过预防，降低风险层级，减少风险应对成本的增加。

效益为主原则。在数字档案馆生态系统风险管理过程中，风险应对须考虑应对成本与应对收益之间的关系，防止盲目应对、过度应对和不切实际地应对。"对全面风险防范与控制的代价必须小于该风险所带来的实际损失，否则风险管理便失去了意义，任何管理系统风险皆不可避免，而且其安全改进措施投资呈现边际效益递减，最终趋于零值或负值。因此，需认真估算风险防范的成本与收益，避免得不偿失。"[3] 有些风险是不可避免会发生的，应该尽可能考虑如何用最小的成本去应对风险，使风险的损失最小化，提高风险应对效率。

措施多样原则。数字档案馆生态系统作为复杂的人工生态系统，风险因素多种多样，其形成时间、产生原因、危害程度、发生概率、损失形式等差异较大，不可能完全采用单一方式来进行防范和应对。措施多样原则就是要求数字档案馆生态系统风险防范时综合采用多种方法和措施，合理应对。风险应对的方式多种多样，要具体情况具体分析，根据不同类型的风险采用不同的应对方式，有些风险单靠一种方式和措施难以进行有效防范，需要多重并举，综合应对。[4]

（二）数字档案馆生态系统风险应对方式

风险应对有多种不同的方式，国际标准《ISO 31000:2009 风险管理—

① 李明华：《在全国档案安全工作会议上的讲话》，《中国档案》2017年第7期。
② 娄策群、范朋显、叶磊：《网络信息生态链风险防范方略》，《图书情报工作》2015年第11期。
③ 魏奇锋、顾新：《知识链组织之间知识共享的风险防范研究》，《情报杂志》2011年第11期。
④ 娄策群、范朋显、叶磊：《网络信息生态链风险防范方略》，《图书情报工作》2015年第11期。

原则与指南》中确立的风险应对方式有："通过不开始或不继续导致风险的活动而规避风险；为追求机会而承担或增大风险；消除风险源；改变可能性；改变后果；与其他机构分担风险；经慎重考虑之后选择保留或接受风险。"[①] 其中"通过不开始或不继续导致风险的活动而规避风险"实际上是规避风险，适合规避那些对组织目标达成有特别重大影响的负面风险；"为追求机会而承担或增大风险"是针对正面风险而言的，可通过增加后果大小或增大发生的可能性来实现；"消除风险源"通常是针对负面风险而言的，防止风险发生；"改变可能性"和"改变后果"这两种应对方式将直接改变风险的大小，对所有类型的风险都适用；"与其他机构分担风险"不改变风险自身的大小和性质，只是通过改变风险的承受主体来实现风险的分担；"经慎重考虑之后选择保留或接受风险"是针对风险评估后，组织可以接受或可容忍的风险，也适用于组织当前无能力应对的风险。

数字档案馆生态系统可采用规避风险、承担风险、消除风险源、减轻风险以及与其他机构分担风险等方式，来应对各种各样的风险。数字档案馆生态系统采用哪种风险应对方式要根据风险管理的环境建立和风险评估的结果，科学分析风险因素，综合运用应对方式，化解或减轻风险。高层级风险需要积极应对，采用针对性应对方式，尽可能改变风险发生的可能性，如果无法阻止风险发生，应将风险危害降到最低程度；低层级风险也应采取一定的应对措施，注意控制和防范，防止风险发生。以本章开始"案例一：数字档案被盗风险"为例，风险应对方式见表 6-8。

表 6-8　数字档案被盗风险应对方式案例表

具体风险	风险后果	风险应对方式	描述
数字档案被盗	未能保护政府机构形成的重要档案资源	规避风险	档案具有重要的历史价值，应针对档案外部过程中的风险因素，制定风险防控措施，消除风险产生的可能性
	未能有效阻止档案离开工作区域，造成国家秘密信息泄露	消除风险源	根据相关法律法规，制定严格管理制度，禁止将具有密级的档案文件带出档案馆，确保档案的保密安全

---

① 李素鹏：《ISO 风险管理标准全解》，人民邮电出版社 2012 年版，第 136 页。

具体风险	风险后果	风险应对方式	描述
数字档案被盗	被盗的档案文件会对政府机构和国家安全造成危害	减轻风险	针对档案被盗的状况，积极采取应对措施，减轻风险造成的损失；阻止保密信息进一步扩散和传播
	被盗的档案文件无法追回	承担风险	无法采取任何弥补措施，直接承担风险造成的后果

（三）数字档案馆生态系统风险应对措施

风险应对是风险管理的核心，也是风险管理的最终目的。根据数字档案馆生态系统风险评估结果，制定风险应对策略措施，着重从数字档案馆生态系统管理层面、技术层面和业务层面构筑严密的全方位的风险防范体系，有针对性地进行风险应对。

1.数字档案馆生态系统管理层面风险应对措施

数字档案馆生态系统管理层面风险主要从以下方面建立应对措施。

（1）建立可持续的数字档案馆生态系统风险管理战略规划

国家档案局原局长李明华在2017年全国档案安全工作会议上指出，"对于档案安全工作来说，重点是要学习运用战略思维、系统思维、法治思维和底线思维。学习运用战略思维，就是要立足当前、着眼长远，科学研判档案事业发展的大方向大趋势，准确把握档案安全面临的新情况新挑战，紧紧围绕传统档案保护、电子数据存储、信息网络运维等事关档案安全的重大问题，努力做到超前谋划、有效应对"。[①] 将战略思维运用到数字档案馆生态系统风险管理中，就是要科学制定数字档案馆风险管理战略规划，这关系到数字档案馆生态系统的长远发展，是数字档案馆风险管理的实施纲领，是数字档案馆持续进行安全风险管理的行动指南，是实现数字档案馆生态系统安全管理目标的重要保障。

数字档案馆生态系统风险管理战略规划的制定主体应该是各级各类数字档案馆的行政管理部门，旨在从顶层设计出发，形成宏观科学同时又具备指导性的风险管理战略规划。数字档案馆风险管理战略规划的制定应该

---

① 李明华：《在全国档案安全工作会议上的讲话》，《中国档案》2017年第7期。

包括风险管理的流程、风险管理的目标以及风险应对策略等；同时，还应确保数字档案馆风险管理战略规划符合数字档案馆生态管理的需求，确保战略规划具备有效管理当前和未来风险的能力，确保战略规划能够支持数字档案馆机构制定风险防范决策。

（2）加强数字档案馆库房、机房建设和应急处置管理

为应对数字档案馆自然环境引发的各种风险，需要"学习运用底线思维，就是要充分考虑档案安全可能遭受的极端风险，既要考虑地震、台风、洪水、雷电等自然灾害，也要考虑暴恐袭击等突发事件，既要考虑失火、爆炸等意外情形，也要考虑纵火、盗抢、黑客攻击、网络病毒等人为破坏，对各种情况都作最坏的打算和最充分的准备，以最大可能确保安全，最大限度减少损失"。[①]首先，高度重视数字档案馆库房选址，规范建筑设计，有效防范地震、台风、洪灾等自然灾害；其次，加强数字档案馆库房和机房建设，严格落实各项标准规范，减轻或消灭保管场所存在的温湿度、电磁、光线等不达标产生的风险；再次，针对数字档案馆存在的意外灾害、突发事件和网络安全等产生的风险，"主动加强与公安、消防、气象、保密、网管等部门的联系，一方面可以在预警信息上实现资源共享，增强安全形势研判能力，另一方面争取在应急处置上做到无缝对接，形成应对合力"。[②]

（3）完善数字档案馆法律法规和政策标准

针对数字档案馆生态系统中存在的风险，应"学习运用法治思维，就是要认真贯彻《档案法》《国家安全法》《网络安全法》《保守国家秘密法》等相关法律规定，进一步完善档案安全方面的管理制度、标准规范和操作规程，严肃处理违法违规行为，着力提高档案安全工作的制度化规范化科学化水平"。[③]通过法律法规和政策标准规范数字档案馆生态系统的建设与运行，防范管理风险。近年来，我国针对数字档案馆建设已经制定了一系列法律法规和政策标准，数字档案馆建设与运行基本上做到有法可依、有章可循，这些法律法规和政策标准有效地降低了数字档案馆产生风险的可

---

① 李明华：《在全国档案安全工作会议上的讲话》，《中国档案》2017 年第 7 期。

② 李明华：《在全国档案安全工作会议上的讲话》，《中国档案》2017 年第 7 期。

③ 李明华：《在全国档案安全工作会议上的讲话》，《中国档案》2017 年第 7 期。

能。对与数字档案馆建设相关的法律法规和政策标准进行梳理，主要涉及数字档案馆的战略规划、法律法规和政策、标准规范、管理办法、信息安全与系统评估等。当前，与数字档案馆建设相关法律法规和政策标准见表6–9。

表 6–9　与数字档案馆建设相关法律法规和政策标准表

类目	名称	与风险管理的相关性
战略规划	国家信息化发展战略纲要	为数字档案馆生态系统管理提供发展方向与建设目标，降低数字档案馆生态系统管理风险
	关于加强和改进新形势下档案工作的意见	
	全国档案事业发展"十三五"规划纲要	
	"十四五"全国档案事业发展规划	
	国家电子文件管理"十三五"规划	
	国家电子文件管理工作规划（2011—2015）	
法律法规与政策	中华人民共和国档案法	数字档案馆管理的法规政策和指南明确了数字档案馆管理过程中的各项业务活动及相关人员职责，在法规政策的控制下，可以降低数字档案馆因法规职责等不明确而产生的风险
	中华人民共和国国家安全法	
	中华人民共和国网络安全法	
	中华人民共和国保守国家秘密法	
	中华人民共和国档案法实施办法	
	数字档案馆建设指南	
	数字档案室建设指南	
	企业数字档案馆（室）建设指南	
	档案专业技术人员继续教育暂行规定	
标准规范	档案馆建设标准（建标〔2008〕51号）	标准规范是数字档案馆建设的准则和依据，是各项业务活动规范开展的基础，有利于档案资源的交流与共享，有利于构建档案安全的长效机制，降低数字档案馆管理风险
	JGJ 25—2010 档案馆建筑设计规范	
	GB/T 20163—2006 中国档案机读目录格式	
	GB/T 26162.1—2010 信息与文献——文件管理第1部分：通则	
	GB/T 26163.1—2010 信息与文献——文件管理——文件元数据 第1部分：原则	
	GB/T 18894—2016 电子文件归档与管理规范	
	DA/T 15—1995 磁性载体档案管理与保护规范	

类目	名称	与风险管理的相关性
标准规范	DA/T 18—1999 档案著录规则	标准规范是数字档案馆建设的准则和依据，是各项业务活动规范开展的基础，有利于档案资源的交流与共享，有利于构建档案安全的长效机制，降低数字档案馆管理风险
	DA/T 19—1999 档案主题标引规则	
	DA/T 31—2005 纸质档案数字化技术规范	
	DA/T 32—2005 公务电子邮件归档与管理规则	
	DA/T 38—2008 电子文件归档光盘技术要求	
	DA/T 43—2009 缩微胶片数字化技术规范	
	DA/T 44—2009 数字档案信息输出到缩微胶片上的技术规范	
	DA/T 45—2009 档案馆高压细水雾灭火系统技术规范	
	DA/T 46—2009 文书类电子文件元数据方案	
	DA/T 47—2009 版式电子文件长期保存格式需求	
	DA/T 48—2009 基于 XML 的电子文件封装规范	
	DA/T 50—2014 数码照片归档与管理规范	
	DA/T 52—2014 档案数字化光盘标识规范	
	DA/T 53—2014 数字档案 COM 和 COLD 技术规范	
	DA/T 54—2014 照片类电子档案元数据方案	
	DA/T 56—2014 档案信息系统运行维护规范	
	DA/T 57—2014 档案关系型数据库转换为 XML 文件的技术规范	
	DA/T 58—2014 电子档案管理基本术语	
	DA/T 62—2017 录音录像档案数字化规范	
	DA/T 63—2017 录音录像类电子档案元数据方案	
	DA/T 67—2017 档案保管外包服务管理规范	
	DA/T 68—2017 档案服务外包工作规范	

续表

类目	名称	与风险管理的相关性
管理办法	信息安全等级保护管理办法	《信息安全等级保护管理办法》和《档案信息系统安全等级保护定级工作指南》为数字档案馆信息安全提供保障，防范信息安全风险。《档案工作突发事件应急处置管理办法》为数字档案馆在面临突发事件时如何处置档案提供有效的应对办法，减轻和防范突发事件时产生的风险。《电子档案移交与接收办法》为电子档案移交与接收提供一致的处置办法，降低电子档案收集中的风险。《数字档案馆系统测试办法》评估数字档案馆系统是否符合建设目标，推动数字档案馆的科学建设、安全运维和绩效管理，提高数字档案馆建设效率
	档案信息系统安全等级保护定级工作指南	
	档案工作突发事件应急处置管理办法	
	电子档案移交与接收办法	
	数字档案馆系统测试办法	

随着数字档案馆建设的持续推进，与数字档案馆相关的法律法规与政策标准需要不断地补充和完善，一些缺失的标准规范需要及时制定，一些过时的标准规范需要及时更新修订。一是加强顶层设计，全面规划数字档案馆的建设发展，建立健全相关法律法规体系和政策标准，运用法律手段对数字档案馆生态系统进行调控，确保数字档案馆生态系统的有序建设和良性运行。二是依据数字档案馆运行规律，制定完善数字档案馆各个业务流程的标准规范，确保数字档案馆生态系统规范运行，降低运行风险。三是针对数字档案馆建设过程中伦理规范的缺失，积极分析数字档案馆建设中存在的伦理规范问题，完善相关法律法规制度，加强《著作权法》的修订完善、档案信息内容等级划分的制定，运用伦理道德手段对数字档案馆生态系统实施调控，引导人的行为规范，强化主体的自律和约束，确保数字档案资源信息安全，达到生态控制目标。

（4）提高档案管理人员风险管理意识和管理技能

"人是档案事业发展的根本依靠，也是决定档案安全的第一位因素，管好档案必须首先管好队伍。"[1] 人是数字档案馆生态系统建设管理和运行维护的主体，人对数字档案馆生态系统管理认知的程度直接影响到数字档案馆生态系统管理的质量。因此，需要制定相应的人才管理制度，应对数字档案馆生态系统产生的风险。第一，明确各类人员的岗位职责。数字档案馆运行涉及人员范围广、类型多，需要明确各类人员工作清单，全面掌握数字档案馆业务流程和管理规范，减少管理过程中的风险。如数字档案馆建设负责人，其职责主要包括制定总体规划、监督管理过程、优化人才队伍等；数字档案馆专业技术人员，其职责主要包括系统运行、系统维护、数字档案的迁移和保护等。"各级档案部门主要负责人，是档案安全的第一责任人，要对档案安全工作负全面责任；其他各级领导干部既要抓业务也要抓安全，要对分管领域的档案安全负领导责任；所有档案工作人员在各自职责范围内，都要对档案安全切实负责，这是最为直接的一种责任。要按照档案安全责任制的要求，制定责任清单，细化任务分工，把责任和任务分解到每个部门每个人头。"[2] 第二，建立岗位业务培训制度。利用多种途径和渠道，可以通过定期或不定期的档案干部业务培训，或利用高等院校进行专业培训，确保各类岗位人员业务的连续性及持续性，为数字档案馆人员提供发展通道和技能提升，避免因专业知识过时和业务技能不足，影响数字档案管理和数字档案馆的运行。第三，建立考核和评估制度。制定业务能力考核及评估机制，定期对各岗位人员进行能力考核及综合评估，发现管理人员思想、技能、知识等方面存在的问题，及时纠正。同时，还必须建立问责追责制度，将责任制落到实处。第四，加强专业技术人才队伍建设。数字档案馆是现代信息技术发展的产物，需要专业技术人才参与建设、运行与维护，"档案部门在加强现有数字档案管理人员继续教育的同时，还应优化调整人才机构上，有针对性地引进计算机专业人才，弥补档案部门在信息管理系统等关键技术上的劣势"。[3]

---

①　李明华：《在全国档案安全工作会议上的讲话》，《中国档案》2017 年第 7 期。

②　李明华：《在全国档案安全工作会议上的讲话》，《中国档案》2017 年第 7 期。

③　聂云霞、方璐、曾松：《数字档案信息安全风险与防范策略探讨》，《档案与建设》2017 年第4 期。

（5）完善数字档案馆合作机制

数字档案馆运行过程中会与相关组织机构产生合作关系，如同类档案机构、信息系统软件提供商、咨询部门、高等学校、科研机构和外包机构等。数字档案馆建设需要加强与相关组织机构间的合作，吸收其他机构的技术优势、科研优势和行业优势，共同推动数字档案馆的建设与发展。建立规范的数字档案馆合作机制，有助于减少数字档案馆合作过程中产生的各种风险。数字档案馆合作机制可以从以下三方面开展：一是建立数字档案馆联盟，加强与同种群、同群落数字档案馆的交流沟通，建立同盟关系，相互切磋，取长补短[①]；二是与软件提供商或外包机构签订协议，明确各自的法律职责，在合同中注明双方共同承担的风险责任；三是加强与咨询部门、高等学校等的合作，共同开展理论研究和实践探索，主动探索数字档案馆建设过程中存在的管理风险，并研究应对措施和应对策略。

2. 数字档案馆生态系统技术层面风险应对措施

数字档案馆生态系统技术层面风险应对措施的制定主要基于以下几个方面。

（1）加强数字档案馆基础设施建设

数字档案馆信息基础设施是"数字档案信息安全的有形的、物理性保护屏障"，是数字档案馆运行中最基础的风险因素。因此，必须加强和完善基础设施建设，做好风险防范工作。加强数字档案馆生态系统信息基础设施建设应从以下几方面开展。

第一，高标准建设基础设施。一是采用符合国际标准、国家标准、行业标准的软硬件系统，确保软硬件系统的质量，降低漏洞被攻击的可能性[②]。二是选用合适的数字档案信息存储设备，保障数字档案信息安全，"应选择符合实际需要、质量过关、信誉度高的存储介质"。[③]三是基于局域网、政务网和公众网，建立面向不同对象提供相应层级数字档案信息资源利用共享服务的网络架构，确保数字档案信息传输安全。

---

① 冯惠玲等：《电子文件风险管理》，中国人民大学出版社 2008 年版，第 286 页。

② 冯惠玲等：《电子文件风险管理》，中国人民大学出版社 2008 年版，第 267 页。

③ 聂云霞、方璐、曾松：《数字档案信息安全风险与防范策略探讨》，《档案与建设》2017 年第 4 期。

第二，及时更新软硬件设备。信息技术发展迅速，软硬件如果更新不及时，就会引起数据失读、格式不兼容等风险。因此，需要制定软硬件更新策略，根据数字档案馆系统建设需求，在充分试验和应用的基础上，使软硬件能够符合不断变化的技术要求。"在引入新技术新设备之前，一定要多考察、多调研，特别是充分了解这些技术和设备在其他领域的实际应用情况，确保引入的新技术新设备在相关领域有成功应用的先例，不能把我们自己变成'试验田''小白鼠'。在选用新技术新设备时，要以国产化、成熟可靠、经济适用为前提，不要盲目追求高端、领先，不要盲目追求智能化、自动化，不要盲目追求量身定做、个性化定制，一定要立足档案安全工作实际，否则不仅难以达到预期目的，甚至可能适得其反、受制于人。"[①]

第三，高度重视备份工作。由于意外灾害、人为破坏、操作错误等不稳定因素，易导致数字档案馆系统崩溃、数字档案信息丢失等风险，对国家安全和利益造成损害。如果数字档案保存在一个单独的设备里，一旦设备受损，档案就会丢失，备份工作是风险应对的一项重要措施，需要高度重视，及时开展。首先，明确备份形式。对静态数据可采用定期备份；对实时数据系统最好使用实时备份，以避免宕机延误造成损失。其次，选择备份方式。可以采用在线备份或者离线备份、本地备份和异地备份以及实时备份和定期备份等。再次，确定备份存储设备。结合单位实际情况和设备存储特点，选择组合磁带机、磁盘阵列、光盘塔、光盘库、光盘、硬盘等存储设备。最后，完善备份策略。根据数字档案馆建设需求，明确备份制度，如采用备份的方式、备份的执行部门等制度，保障备份的智能恢复和灾难恢复。[②]

（2）强化数字档案馆系统设计和运维

数字档案馆系统是管理数字档案资源的核心，是数字档案高度依赖的生存环境。系统设计质量的高低是决定数字档案管理系统稳定的关键因素，系统运维是数字档案馆正常运行的保障。因此，强化数字档案馆系统设计和运维，是数字档案馆生态系统风险管理的重要内容。首先，必须科

---

① 李明华：《在全国档案安全工作会议上的讲话》，《中国档案》2017 年第 7 期。

② 冯惠玲主编：《电子文件管理教程》，中国人民大学出版社 2001 年版，第 131 页。

学设计数字档案馆管理系统，对数字档案馆运行平台进行系统需求分析，充分认识数字档案馆管理中的各个功能模块需求，合理开发数字档案馆系统平台，保障数字档案馆系统能够高效运行，符合数字档案馆管理人员和技术要求。其次，在数字档案馆运维期间，做好日常维护与管理工作，保存各类维护日志或文档记录，保障数字档案馆系统的正常运行，防止系统运行不稳定、系统不安全和系统瘫痪；同时，应提高系统管理员的运维技能水平，与系统供应商保持密切沟通，时刻维护和保持系统的更新能力，确保数字档案馆系统健康平稳有序运行。

为此，"要认真贯彻《档案信息系统安全等级保护定级工作指南》《档案信息系统安全保护基本要求》，健全安全管理制度，采用相应的技术手段确保物理安全、网络安全、主机安全、应用安全和数据安全。要进一步完善档案行业网络与信息安全信息通报机制，定期对安全联络员进行培训，做好重要档案信息系统、重点网站和关键信息基础设施的调查摸底，加强对重要档案信息系统的安全检查，及时通报信息安全情况，不断提高档案行业信息安全工作水平。要进一步做好档案数据的安全备份，建设适用的电子档案存储应用系统，实现电子档案在备份阶段的可验证性、可维护性、可迁移性和可管理性，进一步降低存储成本和风险，确保电子档案在长期保存过程中的安全有效。"[①]

（3）完善保障体系建设

保障体系建设是一项复杂的系统工程，涉及范围广、内容多，需要群力群策，全方位构建。以下重点探讨制度保障体系和财务保障体系。

完善制度保障体系。根据数字档案馆建设特点和运行规律，建立健全包括库房管理制度、机房管理制度、设备管理制度、安全管理制度、人员管理制度、数字资源管理制度和档案数字化工作制度等在内的各项制度，"确保制度之间相互衔接、成龙配套，切实避免'制度空白'和交叉重复，与此同时还要尽可能做到少而精，既要减少制度的数量，又要精简条款的数量，否则制度庞杂、条款冗长，容易让人不明其意、无所适从，不仅难以达到建章立制的目的，而且可能出现执行中的混乱"。[②]

---

① 李明华：《在全国档案安全工作会议上的讲话》，《中国档案》2017 年第 7 期。
② 李明华：《在全国档案安全工作会议上的讲话》，《中国档案》2017 年第 7 期。

完善财务保障体系。在数字档案馆建设过程中资金是一项非常重要的财力资源，直接关系到数字档案馆的建设成效。资金充足的数字档案馆可以强化数字档案馆生态系统风险管理，从而减轻或降低现有风险，也能避免一些风险的发生。完善的财务保障体系可以从以下三方面着手：一是确保数字档案馆建设资金，避免出现因资金短缺而引发的一系列风险事故。资金的充足除了依靠档案馆组织的投入外，还可以考虑通过提供第三方服务等方式收取相关费用，再投入到数字档案馆建设中，形成良性循环；二是科学分析数字档案馆运行中经费使用规律，制定合理的预算，充分考虑各项业务活动，避免资金短缺或资金使用不当而引起的风险，减少不必要的开销，提高资金利用效率；三是建立适当的应急资金，确保在出现突发事件和意外灾难情况时，可有相应的应急资金来保障数字档案馆系统平台的正常运行，从而减少数字档案馆系统管理风险。

3. 数字档案馆生态系统业务层面风险应对措施

数字档案馆生态系统业务层面风险管理主要涉及数字档案的接收和移交风险、数字档案处置管理风险、数字档案长期保存风险、数字档案检索与利用风险、数字档案元数据和文档管理风险等方面，针对这些风险，应对措施重点从以下两个方面来开展。

（1）开展业务评价

数字档案资源是数字档案馆建设的核心与管理的重点。数字档案馆业务能力欠缺，将会造成数字档案资源失真、失读、失窃、泄密等风险发生，信息安全无法保障。因此，有必要制定业务评估办法，针对各个业务环节开展业务综合评价，提升业务管理能力，防范业务活动中风险因素的产生；要切实加强各个业务环节的风险治理，提升数字档案馆工作人员的业务水平，提高风险管理能力。如在数字档案接收和移交时，应"在进一步明确政策的基础上，通过业务指导、执法检查等强化监管，确保文件材料收集归档时'应收尽收''应归尽归'，档案移交接收时'应交尽交''应接尽接'，特别是档案形成单位的机构、人事、资产、隶属关系等发生变化时，要确保档案归属明确、流向清晰、保护得当，把避免档案资源流失作为维护档案安全的起点"。[①]

---

① 李明华：《在全国档案安全工作会议上的讲话》，《中国档案》2017 年第 7 期。

（2）推进业务工作规范化运行

"规范运行的本质是要做到精细化、标准化管理。所谓精细化，就是要针对档案工作各项业务，针对各个部门各个岗位，针对各种设备的运维、各类档案的保管。所谓标准化，就是要针对基础性经常性的工作事项，研究制定统一的工作流程、操作方法、质量指标等，以减少工作中的随意性，最大限度避免差错和事故。"[①]数字档案馆运行涉及多项业务工作，包括数字档案接收与移交、数字档案处置管理、数字档案长期保存、数字档案检索与利用、元数据和文档管理等，推进数字档案馆业务工作规范化运行就是针对各项业务活动，研究精细化管理措施，细化目标任务，细化业务流程，细化管理职责，既要全面覆盖，又要具体可行；研究制定统一的业务规范标准，规范业务流程，规范管理方法，规范技术操作，以规范促安全，以规范保安全。

通过制定数字档案馆生态系统管理层面、技术层面和业务层面的风险应对措施，可以有效防范和应对风险，使风险处于可控状态和可控范围。这些措施可以相互作用、相互渗透、多重并举，在实际的风险管理中可以综合实施应用。

（四）数字档案馆生态系统风险监测与评审

在数字档案馆生态系统风险管理过程中，通过风险环境建立、风险评估、风险应对等流程后，还需要对数字档案馆生态系统风险管理进行监测与评审，并将监测与评审结果及时反馈，及时调整风险应对策略，从而保持风险管理的动态性、适用性和针对性，确保风险管理始终处于可控状态。

对数字档案馆生态系统风险进行监测与评审主要有以下内容：数字档案馆生态系统内外部环境是否发生变化；风险评估技术是否被正确使用；数字档案馆风险评估的结果是否与实际经验相符；风险应对的措施是否有效等。[②]监测和评审内容主要是因为环境因素的改变会影响风险评估的结果，风险评估技术的变化会影响风险评估的效果，风险评估的结果应经得

---

① 李明华：《在全国档案安全工作会议上的讲话》，《中国档案》2017 年第 7 期。

② 李素鹏：《ISO 风险管理标准全解》，人民邮电出版社 2012 年版，第 180 页。

起实践检验，风险应对措施应根据环境的变化及时调整，如果缺乏持续的监测与评审，风险管理会处于失效、失控和失真状态，缺乏针对性和有效性。同时，对监测和评审的数据也应建立文档进行收集，为风险评估和风险应对提供调整改进依据。

数字档案馆生态系统风险监测与评审的主要方法包括：持续记录和监测风险；通过进行数字档案馆审计来识别和报告数字档案馆生态系统中存在的风险；开展自评估来识别数字档案馆生态系统中的管理风险。

监测与评审是数字档案馆生态系统风险管理中一个事先设计好的环节，可以定期开展，也可以不定期开展。通过监测与评审，数字档案馆可以从风险事件、变化、趋势、成功或失败的应对中获取经验教训，可以发现内外部环境的变化，还可以发现新的风险因素，可以切实改善或提升数字档案馆生态系统风险管理能力。为了更好地实现数字档案馆生态系统监测与评审的目标，一是要完善监测与评审制度，帮助数字档案馆监测与评审有章可循，使监测与评审工作落到实处；二是要明确监测与评审职责，确保数字档案馆生态系统风险监测与评审的客观性和准确性，防止风险事故的发生，以便在风险管理过程中及时追责和应对。

数字档案馆生态系统风险管理是一项复杂的系统工程，根据数字档案馆生态系统建设实践，运用风险管理理论，对数字档案馆生态系统风险管理流程进行理论分析和实践探索，建立数字档案馆生态系统风险管理环境；通过风险识别，建立风险分类体系，并对风险进行分析和评价，逐一确定风险等级；依据风险评估结果，提出针对性的风险应对策略；根据监测与评审的结果及时更新，动态调整，使数字档案馆生态系统风险可防可控，确保数字档案馆生态系统安全。

第七章　数字档案馆生态系统生态管理

目前，数字档案馆建设持续推进，生态种群不断成长，生态位逐步提升。在数字档案馆生态系统建设和发展过程中，必然会面临各种困难和问题，出现生态疾病或生态失衡现象。引入生态管理的理念和方法，探讨数字档案馆生态系统生态管理内涵，研究数字档案馆生态系统生态管理内容和实现路径，有利于为数字档案馆发展营造良好的环境氛围，促进数字档案馆生态系统可持续发展。

一、生态管理理论及其应用

生态管理在 20 世纪 70 年代起源于美国，20 世纪 90 年代成为研究热门。随着研究的发展，生态管理的内涵有所扩展，低碳管理、伦理管理等成为其重要内容。将生态管理引入数字档案馆生态系统中，既可以为数字档案馆可持续发展营造良好的生态环境，也可以促进数字档案馆生态系统的生态平衡和健康运行。

（一）生态管理的内涵

在人类发展进程中，妥善处理人与自然的关系，使经济、社会与自然环境协调发展，是现代社会面临的重大课题。尤其是我国改革开放 40 多年来，逐渐探索出适合自身的经济发展模式，创造了许多举世瞩目的成就。但是经济社会快速发展与生态环境保护的矛盾日益突出，要扭转粗放的经济增长方式，调整不合理的经济社会结构，实现可持续发展，就必须对传统的发展方式进行重新思考，协调经济发展与社会、生态环境之间的关系，探索新的管理理论与方法。

生态管理（Eco-management），也称为生态系统管理（Ecosystem Management），20世纪70年代源于美国，最初是对森林进行管理。随着生态理念的兴起和发展，生态管理逐渐应用到生物学、生态学、管理学、经济学、环境科学、社会学、系统论和资源科学等领域，其理论内涵不断丰富，实践成果不断涌现，不同部门和学者从各自视角给出了生态管理的不同定义。

美国土地管理局提出，"生态管理是通过生态学、经济学和社会学原理的相互作用来以一种能保护长期的生态持续性、自然多样性和景观生产率的方式对生态和物理系统进行的管理。"①

美国环境项目（United Nations Environment Programme）网站中将生态管理定义为一种自然资源管理的方法，"它聚焦于生态系统的可持续性以满足未来的生态和人类需求。生态管理与不断变化的需求和更新的信息是相适应的，通过整合社会、环境和经济观点来管理地理意义上的自然生态系统。"②

Robert C.Szaro 等人认为，"生态系统管理是这样一种方法，它试图让所有利益相关者都为人们与其生活环境的互动来参与制定可持续的方案，目的是修复和维持健康、生产率、生物多样性和全面的生活。"③

Peter F.Brussard 等人认为，"生态管理是以一种生态服务和生物资源得以保护，且人类适度使用得以维护的方式来管理不同规模的地区。"④

Robert T.Lackey 认为，生态管理是管理自然资源和生态系统的被广为推崇的一种方式。"生态管理的实行能够保护环境，维护生态系统的健康，保护生物多样性，实现可持续发展。"⑤

---

① 潘祥武、张德贤、王琪：《生态管理：传统项目管理应对挑战的新选择》，《管理现代化》2002年第5期。

② *About UN Environment Programme*，见 https://www.unep.org/about-un-environment。

③ 潘祥武、张德贤、王琪：《生态管理：传统项目管理应对挑战的新选择》，《管理现代化》2002年第5期。

④ Peter F.Brussard, J.Michael Reed, C.Richard Tracy, "Ecosystem Management: What is it Really?", *Landscape and Urban Planning*, No.40（1998），pp.9-20.

⑤ Robert T, Lackey, "Radically Contested Assertions in Ecosystem Management", *Journal of Sustainable Forestry*, No.9（2008），pp.21-34.

　　潘祥武、张德贤、王琪等将生态管理归纳为："运用生态学、经济学和社会学等跨学科的原理和现代科学技术来管理人类行动对生态环境的影响，力图平衡发展和生态环境保护之间的冲突，最终实现经济、社会和生态环境的协同可持续发展。"①

　　综合上述观点，可将生态管理的内涵概括为以下几点：第一，生态管理的目的是平衡人类发展和生态环境之间的冲突，保护环境，维护生态系统的健康。第二，生态管理要求人类必须重视生态伦理，对自然生态给予道德关怀，遵守维护环境生态的准则规范。第三，生态管理要求充分、合理、节约、高效地利用现有资源，妥善处理经济发展和资源利用的关系，保障资源的可持续性。第四，生态管理是动态的，需随着环境的变化不断调整管理方法和内容。生态管理是一种适应性管理（Adaptive Management），必须"根据实验的结果和可靠的新消息来改变管理方案。原因在于人类对生态系统的复杂结构和功能、反应特性及其未来演化趋势了解不够深入，所以只能以预防优先为原则，以免造成不可逆的损失。"②第五，生态管理强调整体性和系统性。生态系统是一个有机整体，各组成部门之间相互联系、相互影响，要用系统论思想和理论来分析生态系统。第六，生态管理呼吁社会和利益相关者的广泛参与，重视每个人的价值。第七，生态管理要求实现经济效益、社会效益和环境效益的统一，在发展过程中不可片面追求经济增长，而忽略社会效益和环境效益。

（二）生态管理的必要性

　　随着技术的进步，人类进入工业社会，崇尚"与天斗""与地斗""战胜自然"，片面追求经济增长，忽略环境保护和生态平衡。工业社会的发展，人与自然极端对立，矛盾丛生，历史的发展需要一种更高级的文明形态，生态文明应运而生。要实现生态文明，必须加强生态管理，解决经济快速增长与生态环境破坏之间的矛盾，实现经济、社会与自然的和谐

----

　　①　潘祥武、张德贤、王琪：《生态管理：传统项目管理应对挑战的新选择》，《管理现代化》2002年第5期。

　　②　C.S.Holling, *Adaptive Environmental Assessment and Management*, London: A Wiley-interscience Publication, 2005, p.137.

发展。

1. 人类面临着严重的生态危机

"现代人类面临的全球性生态危机，是在工业化和现代化过程中、在人类与自然环境进行物质和能量转换、求得自身生存和发展的过程中产生的。人类总是以一定的文化形式——生存方式，即在一定的社会经济、政治制度和观念、理念等的支配和安排下，而与自然环境发生关系来生存和发展的。"[1] 自工业革命以来，世界上任何一个工业化国家的发展，都经历了这一历程——以自然资源尤其是不可再生资源的高消耗来支撑经济的高速增长，给人类社会带来了严重的环境问题，使经济与环境、生态处于不可调和的矛盾状态，使人类陷入了一种比经济危机更可怕、危害更大的生态危机之中。恩格斯指出："我们不要过分陶醉于我们对自然界的胜利。对于每一次这样的胜利，自然界都报复了我们。每一次胜利，在第一步都确实取得了我们预期的结果，但是在第二步和第三步却有了完全不同的、出乎预料的影响，常常把第一个结果又取消了。"[2] 这说明现代社会与自然界发生了本质的断裂，产生严重的生态危机。人类面临的生态危机概括起来有十大类：一是大气污染，二是臭氧层破坏和温室效应，三是废物质污染及转移，四是酸雨侵蚀，五是海洋污染，六是核污染，七是森林面积减少，八是生物多样性减少，九是水资源枯竭，十是噪声污染。[3] 将对人类生存条件产生巨大的影响，严重破坏人类赖以生存和发展的环境，由此会引发能源危机、资源危机和环境危机。

2. 生态文明是解决生态危机、实现科学发展的唯一途径

人类正在面临一场生态危机，如果再不转变经济发展方式和生产方式，人与自然、人与社会之间的矛盾将会迅速激化，人类在不久的将来会在这场不可调和的矛盾中遭受毁灭性的灾难。因此，转变观念、转变发展方式成为当前解决生态危机的唯一途径。"从'地球无限性'向'地球有限性'的观念转变，要求人类社会必须重新谋划与自然世界的关系，相应

---

[1] 秦谱德、崔晋生、蒲丽萍主编：《生态社会学》，社会科学文献出版社 2013 年版，第 125 页。

[2] 《马克思恩格斯全集》（第 20 卷），人民出版社 1971 年版，第 519 页。

[3] 《地球十大生态灾难》，《世界科学》2004 年第 6 期。

地完成从与自然世界的分裂状态向与自然世界的融合状态的观念转变"①，促使人类社会与自然世界同呼吸、共命运。

"生态文明，是指人类遵循人、自然、社会和谐发展这一客观规律而取得的物质与精神成果的总和；是指以人与自然、人与人、人与社会和谐共生、良性循环、全面发展、持续繁荣为基本宗旨的文化伦理形态。它的产生基于人类对于长期以来主导人类社会的物质文明的反思，自然资料的有限性决定了人类物质财富的有限性，人类必须从追求物质财富的单一性中解脱出来，追求精神生活的丰富，才可能实现人的全面发展。这无疑将使人类社会形态发生根本转变。"② 生态文明要求以最小的环境和生态代价来获得最佳的经济效益和社会效益，努力实现人与自然和谐相处、良性循环、整体发展。"在缺乏生态文明的伦理价值取向下的工业经济行为，必然导致一系列环境与发展的矛盾，对人类的生存与发展形成了极大的威胁。因此，只有改变人类目前的生产和生活方式，实现生活、生产与生态的'三生共赢'，将人类推向生态文明，才能实现人类的可持续发展。"③

20 世纪下半叶以来，人们开始致力于生态文明理论研究与建设实践，世界各国高度重视生态文明建设。新世纪以来，我国日益重视生态文明建设，并将生态文明建设作为国家战略。党的十七大报告将"生态文明建设"作为全面建设小康社会奋斗目标的新要求。报告指出："建设生态文明，基本形成节约能源资源和保护生态环境的产业结构、增长方式、消费模式。循环经济形成较大规模，可再生能源比重显著上升。主要污染物排放得到有效控制，生态环境质量明显改善。生态文明观念在全社会牢固树立。"④ 党的十八大报告提出："必须更加自觉地把全面协调可持续作为深入贯彻落实科学发展观的基本要求，全面落实经济建设、政治建设、文化建设、社会建设、生态文明建设五位一体总体布局，促进现代化建设各方

---

① 曹孟勤、徐海红:《生态社会的来临》，南京师范大学出版社 2010 年版，第 195 页。

② 潘岳:《论社会主义生态文明》，《中国经济时报》2006 年 9 月 28 日。

③ 贾卫列、杨永岗、朱明双:《生态文明建设导论》，中央编译出版社 2013 年版，第 1—2 页。

④ 胡锦涛:《高举中国特色社会主义伟大旗帜 为夺取全面建设小康社会新胜利而奋斗——在中国共产党第十七次全国代表大会上的报告》，人民出版社 2007 年版，第 20 页。

面相协调。"①十八届五中全会把"生态文明建设"作为"十三五"时期我国发展的指导思想，提出"坚持发展是第一要务，以提高发展质量和效益为中心，加快形成引领经济发展新常态的体制机制和发展方式，保持战略定力，坚持稳中求进，统筹推进经济建设、政治建设、文化建设、社会建设、生态文明建设和党的建设，确保如期全面建成小康社会"。"必须牢固树立并切实贯彻创新、协调、绿色、开放、共享的发展理念。"②

3. 生态管理是生态文明建设的实现路径

生态管理综合运用生态学等相关学科知识来管理人类行为活动，协调经济发展和生态环境之间的矛盾，实现人与自然的和谐发展。传统的管理是与工业文明相适应的，是一种以自我为中心的用途性管理，不仅不重视生态环境保护，而且把人作为自然的征服者和主人。生态管理"不仅包括用借鉴生态学的方法来对组织进行管理，而且包括对人与自然生态环境的关系进行管理的问题，同时还包括对社会和文化生态的管理"。③"生态管理理论综合考虑人类的整个生态系统的各方面因素及其相互关系，达到经济效益、社会效益和生态效益的统一，为生态管理学提供了坚实的理论基础。"④生态管理强调不纯粹以人类自我为中心，不纯粹把经济发展作为社会进步的主要目的，优先考虑生态系统的承载能力和承载极限，符合生态文明建设要求。生态管理主要解决经济增长与环境破坏之间的矛盾，协调人类生存与生态环境之间的冲突，平衡经济、社会、自然之间的关系，实现生态文明建设的目标。因此，生态管理是生态文明建设的实现路径。

（三）生态管理的应用

美国学者沃科特、戈尔登等认为生态管理是从森林管理开始的，生态管理的研究内容包括三个方面：一是管理措施本身；二是生态学研究；三

---

① 胡锦涛：《坚定不移沿着中国特色社会主义道路前进　为全面建成小康社会而奋斗——在中国共产党第十八次全国代表大会上的报告》，《求是》2012年第22期。

② 中国共产党第十八届中央委员会：《中国共产党第十八届中央委员会第五次全体会议公报》，《求是》2015年第21期。

③ 傅沂、隋广军：《生态管理的产业生态基础研究》，《科学学与科学技术管理》2006年第4期。

④ 孔德议、张向前：《基于生态管理理论的创新型人才成长环境研究》，《生态经济》2012年第11期。

是环境立法和政策[①]。随着研究内容的增加和研究视野的拓展，开始着眼于生态环境保护以及人与自然的和谐共处。近 20 年来，在继承前期研究成果的基础上，生态管理尤为注重学科交叉融合，学术研究范围更加开阔，突破了自然学科和人文学科的界限，形成了社会生态管理、城市生态管理、企业生态管理、组织生态管理、信息生态管理等学科领域。

1. 社会生态管理

"自从人类诞生以后，人类为了自己的生存和发展，就开始能动地对自然生态系统进行认识和改造。这种经人类认识和改造过的生态系统，就是'人化生态系统'或'社会生态系统'。"[②]社会生态系统是人类与自然环境的有机结合，是自然生态系统进化的必然产物。社会生态管理"就是在生态观的指导下，把生态规律引入社会管理科学，将管理学和生态学有机结合，在管理活动中遵循生态规律、体现生态精神"[③]。社会生态管理具有人本化、整体化、系统化、生态化、自然界的非中心化等特征，要求以生态学的理念来思考人类社会实践活动，强调人类社会实践活动应遵循生态系统运行规律和自然规律，追求人与自然、人与社会的和谐发展，最终实现人类社会可持续发展的目标。"管理学家德鲁克关注、研究社会生态学，以生态的视角审视社会管理，生态管理是人类管理史上的一次深刻革命。"[④]

2. 城市生态管理

城市生态管理是生态管理中的一个分支，是对城市各类自然生态、经济生态和人文生态关系的系统管理，其前身是 20 世纪六七十年代以治理为特征的对环境污染和生态破坏的应急环境管理。"城市生态管理旨在将单一的生物环节、物理环节、经济环节和社会环节组装成一个强生命力的生态系统，从技术革新、体制改革和行为诱导入手，调节系统的结构与功能，促进全市社会、经济、自然的协调发展，物质、能量、信息的高效利用，技术和自然的充分融合，人的创造力和生产力得到最大限度的发

---

① 高小平：《政府生态管理》，中国社会科学出版社 2007 年版，第 10 页。
② 秦谱德、崔晋生、蒲丽萍主编：《生态社会学》，社会科学文献出版社 2013 年版，第 61 页。
③ 何兆清：《德鲁克社会生态管理思想研究》，硕士学位论文，湖北大学，2013 年，第 6 页。
④ 何兆清：《德鲁克社会生态管理思想研究》，硕士学位论文，湖北大学，2013 年，第 5 页。

挥。"①

3. 企业生态管理

企业生态管理是管理理念变革的产物，其具体含义是以人与自然的和谐为最终目的，在既有利于人类生活水平的提高，又有利于自然生态保护的前提下，将生态意识应用到企业管理工作中，按生态规律进行管理，促进企业的可持续发展和自然界的进步。"企业生态管理包括战略生态管理、生产生态管理、人力生态管理、营销生态管理。"②

实行企业生态管理，可以改变成本推进型和粗放型的企业发展模式，把企业管理活动纳入大生态系统中去，运用现代生态化技术改造和重组中小企业经济结构，实现大生态系统的良性循环与可持续发展，对促进我国经济社会全面协调可持续发展具有重要的理论意义和现实意义。

4. 组织生态管理

组织生态学（Organization Ecology）是生态学发展的重要分支，是"在组织种群生态理论基础上发展起来的一门新兴交叉学科。它借鉴生物学、生态学、社会学等学科的知识，结合新制度经济学和产业经济学等学科的理论来研究组织个体的发展以及组织之间、组织与环境之间的相互关系"。③组织生态管理运用生态学、生物学和社会学的学科知识，研究各个组织个体、组织之间、组织和外界环境之间的关系，平衡组织发展和生态环境保护之间的冲突，以探寻维护组织生态系统平衡的方法。

5. 信息生态管理

20 世纪 80 年代西方学者开始使用信息生态（Information Ecology）一词，用来表达日益复杂的信息环境与生态观念之间的关系。"信息生态是指在一定的信息环境中人与信息之间的一种相互关系，以信息技术为手段，是具有信息需求的人与周围信息交流的相关要素的集合。"④信息资源的开发与管理不当，就会导致信息生态失衡，产生人与信息生态环境的冲突，从而造成信息冗余、信息垃圾、信息虚假、信息误导、信息干扰、信

---

① 王如松、李锋:《论城市生态管理》,《中国城市林业》2006 年第 2 期。
② 孙亚忠:《企业生态管理研究》,《武汉理工大学学报》2007 年第 5 期。
③ 彭璧玉:《组织生态学理论述评》,《经济学家》2006 年第 5 期。
④ 李华:《信息生态管理技术研究》,《农业图书情报学刊》2010 年第 10 期。

息无序、信息垄断、信息失密泄密、信息犯罪等信息污染现象。因此，保持信息生态平衡十分必要，而信息生态管理是信息生态平衡的重要途径和方式。信息生态管理是基于生态管理的理念和方法，旨在搭建符合生态要求的信息管理体系，构建可持续发展的信息生态环境。

在上述生态管理中，组织生态管理和信息生态管理与数字档案馆生态系统生态管理密切相关，对数字档案馆生态系统生态管理具有重要指导和借鉴作用。

二、数字档案馆生态系统生态管理内涵

近十年来，我国数字档案馆建设不断推进，数字档案馆个体不断成长，数字档案馆种群、群落迅速扩大。然而，数字档案馆生态系统远未达到成熟，尚需经历一个较长的发展时期。在成长过程中，数字档案馆生态系统难免会遇到各种生态威胁，面临各种风险挑战，需要进行生态管理来解决生态系统中存在的各种问题，维护数字档案馆生态系统的健康运行和有序发展。

（一）数字档案馆生态系统生态管理概念

"数字档案馆生态系统是指数字档案馆空间范围内的人与其生存环境相互作用而形成的统一复合体。"[1] 具体而言，"就是用生态系统的概念、理论和方法研究数字档案馆的结构、功能和管理运作"。[2] 依据生态管理的思想和理论，数字档案馆生态系统生态管理是指运用生态管理原理和方法，力图平衡数字档案馆发展和生存环境之间的关系，为数字档案馆可持续发展营造良好的生态环境，促进数字档案馆生态系统的生态平衡和健康运行。数字档案馆生态系统生态管理内涵主要表现在以下几个方面。

第一，注重数字档案馆生态系统的系统性和整体性。数字档案馆生态系统是一个庞大的系统，各生态因子之间相互联系、相互制约，共同构成一个复杂的生态系统整体。因此，数字档案馆生态管理要注重用系统论的

---

[1]　金波、汤黎华、何伟祺：《数字档案馆生态系统的建构》，《档案学通讯》2010 年第 1 期。

[2]　金波、丁华东、倪代川：《数字档案馆生态系统研究》，学习出版社 2014 年版，第 121 页。

观点和方法来分析研究和思考问题，从整体上把握数字档案馆生态系统，平衡生态系统内各生态因子之间的相互关系。

第二，强调档案形成者、档案管理者和档案用户更广泛地参与。数字档案馆生态管理不仅要求档案管理者积极参与，而且还要求档案形成者和档案用户的主动参与。档案形成者应做好电子文件的及时归档，保障电子档案资源内容的丰富性和数量的完整性。档案用户在利用档案的过程中不仅应注重知识产权的保护和合法利用，而且要主动参与到数字档案馆建设中来，强化自身的主体意识、责任意识和法律意识。

第三，全面把握数字档案馆生态系统的生存环境。数字档案馆生态系统的生存环境是"指围绕数字档案馆发展而变化，并足以影响和制约数字档案馆成长的一切外部条件的总称"。[①] 数字档案馆所面临的生存环境分为三种：一是宏观环境，包括自然环境和社会环境；二是中观环境，包括档案行政管理机构、档案行业协会、传统档案馆及其他信息机构；三是微观环境，包括数字档案馆的运行机制、信息资源、基础设施、组织文化等[②]。对数字档案馆生态系统生存环境的研究，有利于了解自身处境，发现数字档案馆生存环境的优势和劣势，从而明确未来管理的目标、路径和方向。

第四，保障数字档案信息资源的长期有效利用。数字档案信息资源是数字档案馆生态系统的核心生态因子，是数字档案馆生态系统运行的基础。数字档案资源潜在安全风险因素量大面广，不利于数字档案信息资源的长期永久保存，对数字档案信息的真实性、完整性、长期可读性带来了严峻挑战，确保数字档案信息资源的长期有效利用是数字档案馆生态系统生态管理的关键和目标，需要充分利用现代信息技术、生态管理理论与方法，构建数字档案资源长期存储与信息安全保障体系，破解数字档案的脆弱性与永久保存的矛盾，实现数字档案信息资源的长期可读、安全存储、有效利用。同时，需要科学处理数字档案信息资源的开放、共享与保密之间的关系，提高数字档案馆主体的责任意识和自律意识，注重生态伦理，以伦理准则和规范来管理约束数字档案馆生态系统，防范和解决数字档案馆面临的信息安全、知识产权等风险问题，保障数字档案馆生态系统的平

---

① 金波、汤黎华、何伟祺：《数字档案馆生态系统的建构》，《档案学通讯》2010 年第 1 期。

② 金波、汤黎华、何伟祺：《数字档案馆生态系统的建构》，《档案学通讯》2010 年第 1 期。

稳、有序运行。

第五，数字档案馆生态系统的生态管理具有时空性。数字档案馆在管理过程中，一方面，要重视数字档案馆生态系统的时间生态性，管理者要与时俱进，具备发展眼光，主动适应现代信息技术的发展与应用，关注数字档案存储载体的变化，掌握数字档案的生成环境和生成方式。另一方面，要注重数字档案馆生态系统的空间生态性，如数字档案空间不仅要考虑物理空间，而且要考虑虚拟空间；档案库房建筑不仅要布局合理，而且要具备观赏性和实用性，同时还应注重节能环保、绿色低碳；数字档案异地备份，不仅要考虑存储保管管理因素，而且要考虑距离、位置、地震带等自然生态因素。

第六，数字档案馆建设注重经济效益、社会效益和环境效益统一。数字档案馆生态管理是一个过程管理，其最终目的是实现数字档案馆的生态平衡。档案界对于数字档案馆效益的研究主要集中在经济效益和社会效益上，对两者的讨论形成了数字档案馆效益研究的核心。数字档案馆生态系统的管理和运行不仅会为人类带来社会效益和经济效益，而且会产生环境效益，数字档案馆主体应积极发挥主观能动性，通过生态管理维护数字档案馆运行的平衡，或者打破阻碍数字档案馆发展的旧平衡，主动建立新的平衡，使数字档案馆生态系统结构更合理，功能更完善，生态位提升。因此，必须将经济效益、社会效益和环境效益三者统一起来，进行整体思考和分析研究。

（二）数字档案馆生态系统生态管理必要性

1.国家生态文明建设的要求

"建设生态文明是关系人民福祉、关乎民族未来的大计，是实现中华民族伟大复兴中国梦的重要内容。二〇一三年九月七日，习近平总书记在哈萨克斯坦纳扎尔巴耶夫大学发表演讲并回答学生们提出的问题，在谈到环境保护问题时他指出：'我们既要绿水青山，也要金山银山。宁要绿水青山，不要金山银山，而且绿水青山就是金山银山。'这生动形象表达了我们党和政府大力推进生态文明建设的鲜明态度和坚定决心。"[①] 2015 年，《中共中央 国务院关于加快推进生态文明建设的意见》指出："各级党委和政府对本地区生态文明建设负总责，要建立协调机制，形成有利于推进生态文明建设的工作格局。各有关部门要按照职责分工，密切协调配合，形成生态文明建设的强大合力。"[②] 作为科学文化事业机构，数字档案馆应当发挥自身优势，助力和服务于生态文明建设。首先，利用档案为生态文明建设提供决策依据。生态文明建设档案是在生态文明建设过程中产生的历史记录，记载了生态文明建设过程中的具体情况、建设成果和经验教训，具有重要的参考价值，能为生态文明建设提供决策依据。其次，利用生态文明建设档案降低建设成本。生态文明建设档案有助于建设经验的分享，减少生态文明建设误区，提高生态文明建设效益。再次，积极构建生态文明建设记忆。建立生态文明建设档案有利于保存生态文明建设记忆，增强建设信心，使人们更加珍惜生态文明建设成果，推动生态文明建设的持续开展。

2. 社会民众的需求

在公民环境意识日益增强的今天，数字档案馆应当主动适应公众的环保诉求，利用档案资源优势，满足用户的环保需求。第一，加强环境保护档案建设，满足公民环保需求。"2011 年以来，江苏省海安县高新区 210 家规模企业建立健全了生态环保档案，一旦遇到突发性污染事故，就能迅速从档案中调出企业产品的原辅材料、产品工艺以及污染治理设施等具体资料，可及时采取有效措施，最大限度减少对生态环境的影响。"[③] 数字档案馆可借鉴这些企业的做法，建立环境保护档案，满足公民的环保诉求，维护公民环保权利。其次，数字档案馆可利用环保档案进行宣传，普及民众环保知识和环保意识，提升全民生态素养，形成生态文明氛围。2011年，江西省委宣传部、江西省档案局以鄱阳湖地区的档案为基础，举办了"永保一湖清水——鄱阳湖档案图片展"，再现了鄱阳湖地区的发展历程，

---

① 《〈习近平总书记系列重要讲话读本〉八、绿水青山就是金山银山——关于大力推进生态文明建设》，《人民日报》2014 年 7 月 11 日。

② 《中共中央 国务院关于加快推进生态文明建设的意见》，《人民日报》2015 年 5 月 6 日。

③ 《海安县高新区 210 家企业建立生态环保档案》，转引自加小双：《档案事业与生态文明建设的关系》，《办公室业务》2013 年第 5 期。

充分展示了鄱阳湖生态经济区建设的重要性和新风貌，引导民众进一步认识鄱阳湖生态经济区建设[①]。该展览充分利用档案资源优势，有力地宣传了生态平衡和环境保护的重要性，有利于民众环保意识和生态素养的提升。

3. 数字档案馆自身发展的追求

生态失衡与生态平衡相对应。"数字档案馆生态失衡虽然不能完全归结为数字档案馆建设和运行中的各种问题和不足，但生态失衡往往隐含在这些不足和问题之中，需要从数字档案馆建设或运行中存在的问题来分析。"[②] 随着数字档案馆建设的深入，数字档案馆生态系统也会存在生态失衡的问题。

第一，数字档案馆建设分布不均。数字档案馆建设分布不均表现为时空分布的不均衡性。首先，数字档案馆建设区域的不平衡性。我国地区经济差距较大，发达地区数字档案馆建设起步早，速度快，建设成效高；欠发达地区数字档案馆建设起步晚，发展慢。其次，数字档案馆建设层级的不均衡性。省级、市级数字档案馆建设重视程度高，资源投入多，建设起步早；县级、基层数字档案馆建设投入少，资源匮乏，进展缓慢。

第二，数字档案馆生态系统主体的失衡。数字档案馆生态系统主体包括档案形成者、档案管理者和档案利用者。"主体之间的合理'匹配'不仅在于主体数量上的匹配，更在于主体在数字档案信息资源意识和信息素养上的共识性和凝聚力。"[③] 数字档案馆建设的主体不仅仅是档案管理者，也需要档案形成者和档案利用者的积极参与。目前，在数字档案馆建设实践中，有些档案形成者数字档案资源管理意识不强，在电子文件大量生成的时代，归档管理落实不到位，往往使电子文件处于"自生自灭"状态，不能及时转化为电子档案；档案利用者的档案意识不强，未能主动利用档案信息或准确提出档案信息需求，有效参与数字档案馆建设，游离于数字档案馆建设之外。在档案信息资源收集、管理和利用中，主体各方都应积极承担自身责任，遵循有关法规政策，相互协调与合作，使数字档案馆处

---

① 中国江西网:《"永保一湖清水——鄱阳湖档案图片展"在昌开展》, 2011 年 6 月 17 日, 见 http://www.jxcn.cn/525/2011-6-17/30048@925409.htm。

② 金波、丁华东、倪代川:《数字档案馆生态系统研究》,学习出版社 2014 年版,第 332 页。

③ 金波、丁华东、倪代川:《数字档案馆生态系统研究》,学习出版社 2014 年版,第 332 页。

于有序运行状态。

第三，数字档案馆生态系统信息利用与控制的失衡。数字档案资源的最大优势是方便利用，档案资源只有被充分有效利用，其价值才能得以发挥。数字档案资源应尽量向社会开放，满足社会对档案的信息需求，提高档案利用效率。然而，开放利用不能是无节制的，必须正确处理好开放与保密控制之间的关系。档案信息开放过度，极易引起档案信息安全、知识产权保护等问题；档案信息控制过严，会出现"保密保险，利用危险"现象，导致信息垄断、信息封闭，档案信息资源得不到充分利用，档案价值难以实现，影响社会民众的利用需求和利用欲望，社会不满情绪滋生，加剧数字档案馆生态系统生态失衡。为此，有必要加强数字档案馆生态管理，平衡保密控制与开放利用之间的关系，在严格保密的前提下，最大限度地开放档案信息资源，满足档案用户的利用需求。

第四，数字档案馆建设效益的失衡。目前，数字档案馆建设正如火如荼地开展，各种类型的数字档案馆不断涌现。然而，整体来说，我国数字档案馆建设缺乏整体规划，各自为政现象严重，系统重复开发、重复建设，造成资源的浪费。有些档案馆仅把工作重心放在档案数字化这一实践操作层面，对数字档案馆整个项目的建设规划，如数字档案信息资源建设与整合、数字档案馆协作与共享等问题极少考虑；且数字化工作定位不明确，存在盲目数字化、过度数字化等现象，未能按实际需要合理有序地开展数字化建设工作。同时，数字档案资源的开发挖掘和利用服务能力有限，数字档案馆建设效益并未充分实现，甚至成为形象工程。

数字档案馆生态系统失衡不仅会破坏数字档案馆生态系统的稳定，影响数字档案馆社会功能的实现，而且会阻碍数字档案馆的健康运行和建设发展，甚至影响档案事业的可持续发展。生态管理十分重视经济社会发展和生态平衡，数字档案馆生态系统急需生态管理的理论和方法来解决生态系统中的失衡问题，保障数字档案馆生态系统健康有序运行。

三、数字档案馆生态系统生态管理内容

吴俊亮从管理过程的角度出发，将林业生态管理的内容分为"整体规

划、因地制宜、层次设计、动态规划、最优方案选择"①。张均刚提出健全环境生态管理机制，主要包括"加强环境开发评估机制的建设、建立健全的环保目标考核体系、建立良好的管理激励体制和监管体系、建立严格的评估体系和准确的信息反馈、保障生态环境保护的科技支持能力、建立经济社会发展与生态环境保护协调发展综合决策机制"② 等几方面。

孙亚忠基于生态自然观，构建出企业生态管理系统，该系统包括"战略生态管理、生产生态管理、人力生态管理、营销生态管理"③，这也是企业生态管理的内容。张锐对战略生态管理的内涵、实质和主要内容进行了探析，提出战略生态管理的主要过程和主要内容包括"分析企业资源和能力、战略生态系统分析、技术发展和市场走势分析、制定战略生态规划、战略生态建设与管理"④。黄蕙萍提出基于产品生命周期的企业生态管理理念与方法，认为产品所处生命周期阶段不同，所采用的生态管理方法不同，生态管理内容也不尽相同。对产品的研发、生产、包装、销售、使用等环节进行生态管理，采用"生态研发、清洁生产、生态包装、绿色销售、产品使用及再循环"⑤ 的生态管理方法，并根据市场需求不断改进管理方式。

王如松认为，"城市生态管理包括生态卫生管理、生态安全管理、产业生态管理、景观生态管理、文化生态管理五个层面，其中每一层都是一类五边形的社会—经济—自然复合生态系统问题，而五层之间又是相互联系、相互制约的"。⑥ 王晓婵认为，"城市生态管理的对象从总体上来说就是城市复合生态系统，及城市的全部社会活动及其运行过程。因此，城市生态管理的对象包括了城市社会管理、城市经济管理、城市生态环境管理三个方面；基于可持续发展的城市生态管理内容包括城市经济系统管理、

① 吴俊亮：《林业生态管理技术的要求与内容解析》，《现代园艺》2013 年第 7 期。
② 张均刚：《我国环境生态管理策略》，《中国水运》(下半月) 2009 年第 12 期。
③ 孙亚忠：《企业生态管理研究》，《武汉理工大学学报》2007 年第 5 期。
④ 张锐：《战略生态管理内涵、实质及主要内容》，《云南财贸学院学报》2005 年第 1 期。
⑤ 黄蕙萍：《基于产品生命周期的生态管理研究》，《武汉理工大学学报》2001 年第 6 期。
⑥ 王如松、李锋：《论城市生态管理》，《中国城市林业》2006 年第 2 期。

城市生态环境系统管理、城市社会系统管理"。[①]

　　韩子静分析了信息生态失衡的表现，即"信息超载、信息侵犯、信息垄断、信息差距、信息垃圾、网络安全"[②]，并提出从循环链各个环节进行改进，即对信息生产、信息传递、信息加工处理等环节进行生态管理。赵云合等提出了信息生态系统平衡的维持机制，即通过"价值追求、竞争、信息行为自律、监管、负反馈"[③]等手段来维持信息生态系统的平衡。

图 7-1　数字档案馆生态管理示意图

　　通过对生态管理的概念内涵的深层次分析，根据自然生态管理、企业生态管理、城市生态管理、信息生态管理的内容，并结合数字档案馆生态系统特点和数字档案馆建设要求，认为数字档案馆生态管理的内容主要包括低碳管理、伦理管理、资源管理、人文管理、效益管理等方面（见图 7-1），以期优化数字档案馆运行管理，解决数字档案馆建设发展中面临的问题，协调数字档案馆发展与生态环境之间的冲突，为数字档案馆生态系统营造良好的环境氛围，保障数字档案馆生态系统的可持续发展和健康

　　① 王晓婵：《基于可持续发展的城市生态管理研究》，硕士学位论文，大连理工大学，2008 年，第 26 页。

　　② 韩子静：《信息生态学与信息生态系统平衡研究》，硕士学位论文，浙江大学，2008 年，第 26 页。

　　③ 赵云合、娄策群、齐芬：《信息生态系统的平衡机制》，《图书情报工作》2009 年第 18 期。

运行。

（一）低碳管理

低碳行动强调低碳经济、低碳生活、绿色发展，需要通过低碳管理实施推进。《中华人民共和国国民经济和社会发展第十三个五年规划纲要》将"生态环境质量总体改善。生产方式和生活方式绿色、低碳水平上升"[①]作为主要目标，要实现低碳目标，必须实施低碳管理。

所谓低碳管理（Low Carbon Management），"是指以低能耗、低污染、低排放为基础的管理模式；其实质是资源高效利用、追求低碳 GDP（国内生产总值）的问题；核心是资源技术和减排技术创新、产业结构和制度创新以及人类生存发展观念的根本性转变"。[②]低碳管理是低碳经济、低碳生活、低碳行动、低碳发展的重要手段和根本保障。

档案事业是党和国家事业发展的重要方面，档案馆建设与国家经济建设发展相统一，作为未来档案馆发展的主要形态，数字档案馆实施低碳管理与低碳运行，是适应我国国民经济可持续发展的必然选择，是改善生存环境、提高人们生活质量的迫切要求，是满足公民环保诉求和环境质量的需要，也是数字档案馆生态系统长期生存和可持续发展的必由之路。因此，数字档案馆必须主动适应经济发展新常态，树立低碳理念，开展低碳管理，推进低碳排放，实现绿色发展。

1. 转变观念

低碳管理的首要任务是思想的转变，建立"低碳"的理念和共识。"转变观念"是一个从认识到深刻认同，再到内化于心，进而付诸实施的过程。转变观念是一切低碳行为的前提，是低碳管理的先导。

数字档案馆建设需要树立低碳环保的理念。首先，低碳意识是前提。领导是一个组织的核心和风向标，领导的决策和行为决定着组织的发展方向，时刻影响着下属的思想和行动，"应先行垂范、厉行节约，树立低碳理念，并通过价值引导，营造重视节约能源资源、减少碳排放的良好社会

---

① 《中华人民共和国国民经济和社会发展第十三个五年规划纲要》，《人民日报》2016 年 3 月 18 日。

② 陈军:《低碳管理》，海洋出版社 2010 年版，第 28 页。

氛围"。① 因此，领导者首先需要树立低碳观念，推动低碳环保理念的贯彻落实，进而实现数字档案馆的低碳管理。其次，加强宣传是关键。要树立低碳观念并非一朝一夕就能完成，需要长期坚持。在数字档案馆生态系统建设中，需要加大宣传力度，不仅要档案管理者树立低碳环保的理念，同时还要档案形成者和档案利用者具备低碳环保的理念，全面推进数字档案馆低碳高效运行。再次，制度建设是保障。应将低碳理念转变为决策行动依据，按照数字档案馆建设实践，建立低碳排放和低碳管理制度，制定低碳管理实施细则，为数字档案馆生态系统低碳运行保驾护航。

2. 绿色建筑

2016 年，《中华人民共和国国民经济和社会发展第十三个五年规划纲要》提出："有效控制电力、钢铁、建材、化工等重点行业碳排放，推进工业、能源、建筑、交通等重点领域低碳发展。"② 《全国档案事业发展"十三五"规划纲要》也提出："推动绿色环保型档案馆库建设"③。2021 年，《中华人民共和国国民经济和社会发展第十四个五年规划和 2035 年远景目标纲要》提出，"坚持绿水青山就是金山银山理念，坚持尊重自然、顺应自然、保护自然，坚持节约优先、保护优先、自然恢复为主，实施可持续发展战略，完善生态文明领域统筹协调机制，构建生态文明体系，推动经济社会发展全面绿色转型，建设美丽中国"。④ 《"十四五"全国档案事业发展规划》提出，"对档案馆（室）库、后备库进行全面安全检查，督促存在安全隐患问题或不符合面积等要求的进行新建或改造。开展副省级以上综合档案馆绿色档案馆自评工作"。⑤

2011 年，"绿色档案建筑"国际研讨会在上海召开，会议围绕"节约能源、节省资源、保护环境、以人为本"理念，就"绿色档案建筑"主题展开研讨。上海市档案局原局长朱纪华提出，"档案馆承载着人类文明进

① 任小凯:《政府低碳管理的国际经验与启示》,《时代金融》2012 年第 9 期。
② 《中华人民共和国国民经济和社会发展第十三个五年规划纲要》,《人民日报》2016 年 3 月 18 日。
③ 国家档案局:《全国档案事业发展"十三五"规划纲要》,《中国档案》2016 年第 5 期。
④ 《中华人民共和国国民经济和社会发展第十四个五年规划和 2035 年远景目标纲要》,《人民日报》2021 年 3 月 13 日。
⑤ 《中办国办印发〈"十四五"全国档案事业发展规划〉》,《中国档案》2021 年第 6 期。

程的历史记录，其建筑应该在科学发展观的指导下融入'绿色'理念"。[①]
绿色建筑要求建筑自身对环境无害，控制和减少对自然环境的使用和对生
态平衡的破坏，减少建筑垃圾和废弃物的排放，以实现绿色建筑与外部自
然环境的和谐协调发展。[②] 由此可见，数字档案馆绿色建筑建设可从数字
档案馆外部环境、建筑本体、设备等方面来开展行动。

数字档案馆外部环境。一方面，数字档案馆建设在选址时，不仅要考
虑环境是否适宜、环保，而且要考虑公共设施的完备性和交通状况，方便
用户出行和利用。另一方面，数字档案馆应注重外部环境的设计，提高建
筑物周围的绿化程度，这样既能改善环境，又能调节温湿度，减少室内温
湿度调控设备的使用。

数字档案馆建筑本体。一是要合理设计数字档案馆建筑物围护结构，
采用节能环保的建筑材料，提高保温隔热和蓄热能力，达到调节气温、减
少污染、降低能耗、节约成本的目的。二是要优化数字档案馆内部空间设
计，按照功能分区原则，合理规划各类用房布局[③]。三是要合理利用自然条
件支持数字档案馆生态运行，如采用太阳能发电、自然采光、雨水收集利
用等方法节约资源，降低能耗。

数字档案馆设备。一方面，数字档案馆应当按照节能的要求，科学合
理配置设备，加强暖通、电气和给排水专业的配合，将设备的能耗降到最
低，低碳运行[④]；另一方面，数字档案馆应尽量采用节能设备，并根据环境
条件的变化有效调控馆内设备的运行。

荷兰鹿特丹市档案馆是绿色低碳档案馆、实施可持续发展战略的典型
案例，为数字档案馆绿色建筑建设提供了宝贵的经验。鹿特丹市档案馆是
由荷兰国家邮电公司的维护中心和停车场改建而成，建筑采用自然采光，
使用可持续能源、低污染建筑材料，引进能源存储、雨水处理系统等设
备，进行分区供热、垃圾分类。[⑤]

---

① 邹伟农：《"绿色档案建筑"国际研讨会在沪召开》，《中国档案报》2011年4月25日。

② 郭佳然：《绿色档案馆建设研究》，硕士学位论文，河北大学，2013年，第18页。

③ 谢君：《后世博时代低碳档案馆设计策略》，《中国档案》2011年第7期。

④ 姜莉：《建设低碳经济下的绿色档案馆》，《中国档案报》2010年11月4日。

⑤ 王熹：《绿色档案馆建筑典型案例及其借鉴》，《中国档案》2012年第5期。

3.有效运行数字档案管理系统

相比于传统档案馆，数字档案馆的突出特点是数字档案管理系统的运用，不仅可以加强各部门协作，优化档案管理业务流程，提高工作效率；而且可以减少对纸张等实体材料的使用，节省存储空间，节约成本，降低能耗。

首先，合理规划，提高系统建设效率。数字档案管理系统的开发应该站在战略和全局的高度，制定系统建设总体规划，加强各方协调配合，共同有序组织系统开发、运行和维护，避免系统低水平开发和重复建设，防止"信息孤岛"现象发生。开发数字档案管理系统还应按照数字档案馆建设实际因地制宜，加强系统开发的针对性，保障数字档案管理系统能够高效、流畅运行，避免信息梗阻现象发生。

其次，充分发挥系统功能，提高管理和服务效率。一是合理运行数字档案管理系统，减少人力物力投入，降低运行成本和资源消耗。二是改善档案管理流程和数字档案馆工作流程，加强部门之间的协同合作，提高数字档案馆运行效率，提升管理水平。三是有效应用网络、移动通信、新媒体等现代通信技术手段，提供便捷、快速、高效的档案信息利用服务，实现档案"一站式"检索、在线查询、全天候服务、远程移动利用，打破档案利用的时空限制，实现档案信息资源共享，提高服务效率；同时，节约档案用户时间，减轻奔波之苦，缓解交通压力，降低交通成本和环境污染。

4.无纸化办公

无纸化办公是指在日常工作过程中，不利用纸张进行相关业务的记录，利用现代信息技术和网络技术，达到工作上的沟通和办公体验[1]。数字档案馆实行无纸化办公，通过应用软件、通信网络和智能终端实现信息的传输和保存，不仅减少了办公纸张的用量和打印设备的耗材，节约了人力、物力和财力，减少环境污染和自然生态的破坏；同时，还有利于加强业务环节之间的联系，节省工作时间，提高整体办公效率，加速信息的流动和共享。国家电网公司为深入贯彻国资委关于调结构、稳增长的工作要求，公司将电子文件管理与业务工作深度融合，在财务部门开展财务凭

---

[1]　胡国金、蔡红英:《环保高效之无纸化办公的探讨》,《办公室业务》2016年第16期。

证电子化线上流转及税控系统自动验证等试点，财务核算流转效率提高了30%。该试点成果在全公司推广后，预计每年可节约纸张打印、运输传递等成本1400余万元，减少人员使用750人。

5. 档案资源数字保存

"数字保存是指对数字资源的长期保存，其对象是数字资源，其目的是实现用户对数字资源的有效访问。"[①] 档案资源的数字保存主要包括两方面：一是传统档案的数字化存储，二是电子档案存储。档案资源的数字保存，有利于缩小保存空间，数字档案载体存储密度高，可将巨大容量的档案信息存储到光盘、磁盘等存储载体上，大幅减少存储空间，大量节约对自然资源的消耗；有利于档案资源的长期存储，通过备份、迁移、拷贝等技术手段，解决档案信息的长期保存问题；有利于档案管理效率和水平的提高，数字档案资源能够加快信息的获取、处理和传递，促进档案管理工作流程优化；有利于档案信息的提供利用，数字档案资源可实现网络检索、全文检索、智能检索和知识管理，为档案资源一站式服务、推送服务、个性化服务、知识服务创造条件。

6. 绿色利用

传统的档案利用主要包括提供档案咨询、档案阅览、制发档案证明、档案外借、举办档案展览、档案编研等服务形式，"用户非亲临档案馆而不可用"，是一种相对"高能量、高消耗、高开支、高浪费"的非低碳利用行为。在绿色低碳的潮流下，档案利用也应该实施"绿色利用"。建立在线阅览室，用户可以实现档案信息的在线检索、阅览甚至下载，打破时空限制，提高档案利用的质量和效率；设立网上档案展厅，在网站上举办各式各样的档案展览，扩大档案的社会影响，拉近档案与社会公众之间的距离；提供在线参考咨询服务，档案工作人员通过网络和电子设备来解答用户的咨询，无须用户亲自到馆；开展移动服务，利用移动终端设备，提供短信服务、WAP服务、APP服务、微信公众号等多样化、个性化的信息服务。这些绿色利用方式，使用户随时随地、足不出户就能获取到所需档案信息，减少了利用限制，避免了来回奔波，缓解了交通压力；同时提高了档案资源利用效率，增强了档案信息的时效性。

---

① 臧国全：《论数字保存》，《现代情报》2007年第8期。

低碳管理要求数字档案馆从现有条件出发，从观念思想着手，进行科学规划和分析研究，建立低碳制度和具体实施细则，推行建筑低碳，有效运行档案管理系统，实施低碳行动，建立一个低碳排放、资源节约、绿色运行、健康和谐、可持续发展的数字档案馆生态系统。

（二）伦理管理

伦理管理产生于 20 世纪 60 年代，经过发展和不断完善，逐渐形成系统的理论、方法和体系，并广泛运用在企业管理中。企业管理领域将伦理管理定义为，"管理者将社会认可的伦理规范贯彻到计划、组织、领导和控制等活动中，以人性化的方式和手段保障员工在遵守企业的伦理规范前提下有效地完成企业的经济目标和社会责任目标"。[①] 伦理管理包括两方面内容："其一，企业运用合理的伦理价值观来处理企业与内部员工的关系，即进行内部的伦理管理；其二，企业在合理的伦理价值观的指导下，确立经营目标、战略、战术，进行市场调研、产品设计与开发，树立品牌，开展市场营销、售后服务、塑造形象等活动，处理企业同消费者、供应者、竞争者、环境、社区、政府等的关系，即进行外部的伦理管理。"[②]

数字档案馆生态系统的伦理管理是指在数字档案馆建设中以社会责任为目标，主动考虑社会伦理道德规范，使其思想理念、管理制度、发展战略、日常运行等都能符合伦理道德要求，建立并维系合理、有序、和谐的数字档案馆运行秩序。信息化、网络化给社会带来巨大变革和深刻影响的同时，也带来了许多伦理问题。随着档案信息资源数字化、档案信息服务网络化的开展，数字档案馆生态系统中也会出现伦理失衡现象，包括职业伦理问题、信息安全问题、知识产权问题、个人隐私问题等。数字档案馆面临的伦理问题，打破了数字档案馆生态因子之间的有机联系和合理秩序，危害数字档案馆生态系统的健康运行和建设发展。因此，重新审视数字档案馆的伦理道德，以伦理准则和规范来加以管理和约束，对于数字档案馆生态系统的平稳、有序、健康运行十分必要。推行伦理管理，一方面

---

① 胡宁：《伦理管理研究》，博士学位论文，中南大学，2010 年，第 125 页。

② 龚天平：《伦理管理：当代企业伦理的践行机制》，《上海财经大学学报》2010 年第 4 期。

可以提高数字档案馆主体的责任意识和自律意识；另一方面可以防范和解决数字档案馆面临的各种信息干扰和安全风险问题，保障数字档案馆生态系统平衡。

1. 推行职业伦理管理

数字档案馆的职业伦理主要表现为数字时代档案工作者的职业责任心问题。长期以来，由于档案管理工作不是经济建设主战场，显示度低，加之档案业务管理工作具体烦琐、较为枯燥，导致档案工作者进取心不强，积极性不高，对档案职业缺乏自信心。数字档案馆建设对档案工作者的职业责任又有新的要求，档案工作者将面临更大的挑战，档案工作者如果仍继续坚持以前的价值取向和行为准则，难以适应数字档案馆建设的时代要求。

数字时代，档案工作者应积极主动承担相应的职业责任，要具有责任意识，对历史、社会和未来负责，主动传承历史文化，保存社会记忆；要具有强烈的事业心和责任感，忠于职守，钻研业务，科学有效地管理好档案；要具有主动服务意识，由传统的"我供你查""等客上门"被动式服务，向个性化服务、推送服务、知识服务等主动服务方式转变；要掌握现代信息技术和技能，数字时代的档案工作者必须具备科学管理能力和信息素养，熟练掌握计算机技术、网络技术、大数据技术、云计算技术等现代信息技术在档案管理中的应用，适应数字档案馆建设要求。

2. 保障信息安全

在数字档案馆建设中，数字档案信息安全一直是困扰数字档案馆建设的重要问题。这一问题主要表现在：一是数字档案记录载体材料寿命有限。目前，数字档案记录载体主要有磁带、磁盘、光盘等，"载体寿命远远不及纸质载体，其脆弱性要求有较高的技术条件和优良的环境条件来进行保护"[1]，因此，档案载体的寿命是影响数字档案信息长期安全保存的因素之一[2]。二是数字档案存在不可读取的风险。数字档案形成于软硬件系统，其形成、处理、存储、传输和利用具有系统依赖性，软硬件技术的飞速发展与更新换代，会出现系统不兼容现象，给数字档案带来不可读取

---

[1]　金波、丁华东主编：《电子文件管理学》，上海大学出版社 2015 年版，第 186 页。

[2]　李金海：《试谈馆藏档案数字化》，《浙江档案》2003 年第 11 期。

的风险，使"数字档案"变成了"数字文物"。三是网络安全问题。数字档案信息多在网上传输，便于档案信息的收集、检索、利用和共享，但网络传输中易出现档案信息的泄露、失密、窃取、篡改、计算机病毒等安全风险。

档案信息化建设的飞速发展，使数字档案馆信息安全保障变得越来越迫切，如果不能很好地解决信息安全问题，数字档案馆建设将无从谈起。首先，加强档案信息安全法律法规建设。应根据新时期档案工作的特点和变化，制定出有利于档案信息安全的法律法规和规章制度，为数字档案馆信息安全创造良好的法律环境，保障数字档案信息的真实、完整和有效。其次，建立数字档案馆信息安全标准体系。根据轻重缓急，有计划、有步骤地制定数字档案信息安全标准，从标准层面规范数字档案信息记录格式、存储载体、软硬件系统、技术要求等。再次，加强日常维护与管理工作。制定严格合理的管理措施和管理规范，强化安全意识、保密意识，对数字档案管理和利用实行有效监控，从技术上保障档案信息内容安全和网络安全。

3. 保护知识产权

"知识产权是公民或法人或其他组织在科学、技术、文化、艺术领域从事智力活动而创造的成果依法所享有的权利。"[①] "以档案的形式被保存下来的作品、专利、商标等知识信息，由于其真实地反映了作者的创作思想和过程，不仅受知识产权法律的保护，而且因档案的原始性特征而体现出的凭证价值和研究利用价值受《档案法》的保护。"[②] 知识产权档案具有知识性和信息性，属于智力成果的一部分，因此，受到知识产权法和《中华人民共和国档案法》（简称《档案法》）的保护。数字档案保存的目的在于利用，在馆藏档案数字化、数据库建设、档案利用等过程中都应加强知识产权保护。

《档案法》中对公民利用档案的权利作了明确规定，同时也规定涉及知识产权的档案受知识产权法的保护。首先，对受知识产权保护的他人作

---

① 陈进等：《知识产权基础》，中国科学技术大学出版社 1996 年版，第 1 页。

② 张世林：《档案数字化的知识产权对策研究——以"数字敦煌"项目为例》，《档案学通讯》2009 年第 3 期。

品进行数字化时，必须考虑该作品的知识产权，加以保护。对明确未有著作权保护的档案，可以合理使用。其次，数字档案馆数据库中涉及的著作权问题，"由于组成数据库的信息材料具有著作权，因此，数据库的制作者必须经过信息材料的著作权人的同意，才能利用这些材料制作数据库"。"档案数据库的著作权保护分为两部分，一部分是针对编辑数据库的作者而言的，在对档案材料的选材中若涉及含有著作权的档案，在数据库内对此类档案做出著作权标识。另一部分是针对利用者而言的，利用者在利用档案数据库，不能侵犯数据库作者的整体著作权；对数据库内作品档案的利用，注意利用提示说明，不得故意侵犯原著作权人的权益。"[1] 对于恶意利用者，应当依照相关法律制止其不当行为。再次，在档案利用过程中涉及的知识产权问题主要体现在档案复制和档案编研上。制发档案复制本是档案部门提供利用服务的一种重要方式。"复制权属于著作权人财产权利中使用权范畴，它是以印刷、复制、拓印、录音、录像、翻录、翻拍等方式将作品制作一份或者多份的权利。"[2] 档案编研是对已有的档案材料进行的再加工，编研者要付出不同于原作品的智力上的创造性劳动，因此，档案编研中也涉及著作权的保护问题。《中华人民共和国著作权法》（简称《著作权法》）第十三条规定："改编、翻译、注释、整理已有作品而产生的作品，其著作权由改编、翻译、注释、整理人享有，但行使著作权时不得侵犯原作品的著作权。"《著作权法》第十五条规定："汇编若干作品、作品的片段或者不构成作品的数据或者其他材料，对其内容的选择或者编排体现独创性的作品，为汇编作品，其著作权由汇编人享有，但行使著作权时，不得侵犯原作品的著作权。"

4. 保护个人隐私

数字档案馆在信息收集、信息管理和信息利用过程中不可避免地会给相关主体带来风险，出现侵犯个人隐私问题。首先，涉及档案用户隐私权问题。网络利用服务中网站服务器日志程序会自动记录档案用户的访问时间、访问地址、访问内容和访问结果，有利于档案馆把握用户信息需求，

---

　　① 　张世林：《档案数字化的知识产权对策研究——以"数字敦煌"项目为例》，《档案学通讯》2009 年第 3 期。

　　② 　吴慧红：《档案利用服务中的知识产权保护》，《绥化学院学报》2010 年第 4 期。

但却使用户隐私权受到威胁；个性化服务是在充分掌握档案用户详细个人信息基础上进行的，需要档案馆尽可能多地收集档案用户信息，但也可能会侵犯档案用户个人隐私。"收集信息如果是在用户不知情或无奈的情况下进行，就会侵犯用户对其个人信息的占有权和支配权。"[①] 其次，涉及档案内容隐私权问题。涉及公民隐私权问题的档案包括两大部分，一是在日常工作中直接形成的档案，如人事档案、户籍档案、房产档案、婚姻档案、诉讼档案、病例档案、会计档案等；二是档案部门通过收集、购买或档案所有者以寄存、捐赠等方式而保存在档案馆的私人档案。这些档案资源开放利用时，如果鉴定不当或工作人员在技术上操作失当，易造成档案利用中个人信息和隐私的外泄。

保护个人隐私，首先，应从制度层面加强对数字档案馆个人隐私权的保护。根据个人隐私相关法律和法规，加强制度建设，研究制定保护数字档案馆个人隐私权的具体措施和具体要求，指导和规范个人隐私保护。其次，从管理层面加强对数字档案馆个人隐私权的保护。提高档案管理者的责任心、政治素养和业务能力，适应数字时代个人隐私保护要求。加大宣传力度，无论档案管理者，还是档案用户都应具有个人隐私保护意识。再次，从技术层面加强对数字档案馆个人隐私的保护。数字档案馆应当积极开发和采用保护个人隐私的新技术，选用可靠的管理软件，并且在软件的功能设置方面应尽可能选择能够最大限度保护个人和用户隐私的参数和功能。[②]

（三）资源管理

管理学专家黄恒学认为，"资源管理就是以资源为对象所进行的管理活动"，并从自然资源管理、社会资源管理和思想资源管理三个方面进行定义，其中社会资源管理是指"人们按照社会发展规律和实际需求，通过规划、组织、控制等方式，对社会资源进行整合、优化以及在时间和空间维度上的合理配置，对社会资源进行有效运用，意图使社会资源发挥出最大化的效果的活动的总称。社会资源管理的对象包括所有来自于人

---

① 康琼予：《数字档案馆用户隐私权保护机制探析》，《上海档案》2011 年第 4 期。
② 康琼予：《数字档案馆用户隐私权保护机制探析》，《上海档案》2011 年第 4 期。

类社会，并与创造财富有关的劳动力、资金、信息、科学技术、经济制度等"。① 资源管理可以促进生产力的高速发展、实现生活质量的改善、带来社会经济效益的提高、加速人类思想进步。显然，数字档案馆生态系统属于社会资源的范畴，对其实施的管理应属于社会资源管理。

所谓资源，是指"一定的社会历史条件下存在着，能够为人类开发利用，在社会经济活动中经由人类劳动而创造出财富或资产的各种要素"。②资源类型多样，范围广泛，既包括自然资源，也包括社会资源。由此可见，数字档案馆生态系统中包含多种资源，主要是社会资源，如人力资源、资金资源、物力资源、信息资源、政策资源、技术资源等，其中，档案信息资源是"数字档案馆生态系统中的核心生态因子，又是数字档案馆生态系统形成和发展的基石"③，是数字档案馆生态系统中最重要的资源，数字档案馆的一切活动都是围绕档案信息资源开展的，本节将重点利用社会资源管理理念来探讨档案信息资源管理。

档案信息资源是数字档案馆生态系统形成和有序运行的基础，档案信息资源的数量、质量和利用共享状况必然会影响数字档案馆生态系统的稳定性。资源管理涉及资源生产，资源分配，资源交换，资源消费，资源储备、闲置、节约与优化配置等问题④。因此，对于档案信息资源的管理，可以从馆藏档案资源建设、档案信息资源布局、档案信息资源共享、数字档案信息资源开发与利用等方面来开展。

1. 数字档案资源建设

馆藏档案资源建设是做好档案工作的前提，是提升数字档案馆生态位的基础，是发展档案事业的根本保证。目前，数字档案馆馆藏档案资源存在结构单一、内容匮乏、缺乏特色、电子档案接收进馆困难、开发利用不足等问题。因此，加强馆藏数字档案资源建设十分迫切，是满足人民群众日益增长的档案利用需求的需要，也是提升数字档案馆工作水平的前提，更是巩固数字档案馆生态系统的基本保障。

---

① 黄恒学:《资源管理学》,中国经济出版社 2010 年版,第 167 页。
② 王子平、冯百侠、徐静珍:《资源论》,河北科学技术出版社 2001 年版,第 18 页。
③ 金波:《论数字档案信息资源建设》,《档案学通讯》2013 年第 5 期。
④ 黄恒学:《资源管理学》,中国经济出版社 2010 年版,第 167 页。

数字档案馆是在传统档案馆基础上发展起来的，传统载体档案数字化是当前数字档案资源建设的重点。传统载体档案数量庞大，质量不一，价值也有很大差别，因此数字化工作要有计划、分清重点和先后，重点加强"三重一特"及民生档案馆藏资源的数字化工作。"三重一特"档案具体是指重大活动档案、重要人物档案、重点建设项目档案和地方特色档案[①]。除此之外，还应将组织和个人利用率较高的档案、濒危档案、特殊载体档案、珍藏档案等优先进行数字化，为社会提供便捷的档案信息服务，避免因频繁利用给档案原件带来不可挽回的损坏和损失。

随着信息技术的飞速发展和广泛应用，电子文件大量产生，成为社会活动记录的主要形式和新的信息形态，接收管理电子档案成为数字档案馆馆藏资源建设的重要任务。数字档案馆"应当根据档案接收范围，建立电子档案接收进馆制度和机制，配备必要的技术手段，从源头上保证数字档案信息的真实、完整、可用"[②]目前，数字档案馆中电子档案进馆速度慢，电子档案资源少，严重影响数字档案资源效用的发挥。同时，在电子档案接收过程中，特别要注重加强对多媒体档案的收集，丰富多媒体档案的馆藏[③]。除此之外，数字档案馆应对电子文件进行有效的前端控制，保证电子档案的质量，保证数字档案馆能接收到真实、完整、有效的电子档案信息资源。

数字档案馆的档案资源建设实际上是一项超大规模的档案信息资源在数字状态下的重组和再创造的创新工程[④]。在馆藏档案资源建设中，需要对已经完成数字化的档案信息和电子档案进行整理和存储，方便管理和利用。因此，建设具有大容量、高速度、稳定安全、主题鲜明的数字档案资源数据库是数字档案馆档案信息资源建设的重要内容。数字档案资源数据库主要有目录数据库、数字化档案数据库、电子档案数据库、多媒体档案数据库、特色档案数据库、专题档案数据库等。在数据库建设中，要做好调研工作，针对数字档案资源数量、质量、类型、来源、技术状况等进行

---

① 汪旭青：《试论加强馆藏档案资源建设的途径和对策》，《城建档案》2012年第8期。

② 国家档案局办公室：《数字档案馆建设指南》（档办〔2010〕116号）。

③ 金波：《论数字档案信息资源建设》，《档案学通讯》2013年第5期。

④ 陈姝：《数字档案馆的信息资源建设》，《北京档案》2002年第5期。

分析，建立有利于数字档案资源管理和利用的数据库。

2. 档案信息资源布局

档案信息资源布局是指"合理配置全国各级各类档案机构中的档案信息，有计划、有步骤地对分散庞杂的档案信息进行整序，逐步使全国档案机构中所收藏的档案信息形成一个整体，建立起能够满足社会需求的档案信息保障体系"。[1] 档案信息资源布局应包括档案实体布局和信息布局两个方面。[2]

"档案实体布局是一种较为传统的布局方式，它是以现在已经设立了的遍及全国的各级各类档案馆（室）及档案中介机构等为基础的、以实体管理为主要职能的布局方式。"[3] 档案实体不仅包括传统载体的档案资源，而且还包括数字档案资源。档案实体布局方式是以档案保管机构的设置为依托，以档案资源的实际保存场所为主体的布局方式。档案实体布局具有地域性特征、行业性特征、专业性特征，是档案资源保存的基础。

档案是一种重要的信息资源，具有明显的可共享性和可转移性，其内容信息可以脱离档案原件而为更多的利用者所利用，从而满足不同群体的档案信息需求，使档案价值实现多元化[4]。因此，档案信息布局可以打破实体布局的地域限制，依靠现代信息技术、网络技术对档案信息资源进行整合、重组、传输，将分布式的档案信息集成利用。我国档案资源信息布局的主要方式是建立档案信息中心[5]，有计划、有步骤地对分散的档案信息资源进行区域整合、行业整合、专题整合，打破各种限制，逐步建立起全国性的数字档案信息中心。加强数字档案馆生态系统的协同管理，建立数字档案信息中心，有利于实现数字档案信息资源的整合集成、优势互补，打破档案信息的条块分割和空间障碍，促进数字档案信息资源的共建共享，使数字档案信息资源最大限度地为社会所用，全面释放档案信息资源的巨大能量。

---

① 金红:《档案信息资源布局初探》,《广东档案》2010 年第 6 期。

② 金凡:《再议档案信息资源布局》,《前沿》2004 年第 8 期。

③ 金凡:《再议档案信息资源布局》,《前沿》2004 年第 8 期。

④ 金凡:《再议档案信息资源布局》,《前沿》2004 年第 8 期。

⑤ 金红:《档案信息资源布局初探》,《广东档案》2010 年第 6 期。

3. 档案信息资源共享

20 世纪 80 年代以来，人类步入了一个利用计算机和网络技术的信息时代。信息时代是信息共享的时代，只有通过共享，信息资源才能被充分利用，信息价值才能被充分发挥。由于具有原始记录性、真实性，档案成为一种特殊而珍贵的信息资源。档案信息资源共享是指"在有效整合馆藏档案信息的基础上，运用网络技术传递档案信息，同时加强科学管理，实现档案信息的社会充分共享"。[1] 实现档案信息资源共享，符合社会发展潮流。网络的出现改变了人们获取信息的方式和习惯，更倾向于通过网站、智能终端等方式对档案信息进行查询、访问、浏览、下载，而非传统形式的现场阅览利用。《全国档案事业发展"十三五"规划纲要》提出，"加快档案信息资源共享服务平台建设。实施国家数字档案资源融合共享服务工程。建立开放档案信息资源社会化共享服务平台，制定档案数据开放计划，落实数据开放与维护的责任"。[2]《"十四五"全国档案事业发展规划》提出，"依托全国档案查询利用服务平台建立更加便捷的档案信息资源共享联动新机制，推动国家、地区档案信息资源共享平台一体化发展，促进档案信息资源共享规模、质量和服务水平同步提升，实现全国档案信息共享利用'一网通办'"。[3] 因此，档案信息资源共享有利于充分发挥档案信息资源价值，满足民众的信息需求；同时，档案信息资源共享也是档案工作发展的内在需求，不仅能推动档案服务理念、服务方式的转变，而且能提高数字档案馆的社会影响力。

档案信息资源共享要科学管理、分步实施。首先，制定数字档案馆档案信息资源共建共享发展规划[4]，指导数字档案资源建设和开发利用。其次，有效整合馆藏数字档案信息。资源之所以成其为资源，是因为其对人类的有用性和可开发性，因此，档案信息资源的概念并不等同于馆藏档案。档案信息资源要对馆藏档案进行科学筛选和有效整合，只有经过加工、整理的档案才能成为档案信息资源，才能更有效地共享利用。再次，

---

① 范宗斌：《档案信息资源共享的几点思考》，《贵州档案》2003 年第 2 期。

② 国家档案局：《全国档案事业发展"十三五"规划纲要》，《中国档案》2016 年第 5 期。

③ 《中办国办印发〈"十四五"全国档案事业发展规划〉》，《中国档案》2021 年第 6 期。

④ 张东华：《基于信息生态系统的档案信息资源共建共享》，《档案》2011 年第 1 期。

加强与相关信息机构的合作。数字档案馆、数字图书馆、数字博物馆、新闻媒体等信息机构所拥有的信息资源各具优势、各有特色。因此，数字档案馆应重视与其他信息机构的协同，使数字档案馆、数字图书馆、数字博物馆、新闻媒体等机构的信息资源优势互补，为利用者提供更加全面、准确、完整的信息资源。

4. 数字档案信息资源开发利用

"数字档案信息资源开发利用是数字档案馆生态系统中最为活跃的生态因子，是数字档案馆输出档案信息、提供档案信息服务、发挥档案信息价值、产生档案社会影响力的关键。"[①] 档案信息资源开发是指"档案部门根据社会需要采用专业方法和现代化技术，发掘、采集、加工、存储、传输所收藏档案中的有用信息，方便利用者利用，以实现档案的价值和作用"。[②] 数字时代，数字档案信息资源开发利用形式主要体现在以下几个方面。

深层次编研开发。数字档案馆应围绕政府决策、组织需要、民众需求、社会热点等主题，利用馆藏档案、特色档案以及社会档案资源对相关专题进行深层次编研，通过报刊资料、广播电视、图片展览、档案网站等大众传媒，尤其是新兴媒介进行大范围、多形式的传播，丰富档案利用服务方式，提高档案资源服务质量。[③]

馆藏档案在线检索和阅览服务。传统档案馆环境下，用户利用档案必须亲自前往档案馆阅览室，耗费大量时间和精力。数字档案馆通过档案网站提供数字档案信息资源在线利用服务和咨询服务，用户可以通过网络终端设备进行在线检索、查询阅览、下载利用，可通过网络随时进行咨询交流，不必亲自登门就能获取所需的档案信息和档案服务。提供在线检索和阅览服务，要求数字档案馆具有丰富的数字档案信息资源，不断充实档案信息数据库，加大开放力度，满足不同用户的多样化信息需求。

网络信息获取服务。数字档案馆的馆藏档案资源数量是有限的，而用

---

① 金波:《论数字档案信息资源建设》,《档案学通讯》2013 年第 5 期。

② 陈智为、邓绍兴、刘越男主编:《档案管理学》(第三版), 中国人民大学出版社 2008 年版, 第253 页。

③ 金波:《论数字档案信息资源建设》,《档案学通讯》2013 年第 5 期。

户所需的档案信息是复杂多样的，有些不在本馆馆藏范围内，甚至已不属于档案信息的范畴。数字档案馆不是一个单机版的检索工具，所提供的查阅服务不应局限于数字档案馆个体的馆藏。数字档案馆提供利用应当实现馆际互联，实现档案信息数据库的跨库无缝链接，实现数字档案馆种群、群落档案资源的有效集成与共享利用。除此之外，数字档案馆还需与数字图书馆、数字博物馆、新闻媒体等信息机构建立链接，为用户提供更加全面、多元的信息服务，优化数字档案馆生态系统资源环境。

个性化服务。个性化服务是数字档案馆提供的较高层次的服务。根据用户的个性化需求，通过各种渠道对档案资源进行整合，向用户提供和推荐针对性的档案信息资源，实施精准服务。个性化服务是主动为用户提供档案信息服务的新模式，打破了传统档案信息被动服务状态，是践行"以人为本"服务理念和创新利用服务方式的有效途径。

移动服务。随着无线网络技术的发展和移动终端设备的普及，数字档案馆移动服务应运而生。数字档案馆移动服务是一种新型档案服务模式，用户利用便携式终端设备（如手机、电脑、平板设备等），通过无线接入的方式来进行档案信息交流、利用等；基本方式包括短信服务、WAP 服务、APP 服务、微信公众平台等[①]。数字档案馆移动服务不仅能随时随地提供档案信息服务，最大限度地满足用户的利用需求；而且能拉近档案部门、档案与民众之间的距离，有助于塑造档案馆亲民的社会形象。

（四）人文管理

"所谓人文管理，即按照不同人的不同需求，有序和谐地进行不同层次的管理，以促进人的全面发展。这是一种在人性复苏的前提下以人为主体的管理。它肯定了人的主体性需求是社会发展的本质动力，追求的是组织行为与人的主体性的有机结合。人文管理的实质就是以人为主体的管理。"[②] 人都有一定的需求，人文管理的目标就是将不同人的需求进行有序的整合，是对所有人需求的最大程度满足，以激发人的积极性和创造性，从而实现组织的目标和人的价值。人文管理是"人类管理智慧的结

---

① 薛辰:《档案馆移动服务及其模式研究》,《档案管理》2016 年第 5 期。
② 闫建华:《人文管理思想的探讨》,《南钢科技与管理》2008 年第 4 期。

晶，是科学管理发展到一定程度后产生的一种更先进、更现代化的管理手段和方法。它是建立在科学管理基础之上的，是对科学管理的修正和补充"。[①]

相比于传统档案馆，信息技术的广泛应用成为数字档案馆突出特点。数字档案馆必须有严谨的科学管理精神，崇尚科学，尊重科学，积极研究利用各种先进的技术设备来提高数字档案馆的工作效率，更好地为利用者服务[②]。数字档案馆的办公自动化程度高，计算机代替了传统的人工作业，数据库系统使档案信息处理高效、检索便捷，信息存储技术扩大了档案信息存储容量，网络技术使档案信息传递打破了时空界限。然而，先进的科学技术只为数字档案馆解决了信息加工、检索、存储、传递等技术问题，而没有解决人文关系问题。数字档案馆生态系统中的人文关系，即生态系统主体之间的关系，影响着数字档案馆生态系统的一切活动，决定着数字档案馆生态系统的运行发展。因此，人是数字档案馆建设发展的关键，数字档案馆的生态管理，不仅强调科学管理，而且应重视人文管理，实现科学管理和人文管理的统一。依据数字档案馆生态系统主体的结构，数字档案馆生态系统的人文管理，可从档案形成者、档案管理者、档案利用者三方面着手探索。

1. 对档案形成者的人文管理

虽然档案形成者不直接参与数字档案馆的管理和运作，但他们是数字档案馆档案信息资源的生产者、制造者，是数字档案信息资源形成的基础，他们对档案工作的认识程度和业务水平很大程度上决定了档案信息资源的数量和质量，影响数字档案馆生态系统的建设和发展[③]。因此，对档案产生的源头实行人文管理，提高档案形成者的档案意识，调动档案形成者的积极性，做好与档案管理部门的衔接，是提升档案工作质量、优化数字档案馆生态系统结构的关键一步。

第一，提升档案形成者的档案意识。档案形成部门不是档案管理部门，档案意识往往比较薄弱，具体表现在：不注重积累、收集形成的文件

---

① 张予宏:《现代档案馆的人文管理》,《兰台世界》2007 年第 3 期。

② 张予宏:《现代档案馆的人文管理》,《兰台世界》2007 年第 3 期。

③ 金波、丁华东、倪代川:《数字档案馆生态系统研究》,学习出版社 2014 年版,第 125 页。

材料，文件整理归档不规范、不及时，导致档案不齐全、不完整，造成国家档案资源的损失，给日后工作带来不必要的麻烦。因此，必须提升档案形成者的档案意识，使其充分认识到档案及档案工作的重要性，调动其工作的积极性和主动性，加强对档案文件的形成和积累，并按照归档要求形成档案，从源头上保障档案信息资源的数量和质量。

第二，调动档案形成者的积极性，做好归档工作。档案不同于其他事物，对社会和未来具有长远价值。档案形成者往往只重视档案的现实价值，看不到档案的长远价值，对档案形成、积累、归档工作不积极、不主动；部分档案形成者把档案文件看作是本部门和个人的资产，担心"上交泄密""归档利用不便"，不愿将形成的有价值的文件材料归档移交。因此，必须加大宣传力度，使档案形成者认识到档案的长远价值和归档意义；同时，数字档案具有易备份、易传输的特点和优势，可方便档案形成者及时利用自身形成的档案，使其放下思想包袱，主动承担职责，积极完成归档工作。

第三，加强档案形成者与档案管理者的合作。文书部门和档案部门是文件运动的两个不同部门，文书部门需要将形成的档案文件向档案部门移交，二者之间的接触是"现实"的、客观存在的，需要加强档案形成者和档案管理者间的合作，共同制定档案文件格式标准、质量标准、归档要求和归档制度等标准规范，保证文件的归档质量和数量，实现文件向档案的有效转化和无缝衔接，避免重复劳动，保障档案的齐全完整。

2. 对档案管理者的人文管理

由于受管理体制和人文传统的影响，档案部门相对封闭，人文关怀不足，较少考虑人的个性化需求，导致档案管理者职业认同度较低，社会交往和创新能力不强，社会影响力有限，生态系统缺乏动力和活力。

在数字档案馆生态系统中，档案管理者是系统中十分重要的生态因子，是数字档案馆重要的资源和财富，若继续传统档案馆的"弱人文"状态，不利于数字档案馆生态系统的良性运行。因此，要解决这一问题，关键在于管理中是否能真正做到"以人为本"，调动档案管理者的积极性、主动性和创造性，尊重和维护每一位档案管理者的权益，增强档案管理者的权利意识和主人翁精神，使每位档案管理者的潜能得以充分发挥。

第一，加强数字档案馆组织文化建设。主动调动档案管理者的积极性，鼓励档案管理者建言献策，提高档案管理者的归属感和职业认同感；关心档案管理者的工作、生活和学习，"本着以诚为本、宽厚待人原则，用真诚的人文关怀、悉心的情感呵护关心人、爱护人、理解人、体谅人、相信人、重视人、依靠人、团结人、帮助人、服务人、尊重人、发展人、培养人，以建立相互信任、和谐、愉快、融洽的人际关系"①，用感情留人、事业留人、待遇留人，为档案管理者创造良好的职业生态氛围。第二，强化档案管理者主人翁意识。档案管理者要具有奉献精神，做到爱岗敬业，将数字档案馆的组织意志和目标内化为档案管理者的自觉行为，让数字档案馆的价值观变成档案管理者自己的行为准则，不断提高自身人文素养和业务能力，增强创新意识，主动为数字档案馆生态系统建设发挥作用。

3. 对档案利用者的人文管理

对档案利用者来说，人文管理则体现在档案利用中注重人文关怀。利用档案是法律赋予公民的权利，为用户提供利用档案也是档案发挥作用、实现价值的根本途径。因此，数字档案馆应为用户提供细致周到的服务，满足其多样化的档案信息需求。

对档案利用者的人文管理，集中体现在档案信息利用服务上。数字档案馆的一切信息服务工作都以档案用户为中心，并以满足档案用户需求为目标。首先，数字档案馆应改变传统档案馆"以馆藏为中心"的理念，树立"以用户为中心"的理念，理解用户，关心用户，尊重用户，一切为了用户。同时，加强对社会弱势群体的关怀，以各种方式和手段不断满足弱势群体的档案信息需求。其次，数字档案馆要提高服务能力，为用户提供便捷高效的在线利用服务，并根据用户的线上行为，掌握用户利用需求，深层次挖掘用户潜在的档案信息利用需求，提供个性化的信息服务。再次，数字档案馆应重视收集用户的反馈信息，并根据反馈信息不断地调整档案服务策略和服务方式，通过与用户的实时交流，保持对用户需求的灵敏度，及时响应。

（五）效益管理

管理就是对效益的不断追求，效益是管理的根本目标和永恒主题。效

---

① 赵艳梅:《图书馆人文管理的三个视角》,《图书馆建设》2005 年第 4 期。

益是有效产出与投入之间的比例关系，可以从不同的方面去分析考察。数字档案馆生态系统效益管理重点从社会效益、经济效益和生态效益三个方面去观察。

1. 社会效益

习近平总书记指出："在继续大胆推进改革、推动文化事业全面繁荣和文化产业快速发展、建设社会主义文化强国的同时，把握好意识形态属性和产业属性、社会效益和经济效益的关系，始终坚持社会主义先进文化前进方向，始终把社会效益放在首位。无论改什么、怎么改，导向不能改，阵地不能丢。"[①]《中华人民共和国国民经济和社会发展第十三个五年规划纲要》提出："坚持社会主义先进文化前进方向，坚持以人民为中心的工作导向，坚持把社会效益放在首位、社会效益和经济效益相统一，加快文化改革发展，推动物质文明和精神文明协调发展，建设社会主义文化强国。"[②]《中华人民共和国档案法》明确规定："中央和县级以上地方各级各类档案馆，是集中管理档案的文化事业机构，负责收集、整理、保管和提供利用各自分管范围内的档案。"[③]明确了档案馆是文化事业机构，具有科学文化和公益事业的性质，服务于社会其他各项事业，满足公众的档案信息需求。数字档案馆作为档案馆发展的新形态，应当坚持把社会效益放在首位，做好档案的保管工作，以服务社会为己任，积极传承社会记忆。

数字档案馆社会效益是指数字档案馆对推进社会政治、经济、文化、教育、卫生发展的作用，对促进社会精神文明建设和改观社会精神面貌的作用。"社会效益是衡量档案馆事业及活动的最高准则"[④]。首先，社会主义精神文明建设要求"增强国家意识、法治意识、道德意识、社会责任意识、生态文明意识"[⑤]，数字档案馆馆藏资源包含大量的革命历史、社会变迁、民间艺术、风土人情等档案文献，有着深厚的历史文化底蕴。因此，

---

① 《习近平关于社会主义文化建设论述摘编》，中央文献出版社 2017 年版，第 185 页。

② 《中华人民共和国国民经济和社会发展第十三个五年规划纲要》，《人民日报》2016 年 3 月 18 日。

③ 《中华人民共和国档案法》，《人民日报》2020 年 7 月 16 日。

④ 傅荣校、刘玉芬：《论档案馆的社会效益和经济效益》，《浙江档案》1996 年第 5 期。

⑤ 《中华人民共和国国民经济和社会发展第十三个五年规划纲要》，《人民日报》2016 年 3 月 18 日。

数字档案馆应当树立起历史使命感和社会责任感，利用丰富的馆藏档案信息资源，通过举办档案展览、学术研讨、主题活动等方式，加强爱国主义教育，坚定人民的爱国信念，增强公众的国家意识、道德意识和社会责任意识。其次，数字档案馆中保留了大量档案信息资源和历史资料，是保存历史、传承文化的重要手段，是社会记忆构建的重要载体，对于还原完整真实的社会记忆意义重大，对人类文明的传承和社会进步具有重要作用。再次，数字档案馆保存有非遗档案、民俗档案等特色档案资源，有助于加强非物质文化遗产的保护和传承，弘扬民族优秀传统文化。如水书在2006年被列为国家级非物质文化遗产，水书档案对水族历史的保存、传统文化的保护和社会记忆的传承有着至关重要的作用。最后，数字档案馆建设有助于提升文化服务内涵。"档案是文化的重要'母资源'"[1]，蕴含丰富的文化信息，通过开展深层次的编研和开发利用，可以丰富档案文化内容，提高档案文化服务质量，推动文化事业发展。

2. 经济效益

所谓经济效益，是指"经济活动中的有效成果与劳动消耗的对比关系，或符合社会需要的产出与投入的对比关系，简称为'成果与耗费之比'或'产出与投入之比'，经济效益反映的是生产过程中劳动耗费转化为有效的劳动成果的程度"。[2] 数字档案馆也涉及经济效益的问题，数字档案馆的经济效益是指数字档案馆建设和运行中的产出与投入比。

数字档案馆建设层面的经济效益。数字档案馆建设的规模、整体布局、资源配置等都是由客观条件和社会需求决定的。盲目投入，随意扩大建设规模会造成资源浪费，成本提高，效益低下；而压缩投入，盲目缩小规模也会导致不能满足社会需求，达不到预期效果。因此，数字档案馆建设必须预先进行顶层设计，统筹规划，合理布局，避免不合理的投入，防止重复建设，以获得最优产出和投入比。

数字档案馆管理运行层面的经济效益。对数字档案馆内部实施科学管理可以提高经济效益。通过科学的管理，确定馆藏规模、馆藏资源配置、人员规模结构等要素，提高工作效率；高效运行档案管理系统，减少人

---

[1]　杨冬权：《在全国档案工作暨表彰先进会议上的讲话》，《中国档案》2012年第4期。

[2]　都沁军：《工程经济学》，北京大学出版社2012年版，第35页。

力、物力等投入，衔接好各业务环节，提高档案管理水平，从而降低运行成本，产生经济效益。除此之外，数字档案馆还可以通过有偿服务或经济活动，开发有偿服务产品等来为数字档案馆带来经济效益。例如，开发数字档案馆文化产品、纪念产品等，以获取相应的经济报酬。

数字档案馆利用层面的经济效益。除上述直接效益外，数字档案馆还产生间接经济效益。首先，由于档案信息资源具有很强的参考价值，其蕴含的信息价值无与伦比。数字档案馆通过向企业和个人提供数字档案信息资源，满足用户利用需求，用户将所获取的档案信息资源应用到经济活动中，有助于企业和个人缩短产品研发周期、提高生产效率、降低生产成本、维护合法权益等，产生经济效益。其次，数字档案馆中保存有大量的科技档案，"科技档案是科学技术的直接记录，是科学技术的储备形式"[1]。科技档案中储藏有大量科技成果、工艺方法、技术专利、原始数据等，不仅对档案形成者有极高的使用价值，而且有助于推动科学技术和社会经济的发展。因此，数字档案馆应加大对科技档案信息资源的开发力度，充分发挥科技档案的作用和价值，促进科技进步和人类发展。

3. 环境效益

环境效益是衡量生产劳动过程对自然环境和生态平衡的影响，把人们的劳动成果与这些劳动对生态环境的影响进行比较。经济效益、社会效益和环境效益三者辩证统一，互为条件，相互影响，相互制约。

档案界对于档案馆效益的研究主要集中在经济效益和社会效益方面，对二者的讨论形成了档案馆效益研究的核心。随着社会的发展，人类越来越重视环境效益，甚至将环境效益的地位摆在经济发展和社会进步之前。由此可见，仅对档案馆经济效益和社会效益讨论存在一定的局限性。数字档案馆的管理和运行不仅会为人类社会带来社会效益和经济效益，而且会产生环境效益。因此，必须将环境效益纳入数字档案馆生态系统研究中去。

首先，提高效率，减少自然资源和社会资源的消耗。相比于传统档案馆，数字档案馆所产生的环境效益较为明显，高效运行的数字档案管理系统，不仅可以降低档案日常管理中所带来的环境污染，减少对自然资源和社会资源的消耗，提高工作效率；而且可以打破时空限制，提供档案信息

---

① 周英：《加强科技档案管理促进科学技术发展》，《安徽电力职工大学学报》2003年第3期。

的远程利用和实时利用，减少档案用户的奔波之苦，降低利用过程中的资源消耗。其次，利用档案信息，获取环境效益。数字档案馆除了产生直接环境效益外，还能产生间接环境效益，即通过提供利用档案内容信息，获取环境效益。"2011 年以来，江苏省海安县高新区 210 家规模企业建立健全了生态环保档案，一旦遇到突发性污染事故，就能迅速从档案中调出企业产品的原辅材料、产品工艺以及污染治理设施等具体资料，可及时采取有效措施，最大限度减少对生态环境的影响。"[①] 建立环境保护档案，有助于企业节约能源、技术改造、淘汰落后产能，从而限制高消耗、高污染工业。

四、数字档案馆生态系统生态平衡的实现路径

"生态平衡"思想源起于 20 世纪 30 年代，早期主要用于对自然环境没有遭到人类破坏和生态系统功能相对稳定状态的解释。英国密歇尔·吉勃生（Gibson.M.）在《生物链和生态平衡》一书中提出，"生物链（食物链）都有一定的环节，一定的顺序，从而保持自然界的生态平衡。如果其中的一个或多个环节受到破坏，这个生物链的全部顺序就会被打乱，自然界的生态平衡也就会遭到破坏，给人类带来不良的后果"。[②] 可以通过"保护野生动物""合理地开发和利用自然资源"[③] 等方式保持生态平衡，为人类子孙后代造福。世界自然基金会（World Wide Fund for Nature，简称 WWF）将生态平衡定义为，"在生物群落内，随着自然继承的逐渐变化，基因、物种和生态系统多样性保持相对稳定的平衡状态。由于引入了新物种、某些物种的猝死、自然灾害或人为因素，这种平衡可能会受到干扰"。[④] 我国生态学家曲仲湘认为，"生态平衡是指在一个生态系统中，生物种类组成、种群数量、食物链营养级结构彼此协调，正常组合，能量和

---

① 加小双:《档案事业与生态文明建设的关系》,《办公室业务》2013 年第 5 期。

② ［英］密歇尔·吉勃生:《生物链和生态平衡》,朱本明译,上海教育出版社 1987 年版,第 9 页。

③ ［英］密歇尔·吉勃生:《生物链和生态平衡》,朱本明译,上海教育出版社 1987 年版,第 51、53 页。

④ WWF: *Ecological Balance*, 见 https://wwf.panda.org/discover/knowledge_hub/teacher_resources/webfieldtrips/ecological_balance/。

物质的输入率和输出率基本相等，物质贮存量相对恒定；信息传递畅通；环境质量由于生物群落影响而保持良好，从而使环境部分与生物群落部分达到高度相互适应、协调和统一状态"。①

随着生态平衡概念的深化，人们开始将生态平衡思想运用到各个学科领域，分别从各种不同的角度来思考和解释生态平衡。中国生态学会1981年11月在上海召开"生态平衡"学术讨论会，会议指出："生态平衡是生态系统在一定时间内结构和功能的相对稳定状态，其物质和能量的输入输出接近相等。在外来干扰下，能通过自我调节（或人为控制）恢复到原初的稳定状态。当外来干扰超越生态系统的自我调节能力，而不能恢复到原初状态时谓之生态失调或生态平衡的破坏。"②刘国诚强调了生态平衡是一种动态平衡，"生态系统的物质流动过程与网络结构既处于永恒运动和演变之中，又存在着相对均衡和稳定，表现为动态平衡"。③夏伟生在《生态平衡与经济发展》中提出保持生态平衡的对策："遵循自然规律和经济规律，一方面合理开发和利用自然资源，防止环境的污染与破坏，保持生态系统动态平衡；另一方面，要对已造成的环境污染和破坏进行治理和恢复。"④诸葛阳认为"生态系统的自我调节能力是有限度的，如果外来的压力或冲击超出这些界限，调节就难以奏效，不能恢复原先的稳定状态，就导致生态失调或生态平衡的破坏"。⑤王宝林提出"社会生态平衡是生态平衡的目的。其核心理念，就是面向公共大众，为全人类大多数人着想和服务，使人类社会健康地向前发展"⑥，并指出通过解决交通问题、稳定房价、缩小贫富差距等方法来实现社会生态平衡。牛庆燕提出"努力构建完整的自然生态—社会生态—精神生态的'生态大系统'，能够推进人的内在生命秩序、社会生活秩序和自然生态秩序的辩证契合"⑦。因此，"生态

---

① 曲仲湘、王焕校、吴玉树：《生态平衡概述》，《生态学杂志》1982年第4期。

② 胡笑波：《概述生态平衡与生态经济平衡》，《渔业经济研究》2005年第6期。

③ 刘国诚：《生态平衡浅说》，中国农业出版社1982年版，第11页。

④ 夏伟生：《生态平衡与经济发展》，甘肃人民出版社1983年版，第32页。

⑤ 诸葛阳：《生态平衡与自然保护》，浙江科学技术出版社1987年版，第97页。

⑥ 王宝林：《生态平衡之：社会生态平衡》，《中国建设报》2005年5月30日。

⑦ 牛庆燕：《重建生态平衡：自然生态—社会生态—精神生态》，《中国石油大学学报》（社会科学版）2010年第4期。

平衡是生态系统长期演化的结果；生态平衡是一种动态平衡而不是静态平衡；生态系统具有一定的内部调节能力；生态失衡是生态系统演化的动力之一"[1]。

数字档案馆生态系统生态平衡是指"在一定的时空条件下，数字档案馆生态系统中各种生态因子相对稳定、协调互补，系统整体结构优化、功能良好，形成有效输入和输出关系的一种动态均衡状态，呈现出可持续发展的良好势头"[2]。数字档案馆生态系统平衡表现为系统结构优化、系统功能完善、系统运行稳定、系统交流畅通、与环境相协调等。数字档案馆生态系统平衡是一个长期演化的结果，是数字档案馆生态系统发育到一定阶段出现的一种暂时稳定状态。

在数字档案馆生态系统发展过程中，必然会伴随着生态失衡现象的出现。数字档案馆生态系统没有达到平衡的要求就是生态失衡，一旦失衡，会造成数字档案馆生态系统无法正常运行，甚至造成数字档案信息的失控和破坏。数字档案馆生态系统的失衡表现为："数字档案馆种群数量的失衡，数字档案馆生态系统主体的失衡，数字档案信息资源生产、分解和消费的失衡，数字档案馆生态系统信息开放与信息控制的失衡，数字档案馆建设和社会发展的失衡。"[3]数字档案馆生态系统失衡具有一定的危害，会破坏数字档案馆生态系统的平衡稳定，产生信息污染、信息垄断、信息侵权等信息疾病，阻碍数字档案馆的有序发展。但数字档案馆生态系统失衡并非完全是消极的，也有积极的方面。数字档案馆生态系统失衡可能是某些生态因子上升到新的生态位而造成的失衡，它要求其他生态因子也要进行动态适应，保持协调，适应新环境，建立起新的平衡。因此，数字档案馆生态平衡不是一成不变的机械式平衡，是一种动态的平衡，是一种由平衡到不平衡，再到重新建立新的平衡循环往复的过程，而这种过程恰恰是数字档案馆成长和发展的前进动力。

数字档案馆生态系统目前处于成长发展阶段，系统中不平衡、不适应、不和谐现象时有所见。为此，需要加强数字档案馆生态系统的生态管

---

[1]　金波、丁华东、倪代川：《数字档案馆生态系统研究》，学习出版社2014年版，第316—319页。

[2]　金波、丁华东、倪代川：《数字档案馆生态系统研究》，学习出版社2014年版，第324页。

[3]　金波、丁华东、倪代川：《数字档案馆生态系统研究》，学习出版社2014年版，第332—335页。

理，增强数字档案馆生态系统的调控能力和保障机制，防范调控生态失衡，使各生态因子之间相互适应、相互协调、相互支持，持续发展，最终实现数字档案馆生态系统的生态平衡和健康运行。

（一）主体间的协调平衡

数字档案馆生态系统的主体"各自承担着不同的生态功能，占据着不同的生态位"[①]，它们之间的协调平衡是数字档案馆生态系统健康运行的基础和必要条件。

档案形成者是数字档案馆数字档案资源的生产者和制造者，是保障数字档案资源数量和质量的关键，应当具有档案意识，自觉接受档案管理部门的业务指导和监督，主动配合档案部门的工作，遵循文件生命周期理论，按照前端控制的思想要求，主动积累、整理生产活动中形成的档案文件材料，并按照归档范围和归档要求按时归档，向档案部门移交，维护档案的齐全、真实、完整、可靠与安全。

档案管理者是保障数字档案馆生态系统有序运行的核心，是连接档案形成者和档案利用者的桥梁，是数字档案馆生态位提升的关键。"档案管理者直接参与数字档案馆的管理和运行，是数字档案馆生态系统中最为重要的生态因子之一。如果数字档案馆生态系统的主体（人）是大脑，那么档案管理者就是脑部的中枢神经，是数字档案馆生态系统主体的核心。"[②]档案管理者必须具有科学管理知识和专业业务能力，广泛收集档案信息资源，科学地组织、加工、存储、管理档案信息资源，并应用现代技术提高档案信息利用服务能力，通过计划、组织、管理、领导和控制等方式来确保数字档案馆生态系统的健康运行。

档案利用者是数字档案馆服务的对象，是数字档案资源发挥作用的关键。档案利用者应主动参与到数字档案馆建设中去，一方面，按照法律法规合理地利用档案信息资源，将静态的档案资源转化为现实的生产力，充分发挥档案资源的价值，自觉维护数字档案信息的安全；另一方面，主动参与数字档案馆的资源建设、业务管理和利用服务等治理工作，积极配合

---

① 金波、丁华东、倪代川：《数字档案馆生态系统研究》，学习出版社 2014 年版，第 333 页。

② 金波、丁华东、倪代川：《数字档案馆生态系统研究》，学习出版社 2014 年版，第 126 页。

数字档案馆做好利用信息反馈工作，提升数字档案馆的服务质量和服务效率。

（二）客体间的协调平衡

数字档案馆生态系统的客体是指数字档案馆的生存环境。根据生存环境的空间分类，可将数字档案馆的生存环境分为宏观环境、中观环境和微观环境三个层次[①]。生态环境在很大程度上影响数字档案馆的生存和运行，也是数字档案馆建设和管理的重要因素，数字档案馆建设必须主动适应环境发展，根据环境变化做出适当调整，协调数字档案馆与环境之间的关系。

1. 抓住发展机遇

数字档案馆建设发展面临的宏观环境主要包括政治环境、经济环境、科技环境、法律环境、文化环境、自然环境等，环境的变化必然会影响数字档案馆的建设与发展。数字档案馆必须主动适应宏观环境的变化，抓住机遇，迎接挑战，快速发展。《中华人民共和国国民经济和社会发展第十三个五年规划纲要》指出："积极推动医疗、养老、文化、体育等领域非基本公共服务加快发展，丰富服务产品，提高服务质量，提供个性化服务方案。积极应用新技术、发展新业态，促进线上线下服务衔接，让人民群众享受高效便捷优质服务。"[②] 各级各类国家档案馆作为集中管理档案的文化事业机构，需要提高公共服务能力和水平，创新服务方式，提高服务质量，满足社会档案利用需求。《全国档案事业发展"十三五"规划纲要》确立了"全面推进档案资源存量数字化、增量电子化、利用网络化；创新档案信息化管理模式，加快与信息社会融合，以信息化为核心的档案管理现代化水平明显提升"[③] 的档案管理信息化发展目标和"持续推进数字档案馆建设"任务，为数字档案馆建设指明了方向，明确了数字档案馆的任务要求。数字档案馆生态系统建设要根据《全国档案事业发展"十三五"规

---

① 金波、汤黎华、何伟祺：《数字档案馆生态系统的建构》，《档案学通讯》2010 年第 1 期。

② 《中华人民共和国国民经济和社会发展第十三个五年规划纲要》，《人民日报》2016 年 3 月 18 日。

③ 国家档案局：《全国档案事业发展"十三五"规划纲要》，《中国档案》2016 年第 5 期。

划纲要》的要求，加快推进信息技术与档案工作的深度融合，加快推进数字档案信息资源建设，提升数字档案管理水平。

现代信息技术的飞速发展给数字档案馆建设带来了前所未有的机遇。首先，云计算被称为第三次 IT 浪潮，是一种基于互联网平台的网络资源管理模式，可以实现数字档案信息资源的高度共享，有利于创新数字档案利用服务方式，提高档案利用工作效率。其次，随着大数据技术的广泛应用，数字档案馆的数据存储结构正在发生变化，使数字档案馆面临着如何挖掘档案大数据的潜在价值，如何完成档案大数据的可视化处理，如何实现大数据处理方法和工具的简易化和自动化等挑战[①]，数据档案将成为数字档案馆建设与管理的重要内容。再次，物联网技术是目前信息技术领域的重要内容，是"基于互联网、传统电信网等信息承载体，让所有被独立寻址的普通物理对象实现互联互通的网络"。[②] 射频识别技术、网络与通信技术、传感器技术、数据分析和融合技术等构成物联网技术，这些新技术应用将推动着数字档案馆朝着智能化方向发展。最后，把握"互联网＋"的发展机遇。2015 年《政府工作报告》提出"制定'互联网＋'行动计划，推动移动互联网、云计算、大数据、物联网等与现代制造业结合"[③]。数字档案馆应主动探索互联网技术在档案管理中的应用，充分利用"大云平移"技术，创新互联网时代的数字档案管理方式和利用方式，积极响应数字中国建设，主动对接国家信息化与文化数字化发展战略。

2. 平衡数字档案馆种群的关系

根据数字档案馆生态系统自身属性，目前，数字档案馆种群主要有国家级综合数字档案馆种群、高校数字档案馆种群、行业数字档案馆种群、企业数字档案馆种群[④]。平衡数字档案馆种群关系，协调数字档案馆种内关系和种间关系，对于数字档案馆种群的成长和数字档案馆个体的发展都至关重要。

第一，平衡种内关系。数字档案馆种内关系即数字档案馆种群内部个

---

① 陶水龙：《大数据时代数字档案馆面临的机遇与挑战》，《中国档案》2013 年第 10 期。

② 田雷：《物联网技术在智慧档案馆建设中的应用研究》，《档案学通讯》2015 年第 1 期。

③ 李克强：《政府工作报告——2015 年 3 月 5 日在第十二届全国人民代表大会第三次会议上》，人民出版社 2015 年版，第 27 页。

④ 金波、丁华东、倪代川：《数字档案馆生态系统研究》，学习出版社 2014 年版，第 95 页。

体与个体之间的关系，种群内个体间关系主要体现在资源、技术和人员三个方面。数字档案馆个体开展资源建设时，需加强与其他个体之间的合作与协调，实现资源合理布局、优势互补和共享利用。种群内应加强技术方面的合作交流，加强新技术的协同开发和应用，共同研发数字档案馆信息管理系统，避免重复投入、重复建设和资源浪费，消除"信息孤岛"，提高数字档案信息管理能力和服务水平，实现互利共赢、共同发展。除此之外，人员方面的交流和学习也是平衡种内关系的重要内容，种群内应加强档案管理人员的交流和学习，共同提升业务能力和管理水平，学习新思想、新知识、新技术，协同开展科研攻关，实现数字档案馆个体的共同发展和种群的成长。

第二，平衡种间关系。数字档案馆种间关系即数字档案馆不同种群之间的相互作用所形成的关系，数字档案馆的种间关系具有"互利共生"特征，表现为"正相互作用"。数字档案馆种群的建设和发展关系到数字档案馆整体在社会组织系统中的空间与地位[①]。因此，数字档案馆种群之间应在业务上相互学习、建设上相互参考、技术上相互借鉴、科研上共同攻关，通过协同合作，形成更多的数字档案馆种群，实现数字档案馆种群的发展壮大，达到种间关系的平衡，共同推动数字档案馆生态系统的成长，提高数字档案馆生态系统整体的社会影响力。

3. 协调数字档案馆与其他信息机构的关系

数字档案馆与其他信息机构（如数字图书馆、数字博物馆、大众媒体等）存在着合作与竞争的关系，突出表现在信息资源的合作与竞争上。第一，加强数字信息资源的合作。"数字档案馆与其他信息机构由于工作职能上的不同，在信息资源的拥有上存在明显差异，不具重复性，需要双方或多方协调处理，实现数字信息资源的共享或信息资源的集成化服务。""为此，数字档案馆需要充分利用现代信息技术优势，加强与数字图书馆、数字博物馆、传媒机构等信息机构协调合作、互通有无、取长补短，相互借鉴建设经验，集成多方信息资源，实现馆藏数字信息资源的互补与共享，为用户提供优质的、专业化的信息服务。"[②]第二，增强数字档

---

① 金波、丁华东、倪代川：《数字档案馆生态系统研究》，学习出版社 2014 年版，第 110 页。

② 金波、丁华东：《数字档案信息资源的协调与竞争》，《浙江档案》2013 年第 9 期。

案馆竞争能力。数字档案馆与其他信息机构都在信息生态系统中扮演着信息形成者、管理者和传递者的角色，为社会提供信息服务。这些信息机构尽管在信息资源管理方面存在着明显的分工，但是，随着社会活动联系日益紧密、信息机构社会职能日益扩大、用户需求层次日益提升等影响，信息机构职能活动之间的交集日益增多，信息机构之间的竞争不可避免①。因此，数字档案馆需要加强与其他信息机构间的协调，一方面，数字档案馆应该主动与其他信息机构进行合作，实现数字信息资源的共享；另一方面，数字档案馆也应与其他信息机构进行有序竞争，形成核心竞争力，不断提高数字档案馆生态系统的社会生态位。

（三）主客体间的协调平衡

1. 培养生态意识

生态意识是人类尊重自然的伦理意识，是人与自然共存发展的价值意识，是衡量一个国家或民族文明程度的重要标志。"这是对人类文明发展规律的深邃思考——生态兴则文明兴，生态衰则文明衰，保护生态环境就是保护生产力、改善生态环境就是发展生产力。"②

对于数字档案馆生态系统的主体来说，首先，应树立生态科学意识和生态道德意识，保护自然生态环境。在数字档案馆建设和运行的过程中，做到敬畏自然，爱护自然，树立人与自然和谐相处的责任感，降低能源消耗，减少环境污染，提高工作效率，用生态思维剖解数字档案馆建设中遇到的瓶颈问题。其次，提升职业素质和专业技能，适应社会环境和技术发展的变化。无论是档案形成者、档案管理者，还是档案利用者，都需要主动学习新技术、新知识，提高信息素养、信息技能和管理能力。档案管理者更是需要适应数字时代的档案管理要求，适应档案载体的变化，适应多元化、复杂化的档案利用需求，为数字档案馆生态系统建设提供能量支持。

2. 平衡藏与用

传统档案馆"以馆藏为中心"，即以收藏为主，利用为辅，只注重对

---

① 金波、丁华东：《数字档案信息资源的协调与竞争》，《浙江档案》2013 年第 9 期。

② 《开创生态文明新局面——党的十八大以来以习近平同志为核心的党中央引领生态文明建设纪实》，《人民日报》2017 年 8 月 3 日。

档案的收集和保管，往往忽视档案利用和档案用户信息反馈，这是一种生态失衡现象，影响档案价值的发挥和档案利用水平的提高。数字档案馆生态系统建设需要改变这一局面，平衡收、管、用三者之间关系。树立"大档案"理念，广泛收集各类档案信息资源，尤其是民生档案资源、社会档案资源、特色档案资源等，"既要关注纸质档案，也要关注数字档案；既要关注静态档案，也要关注动态档案；既要关注组织机构（立档单位）档案，也要关注社会民生家庭档案"①；科学合理地保管档案，保障数字档案信息的长期保存和安全存储；同时还应"以用户为中心"，践行"以人为本"的服务理念，进行深层次用户需求分析，甚至是超用户需求分析，掌握并整合用户模糊取向或自身尚未认识到的信息需求，在此基础上提供有针对性的档案信息服务，满足用户个性化、专业化和多样化的信息需求。

3. 提供生态服务

所谓生态服务，是指数字档案馆向用户提供利用时，将生态因素考虑进去，转变服务理念和服务方式，注重用户利用体验，提高服务效率和效益。首先，树立生态服务理念。加强生态系统理论和生态管理知识教育，创新服务模式，关注用户的利用需求，降低利用成本，节省利用时间，提高利用效率，适应生态文明建设要求。其次，提供文化服务。数字档案馆应着力构建具有地方文化特色的馆藏结构，丰富馆藏档案资源，发挥数字档案馆文化功能；重视档案馆建筑库房设计，成为城市建筑文化地标，营造良好的文化环境氛围，提升档案馆的文化品位；注重档案文化创意产品开发，形成满足社会需要的档案文化产品。再次，开展知识服务。当前，"我们淹没在信息的海洋中，却有着知识饥饿感"。档案馆开展知识服务的宗旨是根据用户的问题需求，尝试为用户寻找或形成解决问题的方案，从而实现信息的增值，是一种基于专业化、集成化和个性化的动态创新服务。数字档案馆开展知识服务，要求档案管理者不仅要为用户提供档案信息本身，而且应按照用户的利用需求，并结合自身经验和技能对信息进行加工、整合、分析，然后提供给用户利用，并时刻关注该信息对用户解决问题的实际效用。

---

① 金波、蔡敏芳：《大数据时代档案学专业高等教育的变革与创新》，《档案学研究》2016年第6期。

主要参考文献

一、著作

［1］［德］H.哈肯:《协同学导论》，张纪岳、郭治安译，西北大学出版社1981年版。

［2］［德］H.Haken:《高等协同学》，郭治安译，科学出版社1989年版。

［3］［德］赫尔曼·哈肯:《协同学——大自然构成的奥秘》，凌复华译，上海译文出版社2013年版。

［4］［美］C.W.L.希尔、G.R.琼斯:《战略管理》(第七版)，孙忠译，中国市场出版社2008年版。

［5］［美］K.A.沃科特:《生态系统——平衡与管理的科学》，欧阳华等译，科学出版社2002年版。

［6］［美］彼得·德鲁克:《卓有成效的管理者》，机械工业出版社2016年版。

［7］［美］露丝·本尼迪克特:《文化模式》，王炜译，社会科学文献出版社2009年版。

［8］［美］迈克尔·汉南·约翰·弗里曼:《组织生态学》，彭璧玉、李熙译，科学出版社2014年版。

［9］［美］乔治·斯坦纳:《战略规划》，李先柏译，华夏出版社2001年版。

［10］［英］E.马尔特比等:《生态系统管理:科学与社会问题》，康乐、韩兴国等译，科学出版社2003年版。

［11］［英］格里·约翰逊、凯万·斯科尔斯:《战略管理》(第6版)，王军等译，人民邮电出版社2004年版。

［12］［英］维克托·迈尔·舍恩伯格、肯尼思·库克耶:《大数据时代:生活、工作与思维的大变革》，盛杨艳、周涛译，浙江人民出版社2013年版。

［13］毕强、陈晓美:《数字信息资源建设与管理》，科学出版社2010年版。

［14］蔡晓明：《生态系统生态学》，科学出版社 2000 年版。

［15］曹孟勤、徐海红：《生态社会的来临》，南京师范大学出版社 2010 年版。

［16］曾国华：《管理学理论、应用和中国案例》，经济管理出版社 2015 年版。

［17］查先进、严亚兰、李晶：《数字信息资源配置》，武汉大学出版社 2013 年版。

［18］陈春花：《企业文化管理》，华南理工大学出版社 2002 年版。

［19］陈军：《低碳管理》，海洋出版社 2010 年版。

［20］陈亭楠：《现代企业文化》，企业管理出版社 2003 年版。

［21］陈振明：《公共部门战略管理》（修订版），中国人民大学出版社 2011 年版。

［22］陈智为、邓绍兴、刘越男主编：《档案管理学》（第三版），中国人民大学出版社 2008 年版。

［23］丁华东：《档案与社会记忆研究》，人民出版社 2016 年版。

［24］丁宁：《企业文化学》，北京交通大学出版社 2014 年版。

［25］董焱：《信息文化论——数字化生存状态冷思考》，北京图书馆出版社 2003 年版。

［26］段培君：《战略思维理论和方法》，中共中央党校出版社 2011 年版。

［27］冯惠玲等：《电子文件风险管理》，中国人民大学出版社 2008 年版。

［28］冯惠玲、刘越男等：《电子文件管理国家战略》，中国人民大学出版社 2011 年版。

［29］冯惠玲、张辑哲主编：《档案学概论》（第二版），中国人民大学出版社 2006 年版。

［30］高红岩主编：《战略管理学》，清华大学出版社 2007 年版。

［31］高小平：《政府生态管理》，中国社会科学出版社 2007 年版。

［32］郭湛：《社会公共性研究》，人民出版社 2009 年版。

［33］何云峰、弓永华：《现代管理学》，中国农业大学出版社 2013 年版。

［34］何振：《档案馆学新探》，中国档案出版社 2003 年版。

［35］胡昌平等：《创新型国家的信息服务与保障研究》，学习出版社 2013 年版。

［36］胡鸿杰、吴红：《档案职业状况与发展趋势研究》，中国言实出版社 2008 年版。

［37］黄恒学：《资源管理学》，中国经济出版社 2010 年版。

［38］黄娟：《生态经济协调发展思想研究》，中国社会科学出版社 2008 年版。

［39］黄平：《乡土中国与文化自觉》，生活·读书·新知三联书店 2007 年版。

［40］黄霄羽：《社会转型期档案利用政策研究》，光明日报出版社 2011 年版。

［41］贾卫列、杨永岗、朱明双：《生态文明建设导论》，中央编译出版社 2013 年版。

［42］蒋录全：《信息生态与社会可持续发展》，北京图书馆出版社 2003 年版。

［43］金波、丁华东、倪代川：《数字档案馆生态系统研究》，学习出版社 2014 年版。

［44］金波、丁华东主编：《电子文件管理学》，上海大学出版社 2015 年版。

［45］靖继鹏、张向先：《信息生态理论与应用》，科学出版社 2017 年版。

［46］柯平等：《图书馆战略规划：理论、模型与实证》，国家图书馆出版社 2013 年版。

［47］柯平等：《图书馆战略规划研究》，社会科学文献出版社 2014 年版。

［48］李素鹏：《ISO 风险管理标准全解》，人民邮电出版社 2012 年版。

［49］李扬新：《档案公共服务政策研究》，世界图书出版公司 2011 年版。

［50］刘丽霞：《公共政策分析》，东北财经大学出版社 2006 年版。

［51］娄策群：《信息生态系统理论及其应用研究》，中国社会科学出版社 2014 年版。

［52］马费成、赖茂生主编：《信息资源管理》，高等教育出版社 2006 年版。

［53］马长林、宗培岭等：《档案馆信息化建设探讨》，上海社会科学院出版社 2006 年版。

［54］潘开灵、白烈湖：《管理协同理论及其应用》，经济管理出版社 2006 年版。

［55］潘连根：《数字档案馆研究》，中国档案出版社 2005 年版。

［56］裴成发：《信息运动生态协同演进研究》，科学出版社 2014 年版。

［57］钱辉：《生态位、因子互动与企业演化——企业生态位对企业成长影响研究》，浙江大学出版社 2008 年版。

［58］秦谱德、崔晋生、蒲丽萍主编：《生态社会学》，社会科学文献出版社 2013 年版。

［59］人民论坛：《大国治理：国家治理体系和治理能力现代化》，中国经济出版社 2014 年版。

［60］任汉中：《中国档案文化概论》，中国档案出版社 2000 年版。

［61］任遵圣：《档案与社会》，中国档案出版社 1999 年版。

［62］邵培仁等：《媒介生态学——媒介作为绿色生态的研究》，中国传媒大学出版社 2008 年版。

［63］世界自然保护同盟、联合国环境规划署、世界野生生物基金会：《保护地球——可持续生存战略》，国家环境保护局外事办公室译，环境科学出版社 1992 年版。

［64］宋培义、卜彦芳等：《媒体组织战略管理》，中国广播电视出版社 2011 年版。

［65］谭昆智：《组织文化管理》，北京大学出版社 2008 年版。

［66］唐虹：《图书馆联盟协同管理研究》，湖南大学出版社 2012 年版。

［67］涂子沛：《大数据：正在到来的数据革命，以及它如何改变政府、商业与我

们的生活》，广西师范大学出版社 2012 年版。

［68］涂子沛：《数据之巅》，中信出版社 2014 年版。

［69］汪长江、汪士寒：《现代管理学》，清华大学出版社 2015 年版。

［70］王芳主编：《数字档案馆学》，中国人民大学出版社 2010 年版。

［71］王国元：《组织行为管理》，华夏出版社 2016 年版。

［72］王新才、江善东：《基于业务规则的档案信息资源管理》，武汉大学出版社 2014 年版。

［73］王英玮、陈智为、刘越男主编：《档案管理学》，中国人民大学出版社 2015 年版。

［74］王英玮：《档案文化论》，中国人民大学出版社 1998 年版。

［75］王迎军、柳茂平：《战略管理》（第 2 版），南开大学出版社 2013 年版。

［76］王子平、冯百侠、徐静珍：《资源论》，河北科学技术出版社 2001 年版。

［77］吴建中：《战略思考——图书馆管理的 10 个热门话题》，上海科学技术文献出版社 2005 年版。

［78］吴彤：《多维融贯——系统分析与哲学思维方法》，云南人民出版社 2005 年版。

［79］夏伟生：《生态平衡与经济发展》，甘肃人民出版社 1983 年版。

［80］谢波主编：《江苏省数字档案馆建设理论与实践》，河海大学出版社 2014 年版。

［81］熊励、向郑涛、韩昌玲：《泛在网络的协同服务传递理论与方法——以车联网为例》，清华大学出版社 2013 年版。

［82］徐大勇主编：《企业战略管理》，清华大学出版社 2015 年版。

［83］薛四新、彭荣、陈永生主编：《档案信息化应用系统建设》，机械工业出版社 2006 年版。

［84］颜祥林、聂曼影：《数字档案馆项目风险管理引论》，世界图书出版公司 2016 年版。

［85］杨学山：《论信息》，电子工业出版社 2016 年版。

［86］姚宏宇、田溯宁：《云计算：大数据时代的系统工程》，电子工业出版社 2013 年版。

［87］姚乐野、蔡娜：《走向知识管理与知识服务——数字档案馆建设研究》，四川人民出版社 2010 年版。

［88］应焕红：《公司文化管理》，中国经济出版社 2001 年版。

［89］余昌谋：《生态文化论》，河北教育出版社 2001 年版。

［90］俞可平：《论国家治理现代化》，社会科学文献出版社 2014 年版。

［91］张斌：《档案价值论》，中央文献出版社 2000 年版。

［92］张德、吴剑平:《企业文化与CI策划》(第3版),清华大学出版社2008年版。

［93］张德主编:《企业文化建设》(第3版),清华大学出版社2015年版。

［94］张久珍:《网络信息传播的自律机制研究》,北京图书馆出版社2005年版。

［95］张美芳:《数字信息保存》,中国人民大学出版社2016年版。

［96］张绍华、潘蓉、宗宇伟:《大数据治理与服务》上海科学技术出版社2016年版。

［97］张真继、张润彤:《网络社会生态学》,电子工业出版社2008年版。

［98］赵屹:《数字时代的文件与档案管理》,世界图书出版公司2014年版。

［99］赵云台:《政务信息生态系统理论及其应用研究》,中国社会科学出版社2012年版。

［100］郑秀峰:《企业种群生态系统研究》,中国经济出版社2008年版。

［101］周承聪:《信息服务生态系统运行机制研究》,中国社会科学出版社2015年版。

［102］周海林:《可持续发展原理》,商务印书馆2004年版。

［103］周宏仁:《信息化论》,人民出版社2008年版。

［104］周晓英:《档案信息论》,中国人民大学出版社2000年版。

［105］周耀林、赵跃等:《面向公众需求的档案资源建设与服务研究》,武汉大学出版社2017年版。

［106］邹慧霞:《供应链协同管理理论与方法》,北京大学出版社2007年版。

［107］Anne Gilliland, Sue McKemmish and Andrew J Lau, *Research in the Archival Multiverse,* Melbourne: Monash University Press, 2016.

［108］C.S.Holling, *Adaptive Environmental Assessment and Management*, London: A Wiley- interscience Publication, 2005.

［109］Cadenhead T,Kantarcioglu M, Khadilkar V, etal, *Design and implementation of a cloud-based assured information sharing system,* Berlin: Springer Berlin Heidelberg, 2012.

［110］Davenport T H, Prusak L, *Information ecology: Mastering the information and knowledge environment,* New York: Oxford University Press, 1997.

［111］Geert Hofstede, Gert Jan Hofstede, Michael Minkov, *Cultures and Organizations: Software of the Mind,* New York: McGraw-Hill, 2010.

［112］Hannan M.T.and J.Freeman, *Organizational Ecology*, Cambridge: Harvard University Press, 1989.

［113］Malhotra Y, *Information ecology and knowledge management: Toward knowledge ecology for hyperturbulent organizational environments,* Encyclopedia of Lift

Support Systems（EOLSS）. Oxford: UNESCO / Eolss Publishers, 2002.

［114］Stielow, Frederick, *Building digital archives, descriptions, and displays:a how-to-do-it manual for archivists and librarians,* New York: Neal-Schuman Publishers, 2003.

［115］Victoria L, Lemieux, *Managing Risks for Records and Information*, Lenexa, Kensas: ARMA International, 2004.

［116］WCED, *Our Common Future*, Oxford: Oxford University Press, 1987.

二、论文

［1］［德］H.Haken：《我是怎样创立协同学的》，杨炳奕整理，《上海机械学院学报》1987 年第 1 期。

［2］［韩］尹美京、任凤：《档案意识与档案工作的关系之我见》，《档案学通讯》2008 年第 3 期。

［3］［加］特里·库克：《四个范式：欧洲档案学的观念和战略的变化——1840 年以来西方档案观念与战略的变化》，李音译，《档案学研究》2011 年第 3 期。

［4］［美］Dyung Le：《美国电子文件档案馆项目——现状，挑战和教训》，张宁编译，《档案学通讯》2009 年第 5 期。

［5］安小米、孙舒扬等：《21 世纪的数字档案资源整合与服务：国外研究及借鉴》，《档案学通讯》2014 年第 2 期。

［6］毕建新、郑建明：《基于用户需求的档案信息资源建设机制研究》，《档案与建设》2013 年第 2 期。

［7］蔡娜、姚乐野：《知识管理在数字档案馆中的应用研究》，《档案学通讯》2008 年第 3 期。

［8］蔡学美：《推进数字档案馆建设提升各级档案馆信息化管理能力》，《中国档案》2011 年第 3 期。

［9］曾珍香：《可持续发展协调性分析》，《系统工程理论与实践》2001 年第 3 期。

［10］陈姝：《数字档案馆的信息资源建设》，《北京档案》2002 年第 5 期。

［11］陈为东、王萍、王益成：《基于系统动力学的网络信息生态系统运行机理模型及优化策略研究》，《现代情报》2017 年第 7 期。

［12］陈永生、侯衡等：《电子政务系统中的档案管理：整合共享》，《档案学研究》2015 年第 6 期。

［13］陈永生、杨茜茜等：《电子政务系统中的档案管理：问题与思考》，《档案学研究》2015 年第 2 期。

［14］陈振明：《公共部门战略管理途径的特征、过程和作用》，《厦门大学学报》（哲学社会科学版）2004 年第 3 期。

［15］陈忠海、崔晓惠：《数字档案馆信息服务研究综述》，《档案管理》2008 年第 6 期。

［16］陈祖芬：《档案部门运用社交媒体开展文化传承的微观对策研究》，《浙江档案》2016 年第 3 期。

［17］程亚男：《组织文化与文化塑造——图书馆管理的视角转换》，《中国图书馆学报》2004 年第 3 期。

［18］程妍妍、李圆圆：《我国数字档案馆标准规范体系研究》，《档案学通讯》2014 年第 6 期。

［19］楚艳娜、谭必勇：《档案基金会资金筹集与运用策略探析——以美国国家档案馆基金会为例》，《档案学研究》2017 年第 1 期。

［20］邓君、孙福强：《数字档案馆与人文环境的优化》，《情报科学》2004 年第 6 期。

［21］迪莉娅：《云环境下数字档案馆资源的管理过程研究》，《档案学研究》2014 年第 4 期。

［22］丁家友、聂云霞：《数字档案资源生态安全的演进路线探析》，《档案学研究》2016 年第 2 期。

［23］丁子涵、张斌：《美国企业文件和档案管理机制研究》，《档案学研究》2016 年第 6 期。

［24］董宇、安小米等：《档案资源整合视角下的数字档案资源公共服务能力评价指标构建》，《档案学研究》2015 年第 4 期。

［25］杜栋：《协同、协同管理与协同管理系统》，《现代管理科学》2008 年第 2 期。

［26］方燕：《数字档案馆的研究与开发》，《档案学通讯》2001 年第 5 期。

［27］冯惠玲、安小米：《第十四届国际档案大会的学术特点及主要议题》，《档案学通讯》2000 年第 6 期。

［28］冯惠玲、刘越男、马林青：《文件管理的数字转型：关键要素识别与推进策略分析》，《档案学通讯》2017 年第 3 期。

［29］傅荣贤：《信息生态学研究的原则和方法》，《国家图书馆学刊》2010 年第 1 期。

［30］傅荣校、施蕊：《论智慧城市背景下的智慧档案馆建设》，《浙江档案》2015 年第 5 期。

［31］傅沂、隋广军：《生态管理的产业生态基础研究》，《科学学与科学技术管理》2006 年第 4 期。

［32］高文武、王虎成：《从管理思想发展趋势看文化管理与战略管理互补》，《长安大学学报》（社会科学版）2011 年第 9 期。

［33］龚天平：《伦理管理：当代企业伦理的践行机制》,《上海财经大学学报》2010 年第 4 期。

［34］郭红解：《论档案馆文化的构成、特性及空间拓展》,《档案学通讯》2004 年第 5 期。

［35］郭佳然：《绿色档案馆建设研究》,硕士学位论文,河北大学,2013 年。

［36］郭启贵、潘少云：《文化管理及其对管理本质的凸显》,《求索》2013 年第 4 期。

［37］郭伟、方昀：《数字档案馆顶层架构参考模型设计》,《档案学研究》2015 年第 4 期。

［38］国家档案局：《全国档案事业发展"十三五"规划纲要》,《中国档案》2016 年第 5 期。

［39］韩子静：《信息生态学与信息生态系统平衡研究》,硕士学位论文,浙江大学,2008 年。

［40］何振、蒋冠：《国家档案资源整合与共享工程建设构想》,《档案学研究》2005 年第 4 期。

［41］胡鸿杰：《档案与文化》,《档案学通讯》2004 年第 5 期。

［42］胡鸿杰：《论档案职业的发展空间》,《档案学通讯》2007 年第 6 期。

［43］胡宁：《伦理管理研究》,博士学位论文,中南大学,2010 年,第 125 页。

［44］胡燕：《普通公众档案利用行为对档案馆建设的影响及对策研究》,《档案学通讯》2016 年第 6 期。

［45］霍功：《可持续发展思想及其生态伦理探索》,《社会科学家》2009 年第 7 期。

［46］江涛：《美国电子文件档案馆（ERA）对我国电子文件保存的借鉴意义》,《浙江档案》2006 年第 5 期。

［47］姜龙飞、张晶晶：《融入智慧城市的档案服务——上海市民生档案远程协同服务机制建设纪实》,《中国档案》2012 年第 9 期。

［48］金波、晏秦：《数据管理与档案信息服务创新》,《档案学研究》2017 年第 6 期。

［49］金波：《论数字档案信息资源建设》,《档案学通讯》2013 年第 5 期。

［50］金幼图：《论馆藏特色档案资源建设方式和途径》,《中国档案》2010 年第 9 期。

［51］靖继鹏：《信息生态理论研究发展前瞻》,《图书情报工作》2009 年第 4 期。

［52］康蠡、周铭、蔡青：《生态位调整：国家综合档案馆走向公共的应然选择》,《档案学通讯》2012 年第 2 期。

［53］康蠡、周铭：《档案大数据生态系统涵义、构成与结构摭探》,《北京档案》

2017 年第 8 期。

　　［54］柯平:《基于战略管理的图书馆战略研究》,《山东图书馆学刊》2010 年第 3 期。

　　［55］雷晓蓉:《"安全岛"理论与数字档案馆信息风险管理研究》,《档案学研究》2015 年第 5 期。

　　［56］李财富:《档案事业可持续发展内涵探析》,《档案学研究》1999 年第 3 期。

　　［57］李敏:《"互联网 +"背景下的档案馆馆际一体化建设研究》,《浙江档案》2016 年第 9 期。

　　［58］李明华:《在全国档案安全工作会议上的讲话》,《中国档案》2017 年第 7 期。

　　［59］李明华:《着力提升服务能力 深化"三个体系"建设 大力推进新形势下档案馆工作——在全国档案馆工作会议上的讲话》,《中国档案》2016 年第 11 期。

　　［60］李明华:《中国的数字档案资源建设》,《中国档案》2016 年第 10 期。

　　［61］连志英:《基于用户需求的个性化数字档案信息服务模式构建》,《档案学通讯》2013 年第 5 期。

　　［62］连志英:《数字档案资源整合影响因素分析:基于建构型扎根理论的研究》,《档案学通讯》2015 年第 6 期。

　　［63］刘东斌:《数字档案馆建设面临的难题》,《档案管理》2003 年第 8 期。

　　［64］刘虹:《评图书馆、档案馆组织文化中的价值观》,《北京档案》2011 年第 2 期。

　　［65］刘正周:《管理激励与激励机制》,《管理世界》1996 年第 5 期。

　　［66］刘志峰、张志宇、王石磊:《基于生命周期理论视角的信息生态系统研究》,《科技管理研究》2009 年第 4 期。

　　［67］娄策群、范朋显、叶磊:《网络信息生态链风险防范方略》,《图书情报工作》2015 年第 11 期。

　　［68］陆阳:《档案文化自觉论》,《档案学通讯》2013 年第 4 期。

　　［69］鹿璐:《档案馆提升档案文化软实力的途径与对策》,《中国档案》2012 年第 1 期。

　　［70］吕元智:《基于价值创新的公共档案馆信息服务模式研究》,《图书情报知识》2010 年第 3 期。

　　［71］吕元智:《面向资源架构的数字档案资源跨媒体整合研究》,《档案学研究》2016 年第 4 期。

　　［72］吕元智:《数字档案馆核心竞争力研究》,《档案学通讯》2012 年第 3 期。

　　［73］马海群:《我国数字信息资源宏观规划的成就、问题及发展思路》,《情报学报》2008 年第 5 期。

［74］马晴、魏扣、郝琦:《档案生态系统构成要素及其关系研究》,《档案学通讯》2016 年第 6 期。

［75］莫家莉、史仕新、周小平:《智慧档案馆顶层设计基本思路探析》,《档案与建设》2016 年第 9 期。

［76］倪代川、金波:《论数字档案馆生态系统管理》,《档案管理》2013 年第 2 期。

［77］倪代川、戚颖:《数字档案资源研究综述》,《档案管理》2016 年第 2 期。

［78］聂云霞、方璐、曾松:《数字档案信息安全风险与防范策略探讨》,《档案与建设》2017 年第 4 期。

［79］聂云霞、张加欣、甘敏:《信息生态视域下数字档案用户信息安全保障系统构建研究》,《档案学研究》2017 年第 1 期。

［80］潘积仁:《档案资源建设:原则、实践、策略》,《中国档案》2009 年第 7 期。

［81］潘建华:《大数据背景下档案信息共享平台安全性研究》,《山西档案》2016 年第 3 期。

［82］潘世红:《浅谈数字档案馆建设中应注意的几个问题》,《档案学研究》2013 年第 7 期。

［83］潘祥武、张德贤、王琪:《生态管理:传统项目管理应对挑战的新选择》,《管理现代化》2002 年第 5 期。

［84］逄淑美:《数字档案馆信息服务研究》,硕士学位论文,云南大学,2015 年。

［85］彭璧玉:《组织生态学理论述评》,《经济学家》2006 年第 5 期。

［86］彭小芹、程结晶:《云计算环境中数字档案馆服务与管理初探》,《档案学研究》2010 年第 6 期。

［87］邱国栋、王涛:《重新审视德鲁克的目标管理——一个后现代视角》,《学术月刊》2013 年第 10 期。

［88］任汉中:《论档案的文化价值》,《档案学研究》2005 年第 2 期。

［89］任越:《文化哲学视域下档案文化层次问题研究》,《档案学通讯》2016 年第 1 期。

［90］佘建新、李静、季雪岗:《互联网时代下档案馆间联盟机制与实践探索》,《档案学通讯》2016 年第 1 期。

［91］沈双洁:《数字档案馆项目风险识别和分析研究》,硕士学位论文,南京大学,2013 年。

［92］史江、李金峰:《档案利用信息反馈工作的问题与对策探讨》,《档案学通讯》2007 年第 3 期。

［93］宋林飞:《生态文明理论与实践》,《南京社会科学》2007 年第 12 期。

［94］苏君华：《数字档案馆建设中技术化与人文化的融合研究》，《档案学通讯》2011 年第 6 期。

［95］孙立徽、何畏、郭懿峰：《青岛市档案局数字档案馆建设情况考察报告》，《云南档案》2010 年第 4 期。

［96］孙俐丽、吴建华：《关于国家数字档案资源整合与服务机制顶层设计的初步思考》，《档案学研究》2016 年第 1 期。

［97］孙万国、焦君红：《生态伦理：可持续发展的伦理基础》，《生态环境学报》2009 年第 6 期。

［98］孙亚忠：《企业生态管理研究》，《武汉理工大学学报》2007 年第 5 期。

［99］覃兆刿：《档案文化建设是一项"社会健脑工程"——记忆·档案·文化研究的关系视角》，《浙江档案》2011 年第 1 期。

［100］檀竹茂：《档案信息资源开发的有效途径——协同合作》，《档案学通讯》2014 年第 2 期。

［101］陶水龙：《大数据时代数字档案馆面临的机遇与挑战》，《中国档案》2013 年第 10 期。

［102］陶水龙：《智慧档案馆建设思路研究》，《中国档案》2014 年第 6 期。

［103］田伟、韩海涛：《实现我国"互联网＋档案"关键问题刍议》，《中国档案》2015 年第 12 期。

［104］佟泽华：《知识协同及其与相关概念的关系探讨》，《图书情报工作》2012 年第 8 期。

［105］王保国：《数字档案馆建设中的若干关系》，《中国档案》2004 年第 11 期。

［106］王虎成：《文化管理与战略管理互补研究》，博士学位论文，华中师范大学，2013 年。

［107］王欢、颜祥林：《数字档案馆项目风险成因的理论探析》，《档案与建设》2015 年第 2 期。

［108］王如松、李锋：《论城市生态管理》，《中国城市林业》2006 年第 2 期。

［109］王熹：《绿色档案馆建筑典型案例及其借鉴》，《中国档案》2012 年第 5 期。

［110］王晓婵：《基于可持续发展的城市生态管理研究》，硕士学位论文，大连理工大学，2008 年。

［111］王英玮、陆红：《关于社会转型期我国档案文化建设与发展问题的思考》，《中国档案》2011 年第 12 期。

［112］王玉龙：《云环境下数字档案馆安全风险及其应对策略》，《档案》2012 年第 5 期。

［113］王运彬：《近十年来档案用户需求研究综述》，《档案学通讯》2011 年第 1 期。

［114］魏凯：《对大数据国家战略的几点考虑》，《大数据》2015 年第 1 期。

［115］魏奇锋、顾新：《知识链组织之间知识共享的风险防范研究》，《情报杂志》2011 年第 11 期。

［116］肖文建、胡敏捷：《数字档案馆建设中的信息技术外包的潜在风险及防范》，《档案学通讯》2010 年第 6 期。

［117］熊一军：《智能化档案馆安全防范系统的设计》，《中国档案》2003 年第 10 期。

［118］徐华、薛四新：《云数字档案馆风险评估研究框架》，《档案学研究》2016 年第 5 期。

［119］薛辰：《档案馆移动服务及其模式研究》，《档案管理》2016 年第 5 期。

［120］薛春刚：《档案信息生态系统的平衡与档案事业的可持续发展》，《档案与建设》1998 年第 4 期。

［121］薛四新、杨艳、袁继军：《智慧档案馆概想》，《中国档案》2015 年第 7 期。

［122］薛四新、张晓：《论数字档案馆的共建与共享》，《档案学研究》2010 年第 2 期。

［123］闫静：《档案事业公众参与特点及新趋势探析——基于英国"档案志愿者"和美国"公民档案工作者"的思考》，《档案学研究》2014 年第 3 期。

［124］严永官：《论"民生档案"》，《档案管理》2009 年第 1 期。

［125］颜祥林：《数字档案馆项目风险成因的理论探析》，《档案学通讯》2013 年第 5 期。

［126］杨冬权：《在全国档案工作暨表彰先进会议上的讲话》，《中国档案》2012 年第 4 期。

［127］杨冬权：《在全国档案局长馆长会议上的讲话》，《中国档案》2011 年第 1 期。

［128］杨冬权：《在全国民生档案工作经验交流会上的讲话》，《中国档案》2012 年第 11 期。

［129］杨冬权：《在全国数字档案馆（室）建设推进上的讲话》，《中国档案》2013 年第 11 期。

［130］杨来青、徐明君、邹杰：《档案馆未来发展的新前景：智慧档案馆》，《中国档案》2013 年第 12 期。

［131］杨智勇、周枫：《试析智慧档案馆的兴起与未来发展》，《档案学通讯》2015 年第 4 期。

［132］于良芝：《战略规划作为公共图书馆管理的工具：应用、价值及其与我国公共图书馆的相关性》，《图书馆建设》2008 年第 4 期。

［133］俞可平：《治理和善治引论》，《马克思主义与现实》1999 年第 5 期。

［134］张斌、郝琦、魏扣：《基于档案知识库的档案知识服务研究》，《档案学通讯》2016 年第 3 期。

［135］张斌：《知识管理者：档案工作者角色的重新定位》，《档案学通讯》2009 年第 5 期。

［136］张成福、谢一帆：《风险社会及其有效治理的战略》，《中国人民大学学报》2009 年第 5 期。

［137］张东华、姚红叶：《信息生态视阈下数字档案馆信息服务研究》，《档案学通讯》2011 年第 5 期。

［138］张东华：《基于信息生态系统的档案信息资源共建共享》，《档案》2011 年第 1 期。

［139］张林华：《论我国公民档案信息权意识的嬗变》，《档案学通讯》2014 年第 6 期。

［140］张世林：《档案数字化的知识产权对策研究——以"数字敦煌"项目为例》，《档案学通讯》2009 年第 3 期。

［141］张文显：《法治与国家治理现代化》，《中国法学》2014 年第 4 期。

［142］张照余：《档案信息化人才建设现状与对策》，《浙江档案》2006 年第 10 期。

［143］章燕华、徐浩宇：《国外档案信息资源开发现状及特点分析》，《浙江档案》2006 年第 2 期。

［144］赵东风、李伟东、任建国：《环境风险评价与安全风险评价在评价理论上的相关性问题研究》，《安全与环境工程》2006 年第 4 期。

［145］赵宁燕、钱万里：《数字档案馆信息安全风险自评估软件设计研究》，《档案与建设》2014 年第 2 期。

［146］赵云合、娄策群、齐芬：《信息生态系统的平衡机制》，《图书情报工作》2009 年第 18 期。

［147］郑大庆、黄丽等：《大数据治理的概念及其参考架构》，《研究与发展管理》2017 年第 4 期。

［148］郑金月：《关于档案与大数据关系问题的思辩》，《档案学研究》2016 年第 6 期。

［149］郑燃、李晶：《我国图书馆、档案馆与博物馆数字资源整合研究进展》，《情报资料工作》2012 年第 3 期。

［150］《中办国办印发〈"十四五"全国档案事业发展规划〉》，《中国档案》2021 年第 6 期。

［151］中国档案学会自动化技术委员会：《我国档案信息化的发展与问题对策》，《档案学研究》2006 年第 1 期。

［152］周枫:《云数字档案馆动力机制研究》,《浙江档案》2013 年第 10 期。

［153］周枫:《资源·技术·思维——大数据时代档案馆的三维诠释》,《档案学研究》2013 年第 6 期。

［154］周林兴、刘星、李莎:《基于管理沟通视角的档案馆组织文化研究》,《浙江档案》2017 年第 1 期。

［155］周耀林、刘婧:《生态视角下我国数字档案馆建设探析》,《信息资源管理学报》2016 年第 2 期。

［156］周耀林、骆盈旭、赵跃:《数字档案馆信息生态位的优化研究》,《中国档案》2016 年第 4 期。

［157］周耀林、朱倩:《大数据时代我国数字档案馆的建设与发展》,《信息资源管理学报》2015 年第 2 期。

［158］周正刚:《论文化资源的可持续开发》,《求索》2004 年第 11 期。

［159］朱学芳:《图博档信息资源数字化建设及服务融合探讨》,《情报资料工作》2011 年第 5 期。

［160］Alex H.Poole, "How has Your Science Data Grown? Digital Curation and the Human Factor: A Critical Literature Review", *Archival Science*, Vol.15, No.2（2015）, pp.101-139.

［161］Alois A. Paulin, "Informating Public Governance: Towards a Basis for a Digital Ecosystem", *International Journal of Public Administration in the Digital Age*（*IJPADA*）, Vol.4, No.2（2017）, pp.14 -32.

［162］Anupama Sekhar, "Archives as Empowering Resource Centres for Communities—The Digital Community Archives of the National Folklore Support Centre, Chennai", *Indian Folklore Research Journal*, No.10（2010）, pp.93-99.

［163］Bishoff L, "Digital Preservation Plan: Ensuring Long Term Access and Authenticity of Digital Collections", *Information Standards Quarterly*, Vol.22, No.2（2010）, pp.20-25.

［164］Dappert A., Lenders M., "Digital Preservation Metadata Standards", *Information Standards Quarterly*, No.2（2010）, pp.4-13.

［165］Gbaje, Ezra Shiloba, Mohammed, Zakari, "Digital Preservation Policy in National Information Centres in Nigeria", *Electronic Library*, Vol.31, No.4（2013）, pp.483-492.

［166］Gillian Oliver, Brenda Chawner, Hai Ping Liu, "Implementing Digital Archives:Issues of Trust", *Archival Science*, No.11（2011）, pp.311-327.

［167］Isabel Schellnack-Kelly, Thomas B. Van der Walt, "Role of Public Archivists and Records Managers in Governance and Local Development under a Democratic

Dispensation", *ESARBICA Journal*, Vol.34（2015）, pp.273-295.

［168］Juan Pablo Palacios, Jose Cremades, Carmen Costilla, "Towards a Web Digital Archive Ontological Unification", *ICITA '05 Proceedings of the Third International Conference on Information T, echnology and Applications（ICITA'05）*, Washington: IEEE, Vol.2（2005）, pp.221-226.

［169］Luciana Duranti, "The Long-term Preservation of Accurate and Authentic Digital Data: the InterPARES Project, *Data Science Journal*, No.4（2005）, pp.106-118.

［170］M.Agostietal, "SIAR: A User-Centric Digital Archive System", *Digital Libraries & Archives-italian Research Conference*, Vol.249（2011）, pp.87-99.

［171］Mcfadden T.G., "Building a National Strategy for Digital Preservation: Issues in Digital Media Archiving", *Serials Review*, Vol.29, No.2（2003）, pp.157-159.

［172］Moore R., "Towards a Theory of Digital Preservation", *International Journal of Digital Curation*, Vol.3, No.1（2008）, pp.63-75.

［173］Paul F.Marty, "An Introduction to Digital Convergence: Libraries, Archives, and Museums in the Information Age", *Library Quarterly*, No.1（2010）, pp.247-250.

［174］Rick Barry, "Opinion Piece-electronic Records:Now and Then", *Records Management Journal*, No.2（2010）, pp.157-171.

［175］Robert C.Szaro, William T.Sexton, Charles R.Malone, "The Emergence of Ecosystem Management as a Tool for Meetingpeople's Needs and Sustaining Ecosystems", *Landscape and Urban Planning*, No.40（1998）, pp.1-7.

［176］Robert T., Lackey, "Radically Contested Assertionsin Ecosystem Management", *Journal of Sustainable Forestry*, No.9（2008）, pp.21-34.

［177］Saffady, William, "Records Management or Information Governance?", *Information Management Journal*, Vol.49, No.4（2015）, pp.38-40.

［178］Terry Cook, "Evidence, Memory, Identity, and Community: Four Shifting Archival Paradigms", *Archival Science*, No.2-3（2013）, pp.95-120.

［179］Terry Cook, "Macro-appraisal and Functional Analysis: Documenting Governance rather than Government", *Journal of the Society of Archivists*, Vol.25, No.1（2004）, pp.5-18.

［180］Tin-Kai Chen, "A Case Study of a Digital Archives Programme: The 4Plays in Taiwan", *International Journal of Humanities and Arts Computing*, No.8（2014）, pp.38-48.

［181］Zhu Ling, Thatcher S.M., "National Information Ecology: A New Institutional Economics Perspective on Global E-commerce Adoption", *Journal of Electronic Commerce Research*, Vol.11, No.1（2010）, pp.53-72.

三、报纸

［1］［丹麦］安德斯·克里斯蒂安·巴克（Anders Kristian Bak）：《公共领域的档案宣传——提高公众的档案意识》，杨太阳译，《中国档案报》2011 年 6 月 23 日。

［2］崔志华：《为实现档案强国新战略目标而努力奋斗——记者专访国家档案局局长、中央档案馆馆长杨冬权》，《中国档案报》2012 年 6 月 7 日。

［3］郭海缨：《从中国档案报的视角看中国档案宣传的特点和发展趋势》，《中国档案报》2011 年 7 月 4 日。

［4］姜莉：《建设低碳经济下的绿色档案馆》，《中国档案报》2010 年 11 月 4 日。

［5］《科技驱动推进多媒体档案资源建设——多媒体档案数字化学术论坛综述》，《中国社会科学报》2014 年 12 月 15 日。

［6］李斌：《南京大屠杀档案申遗成功》，《文汇报》2015 年 10 月 11 日。

［7］李明华：《在全国档案工作暨表彰先进会议上的讲话》，《中国档案报》2016 年 1 月 11 日。

［8］李明华：《在全国档案局长馆长会议上的工作报告》，《中国档案报》2017 年 1 月 5 日。

［9］李明华：《在全国档案局长馆长会议上的工作报告》，《中国档案报》2018 年 1 月 22 日。

［10］刘文彦、杨光：《档案馆要加强特色档案资源建设》，《中国档案报》2010 年 8 月 20 日。

［11］马费成：《数字时代不能没有"中国记忆"》，《中国社会科学报》2014 年 5 月 26 日。

［12］潘岳：《论社会主义生态文明》，《中国经济时报》2006 年 9 月 28 日。

［13］《审时度势精心谋划超前布局力争主动 实施国家大数据战略加快建设数字中国》，《人民日报》2017 年 12 月 10 日。

［14］王大众：《夯实基础 开拓创新 确保安全——党的十八大以来档案信息化建设日趋完善》，《中国档案报》2017 年 9 月 7 日。

［15］王国振：《档案资源体系建设的任务与途径》，《中国档案报》2010 年 10 月 21 日。

［16］王忻、史书：《"数"说发展"图"现进步——党的十八大以来全国档案事业蓬勃发展》，《中国档案报》2017 年 8 月 14 日。

［17］徐拥军：《深化教育教学改革 助力档案事业创新——党的十八大以来我国档案高等教育发展成就喜人》，《中国档案报》2017 年 9 月 11 日。

［18］薛澜：《新理念 新机制 新秩序 促进全球可持续发展的三大支柱》，《人民日

报》2010 年 9 月 13 日。

　　［19］杨宝章:《档案执法需要厘清的几个问题》,《中国档案报》2016 年 6 月 4 日。

　　［20］杨冬权:《怎样认识档案工作新常态》,《中国档案报》2015 年 10 月 12 日。

　　［21］杨太阳:《贯彻新发展理念 缩小地区间差距——国家档案局推进全国企业数字档案馆（室）建设》,《中国档案报》2017 年 11 月 23 日。

　　［22］中共中央办公厅、国务院办公厅:《国家信息化发展战略纲要》,《人民日报》2016 年 7 月 28 日。

　　［23］《中共中央关于全面深化改革若干重大问题的决定》,《人民日报》2013 年 11 月 16 日。

　　［24］《中共中央关于深化文化体制改革推动社会主义文化大发展大繁荣若干重大问题的决定》,《人民日报》2011 年 10 月 26 日。

　　［25］《中共中央 国务院关于加快推进生态文明建设的意见》,《人民日报》2015 年 5 月 6 日。

　　［26］《中华人民共和国国民经济和社会发展第十三个五年规划纲要》,《人民日报》2016 年 3 月 18 日。

　　［27］《中华人民共和国国民经济和社会发展第十四个五年规划和 2035 年远景目标纲要》,《人民日报》2021 年 3 月 13 日。

　　［28］周珺:《"智慧城市"中的档案信息资源建设》,《中国档案报》2012 年 5 月 28 日。

后　记

新世纪以来，随着信息技术广泛应用，电子文件海量生成，传统馆藏档案数字化步伐加快，数字档案资源急剧增长，数字档案馆个体和种群步入快速成长发展阶段。随着档案数字化转型加速推进，数字档案馆建设正处于战略机遇期，"数字档案馆生态系统培育与管理研究"是根据数字档案馆建设面临的战略机遇与风险挑战所提出的时代性、现实性课题，对于探求解决数字档案馆建设中的内在矛盾及其与社会的协调发展，意义重大。

《数字档案馆生态系统培育与管理研究》是金波主持的国家社科基金重点项目（13ATQ007）研究成果，结项等级为"优秀"（20190127）。数字档案馆作为未来档案馆的发展方向，关系到档案馆在档案事业中的主体地位及功能发挥。"数字档案馆生态系统培育与管理研究"是在对数字档案馆理论研究与建设实践系统梳理的基础上，广泛运用生态学、管理学、社会学、信息科学等学科理论与知识，系统探索数字档案馆生态系统培育与管理系列问题，探究数字档案馆生态系统培育路径、运行机制、管理体制、管理技术、管理方法和管理手段等内容，促进数字档案馆生态系统智能化发展、融合发展与可持续发展，深化数字档案馆生态系统研究内涵，丰富完善数字档案馆生态系统理论体系，为国家数字档案馆建设提供决策支持和行动方案。

随着档案信息化进程的快速推进，一方面，数字档案馆建设蓬勃开展，数字档案馆生态系统日趋完善，功能不断增强，在国家档案事业发展中占据重要地位；另一方面，数字档案馆也面临着发展不平衡、不充分的现实矛盾，制约着国家档案事业的高质量发展，难以满足用户日益增长、日趋多元的档案信息资源利用需求。《数字档案馆生态系统培育与管理研究》立足国家档案事业可持续发展目标，聚焦数字档案馆建设实践，以数字档案馆生态系统为研究对象，综合运用生态系统理论和现代管理思想对数字档案馆生态系统建设进行深层次揭示，科学阐释数字档案馆生态系统发展态势，全面探索数字档案馆生态系统培育路径，系统探析数字档案馆生态系统管理方式、方法与手段，为数字档案馆生态系统的协调运行和高质量发展提供理论指导与决策依据。研究内容集中体现在三个方面：

一是数字档案馆生态系统发展态势研究。随着信息技术广泛应用、社会信息化全面推进与网络社会深入发展，数字档案馆建设步伐加快，数字档案馆个体功能不断完善、种群规模不断扩大、群落分布不断增长、整体系统初步显现，迫切需要立足当前数字档案馆生态系统面临的发展机遇与现实挑战，系统分析数字档案馆生态系统发展态势的内涵、特征与规律，重点探索数字档案馆生态系统智能化发展、融合发展与可持续发展，不断优化数字档案馆生态环境，实现数字档案馆与社会环境之间的无缝链接，全面提升泛在网络社会的档案治理能力和档案信息服务能力，促进数字档案馆生态系统与社会生态系统之间的协调运行与和谐共生，拓展数字档案馆社会发展空间，提高数字档案馆生态系统的社会竞争力，推动新时代国家档案事业可持续发展。

二是数字档案馆生态系统培育研究。当前，大数据、云计算、区块链、人工智能等现代信息技术快速发展，对档案工作理念、技术、方法及其管理模式产生了深远影响，为新时期国家档案事业发展带来了战略机遇；同时，对档案信息安全保密、长期保存、有效利用等也带来了严重挑战。培育是数字档案馆生态系统发展演化的内在要求，有利于破解数字档案馆生态系统建设过程中存在的各类风险因素，为数字档案馆生态系统发育成长创造良好的内外部环境。聚焦数字档案馆生态系统建设面临的机遇与挑战，强化数字档案馆生态系统培育思维，重点探索数字档案馆生态系统培育内涵与培育路径，对数字档案馆生态系统整体发展实施人工干预，增强数字档案馆风险抵御防范能力，完善数字档案馆生态系统结构功能，构筑数字档案馆生态系统调控机制和监管体系，维护数字档案馆生态安全。

三是数字档案馆生态系统管理研究。数字档案馆生态系统管理旨在立足数字档案馆建设发展实践，以现代管理理论为指导，科学构建数字档案馆生态系统管理体系，为数字档案馆建设实践与理论研究提供目标导向。随着数字档案馆建设的持续推进，数字档案馆生态系统也面临着生态失衡、生态疾病等制约其协调发展的现实威胁，存在着数字档案馆个体建设与生态系统整体发展、数字档案馆建设与社会协调发展、数字档案馆海量资源与文化功能实现等之间的现实矛盾，制约数字档案馆生态系统良性运行与协调发展。为此，需要强化科学管理思维，深入探析数字档案馆生态系统管理内涵，破解数字档案馆生态系统风险威胁，提升数字档案馆社会生态位。立足数字档案馆建设实践，围绕数字档案馆生态系统发展态势与培育路径，探索构建以战略管理为核心、以文化管理为驱动、以协同管理为手段、以风险管理为保障、以生态管理为导向的数字档案馆生态系统管理体系，科学应对数字档案馆生态系统中的失衡问题，协调数字档案馆发展与生态环境之间的冲突，激活数字档案馆生态系统活力，提高数字档案馆生态系统管理效率，充分发挥数字档案馆生态系统的社会功能，拓展数字档案馆发展空间，打造数字档案馆核心竞争力，促进数字档案馆生态位的跃升。

课题研究团队长期关注数字档案馆的理论研究与建设实践，围绕国家社科基金一般项目"数字档案馆生态系统研究"、重点项目"数字档案馆生态系统培育与管理研究"和重大项目"数字档案馆生态系统治理研究"，持续开展数字档案馆相关主题研究。在研究过程中，坚持理论与实践相结合，将学术研究与建设实践紧密联系，通过文献梳理、实践调研、网络跟踪等途径，密切关注数字档案馆发展动态，把握数字档案馆研究前沿，不断提升学术研究的理论性与实践性；同时，坚持科研与教学相结合，将课题研究与研究生培养密切关联，指导研究生参加课题研究，围绕数字档案馆生态系统相关内容开展学术探索，撰写学术论文和学位论文。金波负责课题研究计划的设计与制定、课题研究的组织与实施；金波、倪代川参与课题研究和成果撰写，并负责课题研究成果审定；张茜参与课题研究和成果撰写；董慧珠、何正军、胡晨、崔蓁参与部分文献整理分析和成果初稿撰写。全书由金波负责统稿。

《数字档案馆生态系统培育与管理研究》在研究过程中，得到评审专家的大力支持，并对研究成果提出了宝贵修改建议；书中参阅并引用了中外档案学及相关学科诸多学术文献和研究成果，为课题研究奠定了理论和实践基础，注入了思想活力和创新源泉；人民出版社为本书出版给予大力支持。付梓之际，在此一并表示诚挚感谢！

《数字档案馆生态系统培育与管理研究》涉及档案学、生态学、信息学、社会学、管理学等学科理论与专业知识，属于跨学科交叉综合研究，相关理论体系有待进一步完善，研究成果尚待实践检验，难免存在不足和疏漏之处，敬请各位专家和学界同仁批评指正。

金波

责任编辑：贺　畅

文字编辑：魏　慧

图书在版编目（CIP）数据

数字档案馆生态系统培育与管理研究 / 金波等著 . — 北京：人民出版社，
  2023.12

ISBN 978－7－01－025967－3

I.①数… II.①金… III.①数字技术－应用－档案馆－档案管理－

研究－中国　IV.① G279.21-39

中国国家版本馆 CIP 数据核字（2023）第 218107 号

数字档案馆生态系统培育与管理研究

SHUZI DANG'ANGUAN SHENGTAI XITONG PEIYU YU GUANLI YANJIU

金波　倪代川　张茜　等　著

人民出版社 出版发行

（100706　北京市东城区隆福寺街 99 号）

中煤（北京）印务有限公司印刷　新华书店经销

2023 年 12 月第 1 版　2023 年 12 月北京第 1 次印刷

开本：710 毫米 ×1000 毫米 1/16　印张：28.5

字数：407 千字

ISBN 978－7－01－025967－3　定价：123.00 元

邮购地址 100706　北京市东城区隆福寺街 99 号

人民东方图书销售中心　电话（010）65250042　65289539